新しい

令和元年
改正！

会社法
の
全条文

三省堂編修所 ［編］

三省堂

凡　例

　本書は、会社法改正〔令和元年 12 月 11 日法律第 70 号〕を織り込んだ会社法の全条文集です。

　この会社法改正は、公布の日から 1 年 6 月以内の政令で定める日から施行となります。ただし、株主総会資料の電子提供制度の創設等の一部の改正については、公布の日から 3 年 6 月以内の政令で定める日から施行となります。そのため当該改正条文の末尾に、それぞれ 1年6月内 3年6月内 と注記しました。

《本書における表記方法の概要》

①今回の改正で新設された章・節等は、見出しに☆を付しました。

②今回の改正で新設された条文および全文が改正された条文には、☆を付した上で、条文見出し及び条数を色刷りとしました。

③改正された条文は条数を、改正または追加された条文見出しはその条文見出しを、それぞれ色刷りとしました。

④旧条文は、新条文の直後に、グレーの網かけをして掲載しました。さらに、改正により削除されることとなった条文には、★を付しました。

⑤条文中の括弧書きについては、網をかけ、活字を少し小さめにして、条文の骨格をわかりやすく表示してあります。

《条文見出し索引について》

　本書では、条文に付されている見出しを 50 音順に配列し、そこから該当条の位置を探し当てることができる索引を設けました。新設条文や全部改正された条文には、☆を付しました。

令和元年改正！
新しい会社法の全条文

目次

第6編　外国会社（817条—823条）

第7編　雑則

第8編　罰則（960条—979条）

組版：大日本法令印刷株式会社

巻頭付録

条文見出し索引

● 条文見出し索引 ●

☆は、新設条文または全部改正条文を意味します。

―せ―

そ

第編

総　　則

第1編 総則

第1章 通則

（趣旨）
第1条 会社の設立、組織、運営及び管理については、他の法律に特別の定めがある場合を除くほか、この法律の定めるところによる。

（定義）
第2条 この法律において、次の各号に掲げる用語の意義は、当該各号に定めるところによる。

1 会社 株式会社、合名会社、合資会社又は合同会社をいう。

2 外国会社 外国の法令に準拠して設立された法人その他の外国の団体であって、会社と同種のもの又は会社に類似するものをいう。

3 子会社 会社がその総株主の議決権の過半数を有する株式会社その他の当該会社がその経営を支配している法人として法務省令で定めるものをいう。

3の2 子会社等 次のいずれかに該当する者をいう。
イ 子会社
ロ 会社以外の者がその経営を支配している法人として法務省令で定めるもの

4 親会社 株式会社を子会社とする会社その他の当該株式会社の経営を支配している法人として法務省令で定めるものをいう。

4の2 親会社等 次のいずれかに該当する者をいう。
イ 親会社
ロ 株式会社の経営を支配している者（法人であるものを除く。）として法務省令で定めるもの

5 公開会社 その発行する全部又は一部の株式の内容として譲渡による当該株式の取得について株式会社の承認を要する旨の定款の定めを設けていない株式会社をいう。

6 大会社 次に掲げる要件のいずれかに該当する株式会社をいう。
イ 最終事業年度に係る貸借対照表（第439条前段に規定する場合にあっては、同条の規定により定時株主総会に報告された貸借対照表をいい、株式会社の成立後最初の定時株主総会までの間においては、第435条第1項の貸借対照表をいう。ロにおいて同じ。）に資本金として計上した額が5億円以上であること。
ロ 最終事業年度に係る貸借対照表の負債の部に計上した額の合計額が200億円以上であること。

7 取締役会設置会社 取締役会を置く株式会社又はこの法律の規定により取締役会を置かなければならない株式会社をいう。

8 会計参与設置会社 会計参与を置く株式会社をいう。

9 監査役設置会社 監査役を置く株式会社（その監査役の監査の範囲を会計に関するものに限定する旨の定款の定めがあるものを除く。）又はこの法律の規定により監査役を置かなければならない株式会社をいう。

10 監査役会設置会社 監査役会を置く株式会社又はこの法律の規定により監査役会を置かなければならない株式会社をいう。

11 会計監査人設置会社 会計監査人を置く株式会社又はこの法律の規定により会計監査人を置かなければならない株式会社をいう。

11の2 監査等委員会設置会社 監査等委員会を置く株式会社をいう。

12 指名委員会等設置会社 指名委員会、監査委員会及び報酬委員会（以下「指名委員会等」という。）を置く株式会社をいう。

13 種類株式発行会社 剰余金の配当その他の第108条第1項各号に掲げる事項に

ついて内容の異なる2以上の種類の株式を発行する株式会社をいう。

14 種類株主総会　種類株主（種類株式発行会社におけるある種類の株式の株主をいう。以下同じ。）の総会をいう。

15 社外取締役　株式会社の取締役であって、次に掲げる要件のいずれにも該当するものをいう。

　イ　当該株式会社又はその子会社の業務執行取締役（株式会社の第363条第1項各号に掲げる取締役及び当該株式会社の業務を執行したその他の取締役をいう。以下同じ。）若しくは執行役又は支配人その他の使用人（以下「業務執行取締役等」という。）でなく、かつ、その就任の前10年間当該株式会社又はその子会社の業務執行取締役等であったことがないこと。

　ロ　その就任の前10年内のいずれかの時において当該株式会社又はその子会社の取締役、会計参与（会計参与が法人であるときは、その職務を行うべき社員）又は監査役であったことがある者（業務執行取締役等であったことがあるものを除く。）にあっては、当該取締役、会計参与又は監査役への就任の前10年間当該株式会社又はその子会社の業務執行取締役等であったことがないこと。

　ハ　当該株式会社の親会社等（自然人であるものに限る。）又は親会社等の取締役若しくは執行役若しくは支配人その他の使用人でないこと。

　ニ　当該株式会社の親会社等の子会社等（当該株式会社及びその子会社を除く。）の業務執行取締役等でないこと。

　ホ　当該株式会社の取締役若しくは執行役若しくは支配人その他の重要な使用人又は親会社等（自然人であるものに限る。）の配偶者又は2親等内の親族でないこと。

16 社外監査役　株式会社の監査役であって、次に掲げる要件のいずれにも該当するものをいう。

るものをいう。

　イ　その就任の前10年間当該株式会社又はその子会社の取締役、会計参与（会計参与が法人であるときは、その職務を行うべき社員。ロにおいて同じ。）若しくは執行役又は支配人その他の使用人であったことがないこと。

　ロ　その就任の前10年内のいずれかの時において当該株式会社又はその子会社の監査役であったことがある者にあっては、当該監査役への就任の前10年間当該株式会社又はその子会社の取締役、会計参与若しくは執行役又は支配人その他の使用人であったことがないこと。

　ハ　当該株式会社の親会社等（自然人であるものに限る。）又は親会社等の取締役、監査役若しくは執行役若しくは支配人その他の使用人でないこと。

　ニ　当該株式会社の親会社等の子会社等（当該株式会社及びその子会社を除く。）の業務執行取締役等でないこと。

　ホ　当該株式会社の取締役若しくは支配人その他の重要な使用人又は親会社等（自然人であるものに限る。）の配偶者又は2親等内の親族でないこと。

17 譲渡制限株式　株式会社がその発行する全部又は一部の株式の内容として譲渡による当該株式の取得について当該株式会社の承認を要する旨の定めを設けている場合における当該株式をいう。

18 取得請求権付株式　株式会社がその発行する全部又は一部の株式の内容として株主が当該株式会社に対して当該株式の取得を請求することができる旨の定めを設けている場合における当該株式をいう。

19 取得条項付株式　株式会社がその発行する全部又は一部の株式の内容として当該株式会社が一定の事由が生じたことを条件として当該株式を取得することができる旨の定めを設けている場合における

当該株式をいう。

20　単元株式数　株式会社がその発行する株式について、一定の数の株式をもって株主が株主総会又は種類株主総会において1個の議決権を行使することができる1単元の株式とする旨の定款の定めを設けている場合における当該一定の数をいう。

21　新株予約権　株式会社に対して行使することにより当該株式会社の株式の交付を受けることができる権利をいう。

22　新株予約権付社債　新株予約権を付した社債をいう。

23　社債　この法律の規定により会社が行う割当てにより発生する当該会社を債務者とする金銭債権であって、第676条各号に掲げる事項についての定めに従い償還されるものをいう。

24　最終事業年度　各事業年度に係る第435条第2項に規定する計算書類につき第438条第2項の承認（第439条前段に規定する場合にあっては、第436条第3項の承認）を受けた場合における当該各事業年度のうち最も遅いものをいう。

25　配当財産　株式会社が剰余金の配当をする場合における配当する財産をいう。

26　組織変更　次のイ又はロに掲げる会社がその組織を変更することにより当該イ又はロに定める会社となることをいう。
　イ　株式会社　合名会社、合資会社又は合同会社
　ロ　合名会社、合資会社又は合同会社　株式会社

27　吸収合併　会社が他の会社とする合併であって、合併により消滅する会社の権利義務の全部を合併後存続する会社に承継させるものをいう。

28　新設合併　2以上の会社がする合併であって、合併により消滅する会社の権利義務の全部を合併により設立する会社に承継させるものをいう。

29　吸収分割　株式会社又は合同会社がその事業に関して有する権利義務の全部又は一部を分割後他の会社に承継させることをいう。

30　新設分割　1又は2以上の株式会社又は合同会社がその事業に関して有する権利義務の全部又は一部を分割により設立する会社に承継させることをいう。

31　株式交換　株式会社がその発行済株式（株式会社が発行している株式をいう。以下同じ。）の全部を他の株式会社又は合同会社に取得させることをいう。

32　株式移転　1又は2以上の株式会社がその発行済株式の全部を新たに設立する株式会社に取得させることをいう。

32の2　株式交付　株式会社が他の株式会社をその子会社（法務省令で定めるものに限る。第774条の3第2項において同じ。）とするために当該他の株式会社の株式を譲り受け、当該株式の譲渡人に対して当該株式の対価として当該株式会社の株式を交付することをいう。

33　公告方法　会社（外国会社を含む。）が公告（この法律又は他の法律の規定により官報に掲載する方法によりしなければならないものとされているものを除く。）をする方法をいう。

34　電子公告　公告方法のうち、電磁的方法（電子情報処理組織を使用する方法その他の情報通信の技術を利用する方法であって法務省令で定めるものをいう。以下同じ。）により不特定多数の者が公告すべき内容である情報の提供を受けることができる状態に置く措置であって法務省令で定めるものをとる方法をいう。

第2条　〔32号の2は新設規定〕

1年6月内

（法人格）
第3条　会社は、法人とする。
（住所）
第4条　会社の住所は、その本店の所在地にあるものとする。

（商行為）

第5条 会社（外国会社を含む。次条第1項、第8条及び第9条において同じ。）がその事業としてする行為及びその事業のためにする行為は、商行為とする。

第2章　会社の商号

（商号）

第6条 会社は、その名称を商号とする。

② 会社は、株式会社、合名会社、合資会社又は合同会社の種類に従い、それぞれその商号中に株式会社、合名会社、合資会社又は合同会社という文字を用いなければならない。

③ 会社は、その商号中に、他の種類の会社であると誤認されるおそれのある文字を用いてはならない。

（会社と誤認させる名称等の使用の禁止）

第7条 会社でない者は、その名称又は商号中に、会社であると誤認されるおそれのある文字を用いてはならない。

第8条 何人も、不正の目的をもって、他の会社であると誤認されるおそれのある名称又は商号を使用してはならない。

② 前項の規定に違反する名称又は商号の使用によって営業上の利益を侵害され、又は侵害されるおそれがある会社は、その営業上の利益を侵害する者又は侵害するおそれがある者に対し、その侵害の停止又は予防を請求することができる。

（自己の商号の使用を他人に許諾した会社の責任）

第9条 自己の商号を使用して事業又は営業を行うことを他人に許諾した会社は、当該会社が当該事業を行うものと誤認して当該他人と取引をした者に対し、当該他人と連帯して、当該取引によって生じた債務を弁済する責任を負う。

第3章　会社の使用人等

第1節　会社の使用人

（支配人）

第10条 会社（外国会社を含む。以下この編において同じ。）は、支配人を選任し、その本店又は支店において、その事業を行わせることができる。

（支配人の代理権）

第11条 支配人は、会社に代わってその事業に関する一切の裁判上又は裁判外の行為をする権限を有する。

② 支配人は、他の使用人を選任し、又は解任することができる。

③ 支配人の代理権に加えた制限は、善意の第三者に対抗することができない。

（支配人の競業の禁止）

第12条 支配人は、会社の許可を受けなければ、次に掲げる行為をしてはならない。

　1　自ら営業を行うこと。

　2　自己又は第三者のために会社の事業の部類に属する取引をすること。

　3　他の会社又は商人（会社を除く。第24条において同じ。）の使用人となること。

　4　他の会社の取締役、執行役又は業務を執行する社員となること。

② 支配人が前項の規定に違反して同項第2号に掲げる行為をしたときは、当該行為によって支配人又は第三者が得た利益の額は、会社に生じた損害の額と推定する。

（表見支配人）

第13条 会社の本店又は支店の事業の主任者であることを示す名称を付した使用人は、当該本店又は支店の事業に関し、一切の裁判外の行為をする権限を有するものとみなす。ただし、相手方が悪意であったときは、この限りでない。

（ある種類又は特定の事項の委任を受けた使用人）

第14条 事業に関するある種類又は特定の

事項の委任を受けた使用人は、当該事項に関する一切の裁判外の行為をする権限を有する。

② 前項に規定する使用人の代理権に加えた制限は、善意の第三者に対抗することができない。

（物品の販売等を目的とする店舗の使用人）

第15条 物品の販売等（販売、賃貸その他これらに類する行為をいう。以下この条において同じ。）を目的とする店舗の使用人は、その店舗に在る物品の販売等をする権限を有するものとみなす。ただし、相手方が悪意であったときは、この限りでない。

第2節　会社の代理商

（通知義務）

第16条 代理商（会社のためにその平常の事業の部類に属する取引の代理又は媒介をする者で、その会社の使用人でないものをいう。以下この節において同じ。）は、取引の代理又は媒介をしたときは、遅滞なく、会社に対して、その旨の通知を発しなければならない。

（代理商の競業の禁止）

第17条 代理商は、会社の許可を受けなければ、次に掲げる行為をしてはならない。

　1　自己又は第三者のために会社の事業の部類に属する取引をすること。

　2　会社の事業と同種の事業を行う他の会社の取締役、執行役又は業務を執行する社員となること。

② 代理商が前項の規定に違反して同項第1号に掲げる行為をしたときは、当該行為によって代理商又は第三者が得た利益の額は、会社に生じた損害の額と推定する。

（通知を受ける権限）

第18条 物品の販売又はその媒介の委託を受けた代理商は、商法（明治32年法律第48号）第526条第2項の通知その他の売買に関する通知を受ける権限を有する。

（契約の解除）

第19条 会社及び代理商は、契約の期間を

定めなかったときは、2箇月前までに予告し、その契約を解除することができる。

② 前項の規定にかかわらず、やむを得ない事由があるときは、会社及び代理商は、いつでもその契約を解除することができる。

（代理商の留置権）

第20条 代理商は、取引の代理又は媒介をしたことによって生じた債権の弁済期が到来しているときは、その弁済を受けるまでは、会社のために当該代理商が占有する物又は有価証券を留置することができる。ただし、当事者が別段の意思表示をしたときは、この限りでない。

第4章　事業の譲渡をした場合の競業の禁止等

（譲渡会社の競業の禁止）

第21条 事業を譲渡した会社（以下この章において「譲渡会社」という。）は、当事者の別段の意思表示がない限り、同一の市町村（特別区を含むものとし、地方自治法（昭和22年法律第67号）第252条の19第1項の指定都市にあっては、区又は総合区。以下この項において同じ。）の区域内及びこれに隣接する市町村の区域内においては、その事業を譲渡した日から20年間は、同一の事業を行ってはならない。

② 譲渡会社が同一の事業を行わない旨の特約をした場合には、その特約は、その事業を譲渡した日から30年の期間内に限り、その効力を有する。

③ 前2項の規定にかかわらず、譲渡会社は、不正の競争の目的をもって同一の事業を行ってはならない。

（譲渡会社の商号を使用した譲受会社の責任等）

第22条 事業を譲り受けた会社（以下この章において「譲受会社」という。）が譲渡会社の商号を引き続き使用する場合には、その譲受会社も、譲渡会社の事業によって生じた債務を弁済する責任を負う。

② 前項の規定は、事業を譲り受けた後、遅滞なく、譲受会社がその本店の所在地において譲渡会社の債務を弁済する責任を負わない旨を登記した場合には、適用しない。事業を譲り受けた後、遅滞なく、譲受会社及び譲渡会社から第三者に対しその旨の通知をした場合において、その通知を受けた第三者についても、同様とする。

③ 譲受会社が第 1 項の規定により譲渡会社の債務を弁済する責任を負う場合には、譲渡会社の責任は、事業を譲渡した日後 2 年以内に請求又は請求の予告をしない債権者に対しては、その期間を経過した時に消滅する。

④ 第 1 項に規定する場合において、譲渡会社の事業によって生じた債権について、譲受会社にした弁済は、弁済者が善意でかつ重大な過失がないときは、その効力を有する。

（譲受会社による債務の引受け）

第 23 条 譲受会社が譲渡会社の商号を引き続き使用しない場合においても、譲渡会社の事業によって生じた債務を引き受ける旨の広告をしたときは、譲渡会社の債権者は、その譲受会社に対して弁済の請求をすることができる。

② 譲受会社が前項の規定により譲渡会社の債務を弁済する責任を負う場合には、譲渡会社の責任は、同項の広告があった日後 2 年以内に請求又は請求の予告をしない債権者に対しては、その期間を経過した時に消滅する。

（詐害事業譲渡に係る譲受会社に対する債務の履行の請求）

第 23 条の 2 譲渡会社が譲受会社に承継されない債務の債権者（以下この条において「残存債権者」という。）を害することを知って事業を譲渡した場合には、残存債権者は、その譲受会社に対して、承継した財産の価額を限度として、当該債務の履行を請求することができる。ただし、その譲受会社が事業の譲渡の効力が生じた時において残存債権者を害することを知らなかったときは、この限りでない。

② 譲受会社が前項の規定により同項の債務を履行する責任を負う場合には、当該責任は、譲渡会社が残存債権者を害することを知って事業を譲渡したことを知った時から 2 年以内に請求又は請求の予告をしない残存債権者に対しては、その期間を経過した時に消滅する。事業の譲渡の効力が生じた日から 10 年を経過したときも、同様とする。

③ 譲渡会社について破産手続開始の決定、再生手続開始の決定又は更生手続開始の決定があったときは、残存債権者は、譲受会社に対して第 1 項の規定による請求をする権利を行使することができない。

（商人との間での事業の譲渡又は譲受け）

第 24 条 会社が商人に対してその事業を譲渡した場合には、当該会社を商法第 16 条第 1 項に規定する譲渡人とみなして、同法第 17 条から第 18 条の 2 までの規定を適用する。この場合において、同条第 3 項中「又は再生手続開始の決定」とあるのは、「、再生手続開始の決定又は更生手続開始の決定」とする。

② 会社が商人の営業を譲り受けた場合には、当該商人を譲渡会社とみなして、前 3 条の規定を適用する。この場合において、前条第 3 項中「、再生手続開始の決定又は更生手続開始の決定」とあるのは、「又は再生手続開始の決定」とする。

第 **2** 編

株式会社

第2編　株式会社

第1章　設立

第1節　総則

第25条　株式会社は、次に掲げるいずれかの方法により設立することができる。

1　次節から第8節までに規定するところにより、発起人が設立時発行株式（株式会社の設立に際して発行する株式をいう。以下同じ。）の全部を引き受ける方法

2　次節、第3節、第39条及び第6節から第9節までに規定するところにより、発起人が設立時発行株式を引き受けるほか、設立時発行株式を引き受ける者の募集をする方法

②　各発起人は、株式会社の設立に際し、設立時発行株式を1株以上引き受けなければならない。

第2節　定款の作成

（定款の作成）

第26条　株式会社を設立するには、発起人が定款を作成し、その全員がこれに署名し、又は記名押印しなければならない。

②　前項の定款は、電磁的記録（電子的方式、磁気的方式その他人の知覚によっては認識することができない方式で作られる記録であって、電子計算機による情報処理の用に供されるものとして法務省令で定めるものをいう。以下同じ。）をもって作成することができる。この場合において、当該電磁的記録に記録された情報については、法務省令で定める署名又は記名押印に代わる措置をとらなければならない。

（定款の記載又は記録事項）

第27条　株式会社の定款には、次に掲げる事項を記載し、又は記録しなければならない。

1　目的

2　商号

3　本店の所在地

4　設立に際して出資される財産の価額又はその最低額

5　発起人の氏名又は名称及び住所

第28条　株式会社を設立する場合には、次に掲げる事項は、第26条第1項の定款に記載し、又は記録しなければ、その効力を生じない。

1　金銭以外の財産を出資する者の氏名又は名称、当該財産及びその価額並びにその者に対して割り当てる設立時発行株式の数（設立しようとする株式会社が種類株式発行会社である場合にあっては、設立時発行株式の種類及び種類ごとの数。第32条第1項第1号において同じ。）

2　株式会社の成立後に譲り受けることを約した財産及びその価額並びにその譲渡人の氏名又は名称

3　株式会社の成立により発起人が受ける報酬その他の特別の利益及びその発起人の氏名又は名称

4　株式会社の負担する設立に関する費用（定款の認証の手数料その他株式会社に損害を与えるおそれがないものとして法務省令で定めるものを除く。）

第29条　第27条各号及び前条各号に掲げる事項のほか、株式会社の定款には、この法律の規定により定款の定めがなければその効力を生じない事項及びその他の事項でこの法律の規定に違反しないものを記載し、又は記録することができる。

（定款の認証）

第30条　第26条第1項の定款は、公証人の認証を受けなければ、その効力を生じない。

②　前項の公証人の認証を受けた定款は、株式会社の成立前は、第33条第7項若しくは第9項又は第37条第1項若しくは第2項の規定による場合を除き、これを変更することができない。

（定款の備置き及び閲覧等）

第31条　発起人（株式会社の成立後にあっては、

当該株式会社）は、定款を発起人が定めた場所（株式会社の成立後にあっては、その本店及び支店）に備え置かなければならない。

② 発起人（株式会社の成立後にあっては、その株主及び債権者）は、発起人が定めた時間（株式会社の成立後にあっては、その営業時間）内は、いつでも、次に掲げる請求をすることができる。ただし、第2号又は第4号に掲げる請求をするには、発起人（株式会社の成立後にあっては、当該株式会社）の定めた費用を支払わなければならない。

　1　定款が書面をもって作成されているときは、当該書面の閲覧の請求

　2　前号の書面の謄本又は抄本の交付の請求

　3　定款が電磁的記録をもって作成されているときは、当該電磁的記録に記録された事項を法務省令で定める方法により表示したものの閲覧の請求

　4　前号の電磁的記録に記録された事項を電磁的方法であって発起人（株式会社の成立後にあっては、当該株式会社）の定めたものにより提供することの請求又はその事項を記載した書面の交付の請求

③ 株式会社の成立後において、当該株式会社の親会社社員（親会社の株主その他の社員をいう。以下同じ。）がその権利を行使するため必要があるときは、当該親会社社員は、裁判所の許可を得て、当該株式会社の定款について前項各号に掲げる請求をすることができる。ただし、同項第2号又は第4号に掲げる請求をするには、当該株式会社の定めた費用を支払わなければならない。

④ 定款が電磁的記録をもって作成されている場合であって、支店における第2項第3号及び第4号に掲げる請求に応じることを可能とするための措置として法務省令で定めるものをとっている株式会社についての第1項の規定の適用については、同項中「本店及び支店」とあるのは、「本店」とする。

第3節　出資

（設立時発行株式に関する事項の決定）

第32条　発起人は、株式会社の設立に際して次に掲げる事項（定款に定めがある事項を除く。）を定めようとするときは、その全員の同意を得なければならない。

　1　発起人が割当てを受ける設立時発行株式の数

　2　前号の設立時発行株式と引換えに払い込む金銭の額

　3　成立後の株式会社の資本金及び資本準備金の額に関する事項

② 設立しようとする株式会社が種類株式発行会社である場合において、前項第1号の設立時発行株式が第108条第3項前段の規定による定款の定めがあるものであるときは、発起人は、その全員の同意を得て、当該設立時発行株式の内容を定めなければならない。

（定款の記載又は記録事項に関する検査役の選任）

第33条　発起人は、定款に第28条各号に掲げる事項についての記載又は記録があるときは、第30条第1項の公証人の認証の後遅滞なく、当該事項を調査させるため、裁判所に対し、検査役の選任の申立てをしなければならない。

② 前項の申立てがあった場合には、裁判所は、これを不適法として却下する場合を除き、検査役を選任しなければならない。

③ 裁判所は、前項の検査役を選任した場合には、成立後の株式会社が当該検査役に対して支払う報酬の額を定めることができる。

④ 第2項の検査役は、必要な調査を行い、当該調査の結果を記載し、又は記録した書面又は電磁的記録（法務省令で定めるものに限る。）を裁判所に提供して報告をしなければならない。

⑤ 裁判所は、前項の報告について、その内容を明瞭にし、又はその根拠を確認する

ため必要があると認めるときは、第2項の検査役に対し、更に前項の報告を求めることができる。

⑥ 第2項の検査役は、第4項の報告をしたときは、発起人に対し、同項の書面の写しを交付し、又は同項の電磁的記録に記録された事項を法務省令で定める方法により提供しなければならない。

⑦ 裁判所は、第4項の報告を受けた場合において、第28条各号に掲げる事項（第2項の検査役の調査を経ていないものを除く。）を不当と認めたときは、これを変更する決定をしなければならない。

⑧ 発起人は、前項の決定により第28条各号に掲げる事項の全部又は一部が変更された場合には、当該決定の確定後1週間以内に限り、その設立時発行株式の引受けに係る意思表示を取り消すことができる。

⑨ 前項に規定する場合には、発起人は、その全員の同意によって、第7項の決定の確定後1週間以内に限り、当該決定により変更された事項についての定めを廃止する定款の変更をすることができる。

⑩ 前各項の規定は、次の各号に掲げる場合には、当該各号に定める事項については、適用しない。

1 第28条第1号及び第2号の財産（以下この章において「現物出資財産等」という。）について定款に記載され、又は記録された価額の総額が500万円を超えない場合 同条第1号及び第2号に掲げる事項

2 現物出資財産等のうち、市場価格のある有価証券（金融商品取引法（昭和23年法律第25号）第2条第1項に規定する有価証券をいい、同条第2項の規定により有価証券とみなされる権利を含む。以下同じ。）について定款に記載され、又は記録された価額が当該有価証券の市場価格として法務省令で定める方法により算定されるものを超えない場合 当該有価証券についての第28条第1号又は第2号に掲げる事項

3 現物出資財産等について定款に記載され、又は記録された価額が相当であることについて弁護士、弁護士法人、公認会計士（外国公認会計士（公認会計士法（昭和23年法律第103号）第16条の2第5項に規定する外国公認会計士をいう。）を含む。以下同じ。）、監査法人、税理士又は税理士法人の証明（現物出資財産等が不動産である場合にあっては、当該証明及び不動産鑑定士の鑑定評価。以下この号において同じ。）を受けた場合 第28条第1号又は第2号に掲げる事項（当該証明を受けた現物出資財産等に係るものに限る。）

⑪ 次に掲げる者は、前項第3号に規定する証明をすることができない。

1 発起人

2 第28条第2号の財産の譲渡人

3 設立時取締役（第38条第1項に規定する設立時取締役をいう。）又は設立時監査役（同条第3項第2号に規定する設立時監査役をいう。）

4 業務の停止の処分を受け、その停止の期間を経過しない者

5 弁護士法人、監査法人又は税理士法人であって、その社員の半数以上が第1号から第3号までに掲げる者のいずれかに該当するもの

（出資の履行）

第34条 発起人は、設立時発行株式の引受け後遅滞なく、その引き受けた設立時発行株式につき、その出資に係る金銭の全額を払い込み、又はその出資に係る金銭以外の財産の全部を給付しなければならない。ただし、発起人全員の同意があるときは、登記、登録その他権利の設定又は移転を第三者に対抗するために必要な行為は、株式会社の成立後にすることを妨げない。

② 前項の規定による払込みは、発起人が定めた銀行等（銀行（銀行法（昭和56年法律第59号）第2条第1項に規定する銀行をいう。第703条第1号において同じ。）、信託会社（信託業法

（平成16年法律第154号）第2条第2項に規定する信託会社をいう。以下同じ。）その他これに準ずるものとして法務省令で定めるものをいう。以下同じ。）の払込みの取扱いの場所においてしなければならない。

（設立時発行株式の株主となる権利の譲渡）

第35条 前条第1項の規定による払込み又は給付（以下この章において「出資の履行」という。）をすることにより設立時発行株式の株主となる権利の譲渡は、成立後の株式会社に対抗することができない。

（設立時発行株式の株主となる権利の喪失）

第36条 発起人のうち出資の履行をしていないものがある場合には、発起人は、当該出資の履行をしていない発起人に対して、期日を定め、その期日までに当該出資の履行をしなければならない旨を通知しなければならない。

② 前項の規定による通知は、同項に規定する期日の2週間前までにしなければならない。

③ 第1項の規定による通知を受けた発起人は、同項に規定する期日までに出資の履行をしないときは、当該出資の履行をすることにより設立時発行株式の株主となる権利を失う。

（発行可能株式総数の定め等）

第37条 発起人は、株式会社が発行することができる株式の総数（以下「発行可能株式総数」という。）を定款で定めていない場合には、株式会社の成立の時までに、その全員の同意によって、定款を変更して発行可能株式総数の定めを設けなければならない。

② 発起人は、発行可能株式総数を定款で定めている場合には、株式会社の成立の時までに、その全員の同意によって、発行可能株式総数についての定款の変更をすることができる。

③ 設立時発行株式の総数は、発行可能株式総数の4分の1を下ることができない。ただし、設立しようとする株式会社が公開会

社でない場合は、この限りでない。

第4節　設立時役員等の選任及び解任

（設立時役員等の選任）

第38条 発起人は、出資の履行が完了した後、遅滞なく、設立時取締役（株式会社の設立に際して取締役となる者をいう。以下同じ。）を選任しなければならない。

② 設立しようとする株式会社が監査等委員会設置会社である場合には、前項の規定による設立時取締役の選任は、設立時監査等委員（株式会社の設立に際して監査等委員（監査等委員会の委員をいう。以下同じ。）となる者をいう。以下同じ。）である設立時取締役とそれ以外の設立時取締役とを区別してしなければならない。

③ 次の各号に掲げる場合には、発起人は、出資の履行が完了した後、遅滞なく、当該各号に定める者を選任しなければならない。

1　設立しようとする株式会社が会計参与設置会社である場合　設立時会計参与（株式会社の設立に際して会計参与となる者をいう。以下同じ。）

2　設立しようとする株式会社が監査役設置会社（監査役の監査の範囲を会計に関するものに限定する旨の定款の定めがある株式会社を含む。）である場合　設立時監査役（株式会社の設立に際して監査役となる者をいう。以下同じ。）

3　設立しようとする株式会社が会計監査人設置会社である場合　設立時会計監査人（株式会社の設立に際して会計監査人となる者をいう。以下同じ。）

④ 定款で設立時取締役（設立しようとする株式会社が監査等委員会設置会社である場合にあっては、設立時監査等委員である設立時取締役又はそれ以外の設立時取締役。以下この項において同じ。）、設立時会計参与、設立時監査役又は設立時会計監査人として定められた者は、出資の履行が完了した時に、それぞれ設立

時取締役、設立時会計参与、設立時監査役又は設立時会計監査人に選任されたものとみなす。

第39条 設立しようとする株式会社が取締役会設置会社である場合には、設立時取締役は、3人以上でなければならない。

② 設立しようとする株式会社が監査役会設置会社である場合には、設立時監査役は、3人以上でなければならない。

③ 設立しようとする株式会社が監査等委員会設置会社である場合には、設立時監査等委員である設立時取締役は、3人以上でなければならない。

④ 第331条第1項（第335条第1項において準用する場合を含む。）、第333条第1項若しくは第3項又は第337条第1項若しくは第3項の規定により成立後の株式会社の取締役（監査等委員会設置会社にあっては、監査等委員である取締役又はそれ以外の取締役）、会計参与、監査役又は会計監査人となることができない者は、それぞれ設立時取締役（成立後の株式会社が監査等委員会設置会社である場合にあっては、設立時監査等委員である設立時取締役又はそれ以外の設立時取締役）、設立時会計参与、設立時監査役又は設立時会計監査人（以下この節において「設立時役員等」という。）となることができない。

⑤ 第331条の2の規定は、設立時取締役及び設立時監査役について準用する。

　第39条 〔5項は新設規定〕

`1年6月内`

（設立時役員等の選任の方法）

第40条 設立時役員等の選任は、発起人の議決権の過半数をもって決定する。

② 前項の場合には、発起人は、出資の履行をした設立時発行株式1株につき1個の議決権を有する。ただし、単元株式数を定款で定めている場合には、1単元の設立時発行株式につき1個の議決権を有する。

③ 前項の規定にかかわらず、設立しようとする株式会社が種類株式発行会社である場合において、取締役の全部又は一部の選任について議決権を行使することができないものと定められた種類の設立時発行株式を発行するときは、当該種類の設立時発行株式については、発起人は、当該取締役となる設立時取締役の選任についての議決権を行使することができない。

④ 設立しようとする株式会社が監査等委員会設置会社である場合における前項の規定の適用については、同項中「、取締役」とあるのは「、監査等委員である取締役又はそれ以外の取締役」と、「当該取締役」とあるのは「これらの取締役」とする。

⑤ 第3項の規定は、設立時会計参与、設立時監査役及び設立時会計監査人の選任について準用する。

（設立時役員等の選任の方法の特則）

第41条 前条第1項の規定にかかわらず、株式会社の設立に際して第108条第1項第9号に掲げる事項（取締役（監査等委員会設置会社にあっては、監査等委員である取締役又はそれ以外の取締役）に関するものに限る。）についての定めがある種類の株式を発行する場合には、設立時取締役（設立しようとする株式会社が監査等委員会設置会社である場合にあっては、設立時監査等委員である設立時取締役又はそれ以外の設立時取締役）の選任は、同条第2項第9号に定める事項についての定款の定めの例に従い、当該種類の設立時発行株式を引き受けた発起人の議決権（当該種類の設立時発行株式についての議決権に限る。）の過半数をもって決定する。

② 前項の場合には、発起人は、出資の履行をした種類の設立時発行株式1株につき1個の議決権を有する。ただし、単元株式数を定款で定めている場合には、1単元の種類の設立時発行株式につき1個の議決権を有する。

③ 前2項の規定は、株式会社の設立に際して第108条第1項第9号に掲げる事項（監査役に関するものに限る。）についての定めが

ある種類の株式を発行する場合について準用する。

（設立時役員等の解任）

第42条 発起人は、株式会社の成立の時までの間、その選任した設立時役員等（第38条第4項の規定により設立時役員等に選任されたものとみなされたものを含む。）を解任することができる。

（設立時役員等の解任の方法）

第43条 設立時役員等の解任は、発起人の議決権の過半数（設立時監査等委員である設立時取締役又は設立時監査役を解任する場合にあっては、3分の2以上に当たる多数）をもって決定する。

② 前項の場合には、発起人は、出資の履行をした設立時発行株式1株につき1個の議決権を有する。ただし、単元株式数を定款で定めている場合には、1単元の設立時発行株式につき1個の議決権を有する。

③ 前項の規定にかかわらず、設立しようとする株式会社が種類株式発行会社である場合において、取締役の全部又は一部の解任について議決権を行使することができないものと定められた種類の設立時発行株式を発行するときは、当該種類の設立時発行株式については、発起人は、当該取締役となる設立時取締役の解任についての議決権を行使することができない。

④ 設立しようとする株式会社が監査等委員会設置会社である場合における前項の規定の適用については、同項中「、取締役」とあるのは「、監査等委員である取締役又はそれ以外の取締役」と、「当該取締役」とあるのは「これらの取締役」とする。

⑤ 第3項の規定は、設立時会計参与、設立時監査役及び設立時会計監査人の解任について準用する。

（設立時取締役等の解任の方法の特則）

第44条 前条第1項の規定にかかわらず、第41条第1項の規定により選任された設立時取締役（設立時監査等委員である設立時取締役を除く。次項及び第4項において同じ。）の解任は、その選任に係る発起人の議決権の過半数をもって決定する。

② 前項の規定にかかわらず、第41条第1項の規定により又は種類創立総会（第84条に規定する種類創立総会をいう。）若しくは種類株主総会において選任された取締役（監査等委員である取締役を除く。第4項において同じ。）を株主総会の決議によって解任することができる旨の定款の定めがある場合には、第41条第1項の規定により選任された設立時取締役の解任は、発起人の議決権の過半数をもって決定する。

③ 前2項の場合には、発起人は、出資の履行をした種類の設立時発行株式1株につき1個の議決権を有する。ただし、単元株式数を定款で定めている場合には、1単元の種類の設立時発行株式につき1個の議決権を有する。

④ 前項の規定にかかわらず、第2項の規定により設立時取締役を解任する場合において、取締役の全部又は一部の解任について議決権を行使することができないものと定められた種類の設立時発行株式を発行するときは、当該種類の設立時発行株式については、発起人は、当該取締役となる設立時取締役の解任についての議決権を行使することができない。

⑤ 前各項の規定は、第41条第1項の規定により選任された設立時監査等委員である設立時取締役及び同条第3項において準用する同条第1項の規定により選任された設立時監査役の解任について準用する。この場合において、第1項及び第2項中「過半数」とあるのは、「3分の2以上に当たる多数」と読み替えるものとする。

（設立時役員等の選任又は解任の効力についての特則）

第45条 株式会社の設立に際して第108条第1項第8号に掲げる事項についての定めがある種類の株式を発行する場合において、

当該種類の株式の内容として次の各号に掲げる事項について種類株主総会の決議があることを必要とする旨の定款の定めがあるときは、当該各号に定める事項は、定款の定めに従い、第 40 条第 1 項又は第 43 条第 1 項の規定による決定のほか、当該種類の設立時発行株式を引き受けた発起人の議決権（当該種類の設立時発行株式についての議決権に限る。）の過半数をもってする決定がなければ、その効力を生じない。

1　取締役（監査等委員会設置会社の取締役を除く。）の全部又は一部の選任又は解任　当該取締役となる設立時取締役の選任又は解任

2　監査等委員である取締役又はそれ以外の取締役の全部又は一部の選任又は解任　これらの取締役となる設立時取締役の選任又は解任

3　会計参与の全部又は一部の選任又は解任　当該会計参与となる設立時会計参与の選任又は解任

4　監査役の全部又は一部の選任又は解任　当該監査役となる設立時監査役の選任又は解任

5　会計監査人の全部又は一部の選任又は解任　当該会計監査人となる設立時会計監査人の選任又は解任

② 前項の場合には、発起人は、出資の履行をした種類の設立時発行株式 1 株につき 1 個の議決権を有する。ただし、単元株式数を定款で定めている場合には、1 単元の種類の設立時発行株式につき 1 個の議決権を有する。

第 5 節　設立時取締役等による調査

第 46 条　設立時取締役（設立しようとする株式会社が監査役設置会社である場合にあっては、設立時取締役及び設立時監査役。以下この条において同じ。）は、その選任後遅滞なく、次に掲げる事項を調査しなければならない。

1　第 33 条第 10 項第 1 号又は第 2 号に掲げる場合における現物出資財産等（同号に掲げる場合にあっては、同号の有価証券に限る。）について定款に記載され、又は記録された価額が相当であること。

2　第 33 条第 10 項第 3 号に規定する証明が相当であること。

3　出資の履行が完了していること。

4　前 3 号に掲げる事項のほか、株式会社の設立の手続が法令又は定款に違反していないこと。

② 設立時取締役は、前項の規定による調査により、同項各号に掲げる事項について法令若しくは定款に違反し、又は不当な事項があると認めるときは、発起人にその旨を通知しなければならない。

③ 設立しようとする株式会社が指名委員会等設置会社である場合には、設立時取締役は、第 1 項の規定による調査を終了したときはその旨を、前項の規定による通知をしたときはその旨及びその内容を、設立時代表執行役（第 48 条第 1 項第 3 号に規定する設立時代表執行役をいう。）に通知しなければならない。

第 6 節　設立時代表取締役等の選定等

（設立時代表取締役の選定等）

第 47 条　設立時取締役は、設立しようとする株式会社が取締役会設置会社（指名委員会等設置会社を除く。）である場合には、設立時取締役（設立しようとする株式会社が監査等委員会設置会社である場合にあっては、設立時監査等委員である設立時取締役を除く。）の中から株式会社の設立に際して代表取締役（株式会社を代表する取締役をいう。以下同じ。）となる者（以下「設立時代表取締役」という。）を選定しなければならない。

② 設立時取締役は、株式会社の成立の時までの間、設立時代表取締役を解職することができる。

③　前 2 項の規定による設立時代表取締役の選定及び解職は、設立時取締役の過半数をもって決定する。

（設立時委員の選定等）

第48条　設立しようとする株式会社が指名委員会等設置会社である場合には、設立時取締役は、次に掲げる措置をとらなければならない。

1　設立時取締役の中から次に掲げる者（次項において「設立時委員」という。）を選定すること。

イ　株式会社の設立に際して指名委員会の委員となる者

ロ　株式会社の設立に際して監査委員会の委員となる者

ハ　株式会社の設立に際して報酬委員会の委員となる者

2　株式会社の設立に際して執行役となる者（以下「設立時執行役」という。）を選任すること。

3　設立時執行役の中から株式会社の設立に際して代表執行役となる者（以下「設立時代表執行役」という。）を選定すること。ただし、設立時執行役が 1 人であるときは、その者が設立時代表執行役に選定されたものとする。

②　設立時取締役は、株式会社の成立の時までの間、設立時委員若しくは設立時代表執行役を解職し、又は設立時執行役を解任することができる。

③　前 2 項の規定による措置は、設立時取締役の過半数をもって決定する。

第 7 節　株式会社の成立

（株式会社の成立）

第49条　株式会社は、その本店の所在地において設立の登記をすることによって成立する。

（株式の引受人の権利）

第50条　発起人は、株式会社の成立の時に、出資の履行をした設立時発行株式の株主と

なる。

②　前項の規定により株主となる権利の譲渡は、成立後の株式会社に対抗することができない。

（引受けの無効又は取消しの制限）

第51条　民法（明治 29 年法律第 89 号）第 93 条第 1 項ただし書及び第 94 条第 1 項の規定は、設立時発行株式の引受けに係る意思表示については、適用しない。

②　発起人は、株式会社の成立後は、錯誤、詐欺又は強迫を理由として設立時発行株式の引受けの取消しをすることができない。

第 8 節　発起人等の責任等

（出資された財産等の価額が不足する場合の責任）

第52条　株式会社の成立の時における現物出資財産等の価額が当該現物出資財産等について定款に記載され、又は記録された価額（定款の変更があった場合にあっては、変更後の価額）に著しく不足するときは、発起人及び設立時取締役は、当該株式会社に対し、連帯して、当該不足額を支払う義務を負う。

②　前項の規定にかかわらず、次に掲げる場合には、発起人（第 28 条第 1 号の財産を給付した者又は同条第 2 号の財産の譲渡人を除く。第 2 号において同じ。）及び設立時取締役は、現物出資財産等について同項の義務を負わない。

1　第 28 条第 1 号又は第 2 号に掲げる事項について第 33 条第 2 項の検査役の調査を経た場合

2　当該発起人又は設立時取締役がその職務を行うについて注意を怠らなかったことを証明した場合

③　第 1 項に規定する場合には、第 33 条第 10 項第 3 号に規定する証明をした者（以下この項において「証明者」という。）は、第 1 項の義務を負う者と連帯して、同項の不足額を支払う義務を負う。ただし、当該証明者が当該証明をするについて注意を怠らなか

ったことを証明した場合は、この限りでない。

（出資の履行を仮装した場合の責任等）

第52条の2 発起人は、次の各号に掲げる場合には、株式会社に対し、当該各号に定める行為をする義務を負う。

1 第34条第1項の規定による払込みを仮装した場合 払込みを仮装した出資に係る金銭の全額の支払

2 第34条第1項の規定による給付を仮装した場合 給付を仮装した出資に係る金銭以外の財産の全部の給付（株式会社が当該給付に代えて当該財産の価額に相当する金銭の支払を請求した場合にあっては、当該金銭の全額の支払）

② 前項各号に掲げる場合には、発起人がその出資の履行を仮装することに関与した発起人又は設立時取締役として法務省令で定める者は、株式会社に対し、当該各号に規定する支払をする義務を負う。ただし、その者（当該出資の履行を仮装したものを除く。）がその職務を行うについて注意を怠らなかったことを証明した場合は、この限りでない。

③ 発起人が第1項各号に規定する支払をする義務を負う場合において、前項に規定する者が同項の義務を負うときは、これらの者は、連帯債務者とする。

④ 発起人は、第1項各号に掲げる場合には、当該各号に定める支払若しくは給付又は第2項の規定による支払がされた後でなければ、出資の履行を仮装した設立時発行株式について、設立時株主（第65条第1項に規定する設立時株主をいう。次項において同じ。）及び株主の権利を行使することができない。

⑤ 前項の設立時発行株式又はその株主となる権利を譲り受けた者は、当該設立時発行株式についての設立時株主及び株主の権利を行使することができる。ただし、その者に悪意又は重大な過失があるときは、この限りでない。

（発起人等の損害賠償責任）

第53条 発起人、設立時取締役又は設立時監査役は、株式会社の設立についてその任務を怠ったときは、当該株式会社に対し、これによって生じた損害を賠償する責任を負う。

② 発起人、設立時取締役又は設立時監査役がその職務を行うについて悪意又は重大な過失があったときは、当該発起人、設立時取締役又は設立時監査役は、これによって第三者に生じた損害を賠償する責任を負う。

（発起人等の連帯責任）

第54条 発起人、設立時取締役又は設立時監査役が株式会社又は第三者に生じた損害を賠償する責任を負う場合において、他の発起人、設立時取締役又は設立時監査役も当該損害を賠償する責任を負うときは、これらの者は、連帯債務者とする。

（責任の免除）

第55条 第52条第1項の規定により発起人又は設立時取締役の負う義務、第52条の2第1項の規定により発起人の負う義務、同条第2項の規定により発起人又は設立時取締役の負う義務及び第53条第1項の規定により発起人、設立時取締役又は設立時監査役の負う責任は、総株主の同意がなければ、免除することができない。

（株式会社不成立の場合の責任）

第56条 株式会社が成立しなかったときは、発起人は、連帯して、株式会社の設立に関してした行為についてその責任を負い、株式会社の設立に関して支出した費用を負担する。

第9節　募集による設立

第1款　設立時発行株式を引き受ける者の募集

（設立時発行株式を引き受ける者の募集）

第57条 発起人は、この款の定めるところにより、設立時発行株式を引き受ける者の

募集をする旨を定めることができる。

② 発起人は、前項の募集をする旨を定めようとするときは、その全員の同意を得なければならない。

（設立時募集株式に関する事項の決定）

第58条 発起人は、前条第1項の募集をしようとするときは、その都度、設立時募集株式（同項の募集に応じて設立時発行株式の引受けの申込みをした者に対して割り当てる設立時発行株式をいう。以下この節において同じ。）について次に掲げる事項を定めなければならない。

　1　設立時募集株式の数（設立しようとする株式会社が種類株式発行会社である場合にあっては、その種類及び種類ごとの数。以下この款において同じ。）

　2　設立時募集株式の払込金額（設立時募集株式1株と引換えに払い込む金銭の額をいう。以下この款において同じ。）

　3　設立時募集株式と引換えにする金銭の払込みの期日又はその期間

　4　一定の日までに設立の登記がされない場合において、設立時募集株式の引受けの取消しをすることができることとするときは、その旨及びその一定の日

② 発起人は、前項各号に掲げる事項を定めようとするときは、その全員の同意を得なければならない。

③ 設立時募集株式の払込金額その他の前条第1項の募集の条件は、当該募集（設立しようとする株式会社が種類株式発行会社である場合にあっては、種類及び当該募集）ごとに、均等に定めなければならない。

（設立時募集株式の申込み）

第59条 発起人は、第57条第1項の募集に応じて設立時募集株式の引受けの申込みをしようとする者に対し、次に掲げる事項を通知しなければならない。

　1　定款の認証の年月日及びその認証をした公証人の氏名

　2　第27条各号、第28条各号、第32条

第1項各号及び前条第1項各号に掲げる事項

　3　発起人が出資した財産の価額

　4　第63条第1項の規定による払込みの取扱いの場所

　5　前各号に掲げるもののほか、法務省令で定める事項

② 発起人のうち出資の履行をしていないものがある場合には、発起人は、第36条第1項に規定する期日後でなければ、前項の規定による通知をすることができない。

③ 第57条第1項の募集に応じて設立時募集株式の引受けの申込みをする者は、次に掲げる事項を記載した書面を発起人に交付しなければならない。

　1　申込みをする者の氏名又は名称及び住所

　2　引き受けようとする設立時募集株式の数

④ 前項の申込みをする者は、同項の書面の交付に代えて、政令で定めるところにより、発起人の承諾を得て、同項の書面に記載すべき事項を電磁的方法により提供することができる。この場合において、当該申込みをした者は、同項の書面を交付したものとみなす。

⑤ 発起人は、第1項各号に掲げる事項について変更があったときは、直ちに、その旨及び当該変更があった事項を第3項の申込みをした者（以下この款において「申込者」という。）に通知しなければならない。

⑥ 発起人が申込者に対してする通知又は催告は、第3項第1号の住所（当該申込者が別に通知又は催告を受ける場所又は連絡先を発起人に通知した場合にあっては、その場所又は連絡先）にあてて発すれば足りる。

⑦ 前項の通知又は催告は、その通知又は催告が通常到達すべきであった時に、到達したものとみなす。

（設立時募集株式の割当て）

第60条 発起人は、申込者の中から設立時

募集株式の割当てを受ける者を定め、かつ、その者に割り当てる設立時募集株式の数を定めなければならない。この場合において、発起人は、当該申込者に割り当てる設立時募集株式の数を、前条第３項第２号の数よりも減少することができる。

② 発起人は、第58条第１項第３号の期日（同号の期間を定めた場合にあっては、その期間の初日）の前日までに、申込者に対し、当該申込者に割り当てる設立時募集株式の数を通知しなければならない。

（設立時募集株式の申込み及び割当てに関する特則）

第61条 前２条の規定は、設立時募集株式を引き受けようとする者がその総数の引受けを行う契約を締結する場合には、適用しない。

（設立時募集株式の引受け）

第62条 次の各号に掲げる者は、当該各号に定める設立時募集株式の数について設立時募集株式の引受人となる。

１ 申込者　発起人の割り当てた設立時募集株式の数

２ 前条の契約により設立時募集株式の総数を引き受けた者　その者が引き受けた設立時募集株式の数

（設立時募集株式の払込金額の払込み）

第63条 設立時募集株式の引受人は、第58条第１項第３号の期日又は同号の期間内に、発起人が定めた銀行等の払込みの取扱いの場所において、それぞれの設立時募集株式の払込金額の全額の払込みを行わなければならない。

② 前項の規定による払込みをすることにより設立時発行株式の株主となる権利の譲渡は、成立後の株式会社に対抗することができない。

③ 設立時募集株式の引受人は、第１項の規定による払込みをしないときは、当該払込みをすることにより設立時募集株式の株主となる権利を失う。

（払込金の保管証明）

第64条 第57条第１項の募集をした場合には、発起人は、第34条第１項及び前条第１項の規定による払込みの取扱いをした銀行等に対し、これらの規定により払い込まれた金額に相当する金銭の保管に関する証明書の交付を請求することができる。

② 前項の証明書を交付した銀行等は、当該証明書の記載が事実と異なること又は第34条第１項若しくは前条第１項の規定により払い込まれた金銭の返還に関する制限があることをもって成立後の株式会社に対抗することができない。

第２款　創立総会等

（創立総会の招集）

第65条 第57条第１項の募集をする場合には、発起人は、第58条第１項第３号の期日又は同号の期間の末日のうち最も遅い日以後、遅滞なく、設立時株主（第50条第１項又は第102条第２項の規定により株式会社の株主となる者をいう。以下同じ。）の総会（以下「創立総会」という。）を招集しなければならない。

② 発起人は、前項に規定する場合において、必要があると認めるときは、いつでも、創立総会を招集することができる。

（創立総会の権限）

第66条 創立総会は、この節に規定する事項及び株式会社の設立の廃止、創立総会の終結その他株式会社の設立に関する事項に限り、決議をすることができる。

（創立総会の招集の決定）

第67条 発起人は、創立総会を招集する場合には、次に掲げる事項を定めなければならない。

１ 創立総会の日時及び場所

２ 創立総会の目的である事項

３ 創立総会に出席しない設立時株主が書面によって議決権を行使することができることとするときは、その旨

4 創立総会に出席しない設立時株主が電磁的方法によって議決権を行使することができることとするときは、その旨

5 前各号に掲げるもののほか、法務省令で定める事項

② 発起人は、設立時株主（創立総会において決議をすることができる事項の全部につき議決権を行使することができない設立時株主を除く。次条から第71条までにおいて同じ。）の数が1,000人以上である場合には、前項第3号に掲げる事項を定めなければならない。

（創立総会の招集の通知）

第68条 創立総会を招集するには、発起人は、創立総会の日の2週間（前条第1項第3号又は第4号に掲げる事項を定めたときを除き、設立しようとする株式会社が公開会社でない場合にあっては、1週間（当該設立しようとする株式会社が取締役会設置会社以外の株式会社である場合において、これを下回る期間を定款で定めた場合にあっては、その期間））前までに、設立時株主に対してその通知を発しなければならない。

② 次に掲げる場合には、前項の通知は、書面でしなければならない。

1 前条第1項第3号又は第4号に掲げる事項を定めた場合

2 設立しようとする株式会社が取締役会設置会社である場合

③ 発起人は、前項の書面による通知の発出に代えて、政令で定めるところにより、設立時株主の承諾を得て、電磁的方法により通知を発することができる。この場合において、当該発起人は、同項の書面による通知を発したものとみなす。

④ 前2項の通知には、前条第1項各号に掲げる事項を記載し、又は記録しなければならない。

⑤ 発起人が設立時株主に対してする通知又は催告は、第27条第5号又は第59条第3項第1号の住所（当該設立時株主が別に通知又は催告を受ける場所又は連絡先を発起人に通知し

た場合にあっては、その場所又は連絡先）にあてて発すれば足りる。

⑥ 前項の通知又は催告は、その通知又は催告が通常到達すべきであった時に、到達したものとみなす。

⑦ 前2項の規定は、第1項の通知に際して設立時株主に書面を交付し、又は当該書面に記載すべき事項を電磁的方法により提供する場合について準用する。この場合において、前項中「到達したもの」とあるのは、「当該書面の交付又は当該事項の電磁的方法による提供があったもの」と読み替えるものとする。

（招集手続の省略）

第69条 前条の規定にかかわらず、創立総会は、設立時株主の全員の同意があるときは、招集の手続を経ることなく開催することができる。ただし、第67条第1項第3号又は第4号に掲げる事項を定めた場合は、この限りでない。

（創立総会参考書類及び議決権行使書面の交付等）

第70条 発起人は、第67条第1項第3号に掲げる事項を定めた場合には、第68条第1項の通知に際して、法務省令で定めるところにより、設立時株主に対し、議決権の行使について参考となるべき事項を記載した書類（以下この款において「創立総会参考書類」という。）及び設立時株主が議決権を行使するための書面（以下この款において「議決権行使書面」という。）を交付しなければならない。

② 発起人は、第68条第3項の承諾をした設立時株主に対し同項の電磁的方法による通知を発するときは、前項の規定による創立総会参考書類及び議決権行使書面の交付に代えて、これらの書類に記載すべき事項を電磁的方法により提供することができる。ただし、設立時株主の請求があったときは、これらの書類を当該設立時株主に交付しなければならない。

第71条　発起人は、第67条第1項第4号に掲げる事項を定めた場合には、第68条第1項の通知に際して、法務省令で定めるところにより、設立時株主に対し、創立総会参考書類を交付しなければならない。

②　発起人は、第68条第3項の承諾をした設立時株主に対し同項の電磁的方法による通知を発するときは、前項の規定による創立総会参考書類の交付に代えて、当該創立総会参考書類に記載すべき事項を電磁的方法により提供することができる。ただし、設立時株主の請求があったときは、創立総会参考書類を当該設立時株主に交付しなければならない。

③　発起人は、第1項に規定する場合には、第68条第3項の承諾をした設立時株主に対する同項の電磁的方法による通知に際して、法務省令で定めるところにより、設立時株主に対し、議決権行使書面に記載すべき事項を当該電磁的方法により提供しなければならない。

④　発起人は、第1項に規定する場合において、第68条第3項の承諾をしていない設立時株主から創立総会の日の1週間前までに議決権行使書面に記載すべき事項の電磁的方法による提供の請求があったときは、法務省令で定めるところにより、直ちに、当該設立時株主に対し、当該事項を電磁的方法により提供しなければならない。

（議決権の数）

第72条　設立時株主（成立後の株式会社がその総株主の議決権の4分の1以上を有することその他の事由を通じて成立後の株式会社がその経営を実質的に支配することが可能となる関係にあるものとして法務省令で定める設立時株主を除く。）は、創立総会において、その引き受けた設立時発行株式1株につき1個の議決権を有する。ただし、単元株式数を定款で定めている場合には、1単元の設立時発行株式につき1個の議決権を有する。

②　設立しようとする株式会社が種類株式発行会社である場合において、株主総会において議決権を行使することができる事項について制限がある種類の設立時発行株式を発行するときは、創立総会において、設立時株主は、株主総会において議決権を行使することができる事項に相当する事項に限り、当該設立時発行株式について議決権を行使することができる。

③　前項の規定にかかわらず、株式会社の設立の廃止については、設立時株主は、その引き受けた設立時発行株式について議決権を行使することができる。

（創立総会の決議）

第73条　創立総会の決議は、当該創立総会において議決権を行使することができる設立時株主の議決権の過半数であって、出席した当該設立時株主の議決権の3分の2以上に当たる多数をもって行う。

②　前項の規定にかかわらず、その発行する全部の株式の内容として譲渡による当該株式の取得について当該株式会社の承認を要する旨の定款の定めを設ける定款の変更を行う場合（設立しようとする株式会社が種類株式発行会社である場合を除く。）には、当該定款の変更についての創立総会の決議は、当該創立総会において議決権を行使することができる設立時株主の半数以上であって、当該設立時株主の議決権の3分の2以上に当たる多数をもって行わなければならない。

③　定款を変更してその発行する全部の株式の内容として第107条第1項第3号に掲げる事項についての定款の定めを設け、又は当該事項についての定款の変更（当該事項についての定款の定めを廃止するものを除く。）をしようとする場合（設立しようとする株式会社が種類株式発行会社である場合を除く。）には、設立時株主全員の同意を得なければならない。

④　創立総会は、第67条第1項第2号に掲げる事項以外の事項については、決議をすることができない。ただし、定款の変更又

は株式会社の設立の廃止については、この限りでない。

（議決権の代理行使）

第74条 設立時株主は、代理人によってその議決権を行使することができる。この場合においては、当該設立時株主又は代理人は、代理権を証明する書面を発起人に提出しなければならない。

② 前項の代理権の授与は、創立総会ごとにしなければならない。

③ 第1項の設立時株主又は代理人は、代理権を証明する書面の提出に代えて、政令で定めるところにより、発起人の承諾を得て、当該書面に記載すべき事項を電磁的方法により提供することができる。この場合において、当該設立時株主又は代理人は、当該書面を提出したものとみなす。

④ 設立時株主が第68条第3項の承諾をした者である場合には、発起人は、正当な理由がなければ、前項の承諾をすることを拒んではならない。

⑤ 発起人は、創立総会に出席することができる代理人の数を制限することができる。

⑥ 発起人（株式会社の成立後にあっては、当該株式会社。次条第3項及び第76条第4項において同じ。）は、創立総会の日から3箇月間、代理権を証明する書面及び第3項の電磁的方法により提供された事項が記録された電磁的記録を発起人が定めた場所（株式会社の成立後にあっては、その本店。次条第3項及び第76条第4項において同じ。）に備え置かなければならない。

⑦ 設立時株主（株式会社の成立後にあっては、その株主。次条第4項及び第76条第5項において同じ。）は、発起人が定めた時間（株式会社の成立後にあっては、その営業時間。次条第4項及び第76条第5項において同じ。）内は、いつでも、次に掲げる請求をすることができる。

1 代理権を証明する書面の閲覧又は謄写の請求

2 前項の電磁的記録に記録された事項を法務省令で定める方法により表示したものの閲覧又は謄写の請求

（書面による議決権の行使）

第75条 書面による議決権の行使は、議決権行使書面に必要な事項を記載し、法務省令で定める時までに当該議決権行使書面を発起人に提出して行う。

② 前項の規定により書面によって行使した議決権の数は、出席した設立時株主の議決権の数に算入する。

③ 発起人は、創立総会の日から3箇月間、第1項の規定により提出された議決権行使書面を発起人が定めた場所に備え置かなければならない。

④ 設立時株主は、発起人が定めた時間内は、いつでも、第1項の規定により提出された議決権行使書面の閲覧又は謄写の請求をすることができる。

（電磁的方法による議決権の行使）

第76条 電磁的方法による議決権の行使は、政令で定めるところにより、発起人の承諾を得て、法務省令で定める時までに議決権行使書面に記載すべき事項を、電磁的方法により当該発起人に提供して行う。

② 設立時株主が第68条第3項の承諾をした者である場合には、発起人は、正当な理由がなければ、前項の承諾をすることを拒んではならない。

③ 第1項の規定により電磁的方法によって行使した議決権の数は、出席した設立時株主の議決権の数に算入する。

④ 発起人は、創立総会の日から3箇月間、第1項の規定により提供された事項を記録した電磁的記録を発起人が定めた場所に備え置かなければならない。

⑤ 設立時株主は、発起人が定めた時間内は、いつでも、前項の電磁的記録に記録された事項を法務省令で定める方法により表示したものの閲覧又は謄写の請求をすることができる。

第2編　株式会社

（議決権の不統一行使）

第77条　設立時株主は、その有する議決権を統一しないで行使することができる。この場合においては、創立総会の日の3日前までに、発起人に対してその旨及びその理由を通知しなければならない。

②　発起人は、前項の設立時株主が他人のために設立時発行株式を引き受けた者でないときは、当該設立時株主が同項の規定によりその有する議決権を統一しないで行使することを拒むことができる。

（発起人の説明義務）

第78条　発起人は、創立総会において、設立時株主から特定の事項について説明を求められた場合には、当該事項について必要な説明をしなければならない。ただし、当該事項が創立総会の目的である事項に関しないものである場合、その説明をすることにより設立時株主の共同の利益を著しく害する場合その他正当な理由がある場合として法務省令で定める場合は、この限りでない。

（議長の権限）

第79条　創立総会の議長は、当該創立総会の秩序を維持し、議事を整理する。

②　創立総会の議長は、その命令に従わない者その他当該創立総会の秩序を乱す者を退場させることができる。

（延期又は続行の決議）

第80条　創立総会においてその延期又は続行について決議があった場合には、第67条及び第68条の規定は、適用しない。

（議事録）

第81条　創立総会の議事については、法務省令で定めるところにより、議事録を作成しなければならない。

②　発起人（株式会社の成立後にあっては、当該株式会社。次条第2項において同じ。）は、創立総会の日から10年間、前項の議事録を発起人が定めた場所（株式会社の成立後にあっては、その本店。同条第2項において同じ。）に備え置かなければならない。

③　設立時株主（株式会社の成立後にあっては、その株主及び債権者。次条第3項において同じ。）は、発起人が定めた時間（株式会社の成立後にあっては、その営業時間。同項において同じ。）内は、いつでも、次に掲げる請求をすることができる。

1　第1項の議事録が書面をもって作成されているときは、当該書面の閲覧又は謄写の請求

2　第1項の議事録が電磁的記録をもって作成されているときは、当該電磁的記録に記録された事項を法務省令で定める方法により表示したものの閲覧又は謄写の請求

④　株式会社の成立後において、当該株式会社の親会社社員は、その権利を行使するため必要があるときは、裁判所の許可を得て、第1項の議事録について前項各号に掲げる請求をすることができる。

（創立総会の決議の省略）

第82条　発起人が創立総会の目的である事項について提案をした場合において、当該提案につき設立時株主（当該事項について議決権を行使することができるものに限る。）の全員が書面又は電磁的記録により同意の意思表示をしたときは、当該提案を可決する旨の創立総会の決議があったものとみなす。

②　発起人は、前項の規定により創立総会の決議があったものとみなされた日から10年間、同項の書面又は電磁的記録を発起人が定めた場所に備え置かなければならない。

③　設立時株主は、発起人が定めた時間内は、いつでも、次に掲げる請求をすることができる。

1　前項の書面の閲覧又は謄写の請求

2　前項の電磁的記録に記録された事項を法務省令で定める方法により表示したものの閲覧又は謄写の請求

④　株式会社の成立後において、当該株式会社の親会社社員は、その権利を行使するた

め必要があるときは、裁判所の許可を得て、第2項の書面又は電磁的記録について前項各号に掲げる請求をすることができる。

（創立総会への報告の省略）

第83条 発起人が設立時株主の全員に対して創立総会に報告すべき事項を通知した場合において、当該事項を創立総会に報告することを要しないことにつき設立時株主の全員が書面又は電磁的記録により同意の意思表示をしたときは、当該事項の創立総会への報告があったものとみなす。

（種類株主総会の決議を必要とする旨の定めがある場合）

第84条 設立しようとする株式会社が種類株式発行会社である場合において、その設立に際して発行するある種類の株式の内容として、株主総会において決議すべき事項について、当該決議のほか、当該種類の株式の種類株主を構成員とする種類株主総会の決議があることを必要とする旨の定めがあるときは、当該事項は、その定款の定めの例に従い、創立総会の決議のほか、当該種類の設立時発行株式の設立時種類株主（ある種類の設立時発行株式の設立時株主をいう。以下この節において同じ。）を構成員とする種類創立総会（ある種類の設立時発行株式の設立時種類株主の総会をいう。以下同じ。）の決議がなければ、その効力を生じない。ただし、当該種類創立総会において議決権を行使することができる設立時種類株主が存しない場合は、この限りでない。

（種類創立総会の招集及び決議）

第85条 前条、第90条第1項（同条第2項において準用する場合を含む。）、第92条第1項（同条第4項において準用する場合を含む。）、第100条第1項又は第101条第1項の規定により種類創立総会の決議をする場合には、発起人は、種類創立総会を招集しなければならない。

② 種類創立総会の決議は、当該種類創立総会において議決権を行使することができる設立時種類株主の議決権の過半数であって、出席した当該設立時種類株主の議決権の3分の2以上に当たる多数をもって行う。

③ 前項の規定にかかわらず、第100条第1項の決議は、同項に規定する種類創立総会において議決権を行使することができる設立時種類株主の半数以上であって、当該設立時種類株主の議決権の3分の2以上に当たる多数をもって行わなければならない。

（創立総会に関する規定の準用）

第86条 第67条から第71条まで、第72条第1項及び第74条から第82条までの規定は、種類創立総会について準用する。この場合において、第67条第1項第3号及び第4号並びに第2項、第68条第1項及び第3項、第69条から第71条まで、第72条第1項、第74条第1項、第3項及び第4項、第75条第2項、第76条第2項及び第3項、第77条、第78条本文並びに第82条第1項中「設立時株主」とあるのは、「設立時種類株主（ある種類の設立時発行株式の設立時株主をいう。）」と読み替えるものとする。

第3款　設立に関する事項の報告

第87条 発起人は、株式会社の設立に関する事項を創立総会に報告しなければならない。

② 発起人は、次の各号に掲げる場合には、当該各号に定める事項を記載し、又は記録した書面又は電磁的記録を創立総会に提出し、又は提供しなければならない。

一 定款に第28条各号に掲げる事項（第33条第10項各号に掲げる場合における当該各号に定める事項を除く。）の定めがある場合　第33条第2項の検査役の同条第4項の報告の内容

二 第33条第10項第3号に掲げる場合　同号に規定する証明の内容

第4款　設立時取締役等の選任及び解任

（設立時取締役等の選任）

第88条　第57条第1項の募集をする場合には、設立時取締役、設立時会計参与、設立時監査役又は設立時会計監査人の選任は、創立総会の決議によって行わなければならない。

②　設立しようとする株式会社が監査等委員会設置会社である場合には、前項の規定による設立時取締役の選任は、設立時監査等委員である設立時取締役とそれ以外の設立時取締役とを区別してしなければならない。

（累積投票による設立時取締役の選任）

第89条　創立総会の目的である事項が2人以上の設立時取締役（設立しようとする株式会社が監査等委員会設置会社である場合にあっては、設立時監査等委員である設立時取締役又はそれ以外の設立時取締役。以下この条において同じ。）の選任である場合には、設立時株主（設立時取締役の選任について議決権を行使することができる設立時株主に限る。以下この条において同じ。）は、定款に別段の定めがあるときを除き、発起人に対し、第3項から第5項までに規定するところにより設立時取締役を選任すべきことを請求することができる。

②　前項の規定による請求は、同項の創立総会の日の5日前までにしなければならない。

③　第72条第1項の規定にかかわらず、第1項の規定による請求があった場合には、設立時取締役の選任の決議については、設立時株主は、その引き受けた設立時発行株式1株（単元株式数を定款で定めている場合にあっては、1単元の設立時発行株式）につき、当該創立総会において選任する設立時取締役の数と同数の議決権を有する。この場合においては、設立時株主は、1人のみに投票し、又は2人以上に投票して、その議決権を行使することができる。

④　前項の場合には、投票の最多数を得た者から順次設立時取締役に選任されたものとする。

⑤　前2項に定めるもののほか、第1項の規定による請求があった場合における設立時取締役の選任に関し必要な事項は、法務省令で定める。

（種類創立総会の決議による設立時取締役等の選任）

第90条　第88条の規定にかかわらず、株式会社の設立に際して第108条第1項第9号に掲げる事項（取締役（設立しようとする株式会社が監査等委員会設置会社である場合にあっては、監査等委員である取締役又はそれ以外の取締役）に関するものに限る。）についての定めがある種類の株式を発行する場合には、設立時取締役（設立しようとする株式会社が監査等委員会設置会社である場合にあっては、設立時監査等委員である設立時取締役又はそれ以外の設立時取締役）は、同条第2項第9号に定める事項についての定款の定めの例に従い、当該種類の設立時発行株式の設立時種類株主を構成員とする種類創立総会の決議によって選任しなければならない。

②　前項の規定は、株式会社の設立に際して第108条第1項第9号に掲げる事項（監査役に関するものに限る。）についての定めがある種類の株式を発行する場合について準用する。

（設立時取締役等の解任）

第91条　第88条の規定により選任された設立時取締役、設立時会計参与、設立時監査役又は設立時会計監査人は、株式会社の成立の時までの間、創立総会の決議によって解任することができる。

第92条　第90条第1項の規定により選任された設立時取締役は、株式会社の成立の時までの間、その選任に係る種類の設立時発行株式の設立時種類株主を構成員とする種類創立総会の決議によって解任することができる。

②　前項の規定にかかわらず、第41条第1

項の規定により又は種類創立総会若しくは種類株主総会において選任された取締役を株主総会の決議によって解任することができる旨の定款の定めがある場合には、第90条第1項の規定により選任された設立時取締役は、株式会社の成立の時までの間、創立総会の決議によって解任することができる。

③　設立しようとする株式会社が監査等委員会設置会社である場合における前項の規定の適用については、同項中「取締役を」とあるのは「監査等委員である取締役又はそれ以外の取締役を」と、「設立時取締役」とあるのは「設立時監査等委員である設立時取締役又はそれ以外の設立時取締役」とする。

④　第1項及び第2項の規定は、第90条第2項において準用する同条第1項の規定により選任された設立時監査役について準用する。

第5款　設立時取締役等による調査

(設立時取締役等による調査)

第93条　設立時取締役（設立しようとする株式会社が監査役設置会社である場合にあっては、設立時取締役及び設立時監査役。以下この条において同じ。）は、その選任後遅滞なく、次に掲げる事項を調査しなければならない。

1　第33条第10項第1号又は第2号に掲げる場合における現物出資財産等（同号に掲げる場合にあっては、同号の有価証券に限る。）について定款に記載され、又は記録された価額が相当であること。

2　第33条第10項第3号に規定する証明が相当であること。

3　発起人による出資の履行及び第63条第1項の規定による払込みが完了していること。

4　前3号に掲げる事項のほか、株式会社の設立の手続が法令又は定款に違反していないこと。

②　設立時取締役は、前項の規定による調査の結果を創立総会に報告しなければならない。

③　設立時取締役は、創立総会において、設立時株主から第1項の規定による調査に関する事項について説明を求められた場合には、当該事項について必要な説明をしなければならない。

(設立時取締役等が発起人である場合の特則)

第94条　設立時取締役（設立しようとする株式会社が監査役設置会社である場合にあっては、設立時取締役及び設立時監査役）の全部又は一部が発起人である場合には、創立総会においては、その決議によって、前条第1項各号に掲げる事項を調査する者を選任することができる。

②　前項の規定により選任された者は、必要な調査を行い、当該調査の結果を創立総会に報告しなければならない。

第6款　定款の変更

(発起人による定款の変更の禁止)

第95条　第57条第1項の募集をする場合には、発起人は、第58条第1項第3号の期日又は同号の期間の初日のうち最も早い日以後は、第33条第9項並びに第37条第1項及び第2項の規定にかかわらず、定款の変更をすることができない。

(創立総会における定款の変更)

第96条　第30条第2項の規定にかかわらず、創立総会においては、その決議によって、定款の変更をすることができる。

(設立時発行株式の引受けの取消し)

第97条　創立総会において、第28条各号に掲げる事項を変更する定款の変更の決議をした場合には、当該創立総会においてその変更に反対した設立時株主は、当該決議後2週間以内に限り、その設立時発行株式の引受けに係る意思表示を取り消すことができる。

（創立総会の決議による発行可能株式総数の
定め）

第98条 第57条第1項の募集をする場合に
おいて、発行可能株式総数を定款で定めて
いないときは、株式会社の成立の時までに、
創立総会の決議によって、定款を変更して
発行可能株式総数の定めを設けなければな
らない。

（定款の変更の手続の特則）

第99条 設立しようとする会社が種類株式
発行会社である場合において、次の各号に
掲げるときは、当該各号の種類の設立時発
行株式の設立時種類株主全員の同意を得な
ければならない。

1 ある種類の株式の内容として第108条
第1項第6号に掲げる事項についての定
款の定めを設け、又は当該事項について
の定款の変更（当該事項についての定款の定
めを廃止するものを除く。）をしようとする
とき。

2 ある種類の株式について第322条第2
項の規定による定款の定めを設けようと
するとき。

第100条 設立しようとする株式会社が種類
株式発行会社である場合において、定款を
変更してある種類の株式の内容として第
108条第1項第4号又は第7号に掲げる事
項についての定款の定めを設けるときは、
当該定款の変更は、次に掲げる設立時種類
株主を構成員とする種類創立総会（当該設
立時種類株主に係る設立時発行株式の種類が2以
上ある場合にあっては、当該2以上の設立時発行
株式の種類別に区分された設立時種類株主を構成
員とする各種類創立総会。以下この条において同
じ。）の決議がなければ、その効力を生じ
ない。ただし、当該種類創立総会において
議決権を行使することができる設立時種類
株主が存しない場合は、この限りでない。

1 当該種類の設立時発行株式の設立時種
類株主

2 第108条第2項第5号ロの他の株式を

当該種類の株式とする定めがある取得請
求権付株式の設立時種類株主

3 第108条第2項第6号ロの他の株式を
当該種類の株式とする定めがある取得条
項付株式の設立時種類株主

② 前項に規定する種類創立総会において当
該定款の変更に反対した設立時種類株主は、
当該種類創立総会の決議後2週間以内に限
り、その設立時発行株式の引受けに係る意
思表示を取り消すことができる。

第101条 設立しようとする株式会社が種類
株式発行会社である場合において、次に掲
げる事項についての定款の変更をすること
により、ある種類の設立時発行株式の設立
時種類株主に損害を及ぼすおそれがあると
きは、当該定款の変更は、当該種類の設立
時発行株式の設立時種類株主を構成員とす
る種類創立総会（当該設立時種類株主に係る設
立時発行株式の種類が2以上ある場合にあっては、
当該2以上の設立時発行株式の種類別に区分され
た設立時種類株主を構成員とする各種類創立総会）
の決議がなければ、その効力を生じない。
ただし、当該種類創立総会において議決権
を行使することができる設立時種類株主が
存しない場合は、この限りでない。

1 株式の種類の追加

2 株式の内容の変更

3 発行可能株式総数又は発行可能種類株
式総数（株式会社が発行することができる一の
種類の株式の総数をいう。以下同じ。）の増加

② 前項の規定は、単元株式数についての定
款の変更であって、当該定款の変更につい
て第322条第2項の規定による定款の定め
がある場合における当該種類の設立時発行
株式の設立時種類株主を構成員とする種類
創立総会については、適用しない。

第7款 設立手続等の特則等

（設立手続等の特則）

第102条 設立時募集株式の引受人は、発起
人が定めた時間内は、いつでも、第31条

第2項各号に掲げる請求をすることができる。ただし、同項第2号又は第4号に掲げる請求をするには、発起人の定めた費用を支払わなければならない。

② 設立時募集株式の引受人は、株式会社の成立の時に、第63条第1項の規定による払込みを行った設立時発行株式の株主となる。

③ 設立時募集株式の引受人は、第63条第1項の規定による払込みを仮装した場合には、次条第1項又は第103条第2項の規定による支払がされた後でなければ、払込みを仮装した設立時発行株式について、設立時株主及び株主の権利を行使することができない。

④ 前項の設立時発行株式又はその株主となる権利を譲り受けた者は、当該設立時発行株式についての設立時株主及び株主の権利を行使することができる。ただし、その者に悪意又は重大な過失があるときは、この限りでない。

⑤ 民法第93条第1項ただし書及び第94条第1項の規定は、設立時募集株式の引受けの申込み及び割当て並びに第61条の契約に係る意思表示については、適用しない。

⑥ 設立時募集株式の引受人は、株式会社の成立後又は創立総会若しくは種類創立総会においてその議決権を行使した後は、錯誤、詐欺又は強迫を理由として設立時発行株式の引受けの取消しをすることができない。

（払込みを仮装した設立時募集株式の引受人の責任）

第102条の2 設立時募集株式の引受人は、前条第3項に規定する場合には、株式会社に対し、払込みを仮装した払込金額の全額の支払をする義務を負う。

② 前項の規定により設立時募集株式の引受人の負う義務は、総株主の同意がなければ、免除することができない。

（発起人の責任等）

第103条 第57条第1項の募集をした場合における第52条第2項の規定の適用については、同項中「次に」とあるのは、「第1号に」とする。

② 第102条第3項に規定する場合には、払込みを仮装することに関与した発起人又は設立時取締役として法務省令で定める者は、株式会社に対し、前条第1項の引受人と連帯して、同項に規定する支払をする義務を負う。ただし、その者（当該払込みを仮装したものを除く。）がその職務を行うについて注意を怠らなかったことを証明した場合は、この限りでない。

③ 前項の規定により発起人又は設立時取締役の負う義務は、総株主の同意がなければ、免除することができない。

④ 第57条第1項の募集をした場合において、当該募集の広告その他当該募集に関する書面又は電磁的記録に自己の氏名又は名称及び株式会社の設立を賛助する旨を記載し、又は記録することを承諾した者（発起人を除く。）は、発起人とみなして、前節及び前3項の規定を適用する。

第2章 株式

第1節 総則

（株主の責任）

第104条 株主の責任は、その有する株式の引受価額を限度とする。

（株主の権利）

第105条 株主は、その有する株式につき次に掲げる権利その他この法律の規定により認められた権利を有する。

　1 剰余金の配当を受ける権利

　2 残余財産の分配を受ける権利

　3 株主総会における議決権

② 株主に前項第1号及び第2号に掲げる権利の全部を与えない旨の定款の定めは、その効力を有しない。

（共有者による権利の行使）

第106条 株式が2以上の者の共有に属する

ときは、共有者は、当該株式についての権利を行使する者1人を定め、株式会社に対し、その者の氏名又は名称を通知しなければ、当該株式についての権利を行使することができない。ただし、株式会社が当該権利を行使することに同意した場合は、この限りでない。

(株式の内容についての特別の定め)
第107条 株式会社は、その発行する全部の株式の内容として次に掲げる事項を定めることができる。

1 譲渡による当該株式の取得について当該株式会社の承認を要すること。

2 当該株式について、株主が当該株式会社に対してその取得を請求することができること。

3 当該株式について、当該株式会社が一定の事由が生じたことを条件としてこれを取得することができること。

② 株式会社は、全部の株式の内容として次の各号に掲げる事項を定めるときは、当該各号に定める事項を定款で定めなければならない。

1 譲渡による当該株式の取得について当該株式会社の承認を要すること 次に掲げる事項

イ 当該株式を譲渡により取得することについて当該株式会社の承認を要する旨

ロ 一定の場合においては株式会社が第136条又は第137条第1項の承認をしたものとみなすときは、その旨及び当該一定の場合

2 当該株式について、株主が当該株式会社に対してその取得を請求することができること 次に掲げる事項

イ 株主が当該株式会社に対して当該株主の有する株式を取得することを請求することができる旨

ロ イの株式1株を取得するのと引換えに当該株主に対して当該株式会社の社債(新株予約権付社債についてのものを除く。)を交付するときは、当該社債の種類(第681条第1号に規定する種類をいう。以下この編において同じ。)及び種類ごとの各社債の金額の合計額又はその算定方法

ハ イの株式1株を取得するのと引換えに当該株主に対して当該株式会社の新株予約権(新株予約権付社債に付されたものを除く。)を交付するときは、当該新株予約権の内容及び数又はその算定方法

ニ イの株式1株を取得するのと引換えに当該株主に対して当該株式会社の新株予約権付社債を交付するときは、当該新株予約権付社債についてのロに規定する事項及び当該新株予約権付社債に付された新株予約権についてのハに規定する事項

ホ イの株式1株を取得するのと引換えに当該株主に対して当該株式会社の株式等(株式、社債及び新株予約権をいう。以下同じ。)以外の財産を交付するときは、当該財産の内容及び数若しくは額又はこれらの算定方法

ヘ 株主が当該株式会社に対して当該株式を取得することを請求することができる期間

3 当該株式について、当該株式会社が一定の事由が生じたことを条件としてこれを取得することができること 次に掲げる事項

イ 一定の事由が生じた日に当該株式会社がその株式を取得する旨及びその事由

ロ 当該株式会社が別に定める日が到来することをもってイの事由とするときは、その旨

ハ イの事由が生じた日にイの株式の一部を取得することとするときは、その旨及び取得する株式の一部の決定の方

法

　ニ　イの株式1株を取得するのと引換え
に当該株主に対して当該株式会社の社
債（新株予約権付社債についてのものを除
く。）を交付するときは、当該社債の
種類及び種類ごとの各社債の金額の合
計額又はその算定方法

　ホ　イの株式1株を取得するのと引換え
に当該株主に対して当該株式会社の新
株予約権（新株予約権付社債に付されたも
のを除く。）を交付するときは、当該新
株予約権の内容及び数又はその算定方
法

　ヘ　イの株式1株を取得するのと引換え
に当該株主に対して当該株式会社の新
株予約権付社債を交付するときは、当
該新株予約権付社債についてのニに規
定する事項及び当該新株予約権付社債
に付された新株予約権についてのホに
規定する事項

　ト　イの株式1株を取得するのと引換え
に当該株主に対して当該株式会社の株
式等以外の財産を交付するときは、当
該財産の内容及び数若しくは額又はこ
れらの算定方法

（異なる種類の株式）

第108条　株式会社は、次に掲げる事項につ
いて異なる定めをした内容の異なる2以上
の種類の株式を発行することができる。た
だし、指名委員会等設置会社及び公開会社
は、第9号に掲げる事項についての定めが
ある種類の株式を発行することができない。

1　剰余金の配当

2　残余財産の分配

3　株主総会において議決権を行使するこ
とができる事項

4　譲渡による当該種類の株式の取得につ
いて当該株式会社の承認を要すること。

5　当該種類の株式について、株主が当該
株式会社に対してその取得を請求するこ
とができること。

6　当該種類の株式について、当該株式会
社が一定の事由が生じたことを条件とし
てこれを取得することができること。

7　当該種類の株式について、当該株式会
社が株主総会の決議によってその全部を
取得すること。

8　株主総会（取締役会設置会社にあっては株
主総会又は取締役会、清算人会設置会社（第
478条第8項に規定する清算人会設置会社をい
う。以下この条において同じ。）にあっては株主
総会又は清算人会）において決議すべき事
項のうち、当該決議のほか、当該種類の
株式の種類株主を構成員とする種類株主
総会の決議があることを必要とするもの

9　当該種類の株式の種類株主を構成員と
する種類株主総会において取締役（監査
等委員会設置会社にあっては、監査等委員であ
る取締役又はそれ以外の取締役。次項第9号及
び第112条第1項において同じ。）又は監査役
を選任すること。

②　株式会社は、次の各号に掲げる事項につ
いて内容の異なる2以上の種類の株式を発
行する場合には、当該各号に定める事項及
び発行可能種類株式総数を定款で定めなけ
ればならない。

1　剰余金の配当　当該種類の株主に交付
する配当財産の価額の決定の方法、剰余
金の配当をする条件その他剰余金の配当
に関する取扱いの内容

2　残余財産の分配　当該種類の株主に交
付する残余財産の価額の決定の方法、当
該残余財産の種類その他残余財産の分配
に関する取扱いの内容

3　株主総会において議決権を行使するこ
とができる事項　次に掲げる事項

　イ　株主総会において議決権を行使する
ことができる事項

　ロ　当該種類の株式につき議決権の行使
の条件を定めるときは、その条件

4　譲渡による当該種類の株式の取得につ
いて当該株式会社の承認を要すること

第2編　株式会社

当該種類の株式についての前条第2項第1号に定める事項

5　当該種類の株式について、株主が当該株式会社に対してその取得を請求することができること　次に掲げる事項

イ　当該種類の株式についての前条第2項第2号に定める事項

ロ　当該種類の株式1株を取得するのと引換えに当該株主に対して当該株式会社の他の株式を交付するときは、当該他の株式の種類及び種類ごとの数又はその算定方法

6　当該種類の株式について、当該株式会社が一定の事由が生じたことを条件としてこれを取得することができること　次に掲げる事項

イ　当該種類の株式についての前条第2項第3号に定める事項

ロ　当該種類の株式1株を取得するのと引換えに当該株主に対して当該株式会社の他の株式を交付するときは、当該他の株式の種類及び種類ごとの数又はその算定方法

7　当該種類の株式について、当該株式会社が株主総会の決議によってその全部を取得すること　次に掲げる事項

イ　第171条第1項第1号に規定する取得対価の価額の決定の方法

ロ　当該株主総会の決議をすることができるか否かについての条件を定めるときは、その条件

8　株主総会（取締役会設置会社にあっては株主総会又は取締役会、清算人会設置会社にあっては株主総会又は清算人会）において決議すべき事項のうち、当該決議のほか、当該種類の株式の種類株主を構成員とする種類株主総会の決議があることを必要とするもの　次に掲げる事項

イ　当該種類株主総会の決議があることを必要とする事項

ロ　当該種類株主総会の決議を必要とす

る条件を定めるときは、その条件

9　当該種類の株式の種類株主を構成員とする種類株主総会において取締役又は監査役を選任すること　次に掲げる事項

イ　当該種類株主を構成員とする種類株主総会において取締役又は監査役を選任すること及び選任する取締役又は監査役の数

ロ　イの定めにより選任することができる取締役又は監査役の全部又は一部を他の種類株主と共同して選任することとするときは、当該他の種類株主の有する株式の種類及び共同して選任する取締役又は監査役の数

ハ　イ又はロに掲げる事項を変更する条件があるときは、その条件及びその条件が成就した場合における変更後のイ又はロに掲げる事項

ニ　イからハまでに掲げるもののほか、法務省令で定める事項

③　前項の規定にかかわらず、同項各号に定める事項（剰余金の配当について内容の異なる種類の種類株主が配当を受けることができる額その他法務省令で定める事項に限る。）の全部又は一部については、当該種類の株式を初めて発行する時までに、株主総会（取締役会設置会社にあっては株主総会又は取締役会、清算人会設置会社にあっては株主総会又は清算人会）の決議によって定める旨を定款で定めることができる。この場合においては、その内容の要綱を定款で定めなければならない。

（株主の平等）

第109条　株式会社は、株主を、その有する株式の内容及び数に応じて、平等に取り扱わなければならない。

②　前項の規定にかかわらず、公開会社でない株式会社は、第105条第1項各号に掲げる権利に関する事項について、株主ごとに異なる取扱いを行う旨を定款で定めることができる。

③　前項の規定による定款の定めがある場合

には、同項の株主が有する株式を同項の権利に関する事項について内容の異なる種類の株式とみなして、この編及び第5編の規定を適用する。

（定款の変更の手続の特則）

第110条 定款を変更してその発行する全部の株式の内容として第107条第1項第3号に掲げる事項についての定款の定めを設け、又は当該事項についての定款の変更（当該事項についての定款の定めを廃止するものを除く。）をしようとする場合（株式会社が種類株式発行会社である場合を除く。）には、株主全員の同意を得なければならない。

第111条 種類株式発行会社がある種類の株式の発行後に定款を変更して当該種類の株式の内容として第108条第1項第6号に掲げる事項についての定款の定めを設け、又は当該事項についての定款の変更（当該事項についての定款の定めを廃止するものを除く。）をしようとするときは、当該種類の株式を有する株主全員の同意を得なければならない。

② 種類株式発行会社がある種類の株式の内容として第108条第1項第4号又は第7号に掲げる事項についての定款の定めを設ける場合には、当該定款の変更は、次に掲げる種類株主を構成員とする種類株主総会（当該種類株主に係る株式の種類が2以上ある場合にあっては、当該2以上の株式の種類別に区分された種類株主を構成員とする各種類株主総会。以下この条において同じ。）の決議がなければ、その効力を生じない。ただし、当該種類株主総会において議決権を行使することができる種類株主が存しない場合は、この限りでない。

1 当該種類の株式の種類株主

2 第108条第2項第5号ロの他の株式を当該種類の株式とする定めがある取得請求権付株式の種類株主

3 第108条第2項第6号ロの他の株式を当該種類の株式とする定めがある取得条

項付株式の種類株主

（取締役の選任等に関する種類株式の定款の定めの廃止の特則）

第112条 第108条第2項第9号に掲げる事項（取締役に関するものに限る。）についての定款の定めは、この法律又は定款で定めた取締役の員数を欠いた場合において、そのために当該員数に足りる数の取締役を選任することができないときは、廃止されたものとみなす。

② 前項の規定は、第108条第2項第9号に掲げる事項（監査役に関するものに限る。）についての定款の定めについて準用する。

（発行可能株式総数）

第113条 株式会社は、定款を変更して発行可能株式総数についての定めを廃止することができない。

② 定款を変更して発行可能株式総数を減少するときは、変更後の発行可能株式総数は、当該定款の変更が効力を生じた時における発行済株式の総数を下ることができない。

③ 次に掲げる場合には、当該定款の変更後の発行可能株式総数は、当該定款の変更が効力を生じた時における発行済株式の総数の4倍を超えることができない。

1 公開会社が定款を変更して発行可能株式総数を増加する場合

2 公開会社でない株式会社が定款を変更して公開会社となる場合

④ 新株予約権（第236条第1項第4号の期間の初日が到来していないものを除く。）の新株予約権者が第282条第1項の規定により取得することとなる株式の数は、発行可能株式総数から発行済株式（自己株式（株式会社が有する自己の株式をいう。以下同じ。）を除く。）の総数を控除して得た数を超えてはならない。

（発行可能種類株式総数）

第114条 定款を変更してある種類の株式の発行可能種類株式総数を減少するときは、変更後の当該種類の株式の発行可能種類株式総数は、当該定款の変更が効力を生じた

時における当該種類の発行済株式の総数を下ることができない。

② ある種類の株式についての次に掲げる数の合計数は、当該種類の株式の発行可能種類株式総数から当該種類の発行済株式（自己株式を除く。）の総数を控除して得た数を超えてはならない。

1 取得請求権付株式（第107条第2項第2号への期間の初日が到来していないものを除く。）の株主（当該株式会社を除く。）が第167条第2項の規定により取得することとなる同項第4号に規定する他の株式の数

2 取得条項付株式の株主（当該株式会社を除く。）が第170条第2項の規定により取得することとなる同項第4号に規定する他の株式の数

3 新株予約権（第236条第1項第4号の期間の初日が到来していないものを除く。）の新株予約権者が第282条第1項の規定により取得することとなる株式の数

（議決権制限株式の発行数）

第115条 種類株式発行会社が公開会社である場合において、株主総会において議決権を行使することができる事項について制限のある種類の株式（以下この条において「議決権制限株式」という。）の数が発行済株式の総数の2分の1を超えるに至ったときは、株式会社は、直ちに、議決権制限株式の数を発行済株式の総数の2分の1以下にするための必要な措置をとらなければならない。

（反対株主の株式買取請求）

第116条 次の各号に掲げる場合には、反対株主は、株式会社に対し、自己の有する当該各号に定める株式を公正な価格で買い取ることを請求することができる。

1 その発行する全部の株式の内容として第107条第1項第1号に掲げる事項についての定めを設ける定款の変更をする場合 全部の株式

2 ある種類の株式の内容として第108条第1項第4号又は第7号に掲げる事項についての定めを設ける定款の変更をする場合 第111条第2項各号に規定する株式

3 次に掲げる行為をする場合において、ある種類の株式（第322条第2項の規定による定款の定めがあるものに限る。）を有する種類株主に損害を及ぼすおそれがあるとき 当該種類の株式

イ 株式の併合又は株式の分割

ロ 第185条に規定する株式無償割当て

ハ 単元株式数についての定款の変更

ニ 当該株式会社の株式を引き受ける者の募集（第202条第1項各号に掲げる事項を定めるものに限る。）

ホ 当該株式会社の新株予約権を引き受ける者の募集（第241条第1項各号に掲げる事項を定めるものに限る。）

ヘ 第277条に規定する新株予約権無償割当て

② 前項に規定する「反対株主」とは、次の各号に掲げる場合における当該各号に定める株主をいう。

1 前項各号の行為をするために株主総会（種類株主総会を含む。）の決議を要する場合 次に掲げる株主

イ 当該株主総会に先立って当該行為に反対する旨を当該株式会社に対し通知し、かつ、当該株主総会において当該行為に反対した株主（当該株主総会において議決権を行使することができるものに限る。）

ロ 当該株主総会において議決権を行使することができない株主

2 前号に規定する場合以外の場合 すべての株主

③ 第1項各号の行為をしようとする株式会社は、当該行為が効力を生ずる日（以下この条及び次条において「効力発生日」という。）の20日前までに、同項各号に定める株式の株主に対し、当該行為をする旨を通知しな

ければならない。

④ 前項の規定による通知は、公告をもって これに代えることができる。

⑤ 第1項の規定による請求（以下この節において「株式買取請求」という。）は、効力発生日の20日前の日から効力発生日の前日までの間に、その株式買取請求に係る株式の数（種類株式発行会社にあっては、株式の種類及び種類ごとの数）を明らかにしてしなければならない。

⑥ 株券が発行されている株式について株式買取請求をしようとするときは、当該株式の株主は、株式会社に対し、当該株式に係る株券を提出しなければならない。ただし、当該株券について第223条の規定による請求をした者については、この限りでない。

⑦ 株式買取請求をした株主は、株式会社の承諾を得た場合に限り、その株式買取請求を撤回することができる。

⑧ 株式会社が第1項各号の行為を中止したときは、株式買取請求は、その効力を失う。

⑨ 第133条の規定は、株式買取請求に係る株式については、適用しない。

（株式の価格の決定等）

第117条 株式買取請求があった場合において、株式の価格の決定について、株主と株式会社との間に協議が調ったときは、株式会社は、効力発生日から60日以内にその支払をしなければならない。

② 株式の価格の決定について、効力発生日から30日以内に協議が調わないときは、株主又は株式会社は、その期間の満了の日後30日以内に、裁判所に対し、価格の決定の申立てをすることができる。

③ 前条第7項の規定にかかわらず、前項に規定する場合において、効力発生日から60日以内に同項の申立てがないときは、その期間の満了後は、株主は、いつでも、株式買取請求を撤回することができる。

④ 株式会社は、裁判所の決定した価格に対する第1項の期間の満了の日後の法定利率

による利息をも支払わなければならない。

⑤ 株式会社は、株式の価格の決定があるまでは、株主に対し、当該株式会社が公正な価格と認める額を支払うことができる。

⑥ 株式買取請求に係る株式の買取りは、効力発生日に、その効力を生ずる。

⑦ 株券発行会社（その株式（種類株式発行会社にあっては、全部の種類の株式）に係る株券を発行する旨の定款の定めがある株式会社をいう。以下同じ。）は、株券が発行されている株式について株式買取請求があったときは、株券と引換えに、その株式買取請求に係る株式の代金を支払わなければならない。

（新株予約権買取請求）

第118条 次の各号に掲げる定款の変更をする場合には、当該各号に定める新株予約権の新株予約権者は、株式会社に対し、自己の有する新株予約権を公正な価格で買い取ることを請求することができる。

1 その発行する全部の株式の内容として第107条第1項第1号に掲げる事項についての定めを設ける定款の変更　全部の新株予約権

2 ある種類の株式の内容として第108条第1項第4号又は第7号に掲げる事項についての定款の定めを設ける定款の変更　当該種類の株式を目的とする新株予約権

② 新株予約権付社債に付された新株予約権の新株予約権者は、前項の規定による請求（以下この節において「新株予約権買取請求」という。）をするときは、併せて、新株予約権付社債についての社債を買い取ることを請求しなければならない。ただし、当該新株予約権付社債に付された新株予約権について別段の定めがある場合は、この限りでない。

③ 第1項各号に掲げる定款の変更をしようとする株式会社は、当該定款の変更が効力を生ずる日（以下この条及び次条において「定款変更日」という。）の20日前までに、同項

各号に定める新株予約権の新株予約権者に対し、当該定款の変更を行う旨を通知しなければならない。

④　前項の規定による通知は、公告をもってこれに代えることができる。

⑤　新株予約権買取請求は、定款変更日の20日前の日から定款変更日の前日までの間に、その新株予約権買取請求に係る新株予約権の内容及び数を明らかにしてしなければならない。

⑥　新株予約権証券が発行されている新株予約権について新株予約権買取請求をしようとするときは、当該新株予約権の新株予約権者は、株式会社に対し、その新株予約権証券を提出しなければならない。ただし、当該新株予約権証券について非訟事件手続法（平成23年法律第51号）第114条に規定する公示催告の申立てをした者については、この限りでない。

⑦　新株予約権付社債券（第249条第2号に規定する新株予約権付社債券をいう。以下この項及び次条第8項において同じ。）が発行されている新株予約権付社債に付された新株予約権について新株予約権買取請求をしようとするときは、当該新株予約権の新株予約権者は、株式会社に対し、その新株予約権付社債券を提出しなければならない。ただし、当該新株予約権付社債券について非訟事件手続法第114条に規定する公示催告の申立てをした者については、この限りでない。

⑧　新株予約権買取請求をした新株予約権者は、株式会社の承諾を得た場合に限り、その新株予約権買取請求を撤回することができる。

⑨　株式会社が第1項各号に掲げる定款の変更を中止したときは、新株予約権買取請求は、その効力を失う。

⑩　第260条の規定は、新株予約権買取請求に係る新株予約権については、適用しない。

（新株予約権の価格の決定等）

第119条　新株予約権買取請求があった場合において、新株予約権（当該新株予約権が新株予約権付社債に付されたものである場合において、当該新株予約権付社債についての社債の買取りの請求があったときは、当該社債を含む。以下この条において同じ。）の価格の決定について、新株予約権者と株式会社との間に協議が調ったときは、株式会社は、定款変更日から60日以内にその支払をしなければならない。

②　新株予約権の価格の決定について、定款変更日から30日以内に協議が調わないときは、新株予約権者又は株式会社は、その期間の満了の日後30日以内に、裁判所に対し、価格の決定の申立てをすることができる。

③　前条第8項の規定にかかわらず、前項に規定する場合において、定款変更日から60日以内に同項の申立てがないときは、その期間の満了後は、新株予約権者は、いつでも、新株予約権買取請求を撤回することができる。

④　株式会社は、裁判所の決定した価格に対する第1項の期間の満了の日後の法定利率による利息をも支払わなければならない。

⑤　株式会社は、新株予約権の価格の決定があるまでは、新株予約権者に対し、当該株式会社が公正な価格と認める額を支払うことができる。

⑥　新株予約権買取請求に係る新株予約権の買取りは、定款変更日に、その効力を生ずる。

⑦　株式会社は、新株予約権証券が発行されている新株予約権について新株予約権買取請求があったときは、新株予約権証券と引換えに、その新株予約権買取請求に係る新株予約権の代金を支払わなければならない。

⑧　株式会社は、新株予約権付社債券が発行されている新株予約権付社債に付された新株予約権について新株予約権買取請求があったときは、その新株予約権付社債券と引換えに、その新株予約権買取請求に係る新

株予約権の代金を支払わなければならない。

（株主等の権利の行使に関する利益の供与）

第120条 株式会社は、何人に対しても、株主の権利、当該株式会社に係る適格旧株主（第847条の2第9項に規定する適格旧株主をいう。）の権利又は当該株式会社の最終完全親会社等（第847条の3第1項に規定する最終完全親会社等をいう。）の株主の権利の行使に関し、財産上の利益の供与（当該株式会社又はその子会社の計算においてするものに限る。以下この条において同じ。）をしてはならない。

② 株式会社が特定の株主に対して無償で財産上の利益の供与をしたときは、当該株式会社は、株主の権利の行使に関し、財産上の利益の供与をしたものと推定する。株式会社が特定の株主に対して有償で財産上の利益の供与をした場合において、当該株式会社又はその子会社の受けた利益が当該財産上の利益に比して著しく少ないときも、同様とする。

③ 株式会社が第1項の規定に違反して財産上の利益の供与をしたときは、当該利益の供与を受けた者は、これを当該株式会社又はその子会社に返還しなければならない。この場合において、当該利益の供与を受けた者は、当該株式会社又はその子会社に対して当該利益と引換えに給付をしたものがあるときは、その返還を受けることができる。

④ 株式会社が第1項の規定に違反して財産上の利益の供与をしたときは、当該利益の供与をすることに関与した取締役（指名委員会等設置会社にあっては、執行役を含む。以下この項において同じ。）として法務省令で定める者は、当該株式会社に対して、連帯して、供与した利益の価額に相当する額を支払う義務を負う。ただし、その者（当該利益の供与をした取締役を除く。）がその職務を行うについて注意を怠らなかったことを証明した場合は、この限りでない。

⑤ 前項の義務は、総株主の同意がなければ、免除することができない。

第2節　株主名簿

（株主名簿）

第121条 株式会社は、株主名簿を作成し、これに次に掲げる事項（以下「株主名簿記載事項」という。）を記載し、又は記録しなければならない。

1 株主の氏名又は名称及び住所

2 前号の株主の有する株式の数（種類株式発行会社にあっては、株式の種類及び種類ごとの数）

3 第1号の株主が株式を取得した日

4 株式会社が株券発行会社である場合には、第2号の株式（株券が発行されているものに限る。）に係る株券の番号

（株主名簿記載事項を記載した書面の交付等）

第122条 前条第1号の株主は、株式会社に対し、当該株主についての株主名簿に記載され、若しくは記録された株主名簿記載事項を記載した書面の交付又は当該株主名簿記載事項を記録した電磁的記録の提供を請求することができる。

② 前項の書面には、株式会社の代表取締役（指名委員会等設置会社にあっては、代表執行役。次項において同じ。）が署名し、又は記名押印しなければならない。

③ 第1項の電磁的記録には、株式会社の代表取締役が法務省令で定める署名又は記名押印に代わる措置をとらなければならない。

④ 前3項の規定は、株券発行会社については、適用しない。

（株主名簿管理人）

第123条 株式会社は、株主名簿管理人（株式会社に代わって株主名簿の作成及び備置きその他の株主名簿に関する事務を行う者をいう。以下同じ。）を置く旨を定款で定め、当該事務を行うことを委託することができる。

（基準日）

第124条 株式会社は、一定の日（以下この章において「基準日」という。）を定めて、基準

日において株主名簿に記載され、又は記録されている株主（以下この条において「基準日株主」という。）をその権利を行使することができる者と定めることができる。

② 基準日を定める場合には、株式会社は、基準日株主が行使することができる権利（基準日から3箇月以内に行使するものに限る。）の内容を定めなければならない。

③ 株式会社は、基準日を定めたときは、当該基準日の2週間前までに、当該基準日及び前項の規定により定めた事項を公告しなければならない。ただし、定款に当該基準日及び当該事項について定めがあるときは、この限りでない。

④ 基準日株主が行使することができる権利が株主総会又は種類株主総会における議決権である場合には、株式会社は、当該基準日後に株式を取得した者の全部又は一部を当該権利を行使することができる者と定めることができる。ただし、当該株式の基準日株主の権利を害することができない。

⑤ 第1項から第3項までの規定は、第149条第1項に規定する登録株式質権者について準用する。

（株主名簿の備置き及び閲覧等）

第125条 株式会社は、株主名簿をその本店（株主名簿管理人がある場合にあっては、その営業所）に備え置かなければならない。

② 株主及び債権者は、株式会社の営業時間内は、いつでも、次に掲げる請求をすることができる。この場合においては、当該請求の理由を明らかにしてしなければならない。

　1　株主名簿が書面をもって作成されているときは、当該書面の閲覧又は謄写の請求

　2　株主名簿が電磁的記録をもって作成されているときは、当該電磁的記録に記録された事項を法務省令で定める方法により表示したものの閲覧又は謄写の請求

③ 株式会社は、前項の請求があったときは、

次のいずれかに該当する場合を除き、これを拒むことができない。

　1　当該請求を行う株主又は債権者（以下この項において「請求者」という。）がその権利の確保又は行使に関する調査以外の目的で請求を行ったとき。

　2　請求者が当該株式会社の業務の遂行を妨げ、又は株主の共同の利益を害する目的で請求を行ったとき。

　3　請求者が株主名簿の閲覧又は謄写によって知り得た事実を利益を得て第三者に通報するため請求を行ったとき。

　4　請求者が、過去2年以内において、株主名簿の閲覧又は謄写によって知り得た事実を利益を得て第三者に通報したことがあるものであるとき。

④ 株式会社の親会社社員は、その権利を行使するため必要があるときは、裁判所の許可を得て、当該株式会社の株主名簿について第2項各号に掲げる請求をすることができる。この場合においては、当該請求の理由を明らかにしてしなければならない。

⑤ 前項の親会社社員について第3項各号のいずれかに規定する事由があるときは、裁判所は、前項の許可をすることができない。

（株主に対する通知等）

第126条 株式会社が株主に対してする通知又は催告は、株主名簿に記載し、又は記録した当該株主の住所（当該株主が別に通知又は催告を受ける場所又は連絡先を当該株式会社に通知した場合にあっては、その場所又は連絡先）にあてて発すれば足りる。

② 前項の通知又は催告は、その通知又は催告が通常到達すべきであった時に、到達したものとみなす。

③ 株式が2以上の者の共有に属するときは、共有者は、株式会社が株主に対してする通知又は催告を受領する者1人を定め、当該株式会社に対し、その者の氏名又は名称を通知しなければならない。この場合においては、その者を株主とみなして、前2項の

規定を適用する。

④ 前項の規定による共有者の通知がない場合には、株式会社が株式の共有者に対してする通知又は催告は、そのうちの 1 人に対してすれば足りる。

⑤ 前各項の規定は、第 299 条第 1 項（第 325 条において準用する場合を含む。）の通知に際して株主に書面を交付し、又は当該書面に記載すべき事項を電磁的方法により提供する場合について準用する。この場合において、第 2 項中「到達したもの」とあるのは、「当該書面の交付又は当該事項の電磁的方法による提供があったもの」と読み替えるものとする。

第 3 節 株式の譲渡等

第 1 款 株式の譲渡

（株式の譲渡）
第 127 条 株主は、その有する株式を譲渡することができる。

（株券発行会社の株式の譲渡）
第 128 条 株券発行会社の株式の譲渡は、当該株式に係る株券を交付しなければ、その効力を生じない。ただし、自己株式の処分による株式の譲渡については、この限りでない。

② 株券の発行前にした譲渡は、株券発行会社に対し、その効力を生じない。

（自己株式の処分に関する特則）
第 129 条 株券発行会社は、自己株式を処分した日以後遅滞なく、当該自己株式を取得した者に対し、株券を交付しなければならない。

② 前項の規定にかかわらず、公開会社でない株券発行会社は、同項の者から請求がある時までは、同項の株券を交付しないことができる。

（株式の譲渡の対抗要件）
第 130 条 株式の譲渡は、その株式を取得した者の氏名又は名称及び住所を株主名簿に記載し、又は記録しなければ、株式会社その他の第三者に対抗することができない。

② 株券発行会社における前項の規定の適用については、同項中「株式会社その他の第三者」とあるのは、「株式会社」とする。

（権利の推定等）
第 131 条 株券の占有者は、当該株券に係る株式についての権利を適法に有するものと推定する。

② 株券の交付を受けた者は、当該株券に係る株式についての権利を取得する。ただし、その者に悪意又は重大な過失があるときは、この限りでない。

（株主の請求によらない株主名簿記載事項の記載又は記録）
第 132 条 株式会社は、次の各号に掲げる場合には、当該各号の株式の株主に係る株主名簿記載事項を株主名簿に記載し、又は記録しなければならない。

1 株式を発行した場合
2 当該株式会社の株式を取得した場合
3 自己株式を処分した場合

② 株式会社は、株式の併合をした場合には、併合した株式について、その株式の株主に係る株主名簿記載事項を株主名簿に記載し、又は記録しなければならない。

③ 株式会社は、株式の分割をした場合には、分割した株式について、その株式の株主に係る株主名簿記載事項を株主名簿に記載し、又は記録しなければならない。

（株主の請求による株主名簿記載事項の記載又は記録）
第 133 条 株式を当該株式を発行した株式会社以外の者から取得した者（当該株式会社を除く。以下この節において「株式取得者」という。）は、当該株式会社に対し、当該株式に係る株主名簿記載事項を株主名簿に記載し、又は記録することを請求することができる。

② 前項の規定による請求は、利害関係人の利益を害するおそれがないものとして法務

省令で定める場合を除き、その取得した株式の株主として株主名簿に記載され、若しくは記録された者又はその相続人その他の一般承継人と共同してしなければならない。

第134条　前条の規定は、株式取得者が取得した株式が譲渡制限株式である場合には、適用しない。ただし、次のいずれかに該当する場合は、この限りでない。

1　当該株式取得者が当該譲渡制限株式を取得することについて第136条の承認を受けていること。

2　当該株式取得者が当該譲渡制限株式を取得したことについて第137条第1項の承認を受けていること。

3　当該株式取得者が第140条第4項に規定する指定買取人であること。

4　当該株式取得者が相続その他の一般承継により譲渡制限株式を取得した者であること。

（親会社株式の取得の禁止）

第135条　子会社は、その親会社である株式会社の株式（以下この条において「親会社株式」という。）を取得してはならない。

②　前項の規定は、次に掲げる場合には、適用しない。

1　他の会社（外国会社を含む。）の事業の全部を譲り受ける場合において当該他の会社の有する親会社株式を譲り受ける場合

2　合併後消滅する会社から親会社株式を承継する場合

3　吸収分割により他の会社から親会社株式を承継する場合

4　新設分割により他の会社から親会社株式を承継する場合

5　前各号に掲げるもののほか、法務省令で定める場合

③　子会社は、相当の時期にその有する親会社株式を処分しなければならない。

第2款　株式の譲渡に係る承認手続

（株主からの承認の請求）

第136条　譲渡制限株式の株主は、その有する譲渡制限株式を他人（当該譲渡制限株式を発行した株式会社を除く。）に譲り渡そうとするときは、当該株式会社に対し、当該他人が当該譲渡制限株式を取得することについて承認をするか否かの決定をすることを請求することができる。

（株式取得者からの承認の請求）

第137条　譲渡制限株式を取得した株式取得者は、株式会社に対し、当該譲渡制限株式を取得したことについて承認をするか否かの決定をすることを請求することができる。

②　前項の規定による請求は、利害関係人の利益を害するおそれがないものとして法務省令で定める場合を除き、その取得した株式の株主として株主名簿に記載され、若しくは記録された者又はその相続人その他の一般承継人と共同してしなければならない。

（譲渡等承認請求の方法）

第138条　次の各号に掲げる請求（以下この款において「譲渡等承認請求」という。）は、当該各号に定める事項を明らかにしてしなければならない。

1　第136条の規定による請求　次に掲げる事項

イ　当該請求をする株主が譲り渡そうとする譲渡制限株式の数（種類株式発行会社にあっては、譲渡制限株式の種類及び種類ごとの数）

ロ　イの譲渡制限株式を譲り受ける者の氏名又は名称

ハ　株式会社が第136条の承認をしない旨の決定をする場合において、当該株式会社又は第140条第4項に規定する指定買取人がイの譲渡制限株式を買い取ることを請求するときは、その旨

2　前条第1項の規定による請求　次に掲

げる事項

　イ　当該請求をする株式取得者の取得した譲渡制限株式の数（種類株式発行会社にあっては、譲渡制限株式の種類及び種類ごとの数）

　ロ　イの株式取得者の氏名又は名称

　ハ　株式会社が前条第 1 項の承認をしない旨の決定をする場合において、当該株式会社又は第 140 条第 4 項に規定する指定買取人がイの譲渡制限株式を買い取ることを請求するときは、その旨

（譲渡等の承認の決定等）

第 139 条　株式会社が第 136 条又は第 137 条第 1 項の承認をするか否かの決定をするには、株主総会（取締役会設置会社にあっては、取締役会）の決議によらなければならない。ただし、定款に別段の定めがある場合は、この限りでない。

②　株式会社は、前項の決定をしたときは、譲渡等承認請求をした者（以下この款において「譲渡等承認請求者」という。）に対し、当該決定の内容を通知しなければならない。

（株式会社又は指定買取人による買取り）

第 140 条　株式会社は、第 138 条第 1 号ハ又は第 2 号ハの請求を受けた場合において、第 136 条又は第 137 条第 1 項の承認をしない旨の決定をしたときは、当該譲渡等承認請求に係る譲渡制限株式（以下この款において「対象株式」という。）を買い取らなければならない。この場合においては、次に掲げる事項を定めなければならない。

1　対象株式を買い取る旨

2　株式会社が買い取る対象株式の数（種類株式発行会社にあっては、対象株式の種類及び種類ごとの数）

②　前項各号に掲げる事項の決定は、株主総会の決議によらなければならない。

③　譲渡等承認請求者は、前項の株主総会において議決権を行使することができない。ただし、当該譲渡等承認請求者以外の株主の全部が同項の株主総会において議決権を

行使することができない場合は、この限りでない。

④　第 1 項の規定にかかわらず、同項に規定する場合には、株式会社は、対象株式の全部又は一部を買い取る者（以下この款において「指定買取人」という。）を指定することができる。

⑤　前項の規定による指定は、株主総会（取締役会設置会社にあっては、取締役会）の決議によらなければならない。ただし、定款に別段の定めがある場合は、この限りでない。

（株式会社による買取りの通知）

第 141 条　株式会社は、前条第 1 項各号に掲げる事項を決定したときは、譲渡等承認請求者に対し、これらの事項を通知しなければならない。

②　株式会社は、前項の規定による通知をしようとするときは、1 株当たり純資産額（1 株当たりの純資産額として法務省令で定める方法により算定される額をいう。以下同じ。）に前条第 1 項第 2 号の対象株式の数を乗じて得た額をその本店の所在地の供託所に供託し、かつ、当該供託を証する書面を譲渡等承認請求者に交付しなければならない。

③　対象株式が株券発行会社の株式である場合には、前項の書面の交付を受けた譲渡等承認請求者は、当該交付を受けた日から 1 週間以内に、前条第 1 項第 2 号の対象株式に係る株券を当該株券発行会社の本店の所在地の供託所に供託しなければならない。この場合においては、当該譲渡等承認請求者は、当該株券発行会社に対し、遅滞なく、当該供託をした旨を通知しなければならない。

④　前項の譲渡等承認請求者が同項の期間内に同項の規定による供託をしなかったときは、株券発行会社は、前条第 1 項第 2 号の対象株式の売買契約を解除することができる。

（指定買取人による買取りの通知）

第 142 条　指定買取人は、第 140 条第 4 項の

規定による指定を受けたときは、譲渡等承認請求者に対し、次に掲げる事項を通知しなければならない。

1　指定買取人として指定を受けた旨

2　指定買取人が買い取る対象株式の数（種類株式発行会社にあっては、対象株式の種類及び種類ごとの数）

②　指定買取人は、前項の規定による通知をしようとするときは、1株当たり純資産額に同項第2号の対象株式の数を乗じて得た額を株式会社の本店の所在地の供託所に供託し、かつ、当該供託を証する書面を譲渡等承認請求者に交付しなければならない。

③　対象株式が株券発行会社の株式である場合には、前項の書面の交付を受けた譲渡等承認請求者は、当該交付を受けた日から1週間以内に、第1項第2号の対象株式に係る株券を当該株券発行会社の本店の所在地の供託所に供託しなければならない。この場合においては、当該譲渡等承認請求者は、指定買取人に対し、遅滞なく、当該供託をした旨を通知しなければならない。

④　前項の譲渡等承認請求者が同項の期間内に同項の規定による供託をしなかったときは、指定買取人は、第1項第2号の対象株式の売買契約を解除することができる。

（譲渡等承認請求の撤回）

第143条　第138条第1号ハ又は第2号ハの請求をした譲渡等承認請求者は、第141条第1項の規定による通知を受けた後は、株式会社の承諾を得た場合に限り、その請求を撤回することができる。

②　第138条第1号ハ又は第2号ハの請求をした譲渡等承認請求者は、前条第1項の規定による通知を受けた後は、指定買取人の承諾を得た場合に限り、その請求を撤回することができる。

（売買価格の決定）

第144条　第141条第1項の規定による通知があった場合には、第140条第1項第2号の対象株式の売買価格は、株式会社と譲渡

等承認請求者との協議によって定める。

②　株式会社又は譲渡等承認請求者は、第141条第1項の規定による通知があった日から20日以内に、裁判所に対し、売買価格の決定の申立てをすることができる。

③　裁判所は、前項の決定をするには、譲渡等承認請求の時における株式会社の資産状態その他一切の事情を考慮しなければならない。

④　第1項の規定にかかわらず、第2項の期間内に同項の申立てがあったときは、当該申立てにより裁判所が定めた額をもって第140条第1項第2号の対象株式の売買価格とする。

⑤　第1項の規定にかかわらず、第2項の期間内に同項の申立てがないとき（当該期間内に第1項の協議が調った場合を除く。）は、1株当たり純資産額に第140条第1項第2号の対象株式の数を乗じて得た額をもって当該対象株式の売買価格とする。

⑥　第141条第2項の規定による供託をした場合において、第140条第1項第2号の対象株式の売買価格が確定したときは、株式会社は、供託した金銭に相当する額を限度として、売買代金の全部又は一部を支払ったものとみなす。

⑦　前各項の規定は、第142条第1項の規定による通知があった場合について準用する。この場合において、第1項中「第140条第1項第2号」とあるのは「第142条第1項第2号」と、「株式会社」とあるのは「指定買取人」と、第2項中「株式会社」とあるのは「指定買取人」と、第4項及び第5項中「第140条第1項第2号」とあるのは「第142条第1項第2号」と、前項中「第141条第2項」とあるのは「第142条第2項」と、「第140条第1項第2号」とあるのは「同条第1項第2号」と、「株式会社」とあるのは「指定買取人」と読み替えるものとする。

（株式会社が承認をしたとみなされる場合）

第**145**条　次に掲げる場合には、株式会社は、第 136 条又は第 137 条第 1 項の承認をする旨の決定をしたものとみなす。ただし、株式会社と譲渡等承認請求者との合意により別段の定めをしたときは、この限りでない。

　　1　株式会社が第 136 条又は第 137 条第 1 項の規定による請求の日から 2 週間（これを下回る期間を定款で定めた場合にあっては、その期間）以内に第 139 条第 2 項の規定による通知をしなかった場合

　　2　株式会社が第 139 条第 2 項の規定による通知の日から 40 日（これを下回る期間を定款で定めた場合にあっては、その期間）以内に第 141 条第 1 項の規定による通知をしなかった場合（指定買取人が第 139 条第 2 項の規定による通知の日から 10 日（これを下回る期間を定款で定めた場合にあっては、その期間）以内に第 142 条第 1 項の規定による通知をした場合を除く。）

　　3　前 2 号に掲げる場合のほか、法務省令で定める場合

第 3 款　株式の質入れ

（株式の質入れ）

第**146**条　株主は、その有する株式に質権を設定することができる。

②　株券発行会社の株式の質入れは、当該株式に係る株券を交付しなければ、その効力を生じない。

（株式の質入れの対抗要件）

第**147**条　株式の質入れは、その質権者の氏名又は名称及び住所を株主名簿に記載し、又は記録しなければ、株式会社その他の第三者に対抗することができない。

②　前項の規定にかかわらず、株券発行会社の株式の質権者は、継続して当該株式に係る株券を占有しなければ、その質権をもって株券発行会社その他の第三者に対抗することができない。

③　民法第 364 条の規定は、株式については、適用しない。

（株主名簿の記載等）

第**148**条　株式に質権を設定した者は、株式会社に対し、次に掲げる事項を株主名簿に記載し、又は記録することを請求することができる。

　　1　質権者の氏名又は名称及び住所

　　2　質権の目的である株式

（株主名簿の記載事項を記載した書面の交付等）

第**149**条　前条各号に掲げる事項が株主名簿に記載され、又は記録された質権者（以下「登録株式質権者」という。）は、株式会社に対し、当該登録株式質権者についての株主名簿に記載され、若しくは記録された同条各号に掲げる事項を記載した書面の交付又は当該事項を記録した電磁的記録の提供を請求することができる。

②　前項の書面には、株式会社の代表取締役（指定委員会等設置会社にあっては、代表執行役。次項において同じ。）が署名し、又は記名押印しなければならない。

③　第 1 項の電磁的記録には、株式会社の代表取締役が法務省令で定める署名又は記名押印に代わる措置をとらなければならない。

④　前 3 項の規定は、株券発行会社については、適用しない。

（登録株式質権者に対する通知等）

第**150**条　株式会社が登録株式質権者に対してする通知又は催告は、株主名簿に記載し、又は記録した当該登録株式質権者の住所（当該登録株式質権者が別に通知又は催告を受ける場所又は連絡先を当該株式会社に通知した場合にあっては、その場所又は連絡先）にあてて発すれば足りる。

②　前項の通知又は催告は、その通知又は催告が通常到達すべきであった時に、到達したものとみなす。

（株式の質入れの効果）

第**151**条　株式会社が次に掲げる行為をした場合には、株式を目的とする質権は、当該

行為によって当該株式の株主が受けること
のできる金銭等（金銭その他の財産をいう。以
下同じ。）について存在する。

1　第 167 条第 1 項の規定による取得請求
権付株式の取得

2　第 170 条第 1 項の規定による取得条項
付株式の取得

3　第 173 条第 1 項の規定による第 171 条
第 1 項に規定する全部取得条項付種類株
式の取得

4　株式の併合

5　株式の分割

6　第 185 条に規定する株式無償割当て

7　第 277 条に規定する新株予約権無償割
当て

8　剰余金の配当

9　残余財産の分配

10　組織変更

11　合併（合併により当該株式会社が消滅する場
合に限る。）

12　株式交換

13　株式移転

14　株式の取得（第 1 号から第 3 号までに掲げ
る行為を除く。）

②　特別支配株主（第 179 条第 1 項に規定する特
別支配株主をいう。第 154 条第 3 項において同
じ。）が株式売渡請求（第 179 条第 2 項に規定
する株式売渡請求をいう。）により売渡株式
（第 179 条の 2 第 1 項第 2 号に規定する売渡株式を
いう。以下この項において同じ。）の取得をした
場合には、売渡株式を目的とする質権は、
当該取得によって当該売渡株式の株主が受
けることのできる金銭について存在する。

第 152 条　株式会社（株券発行会社を除く。以下
この条において同じ。）は、前条第 1 項第 1 号
から第 3 号までに掲げる行為をした場合
（これらの行為に際して当該株式会社が株式を交付
する場合に限る。）又は同項第 6 号に掲げる
行為をした場合において、同項の質権の質
権者が登録株式質権者（第 218 条第 5 項の規
定による請求により第 148 条各号に掲げる事項が

株主名簿に記載され、又は記録されたものを除く。
以下この款において同じ。）であるときは、前
条第 1 項の株主が受けることができる株式
について、その質権者の氏名又は名称及び
住所を株主名簿に記載し、又は記録しなけ
ればならない。

②　株式会社は、株式の併合をした場合にお
いて、前条第 1 項の質権の質権者が登録株
式質権者であるときは、併合した株式につ
いて、その質権者の氏名又は名称及び住所
を株主名簿に記載し、又は記録しなければ
ならない。

③　株式会社は、株式の分割をした場合にお
いて、前条第 1 項の質権の質権者が登録株
式質権者であるときは、分割した株式につ
いて、その質権者の氏名又は名称及び住所
を株主名簿に記載し、又は記録しなければ
ならない。

第 153 条　株券発行会社は、前条第 1 項に規
定する場合には、第 151 条第 1 項の株主が
受ける株式に係る株券を登録株式質権者に
引き渡さなければならない。

②　株券発行会社は、前条第 2 項に規定する
場合には、併合した株式に係る株券を登録
株式質権者に引き渡さなければならない。

③　株券発行会社は、前条第 3 項に規定する
場合には、分割した株式について新たに発
行する株券を登録株式質権者に引き渡さな
ければならない。

第 154 条　登録株式質権者は、第 151 条第 1
項の金銭等（金銭に限る。）又は同条第 2 項
の金銭を受領し、他の債権者に先立って自
己の債権の弁済に充てることができる。

②　株式会社が次の各号に掲げる行為をした
場合において、前項の債権の弁済期が到来
していないときは、登録株式質権者は、当
該各号に定める者に同項に規定する金銭等
に相当する金額を供託させることができる。
この場合において、質権は、その供託金に
ついて存在する。

1　第 151 条第 1 項第 1 号から第 6 号まで、

第 8 号、第 9 号又は第 14 号に掲げる行為　当該株式会社

2　組織変更　第 744 条第 1 項第 1 号に規定する組織変更後持分会社

3　合併（合併により当該株式会社が消滅する場合に限る。）　第 749 条第 1 項に規定する吸収合併存続会社又は第 753 条第 1 項に規定する新設合併設立会社

4　株式交換　第 767 条に規定する株式交換完全親会社

5　株式移転　第 773 条第 1 項第 1 号に規定する株式移転設立完全親会社

③　第 151 条第 2 項に規定する場合において、第 1 項の債権の弁済期が到来していないときは、登録株式質権者は、当該特別支配株主に同条第 2 項の金銭に相当する金額を供託させることができる。この場合において、質権は、その供託金について存在する。

第 4 款　信託財産に属する株式についての対抗要件等

第 154 条の 2　株式については、当該株式が信託財産に属する旨を株主名簿に記載し、又は記録しなければ、当該株式が信託財産に属することを株式会社その他の第三者に対抗することができない。

②　第 121 条第 1 号の株主は、その有する株式が信託財産に属するときは、株式会社に対し、その旨を株主名簿に記載し、又は記録することを請求することができる。

③　株主名簿に前項の規定による記載又は記録がされた場合における第 122 条第 1 項及び第 132 条の規定の適用については、第 122 条第 1 項中「記録された株主名簿記載事項」とあるのは「記録された株主名簿記載事項（当該株主の有する株式が信託財産に属する旨を含む。）」と、第 132 条中「株主名簿記載事項」とあるのは「株主名簿記載事項（当該株主の有する株式が信託財産に属する旨を含む。）」とする。

④　前 3 項の規定は、株券発行会社については、適用しない。

第 4 節　株式会社による自己の株式の取得

第 1 款　総則

第 155 条　株式会社は、次に掲げる場合に限り、当該株式会社の株式を取得することができる。

1　第 107 条第 2 項第 3 号イの事由が生じた場合

2　第 138 条第 1 号ハ又は第 2 号ハの請求があった場合

3　次条第 1 項の決議があった場合

4　第 166 条第 1 項の規定による請求があった場合

5　第 171 条第 1 項の決議があった場合

6　第 176 条第 1 項の規定による請求をした場合

7　第 192 条第 1 項の規定による請求があった場合

8　第 197 条第 3 項各号に掲げる事項を定めた場合

9　第 234 条第 4 項各号（第 235 条第 2 項において準用する場合を含む。）に掲げる事項を定めた場合

10　他の会社（外国会社を含む。）の事業の全部を譲り受ける場合において当該他の会社が有する当該株式会社の株式を取得する場合

11　合併後消滅する会社から当該株式会社の株式を承継する場合

12　吸収分割をする会社から当該株式会社の株式を承継する場合

13　前各号に掲げる場合のほか、法務省令で定める場合

第 2 編　株式会社

第2款　株主との合意による取得

第1目　総則

（株式の取得に関する事項の決定）

第156条　株式会社が株主との合意により当該株式会社の株式を有償で取得するには、あらかじめ、株主総会の決議によって、次に掲げる事項を定めなければならない。ただし、第3号の期間は、1年を超えることができない。

1　取得する株式の数（種類株式発行会社にあっては、株式の種類及び種類ごとの数）

2　株式を取得するのと引換えに交付する金銭等（当該株式会社の株式等を除く。以下この款において同じ。）の内容及びその総額

3　株式を取得することができる期間

②　前項の規定は、前条第1号及び第2号並びに第4号から第13号までに掲げる場合には、適用しない。

（取得価格等の決定）

第157条　株式会社は、前条第1項の規定による決定に従い株式を取得しようとするときは、その都度、次に掲げる事項を定めなければならない。

1　取得する株式の数（種類株式発行会社にあっては、株式の種類及び数）

2　株式1株を取得するのと引換えに交付する金銭等の内容及び数若しくは額又はこれらの算定方法

3　株式を取得するのと引換えに交付する金銭等の総額

4　株式の譲渡しの申込みの期日

②　取締役会設置会社においては、前項各号に掲げる事項の決定は、取締役会の決議によらなければならない。

③　第1項の株式の取得の条件は、同項の規定による決定ごとに、均等に定めなければならない。

（株主に対する通知等）

第158条　株式会社は、株主（種類株式発行会社にあっては、取得する株式の種類の種類株主）に対し、前条第1項各号に掲げる事項を通知しなければならない。

②　公開会社においては、前項の規定による通知は、公告をもってこれに代えることができる。

（譲渡しの申込み）

第159条　前条第1項の規定による通知を受けた株主は、その有する株式の譲渡しの申込みをしようとするときは、株式会社に対し、その申込みに係る株式の数（種類株式発行会社にあっては、株式の種類及び数）を明らかにしなければならない。

②　株式会社は、第157条第1項第4号の期日において、前項の株主が申込みをした株式の譲受けを承諾したものとみなす。ただし、同項の株主が申込みをした株式の総数（以下この項において「申込総数」という。）が同条第1項第1号の数（以下この項において「取得総数」という。）を超えるときは、取得総数を申込総数で除して得た数に前項の株主が申込みをした株式の数を乗じて得た数（その数に1に満たない端数がある場合にあっては、これを切り捨てるものとする。）の株式の譲受けを承諾したものとみなす。

第2目　特定の株主からの取得

（特定の株主からの取得）

第160条　株式会社は、第156条第1項各号に掲げる事項の決定に併せて、同項の株主総会の決議によって、第158条第1項の規定による通知を特定の株主に対して行う旨を定めることができる。

②　株式会社は、前項の規定による決定をしようとするときは、法務省令で定める時までに、株主（種類株式発行会社にあっては、取得する株式の種類の種類株主）に対し、次項の規定による請求をすることができる旨を通

知しなければならない。

③　前項の株主は、第1項の特定の株主に自己をも加えたものを同項の株主総会の議案とすることを、法務省令で定める時までに、請求することができる。

④　第1項の特定の株主は、第156条第1項の株主総会において議決権を行使することができない。ただし、第1項の特定の株主以外の株主の全部が当該株主総会において議決権を行使することができない場合は、この限りでない。

⑤　第1項の特定の株主を定めた場合における第158条第1項の規定の適用については、同項中「株主（種類株式発行会社にあっては、取得する株式の種類の種類株主）」とあるのは、「第160条第1項の特定の株主」とする。

（市場価格のある株式の取得の特則）

第161条　前条第2項及び第3項の規定は、取得する株式が市場価格のある株式である場合において、当該株式1株を取得するのと引換えに交付する金銭等の額が当該株式1株の市場価格として法務省令で定める方法により算定されるものを超えないときは、適用しない。

（相続人等からの取得の特則）

第162条　第160条第2項及び第3項の規定は、株式会社が株主の相続人その他の一般承継人からその相続その他の一般承継により取得した当該株式会社の株式を取得する場合には、適用しない。ただし、次のいずれかに該当する場合は、この限りでない。

1　株式会社が公開会社である場合

2　当該相続人その他の一般承継人が株主総会又は種類株主総会において当該株式について議決権を行使した場合

（子会社からの株式の取得）

第163条　株式会社がその子会社の有する当該株式会社の株式を取得する場合における第156条第1項の規定の適用については、同項中「株主総会」とあるのは、「株主総

会（取締役会設置会社にあっては、取締役会）」とする。この場合においては、第157条から第160条までの規定は、適用しない。

（特定の株主からの取得に関する定款の定め）

第164条　株式会社は、株式（種類株式発行会社にあっては、ある種類の株式。次項において同じ。）の取得について第160条第1項の規定による決定をするときは同条第2項及び第3項の規定を適用しない旨を定款で定めることができる。

②　株式の発行後に定款を変更して当該株式について前項の規定による定款の定めを設け、又は当該定めについての定款の変更（同項の定款の定めを廃止するものを除く。）をしようとするときは、当該株式を有する株主全員の同意を得なければならない。

第3目　市場取引等による株式の取得

第165条　第157条から第160条までの規定は、株式会社が市場において行う取引又は金融商品取引法第27条の2第6項に規定する公開買付けの方法（以下この条において「市場取引等」という。）により当該株式会社の株式を取得する場合には、適用しない。

②　取締役会設置会社は、市場取引等により当該株式会社の株式を取得することを取締役会の決議によって定めることができる旨を定款で定めることができる。

③　前項の規定による定款の定めを設けた場合における第156条第1項の規定の適用については、同項中「株主総会」とあるのは、「株主総会（第165条第1項に規定する場合にあっては、株主総会又は取締役会）」とする。

第3款　取得請求権付株式及び取得条項付株式の取得

第1目　取得請求権付株式の取得の請求

（取得の請求）

第166条　取得請求権付株式の株主は、株式会社に対して、当該株主の有する取得請求権付株式を取得することを請求することができる。ただし、当該取得請求権付株式を取得するのと引換えに第107条第2項第2号ロからホまでに規定する財産を交付する場合において、これらの財産の帳簿価額が当該請求の日における第461条第2項の分配可能額を超えているときは、この限りでない。

②　前項の規定による請求は、その請求に係る取得請求権付株式の数（種類株式発行会社にあっては、取得請求権付株式の種類及び種類ごとの数）を明らかにしてしなければならない。

③　株券発行会社の株主がその有する取得請求権付株式について第1項の規定による請求をしようとするときは、当該取得請求権付株式に係る株券を株券発行会社に提出しなければならない。ただし、当該取得請求権付株式に係る株券が発行されていない場合は、この限りでない。

（効力の発生）

第167条　株式会社は、前条第1項の規定による請求の日に、その請求に係る取得請求権付株式を取得する。

②　次の各号に掲げる場合には、前条第1項の規定による請求をした株主は、その請求の日に、第107条第2項第2号（種類株式発行会社にあっては、第108条第2項第5号）に定める事項についての定めに従い、当該各号に定める者となる。

　1　第107条第2項第2号ロに掲げる事項についての定めがある場合　同号ロの社債の社債権者

　2　第107条第2項第2号ハに掲げる事項についての定めがある場合　同号ハの新株予約権の新株予約権者

　3　第107条第2項第2号ニに掲げる事項についての定めがある場合　同号ニの新株予約権付社債についての社債の社債権者及び当該新株予約権付社債に付された新株予約権の新株予約権者

　4　第108条第2項第5号ロに掲げる事項についての定めがある場合　同号ロの他の株式の株主

③　前項第4号に掲げる場合において、同号に規定する他の株式の数に1株に満たない端数があるときは、これを切り捨てるものとする。この場合においては、株式会社は、定款に別段の定めがある場合を除き、次の各号に掲げる場合の区分に応じ、当該各号に定める額にその端数を乗じて得た額に相当する金銭を前条第1項の規定による請求をした株主に対して交付しなければならない。

　1　当該株式が市場価格のある株式である場合　当該株式1株の市場価格として法務省令で定める方法により算定される額

　2　前号に掲げる場合以外の場合　1株当たり純資産額

④　前項の規定は、当該株式会社の社債及び新株予約権について端数がある場合について準用する。この場合において、同項第2号中「1株当たり純資産額」とあるのは、「法務省令で定める額」と読み替えるものとする。

第2目　取得条項付株式の取得

（取得する日の決定）

第168条　第107条第2項第3号ロに掲げる事項についての定めがある場合には、株式会社は、同号ロの日を株主総会（取締役会設置会社にあっては、取締役会）の決議によって

定めなければならない。ただし、定款に別
段の定めがある場合は、この限りでない。

② 第 107 条第 2 項第 3 号ロの日を定めたと
きは、株式会社は、取得条項付株式の株主
(同号ハに掲げる事項についての定めがある場合に
あっては、次条第 1 項の規定により決定した取得
条項付株式の株主) 及びその登録株式質権者
に対し、当該日の 2 週間前までに、当該日
を通知しなければならない。

③ 前項の規定による通知は、公告をもって
これに代えることができる。

(取得する株式の決定等)

第 169 条 株式会社は、第 107 条第 2 項第 3
号ハに掲げる事項についての定めがある場
合において、取得条項付株式を取得しよう
とするときは、その取得する取得条項付株
式を決定しなければならない。

② 前項の取得条項付株式は、株主総会 (取
締役会設置会社にあっては、取締役会) の決議に
よって定めなければならない。ただし、定
款に別段の定めがある場合は、この限りで
ない。

③ 第 1 項の規定による決定をしたときは、
株式会社は、同項の規定により決定した取
得条項付株式の株主及びその登録株式質権
者に対し、直ちに、当該取得条項付株式を
取得する旨を通知しなければならない。

④ 前項の規定による通知は、公告をもって
これに代えることができる。

(効力の発生等)

第 170 条 株式会社は、第 107 条第 2 項第 3
号イの事由が生じた日 (同号ハに掲げる事項
についての定めがある場合にあっては、第 1 号に
掲げる日又は第 2 号に掲げる日のいずれか遅い日。
次項及び第 5 項において同じ。) に、取得条項
付株式 (同条第 2 項第 3 号ハに掲げる事項につい
ての定めがある場合にあっては、前条第 1 項の規
定により決定したもの。次項において同じ。) を
取得する。

1 第 107 条第 2 項第 3 号イの事由が生じ
た日

2 前条第 3 項の規定による通知の日又は
同条第 4 項の公告の日から 2 週間を経過
した日

② 次の各号に掲げる場合には、取得条項付
株式の株主 (当該株式会社を除く。) は、第
107 条第 2 項第 3 号イの事由が生じた日に、
同号 (種類株式発行会社にあっては、第 108 条第
2 項第 6 号) に定める事項についての定めに
従い、当該各号に定める者となる。

1 第 107 条第 2 項第 3 号ニに掲げる事項
についての定めがある場合 同号ニの社
債の社債権者

2 第 107 条第 2 項第 3 号ホに掲げる事項
についての定めがある場合 同号ホの新
株予約権の新株予約権者

3 第 107 条第 2 項第 3 号ヘに掲げる事項
についての定めがある場合 同号ヘの新
株予約権付社債についての社債の社債権
者及び当該新株予約権付社債に付された
新株予約権の新株予約権者

4 第 108 条第 2 項第 6 号ロに掲げる事項
についての定めがある場合 同号ロの他
の株式の株主

③ 株式会社は、第 107 条第 2 項第 3 号イの
事由が生じた後、遅滞なく、取得条項付株
式の株主及びその登録株式質権者 (同号ハ
に掲げる事項についての定めがある場合にあって
は、前条第 1 項の規定により決定した取得条項付
株式の株主及びその登録株式質権者) に対し、
当該事由が生じた旨を通知しなければならな
い。ただし、第 168 条第 2 項の規定によ
る通知又は同条第 3 項の公告をしたときは、
この限りでない。

④ 前項本文の規定による通知は、公告をも
ってこれに代えることができる。

⑤ 前各項の規定は、取得条項付株式を取得
するのと引換えに第 107 条第 2 項第 3 号ニ
からトまでに規定する財産を交付する場合
において、これらの財産の帳簿価額が同号
イの事由が生じた日における第 461 条第 2
項の分配可能額を超えているときは、適用

しない。

第4款　全部取得条項付種類株式の取得

（全部取得条項付種類株式の取得に関する決定）

第171条　全部取得条項付種類株式（第108条第1項第7号に掲げる事項についての定めがある種類の株式をいう。以下この款において同じ。）を発行した種類株式発行会社は、株主総会の決議によって、全部取得条項付種類株式の全部を取得することができる。この場合においては、当該株主総会の決議によって、次に掲げる事項を定めなければならない。

1　全部取得条項付種類株式を取得するのと引換えに金銭等を交付するときは、当該金銭等（以下この条において「取得対価」という。）についての次に掲げる事項

イ　当該取得対価が当該株式会社の株式であるときは、当該株式の種類及び種類ごとの数又はその数の算定方法

ロ　当該取得対価が当該株式会社の社債（新株予約権付社債についてのものを除く。）であるときは、当該社債の種類及び種類ごとの各社債の金額の合計額又はその算定方法

ハ　当該取得対価が当該株式会社の新株予約権（新株予約権付社債に付されたものを除く。）であるときは、当該新株予約権の内容及び数又はその算定方法

ニ　当該取得対価が当該株式会社の新株予約権付社債であるときは、当該新株予約権付社債についてのロに規定する事項及び当該新株予約権付社債に付された新株予約権についてのハに規定する事項

ホ　当該取得対価が当該株式会社の株式等以外の財産であるときは、当該財産の内容及び数若しくは額又はこれらの算定方法

2　前号に規定する場合には、全部取得条項付種類株式の株主に対する取得対価の割当てに関する事項

3　株式会社が全部取得条項付種類株式を取得する日（以下この款において「取得日」という。）

②　前項第2号に掲げる事項についての定めは、株主（当該株式会社を除く。）の有する全部取得条項付種類株式の数に応じて取得対価を割り当てることを内容とするものでなければならない。

③　取締役は、第1項の株主総会において、全部取得条項付種類株式の全部を取得することを必要とする理由を説明しなければならない。

（全部取得条項付種類株式の取得対価等に関する書面等の備置き及び閲覧等）

第171条の2　全部取得条項付種類株式を取得する株式会社は、次に掲げる日のいずれか早い日から取得日後6箇月を経過する日までの間、前条第1項各号に掲げる事項その他法務省令で定める事項を記載し、又は記録した書面又は電磁的記録をその本店に備え置かなければならない。

1　前条第1項の株主総会の日の2週間前の日（第319条第1項の場合にあっては、同項の提案があった日）

2　第172条第2項の規定による通知の日又は同条第3項の公告の日のいずれか早い日

②　全部取得条項付種類株式を取得する株式会社の株主は、当該株式会社に対して、その営業時間内は、いつでも、次に掲げる請求をすることができる。ただし、第2号又は第4号に掲げる請求をするには、当該株式会社の定めた費用を支払わなければならない。

1　前項の書面の閲覧の請求

2　前項の書面の謄本又は抄本の交付の請求

3　前項の電磁的記録に記録された事項を法務省令で定める方法により表示したも

ののの閲覧の請求

　4　前項の電磁的記録に記録された事項を電磁的方法であって株式会社の定めたものにより提供することの請求又はその事項を記載した書面の交付の請求

（全部取得条項付種類株式の取得をやめることの請求）

第 171 条の 3　第 171 条第 1 項の規定による全部取得条項付種類株式の取得が法令又は定款に違反する場合において、株主が不利益を受けるおそれがあるときは、株主は、株式会社に対し、当該全部取得条項付種類株式の取得をやめることを請求することができる。

（裁判所に対する価格の決定の申立て）

第 172 条　第 171 条第 1 項各号に掲げる事項を定めた場合には、次に掲げる株主は、取得日の 20 日前の日から取得日の前日までの間に、裁判所に対し、株式会社による全部取得条項付種類株式の取得の価格の決定の申立てをすることができる。

　1　当該株主総会に先立って当該株式会社による全部取得条項付種類株式の取得に反対する旨を当該株式会社に対し通知し、かつ、当該株主総会において当該取得に反対した株主（当該株主総会において議決権を行使することができるものに限る。）

　2　当該株主総会において議決権を行使することができない株主

②　株式会社は、取得日の 20 日前までに、全部取得条項付種類株式の株主に対し、当該全部取得条項付種類株式の全部を取得する旨を通知しなければならない。

③　前項の規定による通知は、公告をもってこれに代えることができる。

④　株式会社は、裁判所の決定した価格に対する取得日後の法定利率による利息をも支払わなければならない。

⑤　株式会社は、全部取得条項付種類株式の取得の価格の決定があるまでは、株主に対し、当該株式会社がその公正な価格と認める額を支払うことができる。

（効力の発生）

第 173 条　株式会社は、取得日に、全部取得条項付種類株式の全部を取得する。

②　次の各号に掲げる場合には、当該株式会社以外の全部取得条項付種類株式の株主（前条第 1 項の申立てをした株主を除く。）は、取得日に、第 171 条第 1 項の株主総会の決議による定めに従い、当該各号に定める者となる。

　1　第 171 条第 1 項第 1 号イに掲げる事項についての定めがある場合　同号イの株式の株主

　2　第 171 条第 1 項第 1 号ロに掲げる事項についての定めがある場合　同号ロの社債の社債権者

　3　第 171 条第 1 項第 1 号ハに掲げる事項についての定めがある場合　同号ハの新株予約権の新株予約権者

　4　第 171 条第 1 項第 1 号ニに掲げる事項についての定めがある場合　同号ニの新株予約権付社債についての社債の社債権者及び当該新株予約権付社債に付された新株予約権の新株予約権者

（全部取得条項付種類株式の取得に関する書面等の備置き及び閲覧等）

第 173 条の 2　株式会社は、取得日後遅滞なく、株式会社が取得した全部取得条項付種類株式の数その他の全部取得条項付種類株式の取得に関する事項として法務省令で定める事項を記載し、又は記録した書面又は電磁的記録を作成しなければならない。

②　株式会社は、取得日から 6 箇月間、前項の書面又は電磁的記録をその本店に備え置かなければならない。

③　全部取得条項付種類株式を取得した株式会社の株主又は取得日に全部取得条項付種類株式の株主であった者は、当該株式会社に対して、その営業時間内は、いつでも、次に掲げる請求をすることができる。ただし、第 2 号又は第 4 号に掲げる請求をする

には、当該株式会社の定めた費用を支払わなければならない。

1 前項の書面の閲覧の請求

2 前項の書面の謄本又は抄本の交付の請求

3 前項の電磁的記録に記録された事項を法務省令で定める方法により表示したものの閲覧の請求

4 前項の電磁的記録に記録された事項を電磁的方法であって株式会社の定めたものにより提供することの請求又はその事項を記載した書面の交付の請求

第5款 相続人等に対する売渡しの請求

(相続人等に対する売渡しの請求に関する定款の定め)

第174条 株式会社は、相続その他の一般承継により当該株式会社の株式 (譲渡制限株式に限る。) を取得した者に対し、当該株式を当該株式会社に売り渡すことを請求することができる旨を定款で定めることができる。

(売渡しの請求の決定)

第175条 株式会社は、前条の規定による定款の定めがある場合において、次条第1項の規定による請求をしようとするときは、その都度、株主総会の決議によって、次に掲げる事項を定めなければならない。

1 次条第1項の規定による請求をする株式の数 (種類株式発行会社にあっては、株式の種類及び種類ごとの数)

2 前号の株式を有する者の氏名又は名称

② 前項第2号の者は、同項の株主総会において議決権を行使することができない。ただし、同号の者以外の株主の全部が当該株主総会において議決権を行使することができない場合は、この限りでない。

(売渡しの請求)

第176条 株式会社は、前条第1項各号に掲げる事項を定めたときは、同項第2号の者に対し、同項第1号の株式を当該株式会社

に売り渡すことを請求することができる。ただし、当該株式会社が相続その他の一般承継があったことを知った日から1年を経過したときは、この限りでない。

② 前項の規定による請求は、その請求に係る株式の数 (種類株式発行会社にあっては、株式の種類及び種類ごとの数) を明らかにしてしなければならない。

③ 株式会社は、いつでも、第1項の規定による請求を撤回することができる。

(売買価格の決定)

第177条 前条第1項の規定による請求があった場合には、第175条第1項第1号の株式の売買価格は、株式会社と同項第2号の者との協議によって定める。

② 株式会社又は第175条第1項第2号の者は、前条第1項の規定による請求があった日から20日以内に、裁判所に対し、売買価格の決定の申立てをすることができる。

③ 裁判所は、前項の決定をするには、前条第1項の規定による請求の時における株式会社の資産状態その他一切の事情を考慮しなければならない。

④ 第1項の規定にかかわらず、第2項の期間内に同項の申立てがあったときは、当該申立てにより裁判所が定めた額をもって第175条第1項第1号の株式の売買価格とする。

⑤ 第2項の期間内に同項の申立てがないとき (当該期間内に第1項の協議が調った場合を除く。) は、前条第1項の規定による請求は、その効力を失う。

第6款 株式の消却

第178条 株式会社は、自己株式を消却することができる。この場合においては、消却する自己株式の数 (種類株式発行会社にあっては、自己株式の種類及び種類ごとの数) を定めなければならない。

② 取締役会設置会社においては、前項後段の規定による決定は、取締役会の決議によ

らなければならない。

第4節の2 特別支配株主の株式等売渡請求

（株式等売渡請求）

第179条 株式会社の特別支配株主（株式会社の総株主の議決権の10分の9（これを上回る割合を当該株式会社の定款で定めた場合にあっては、その割合）以上を当該株式会社以外の者及び当該者が発行済株式の全部を有する株式会社その他これに準ずるものとして法務省令で定める法人（以下この条及び次条第1項において「特別支配株主完全子法人」という。）が有している場合における当該者をいう。以下同じ。）は、当該株式会社の株主（当該株式会社及び当該特別支配株主を除く。）の全員に対し、その有する当該株式会社の株式の全部を当該特別支配株主に売り渡すことを請求することができる。ただし、特別支配株主完全子法人に対しては、その請求をしないことができる。

② 特別支配株主は、前項の規定による請求（以下この章及び第846条の2第2項第1号において「株式売渡請求」という。）をするときは、併せて、その株式売渡請求に係る株式を発行している株式会社（以下「対象会社」という。）の新株予約権の新株予約権者（対象会社及び当該特別支配株主を除く。）の全員に対し、その有する対象会社の新株予約権の全部を当該特別支配株主に売り渡すことを請求することができる。ただし、特別支配株主完全子法人に対しては、その請求をしないことができる。

③ 特別支配株主は、新株予約権付社債に付された新株予約権について前項の規定による請求（以下「新株予約権売渡請求」という。）をするときは、併せて、新株予約権付社債についての社債の全部を当該特別支配株主に売り渡すことを請求しなければならない。ただし、当該新株予約権付社債に付された新株予約権について別段の定めがある場合は、この限りでない。

（株式等売渡請求の方法）

第179条の2 株式売渡請求は、次に掲げる事項を定めてしなければならない。

1 特別支配株主完全子法人に対して株式売渡請求をしないこととするときは、その旨及び当該特別支配株主完全子法人の名称

2 株式売渡請求によりその有する対象会社の株式を売り渡す株主（以下「売渡株主」という。）に対して当該株式（以下この章において「売渡株式」という。）の対価として交付する金銭の額又はその算定方法

3 売渡株主に対する前号の金銭の割当てに関する事項

4 株式売渡請求に併せて新株予約権売渡請求（その新株予約権売渡請求に係る新株予約権が新株予約権付社債に付されたものである場合における前条第3項の規定による請求を含む。以下同じ。）をするときは、その旨及び次に掲げる事項

イ 特別支配株主完全子法人に対して新株予約権売渡請求をしないこととするときは、その旨及び当該特別支配株主完全子法人の名称

ロ 新株予約権売渡請求によりその有する対象会社の新株予約権を売り渡す新株予約権者（以下「売渡新株予約権者」という。）に対して当該新株予約権（当該新株予約権が新株予約権付社債に付されたものである場合において、前条第3項の規定による請求をするときは、当該新株予約権付社債についての社債を含む。以下この編において「売渡新株予約権」という。）の対価として交付する金銭の額又はその算定方法

ハ 売渡新株予約権者に対するロの金銭の割当てに関する事項

5 特別支配株主が売渡株式（株式売渡請求に併せて新株予約権売渡請求をする場合にあっては、売渡株式及び売渡新株予約権。以下「売渡株式等」という。）を取得する日（以下こ

第2編 株式会社

の節において「取得日」という。）

　　6　前各号に掲げるもののほか、法務省令
　　　で定める事項

②　対象会社が種類株式発行会社である場合
　には、特別支配株主は、対象会社の発行す
　る種類の株式の内容に応じ、前項第3号に
　掲げる事項として、同項第2号の金銭の割
　当てについて売渡株式の種類ごとに異なる
　取扱いを行う旨及び当該異なる取扱いの内
　容を定めることができる。

③　第1項第3号に掲げる事項についての定
　めは、売渡株主の有する売渡株式の数（前
　項に規定する定めがある場合にあっては、各種類
　の売渡株式の数）に応じて金銭を交付するこ
　とを内容とするものでなければならない。

（対象会社の承認）

第179条の3　特別支配株主は、株式売渡請
　求（株式売渡請求に併せて新株予約権売渡請求を
　する場合にあっては、株式売渡請求及び新株予約
　権売渡請求。以下「株式等売渡請求」という。）を
　しようとするときは、対象会社に対し、そ
　の旨及び前条第1項各号に掲げる事項を通
　知し、その承認を受けなければならない。

②　対象会社は、特別支配株主が株式売渡請
　求に併せて新株予約権売渡請求をしようと
　するときは、新株予約権売渡請求のみを承
　認することはできない。

③　取締役会設置会社が第1項の承認をする
　か否かの決定をするには、取締役会の決議
　によらなければならない。

④　対象会社は、第1項の承認をするか否か
　の決定をしたときは、特別支配株主に対し、
　当該決定の内容を通知しなければならない。

（売渡株主等に対する通知等）

第179条の4　対象会社は、前条第1項の承
　認をしたときは、取得日の20日前までに、
　次の各号に掲げる者に対し、当該各号に定
　める事項を通知しなければならない。

　　1　売渡株主（特別支配株主が株式売渡請求に
　　　併せて新株予約権売渡請求をする場合にあって
　　　は、売渡株主及び売渡新株予約権者。以下この

節において「売渡株主等」という。）　当該承
認をした旨、特別支配株主の氏名又は名
称及び住所、第179条の2第1項第1号
から第5号までに掲げる事項その他法務
省令で定める事項

　　2　売渡株式の登録株式質権者（特別支配株
　　　主が株式売渡請求に併せて新株予約権売渡請求
　　　をする場合にあっては、売渡株式の登録株式質
　　　権者及び売渡新株予約権の登録新株予約権質権
　　　者（第270条第1項に規定する登録新株予約権
　　　質権者をいう。））　当該承認をした旨

②　前項の規定による通知（売渡株主に対して
　するものを除く。）は、公告をもってこれに
　代えることができる。

③　対象会社が第1項の規定による通知又は
　前項の公告をしたときは、特別支配株主か
　ら売渡株主等に対し、株式等売渡請求がさ
　れたものとみなす。

④　第1項の規定による通知又は第2項の公
　告の費用は、特別支配株主の負担とする。

**（株式等売渡請求に関する書面等の備置き及
び閲覧等）**

第179条の5　対象会社は、前条第1項第1
　号の規定による通知の日又は同条第2項の
　公告の日のいずれか早い日から取得日後6
　箇月（対象会社が公開会社でない場合にあって
　は、取得日後1年）を経過する日までの間、
　次に掲げる事項を記載し、又は記録した書
　面又は電磁的記録をその本店に備え置かな
　ければならない。

　　1　特別支配株主の氏名又は名称及び住所

　　2　第179条の2第1項各号に掲げる事項

　　3　第179条の3第1項の承認をした旨

　　4　前3号に掲げるもののほか、法務省令
　　　で定める事項

②　売渡株主等は、対象会社に対して、その
　営業時間内は、いつでも、次に掲げる請求
　をすることができる。ただし、第2号又は
　第4号に掲げる請求をするには、当該対象
　会社の定めた費用を支払わなければならな
　い。

第2編　株式会社

1　前項の書面の閲覧の請求

2　前項の書面の謄本又は抄本の交付の請求

3　前項の電磁的記録に記録された事項を法務省令で定める方法により表示したものの閲覧の請求

4　前項の電磁的記録に記録された事項を電磁的方法であって対象会社の定めたものにより提供することの請求又はその事項を記載した書面の交付の請求

（株式等売渡請求の撤回）

第 179 条の 6　特別支配株主は、第 179 条の 3 第 1 項の承認を受けた後は、取得日の前日までに対象会社の承諾を得た場合に限り、売渡株式等の全部について株式等売渡請求を撤回することができる。

②　取締役会設置会社が前項の承諾をするか否かの決定をするには、取締役会の決議によらなければならない。

③　対象会社は、第 1 項の承諾をするか否かの決定をしたときは、特別支配株主に対し、当該決定の内容を通知しなければならない。

④　対象会社は、第 1 項の承諾をしたときは、遅滞なく、売渡株主等に対し、当該承諾をした旨を通知しなければならない。

⑤　前項の規定による通知は、公告をもってこれに代えることができる。

⑥　対象会社が第 4 項の規定による通知又は前項の公告をしたときは、株式等売渡請求は、売渡株式等の全部について撤回されたものとみなす。

⑦　第 4 項の規定による通知又は第 5 項の公告の費用は、特別支配株主の負担とする。

⑧　前各項の規定は、新株予約権売渡請求のみを撤回する場合について準用する。この場合において、第 4 項中「売渡株主等」とあるのは、「売渡新株予約権者」と読み替えるものとする。

（売渡株式等の取得をやめることの請求）

第 179 条の 7　次に掲げる場合において、売渡株主が不利益を受けるおそれがあるとき

は、売渡株主は、特別支配株主に対し、株式等売渡請求に係る売渡株式等の全部の取得をやめることを請求することができる。

1　株式売渡請求が法令に違反する場合

2　対象会社が第 179 条の 4 第 1 項第 1 号（売渡株主に対する通知に係る部分に限る。）又は第 179 条の 5 の規定に違反した場合

3　第 179 条の 2 第 1 項第 2 号又は第 3 号に掲げる事項が対象会社の財産の状況その他の事情に照らして著しく不当である場合

②　次に掲げる場合において、売渡新株予約権者が不利益を受けるおそれがあるときは、売渡新株予約権者は、特別支配株主に対し、株式等売渡請求に係る売渡株式等の全部の取得をやめることを請求することができる。

1　新株予約権売渡請求が法令に違反する場合

2　対象会社が第 179 条の 4 第 1 項第 1 号（売渡新株予約権者に対する通知に係る部分に限る。）又は第 179 条の 5 の規定に違反した場合

3　第 179 条の 2 第 1 項第 4 号ロ又はハに掲げる事項が対象会社の財産の状況その他の事情に照らして著しく不当である場合

（売買価格の決定の申立て）

第 179 条の 8　株式等売渡請求があった場合には、売渡株主等は、取得日の 20 日前の日から取得日の前日までの間に、裁判所に対し、その有する売渡株式等の売買価格の決定の申立てをすることができる。

②　特別支配株主は、裁判所の決定した売買価格に対する取得日後の法定利率による利息をも支払わなければならない。

③　特別支配株主は、売渡株式等の売買価格の決定があるまでは、売渡株主等に対し、当該特別支配株主が公正な売買価格と認める額を支払うことができる。

（売渡株式等の取得）

第 179 条の 9　株式等売渡請求をした特別支

配株主は、取得日に、売渡株式等の全部を取得する。

②　前項の規定により特別支配株主が取得した売渡株式等が譲渡制限株式又は譲渡制限新株予約権 (第 243 条第 2 項第 2 号に規定する譲渡制限新株予約権をいう。) であるときは、対象会社は、当該特別支配株主が当該売渡株式等を取得したことについて、第 137 条第 1 項又は第 263 条第 1 項の承認をする旨の決定をしたものとみなす。

(売渡株式等の取得に関する書面等の備置き及び閲覧等)

第 179 条の 10　対象会社は、取得日後遅滞なく、株式等売渡請求により特別支配株主が取得した売渡株式等の数その他の株式等売渡請求に係る売渡株式等の取得に関する事項として法務省令で定める事項を記載し、又は記録した書面又は電磁的記録を作成しなければならない。

②　対象会社は、取得日から 6 箇月間 (対象会社が公開会社でない場合にあっては、取得日から 1 年間)、前項の書面又は電磁的記録をその本店に備え置かなければならない。

③　取得日に売渡株主等であった者は、対象会社に対して、その営業時間内は、いつでも、次に掲げる請求をすることができる。ただし、第 2 号又は第 4 号に掲げる請求をするには、当該対象会社の定めた費用を支払わなければならない。

1　前項の書面の閲覧の請求

2　前項の書面の謄本又は抄本の交付の請求

3　前項の電磁的記録に記録された事項を法務省令で定める方法により表示したものの閲覧の請求

4　前項の電磁的記録に記録された事項を電磁的方法であって対象会社の定めたものにより提供することの請求又はその事項を記載した書面の交付の請求

第 5 節　株式の併合等

第 1 款　株式の併合

(株式の併合)

第 180 条　株式会社は、株式の併合をすることができる。

②　株式会社は、株式の併合をしようとするときは、その都度、株主総会の決議によって、次に掲げる事項を定めなければならない。

1　併合の割合

2　株式の併合がその効力を生ずる日 (以下この款において「効力発生日」という。)

3　株式会社が種類株式発行会社である場合には、併合する株式の種類

4　効力発生日における発行可能株式総数

③　前項第 4 号の発行可能株式総数は、効力発生日における発行済株式の総数の 4 倍を超えることができない。ただし、株式会社が公開会社でない場合は、この限りでない。

④　取締役は、第 2 項の株主総会において、株式の併合をすることを必要とする理由を説明しなければならない。

(株主に対する通知等)

第 181 条　株式会社は、効力発生日の 2 週間前までに、株主 (種類株式発行会社にあっては、前条第 2 項第 3 号の種類の種類株主。以下この款において同じ。) 及びその登録株式質権者に対し、同項各号に掲げる事項を通知しなければならない。

②　前項の規定による通知は、公告をもってこれに代えることができる。

(効力の発生)

第 182 条　株主は、効力発生日に、その日の前日に有する株式 (種類株式発行会社にあっては、第 180 条第 2 項第 3 号の種類の株式。以下この項において同じ。) の数に同条第 2 項第 1 号の割合を乗じて得た数の株式の株主となる。

②　株式の併合をした株式会社は、効力発生日に、第 180 条第 2 項第 4 号に掲げる事項

についての定めに従い、当該事項に係る定款の変更をしたものとみなす。

（株式の併合に関する事項に関する書面等の備置き及び閲覧等）

第182条の2 株式の併合（単元株式数（種類株式発行会社にあっては、第180条第2項第3号の種類の株式の単元株式数。以下この項において同じ。）を定款で定めている場合にあっては、当該単元株式数に同条第2項第1号の割合を乗じて得た数に1に満たない端数が生ずるものに限る。以下この款において同じ。）をする株式会社は、次に掲げる日のいずれか早い日から効力発生日後6箇月を経過する日までの間、同項各号に掲げる事項その他法務省令で定める事項を記載し、又は記録した書面又は電磁的記録をその本店に備え置かなければならない。

1 第180条第2項の株主総会（株式の併合をするために種類株主総会の決議を要する場合にあっては、当該種類株主総会を含む。第182条の4第2項において同じ。）の日の2週間前の日（第319条第1項の場合にあっては、同項の提案があった日）

2 第182条の4第3項の規定により読み替えて適用する第181条第1項の規定による株主に対する通知の日又は第181条第2項の公告の日のいずれか早い日

② 株式の併合をする株式会社の株主は、当該株式会社に対して、その営業時間内は、いつでも、次に掲げる請求をすることができる。ただし、第2号又は第4号に掲げる請求をするには、当該株式会社の定めた費用を支払わなければならない。

1 前項の書面の閲覧の請求

2 前項の書面の謄本又は抄本の交付の請求

3 前項の電磁的記録に記録された事項を法務省令で定める方法により表示したものの閲覧の請求

4 前項の電磁的記録に記録された事項を電磁的方法であって株式会社の定めたものにより提供することの請求又はその事項を記載した書面の交付の請求

（株式の併合をやめることの請求）

第182条の3 株式の併合が法令又は定款に違反する場合において、株主が不利益を受けるおそれがあるときは、株主は、株式会社に対し、当該株式の併合をやめることを請求することができる。

（反対株主の株式買取請求）

第182条の4 株式会社が株式の併合をすることにより株式の数に1株に満たない端数が生ずる場合には、反対株主は、当該株式会社に対し、自己の有する株式のうち1株に満たない端数となるものの全部を公正な価格で買い取ることを請求することができる。

② 前項に規定する「反対株主」とは、次に掲げる株主をいう。

1 第180条第2項の株主総会に先立って当該株式の併合に反対する旨を当該株式会社に対し通知し、かつ、当該株主総会において当該株式の併合に反対した株主（当該株主総会において議決権を行使することができるものに限る。）

2 当該株主総会において議決権を行使することができない株主

③ 株式会社が株式の併合をする場合における株主に対する通知についての第181条第1項の規定の適用については、同項中「2週間」とあるのは、「20日」とする。

④ 第1項の規定による請求（以下この款において「株式買取請求」という。）は、効力発生日の20日前の日から効力発生日の前日までの間に、その株式買取請求に係る株式の数（種類株式発行会社にあっては、株式の種類及び種類ごとの数）を明らかにしてしなければならない。

⑤ 株券が発行されている株式について株式買取請求をしようとするときは、当該株式の株主は、株式会社に対し、当該株式に係る株券を提出しなければならない。ただし、

当該株券について第223条の規定による請求をした者については、この限りでない。

⑥ 株式買取請求をした株主は、株式会社の承諾を得た場合に限り、その株式買取請求を撤回することができる。

⑦ 第133条の規定は、株式買取請求に係る株式については、適用しない。

（株式の価格の決定等）

第182条の5 株式買取請求があった場合において、株式の価格の決定について、株主と株式会社との間に協議が調ったときは、株式会社は、効力発生日から60日以内にその支払をしなければならない。

② 株式の価格の決定について、効力発生日から30日以内に協議が調わないときは、株主又は株式会社は、その期間の満了の日後30日以内に、裁判所に対し、価格の決定の申立てをすることができる。

③ 前条第6項の規定にかかわらず、前項に規定する場合において、効力発生日から60日以内に同項の申立てがないときは、その期間の満了後は、株主は、いつでも、株式買取請求を撤回することができる。

④ 株式会社は、裁判所の決定した価格に対する第1項の期間の満了の日後の法定利率による利息をも支払わなければならない。

⑤ 株式会社は、株式の価格の決定があるまでは、株主に対し、当該株式会社が公正な価格と認める額を支払うことができる。

⑥ 株式買取請求に係る株式の買取りは、効力発生日に、その効力を生ずる。

⑦ 株券発行会社は、株券が発行されている株式について株式買取請求があったときは、株券と引換えに、その株式買取請求に係る株式の代金を支払わなければならない。

（株式の併合に関する書面等の備置き及び閲覧等）

第182条の6 株式の併合をした株式会社は、効力発生日後遅滞なく、株式の併合が効力を生じた時における発行済株式（種類株式発行会社にあっては、第180条第2項第3号の種類の発行済株式）の総数その他の株式の併合に関する事項として法務省令で定める事項を記載し、又は記録した書面又は電磁的記録を作成しなければならない。

② 株式会社は、効力発生日から6箇月間、前項の書面又は電磁的記録をその本店に備え置かなければならない。

③ 株式の併合をした株式会社の株主又は効力発生日に当該株式会社の株主であった者は、当該株式会社に対して、その営業時間内は、いつでも、次に掲げる請求をすることができる。ただし、第2号又は第4号に掲げる請求をするには、当該株式会社の定めた費用を支払わなければならない。

1 前項の書面の閲覧の請求

2 前項の書面の謄本又は抄本の交付の請求

3 前項の電磁的記録に記録された事項を法務省令で定める方法により表示したものの閲覧の請求

4 前項の電磁的記録に記録された事項を電磁的方法であって株式会社の定めたものにより提供することの請求又はその事項を記載した書面の交付の請求

第2款 株式の分割

（株式の分割）

第183条 株式会社は、株式の分割をすることができる。

② 株式会社は、株式の分割をしようとするときは、その都度、株主総会（取締役会設置会社にあっては、取締役会）の決議によって、次に掲げる事項を定めなければならない。

1 株式の分割により増加する株式の総数の株式の分割前の発行済株式（種類株式発行会社にあっては、第3号の種類の発行済株式）の総数に対する割合及び当該株式の分割に係る基準日

2 株式の分割がその効力を生ずる日

3 株式会社が種類株式発行会社である場合には、分割する株式の種類

（効力の発生等）

第184条 基準日において株主名簿に記載され、又は記録されている株主（種類株式発行会社にあっては、基準日において株主名簿に記載され、又は記録されている前条第2項第3号の種類の種類株主）は、同項第2号の日に、基準日に有する株式（種類株式発行会社にあっては、同項第3号の種類の株式。以下この項において同じ。）の数に同条第2項第1号の割合を乗じて得た数の株式を取得する。

② 株式会社（現に2以上の種類の株式を発行しているものを除く。）は、第466条の規定にかかわらず、株主総会の決議によらないで、前条第2項第2号の日における発行可能株式総数をその日の前日の発行可能株式総数に同項第1号の割合を乗じて得た数の範囲内で増加する定款の変更をすることができる。

第3款　株式無償割当て

（株式無償割当て）

第185条 株式会社は、株主（種類株式発行会社にあっては、ある種類の種類株主）に対して新たに払込みをさせないで当該株式会社の株式の割当て（以下この款において「株式無償割当て」という。）をすることができる。

（株式無償割当てに関する事項の決定）

第186条 株式会社は、株式無償割当てをしようとするときは、その都度、次に掲げる事項を定めなければならない。

1　株主に割り当てる株式の数（種類株式発行会社にあっては、株式の種類及び種類ごとの数）又はその数の算定方法

2　当該株式無償割当てがその効力を生ずる日

3　株式会社が種類株式発行会社である場合には、当該株式無償割当てを受ける株主の有する株式の種類

② 前項第1号に掲げる事項についての定めは、当該株式会社以外の株主（種類株式発行会社にあっては、同項第3号の種類の種類株主）の有する株式（種類株式発行会社にあっては、同項第3号の種類の株式）の数に応じて同項第1号の株式を割り当てることを内容とするものでなければならない。

③ 第1項各号に掲げる事項の決定は、株主総会（取締役会設置会社にあっては、取締役会）の決議によらなければならない。ただし、定款に別段の定めがある場合は、この限りでない。

（株式無償割当ての効力の発生等）

第187条 前条第1項第1号の株式の割当てを受けた株主は、同項第2号の日に、同項第1号の株式の株主となる。

② 株式会社は、前条第1項第2号の日後遅滞なく、株主（種類株式発行会社にあっては、同項第3号の種類の種類株主）及びその登録株式質権者に対し、当該株主が割当てを受けた株式の数（種類株式発行会社にあっては、株式の種類及び種類ごとの数）を通知しなければならない。

第6節　単元株式数

第1款　総則

（単元株式数）

第188条 株式会社は、その発行する株式について、一定の数の株式をもって株主が株主総会又は種類株主総会において1個の議決権を行使することができる1単元の株式とする旨を定款で定めることができる。

② 前項の一定の数は、法務省令で定める数を超えることはできない。

③ 種類株式発行会社においては、単元株式数は、株式の種類ごとに定めなければならない。

（単元未満株式についての権利の制限等）

第189条 単元株式数に満たない数の株式（以下「単元未満株式」という。）を有する株主（以下「単元未満株主」という。）は、その有する単元未満株式について、株主総会及び種類株主総会において議決権を行使すること

ができない。

② 株式会社は、単元未満株主が当該単元未満株式について次に掲げる権利以外の権利の全部又は一部を行使することができない旨を定款で定めることができる。

1 第171条第1項第1号に規定する取得対価の交付を受ける権利

2 株式会社による取得条項付株式の取得と引換えに金銭等の交付を受ける権利

3 第185条に規定する株式無償割当てを受ける権利

4 第192条第1項の規定により単元未満株式を買い取ることを請求する権利

5 残余財産の分配を受ける権利

6 前各号に掲げるもののほか、法務省令で定める権利

③ 株券発行会社は、単元未満株式に係る株券を発行しないことができる旨を定款で定めることができる。

（理由の開示）

第190条 単元株式数を定める場合には、取締役は、当該単元株式数を定める定款の変更を目的とする株主総会において、当該単元株式数を定めることを必要とする理由を説明しなければならない。

（定款変更手続の特則）

第191条 株式会社は、次のいずれにも該当する場合には、第466条の規定にかかわらず、株主総会の決議によらないで、単元株式数（種類株式発行会社にあっては、各種類の株式の単元株式数。以下この条において同じ。）を増加し、又は単元株式数についての定款の定めを設ける定款の変更をすることができる。

1 株式の分割と同時に単元株式数を増加し、又は単元株式数についての定款の定めを設けるものであること。

2 イに掲げる数がロに掲げる数を下回るものでないこと。

イ 当該定款の変更後において各株主がそれぞれ有する株式の数を単元株式数

で除して得た数

ロ 当該定款の変更前において各株主がそれぞれ有する株式の数（単元株式数を定めている場合にあっては、当該株式の数を単元株式数で除して得た数）

第2款　単元未満株主の買取請求

（単元未満株式の買取りの請求）

第192条 単元未満株主は、株式会社に対し、自己の有する単元未満株式を買い取ることを請求することができる。

② 前項の規定による請求は、その請求に係る単元未満株式の数（種類株式発行会社にあっては、単元未満株式の種類及び種類ごとの数）を明らかにしてしなければならない。

③ 第1項の規定による請求をした単元未満株主は、株式会社の承諾を得た場合に限り、当該請求を撤回することができる。

（単元未満株式の価格の決定）

第193条 前条第1項の規定による請求があった場合には、次の各号に掲げる場合の区分に応じ、当該各号に定める額をもって当該請求に係る単元未満株式の価格とする。

1 当該単元未満株式が市場価格のある株式である場合 当該単元未満株式の市場価格として法務省令で定める方法により算定される額

2 前号に掲げる場合以外の場合 株式会社と前条第1項の規定による請求をした単元未満株主との協議によって定める額

② 前項第2号に掲げる場合には、前条第1項の規定による請求をした単元未満株主又は株式会社は、当該請求をした日から20日以内に、裁判所に対し、価格の決定の申立てをすることができる。

③ 裁判所は、前項の決定をするには、前条第1項の規定による請求の時における株式会社の資産状態その他一切の事情を考慮しなければならない。

④ 第1項の規定にかかわらず、第2項の期

間内に同項の申立てがあったときは、当該申立てにより裁判所が定めた額をもって当該単元未満株式の価格とする。

⑤ 第1項の規定にかかわらず、同項第2号に掲げる場合において、第2項の期間内に同項の申立てがないとき（当該期間内に第1項第2号の協議が調った場合を除く。）は、1株当たり純資産額に前条第1項の規定による請求に係る単元未満株式の数を乗じて得た額をもって当該単元未満株式の価格とする。

⑥ 前条第1項の規定による請求に係る株式の買取りは、当該株式の代金の支払の時に、その効力を生ずる。

⑦ 株券発行会社は、株券が発行されている株式につき前条第1項の規定による請求があったときは、株券と引換えに、その請求に係る株式の代金を支払わなければならない。

第3款　単元未満株主の売渡請求

第194条　株式会社は、単元未満株主が当該株式会社に対して単元未満株式売渡請求（単元未満株主が有する単元未満株式の数と併せて単元株式数となる数の株式を当該単元未満株主に売り渡すことを請求することをいう。以下この条において同じ。）をすることができる旨を定款で定めることができる。

② 単元未満株式売渡請求は、当該単元未満株主に売り渡す単元未満株式の数（種類株式発行会社にあっては、単元未満株式の種類及び種類ごとの数）を明らかにしてしなければならない。

③ 単元未満株式売渡請求を受けた株式会社は、当該単元未満株式売渡請求を受けた時に前項の単元未満株式の数に相当する数の株式を有しない場合を除き、自己株式を当該単元未満株主に売り渡さなければならない。

④ 第192条第3項及び前条第1項から第6項までの規定は、単元未満株式売渡請求に

ついて準用する。

第4款　単元株式数の変更等

第195条　株式会社は、第466条の規定にかかわらず、取締役の決定（取締役会設置会社にあっては、取締役会の決議）によって、定款を変更して単元株式数を減少し、又は単元株式数についての定款の定めを廃止することができる。

② 前項の規定により定款の変更をした場合には、株式会社は、当該定款の変更の効力が生じた日以後遅滞なく、その株主（種類株式発行会社にあっては、同項の規定により単元株式数を変更した種類の種類株主）に対し、当該定款の変更をした旨を通知しなければならない。

③ 前項の規定による通知は、公告をもってこれに代えることができる。

第7節　株主に対する通知の省略等

（株主に対する通知の省略）

第196条　株式会社が株主に対してする通知又は催告が5年以上継続して到達しない場合には、株式会社は、当該株主に対する通知又は催告をすることを要しない。

② 前項の場合には、同項の株主に対する株式会社の義務の履行を行う場所は、株式会社の住所地とする。

③ 前2項の規定は、登録株式質権者について準用する。

（株式の競売）

第197条　株式会社は、次のいずれにも該当する株式を競売し、かつ、その代金をその株式の株主に交付することができる。

　1　その株式の株主に対して前条第1項又は第294条第2項の規定により通知及び催告をすることを要しないもの

　2　その株式の株主が継続して5年間剰余金の配当を受領しなかったもの

② 株式会社は、前項の規定による競売に代

第2編　株式会社

えて、市場価格のある同項の株式については市場価格として法務省令で定める方法により算定される額をもって、市場価格のない同項の株式については裁判所の許可を得て競売以外の方法により、これを売却することができる。この場合において、当該許可の申立ては、取締役が2人以上あるときは、その全員の同意によってしなければならない。

③ 株式会社は、前項の規定により売却する株式の全部又は一部を買い取ることができる。この場合においては、次に掲げる事項を定めなければならない。

1 買い取る株式の数（種類株式発行会社にあっては、株式の種類及び種類ごとの数）

2 前号の株式の買取りをするのと引換えに交付する金銭の総額

④ 取締役会設置会社においては、前項各号に掲げる事項の決定は、取締役会の決議によらなければならない。

⑤ 第1項及び第2項の規定にかかわらず、登録株式質権者がある場合には、当該登録株式質権者が次のいずれにも該当する者であるときに限り、株式会社は、第1項の規定による競売又は第2項の規定による売却をすることができる。

1 前条第3項において準用する同条第1項の規定により通知又は催告をすることを要しない者

2 継続して5年間第154条第1項の規定により受領することができる剰余金の配当を受領しなかった者

（利害関係人の異議）

第198条 前条第1項の規定による競売又は同条第2項の規定による売却をする場合には、株式会社は、同条第1項の株式の株主その他の利害関係人が一定の期間内に異議を述べることができる旨その他法務省令で定める事項を公告し、かつ、当該株式の株主及びその登録株式質権者には、各別にこれを催告しなければならない。ただし、当

該期間は、3箇月を下ることができない。

② 第126条第1項及び第150条第1項の規定にかかわらず、前項の規定による催告は、株主名簿に記載し、又は記録した当該株主及び登録株式質権者の住所（当該株主又は登録株式質権者が別に通知又は催告を受ける場所又は連絡先を当該株式会社に通知した場合にあっては、その場所又は連絡先を含む。）にあてて発しなければならない。

③ 第126条第3項及び第4項の規定にかかわらず、株式が2以上の者の共有に属するときは、第1項の規定による催告は、共有者に対し、株主名簿に記載し、又は記録した住所（当該共有者が別に通知又は催告を受ける場所又は連絡先を当該株式会社に通知した場合にあっては、その場所又は連絡先を含む。）にあてて発しなければならない。

④ 第196条第1項（同条第3項において準用する場合を含む。）の規定は、第1項の規定による催告については、適用しない。

⑤ 第1項の規定による公告をした場合（前条第1項の株式に係る株券が発行されている場合に限る。）において、第1項の期間内に利害関係人が異議を述べなかったときは、当該株式に係る株券は、当該期間の末日に無効となる。

第8節 募集株式の発行等

第1款 募集事項の決定等

（募集事項の決定）

第199条 株式会社は、その発行する株式又はその処分する自己株式を引き受ける者の募集をしようとするときは、その都度、募集株式（当該募集に応じてこれらの株式の引受けの申込みをした者に対して割り当てる株式をいう。以下この節において同じ。）について次に掲げる事項を定めなければならない。

1 募集株式の数（種類株式発行会社にあっては、募集株式の種類及び数。以下この節において同じ。）

2　募集株式の払込金額（募集株式1株と引換えに払い込む金銭又は給付する金銭以外の財産の額をいう。以下この節において同じ。）又はその算定方法

3　金銭以外の財産を出資の目的とするときは、その旨並びに当該財産の内容及び価額

4　募集株式と引換えにする金銭の払込み又は前号の財産の給付の期日又はその期間

5　株式を発行するときは、増加する資本金及び資本準備金に関する事項

② 前項各号に掲げる事項（以下この節において「募集事項」という。）の決定は、株主総会の決議によらなければならない。

③ 第1項第2号の払込金額が募集株式を引き受ける者に特に有利な金額である場合には、取締役は、前項の株主総会において、当該払込金額でその者の募集をすることを必要とする理由を説明しなければならない。

④ 種類株式発行会社において、第1項第1号の募集株式の種類が譲渡制限株式であるときは、当該種類の株式に関する募集事項の決定は、当該種類の株式を引き受ける者の募集について当該種類の株式の種類株主を構成員とする種類株主総会の決議を要しない旨の定款の定めがある場合を除き、当該種類株主総会の決議がなければ、その効力を生じない。ただし、当該種類株主総会において議決権を行使することができる種類株主が存しない場合は、この限りでない。

⑤ 募集事項は、第1項の募集ごとに、均等に定めなければならない。

（募集事項の決定の委任）

第200条　前条第2項及び第4項の規定にかかわらず、株主総会においては、その決議によって、募集事項の決定を取締役（取締役会設置会社にあっては、取締役会）に委任することができる。この場合においては、その委任に基づいて募集事項の決定をすることができる募集株式の数の上限及び払込金

額の下限を定めなければならない。

② 前項の払込金額の下限が募集株式を引き受ける者に特に有利な金額である場合には、取締役は、同項の株主総会において、当該払込金額でその者の募集をすることを必要とする理由を説明しなければならない。

③ 第1項の決議は、前条第1項第4号の期日（同号の期間を定めた場合にあっては、その期間の末日）が当該決議の日から1年以内の日である同項の募集についてのみその効力を有する。

④ 種類株式発行会社において、第1項の募集株式の種類が譲渡制限株式であるときは、当該種類の株式に関する募集事項の決定の委任は、当該種類の株式について前条第4項の定款の定めがある場合を除き、当該種類の株式の種類株主を構成員とする種類株主総会の決議がなければ、その効力を生じない。ただし、当該種類株主総会において議決権を行使することができる種類株主が存しない場合は、この限りでない。

（公開会社における募集事項の決定の特則）

第201条　第199条第3項に規定する場合を除き、公開会社における同条第2項の規定の適用については、同項中「株主総会」とあるのは、「取締役会」とする。この場合においては、前条の規定は、適用しない。

② 前項の規定により読み替えて適用する第199条第2項の取締役会の決議によって募集事項を定める場合において、市場価格のある株式を引き受ける者の募集をするときは、同条第1項第2号に掲げる事項に代えて、公正な価額による払込みを実現するために適当な払込金額の決定の方法を定めることができる。

③ 公開会社は、第1項の規定により読み替えて適用する第199条第2項の取締役会の決議によって募集事項を定めたときは、同条第1項第4号の期日（同号の期間を定めた場合にあっては、その期間の初日）の2週間前までに、株主に対し、当該募集事項（前項

の規定により払込金額の決定の方法を定めた場合にあっては、その方法を含む。以下この節において同じ。）を通知しなければならない。

④　前項の規定による通知は、公告をもってこれに代えることができる。

⑤　第 3 項の規定は、株式会社が募集事項について同項に規定する期日の 2 週間前までに金融商品取引法第 4 条第 1 項から第 3 項までの届出をしている場合その他の株主の保護に欠けるおそれがないものとして法務省令で定める場合には、適用しない。

（株主に株式の割当てを受ける権利を与える場合）

第 202 条　株式会社は、第 199 条第 1 項の募集において、株主に株式の割当てを受ける権利を与えることができる。この場合においては、募集事項のほか、次に掲げる事項を定めなければならない。

1　株主に対し、次条第 2 項の申込みをすることにより当該株式会社の募集株式（種類株式発行会社にあっては、当該株主の有する種類の株式と同一の種類のもの）の割当てを受ける権利を与える旨

2　前号の募集株式の引受けの申込みの期日

②　前項の場合には、同項第 1 号の株主（当該株式会社を除く。）は、その有する株式の数に応じて募集株式の割当てを受ける権利を有する。ただし、当該株主が割当てを受ける募集株式の数に 1 株に満たない端数があるときは、これを切り捨てるものとする。

③　第 1 項各号に掲げる事項を定める場合には、募集事項及び同項各号に掲げる事項は、次の各号に掲げる場合の区分に応じ、当該各号に定める方法によって定めなければならない。

1　当該募集事項及び第 1 項各号に掲げる事項を取締役の決定によって定めることができる旨の定款の定めがある場合（株式会社が取締役会設置会社である場合を除く。）　取締役の決定

2　当該募集事項及び第 1 項各号に掲げる事項を取締役会の決議によって定めることができる旨の定款の定めがある場合（次号に掲げる場合を除く。）　取締役会の決議

3　株式会社が公開会社である場合　取締役会の決議

4　前 3 号に掲げる場合以外の場合　株主総会の決議

④　株式会社は、第 1 項各号に掲げる事項を定めた場合には、同項第 2 号の期日の 2 週間前までに、同項第 1 号の株主（当該株式会社を除く。）に対し、次に掲げる事項を通知しなければならない。

1　募集事項

2　当該株主が割当てを受ける募集株式の数

3　第 1 項第 2 号の期日

⑤　第 199 条第 2 項から第 4 項まで及び前 2 条の規定は、第 1 項から第 3 項までの規定により株主に株式の割当てを受ける権利を与える場合には、適用しない。

☆**（取締役の報酬等に係る募集事項の決定の特則）**

第 202 条の 2　金融商品取引法第 2 条第 16 項に規定する金融商品取引所に上場されている株式を発行している株式会社は、定款又は株主総会の決議による第 361 条第 1 項第 3 号に掲げる事項についての定めに従いその発行する株式又はその処分する自己株式を引き受ける者の募集をするときは、第 199 条第 1 項第 2 号及び第 4 号に掲げる事項を定めることを要しない。この場合において、当該株式会社は、募集株式について次に掲げる事項を定めなければならない。

1　取締役の報酬等（第 361 条第 1 項に規定する報酬等をいう。第 236 条第 3 項第 1 号において同じ。）として当該募集に係る株式の発行又は自己株式の処分をするものであり、募集株式と引換えにする金銭の払込み又は第 199 条第 1 項第 3 号の財産の給付を

要しない旨

2　募集株式を割り当てる日（以下この節において「割当日」という。）

② 前項各号に掲げる事項を定めた場合における第199条第2項の規定の適用については、同項中「前項各号」とあるのは、「前項各号（第2号及び第4号を除く。）及び第202条の2第1項各号」とする。この場合においては、第200条及び前条の規定は、適用しない。

③ 指名委員会等設置会社における第1項の規定の適用については、同項中「定款又は株主総会の決議による第361条第1項第3号に掲げる事項についての定め」とあるのは「報酬委員会による第409条第3項第3号に定める事項についての決定」と、「取締役」とあるのは「執行役又は取締役」とする。

`1年6月内`

第2款　募集株式の割当て

（募集株式の申込み）

第203条　株式会社は、第199条第1項の募集に応じて募集株式の引受けの申込みをしようとする者に対し、次に掲げる事項を通知しなければならない。

1　株式会社の商号

2　募集事項

3　金銭の払込みをすべきときは、払込みの取扱いの場所

4　前3号に掲げるもののほか、法務省令で定める事項

② 第199条第1項の募集に応じて募集株式の引受けの申込みをする者は、次に掲げる事項を記載した書面を株式会社に交付しなければならない。

1　申込みをする者の氏名又は名称及び住所

2　引き受けようとする募集株式の数

③ 前項の申込みをする者は、同項の書面の交付に代えて、政令で定めるところにより、株式会社の承諾を得て、同項の書面に記載すべき事項を電磁的方法により提供することができる。この場合において、当該申込みをした者は、同項の書面を交付したものとみなす。

④ 第1項の規定は、株式会社が同項各号に掲げる事項を記載した金融商品取引法第2条第10項に規定する目論見書を第1項の申込みをしようとする者に対して交付している場合その他募集株式の引受けの申込みをしようとする者の保護に欠けるおそれがないものとして法務省令で定める場合には、適用しない。

⑤ 株式会社は、第1項各号に掲げる事項について変更があったときは、直ちに、その旨及び当該変更があった事項を第2項の申込みをした者（以下この款において「申込者」という。）に通知しなければならない。

⑥ 株式会社が申込者に対してする通知又は催告は、第2項第1号の住所（当該申込者が別に通知又は催告を受ける場所又は連絡先を当該株式会社に通知した場合にあっては、その場所又は連絡先）にあてて発すれば足りる。

⑦ 前項の通知又は催告は、その通知又は催告が通常到達すべきであった時に、到達したものとみなす。

（募集株式の割当て）

第204条　株式会社は、申込者の中から募集株式の割当てを受ける者を定め、かつ、その者に割り当てる募集株式の数を定めなければならない。この場合において、株式会社は、当該申込者に割り当てる募集株式の数を、前条第2項第2号の数よりも減少することができる。

② 募集株式が譲渡制限株式である場合には、前項の規定による決定は、株主総会（取締役会設置会社にあっては、取締役会）の決議によらなければならない。ただし、定款に別段の定めがある場合は、この限りでない。

③ 株式会社は、第199条第1項第4号の期日（同号の期間を定めた場合にあっては、その期

間の初日）の前日までに、申込者に対し、当該申込者に割り当てる募集株式の数を通知しなければならない。

④ 第202条の規定により株主に株式の割当てを受ける権利を与えた場合において、株主が同条第1項第2号の期日までに前条第2項の申込みをしないときは、当該株主は、募集株式の割当てを受ける権利を失う。

（募集株式の申込み及び割当てに関する特則）

第205条 前2条の規定は、募集株式を引き受けようとする者がその総数の引受けを行う契約を締結する場合には、適用しない。

② 前項に規定する場合において、募集株式が譲渡制限株式であるときは、株式会社は、株主総会（取締役会設置会社にあっては、取締役会）の決議によって、同項の契約の承認を受けなければならない。ただし、定款に別段の定めがある場合は、この限りでない。

③ 第202条の2第1項後段の規定による同項各号に掲げる事項についての定めがある場合には、定款又は株主総会の決議による第361条第1項第3号に掲げる事項についての定めに係る取締役（取締役であった者を含む。）以外の者は、第203条第2項の申込みをし、又は第1項の契約を締結することができない。

④ 前項に規定する場合における前条第3項並びに第206条の2第1項、第3項及び第4項の規定の適用については、前条第3項及び第206条の2第1項中「第199条第1項第4号の期日（同号の期間を定めた場合にあっては、その期間の初日）」とあり、同条第3項中「同項に規定する期日」とあり、並びに同条第4項中「第1項に規定する期日」とあるのは、「割当日」とする。

⑤ 指名委員会等設置会社における第3項の規定の適用については、同項中「定款又は株主総会の決議による第361条第1項第3号に掲げる事項についての定め」とあるのは「報酬委員会による第409条第3項第3号に定める事項についての決定」と、「取

締役」とあるのは「執行役又は取締役」とする。

第205条 〔3項～5項は新設規定〕

1年6月内

（募集株式の引受け）

第206条 次の各号に掲げる者は、当該各号に定める募集株式の数について募集株式の引受人となる。

1 申込者 株式会社の割り当てた募集株式の数

2 前条第1項の契約により募集株式の総数を引き受けた者 その者が引き受けた募集株式の数

（公開会社における募集株式の割当て等の特則）

第206条の2 公開会社は、募集株式の引受人について、第1号に掲げる数の第2号に掲げる数に対する割合が2分の1を超える場合には、第199条第1項第4号の期日（同号の期間を定めた場合にあっては、その期間の初日）の2週間前までに、株主に対し、当該引受人（以下この項及び第4項において「特定引受人」という。）の氏名又は名称及び住所、当該特定引受人についての第1号に掲げる数その他の法務省令で定める事項を通知しなければならない。ただし、当該特定引受人が当該公開会社の親会社等である場合又は第202条の規定により株主に株式の割当てを受ける権利を与えた場合は、この限りでない。

1 当該引受人（その子会社等を含む。）がその引き受けた募集株式の株主となった場合に有することとなる議決権の数

2 当該募集株式の引受人の全員がその引き受けた募集株式の株主となった場合における総株主の議決権の数

② 前項の規定による通知は、公告をもってこれに代えることができる。

③ 第1項の規定にかかわらず、株式会社が同項の事項について同項に規定する期日の2週間前までに金融商品取引法第4条第1

項から第 3 項までの届出をしている場合その他の株主の保護に欠けるおそれがないものとして法務省令で定める場合には、第 1 項の規定による通知は、することを要しない。

④　総株主（この項の株主総会において議決権を行使することができない株主を除く。）の議決権の 10 分の 1 （これを下回る割合を定款で定めた場合にあっては、その割合）以上の議決権を有する株主が第 1 項の規定による通知又は第 2 項の公告の日（前項の場合にあっては、法務省令で定める日）から 2 週間以内に特定引受人（その子会社等を含む。以下この項において同じ。）による募集株式の引受けに反対する旨を公開会社に対し通知したときは、当該公開会社は、第 1 項に規定する期日の前日までに、株主総会の決議によって、当該特定引受人に対する募集株式の割当て又は当該特定引受人との間の第 205 条第 1 項の契約の承認を受けなければならない。ただし、当該公開会社の財産の状況が著しく悪化している場合において、当該公開会社の事業の継続のため緊急の必要があるときは、この限りでない。

⑤　第 309 条第 1 項の規定にかかわらず、前項の株主総会の決議は、議決権を行使することができる株主の議決権の過半数（3 分の 1 以上の割合を定款で定めた場合にあっては、その割合以上）を有する株主が出席し、出席した当該株主の議決権の過半数（これを上回る割合を定款で定めた場合にあっては、その割合以上）をもって行わなければならない。

第 3 款　金銭以外の財産の出資

第 207 条　株式会社は、第 199 条第 1 項第 3 号に掲げる事項を定めたときは、募集事項の決定の後遅滞なく、同号の財産（以下この節において「現物出資財産」という。）の価額を調査させるため、裁判所に対し、検査役の選任の申立てをしなければならない。

②　前項の申立てがあった場合には、裁判所は、これを不適法として却下する場合を除き、検査役を選任しなければならない。

③　裁判所は、前項の検査役を選任した場合には、株式会社が当該検査役に対して支払う報酬の額を定めることができる。

④　第 2 項の検査役は、必要な調査を行い、当該調査の結果を記載し、又は記録した書面又は電磁的記録（法務省令で定めるものに限る。）を裁判所に提供して報告をしなければならない。

⑤　裁判所は、前項の報告について、その内容を明瞭にし、又はその根拠を確認するため必要があると認めるときは、第 2 項の検査役に対し、更に前項の報告を求めることができる。

⑥　第 2 項の検査役は、第 4 項の報告をしたときは、株式会社に対し、同項の書面の写しを交付し、又は同項の電磁的記録に記録された事項を法務省令で定める方法により提供しなければならない。

⑦　裁判所は、第 4 項の報告を受けた場合において、現物出資財産について定められた第 199 条第 1 項第 3 号の価額（第 2 項の検査役の調査を経ていないものを除く。）を不当と認めたときは、これを変更する決定をしなければならない。

⑧　募集株式の引受人（現物出資財産を給付する者に限る。以下この条において同じ。）は、前項の決定により現物出資財産の価額の全部又は一部が変更された場合には、当該決定の確定後 1 週間以内に限り、その募集株式の引受けの申込み又は第 205 条第 1 項の契約に係る意思表示を取り消すことができる。

⑨　前各項の規定は、次の各号に掲げる場合には、当該各号に定める事項については、適用しない。

　1　募集株式の引受人に割り当てる株式の総数が発行済株式の総数の 10 分の 1 を超えない場合　当該募集株式の引受人が給付する現物出資財産の価額

　2　現物出資財産について定められた第

199条第1項第3号の価額の総額が500万円を超えない場合　当該現物出資財産の価額

3　現物出資財産のうち、市場価格のある有価証券について定められた第199条第1項第3号の価額が当該有価証券の市場価格として法務省令で定める方法により算定されるものを超えない場合　当該有価証券についての現物出資財産の価額

4　現物出資財産について定められた第199条第1項第3号の価額が相当であることについて弁護士、弁護士法人、公認会計士、監査法人、税理士又は税理士法人の証明（現物出資財産が不動産である場合にあっては、当該証明及び不動産鑑定士の鑑定評価。以下この号において同じ。）を受けた場合　当該証明を受けた現物出資財産の価額

5　現物出資財産が株式会社に対する金銭債権（弁済期が到来しているものに限る。）であって、当該金銭債権について定められた第199条第1項第3号の価額が当該金銭債権に係る負債の帳簿価額を超えない場合　当該金銭債権についての現物出資財産の価額

⑩　次に掲げる者は、前項第4号に規定する証明をすることができない。

1　取締役、会計参与、監査役若しくは執行役又は支配人その他の使用人

2　募集株式の引受人

3　業務の停止の処分を受け、その停止の期間を経過しない者

4　弁護士法人、監査法人又は税理士法人であって、その社員の半数以上が第1号又は第2号に掲げる者のいずれかに該当するもの

第4款　出資の履行等

（出資の履行）

第208条　募集株式の引受人（現物出資財産を給付する者を除く。）は、第199条第1項第4

号の期日又は同号の期間内に、株式会社が定めた銀行等の払込みの取扱いの場所において、それぞれの募集株式の払込金額の全額を払い込まなければならない。

②　募集株式の引受人（現物出資財産を給付する者に限る。）は、第199条第1項第4号の期日又は同号の期間内に、それぞれの募集株式の払込金額の全額に相当する現物出資財産を給付しなければならない。

③　募集株式の引受人は、第1項の規定による払込み又は前項の規定による給付（以下この款において「出資の履行」という。）をする債務と株式会社に対する債権とを相殺することができない。

④　出資の履行をすることにより募集株式の株主となる権利の譲渡は、株式会社に対抗することができない。

⑤　募集株式の引受人は、出資の履行をしないときは、当該出資の履行をすることにより募集株式の株主となる権利を失う。

（株主となる時期等）

第209条　募集株式の引受人は、次の各号に掲げる場合には、当該各号に定める日に、出資の履行をした募集株式の株主となる。

1　第199条第1項第4号の期日を定めた場合　当該期日

2　第199条第1項第4号の期間を定めた場合　出資の履行をした日

②　募集株式の引受人は、第213条の2第1項各号に掲げる場合には、当該各号に定める支払若しくは給付又は第213条の3第1項の規定による支払がされた後でなければ、出資の履行を仮装した募集株式について、株主の権利を行使することができない。

③　前項の募集株式を譲り受けた者は、当該募集株式についての株主の権利を行使することができる。ただし、その者に悪意又は重大な過失があるときは、この限りでない。

④　第1項の規定にかかわらず、第202条の2第1項後段の規定による同項各号に掲げる事項についての定めがある場合には、募

集株式の引受人は、割当日に、その引き受けた募集株式の株主となる。

第209条 〔4項は新設規定〕

`1年6月内`

第5款　募集株式の発行等をやめることの請求

第210条　次に掲げる場合において、株主が不利益を受けるおそれがあるときは、株主は、株式会社に対し、第199条第1項の募集に係る株式の発行又は自己株式の処分をやめることを請求することができる。

1　当該株式の発行又は自己株式の処分が法令又は定款に違反する場合

2　当該株式の発行又は自己株式の処分が著しく不公正な方法により行われる場合

第6款　募集に係る責任等

（引受けの無効又は取消しの制限）

第211条　民法第93条第1項ただし書及び第94条第1項の規定は、募集株式の引受けの申込み及び割当て並びに第205条第1項の契約に係る意思表示については、適用しない。

②　募集株式の引受人は、第209条第1項の規定により株主となった日から1年を経過した後又はその株式について権利を行使した後は、錯誤、詐欺又は強迫を理由として募集株式の引受けの取消しをすることができない。

（不公正な払込金額で株式を引き受けた者等の責任）

第212条　募集株式の引受人は、次の各号に掲げる場合には、株式会社に対し、当該各号に定める額を支払う義務を負う。

1　取締役（指名委員会等設置会社にあっては、取締役又は執行役）と通じて著しく不公正な払込金額で募集株式を引き受けた場合　当該払込金額と当該募集株式の公正な価額との差額に相当する金額

2　第209条第1項の規定により募集株式

の株主となった時におけるその給付した現物出資財産の価額がこれについて定められた第199条第1項第3号の価額に著しく不足する場合　当該不足額

②　前項第2号に掲げる場合において、現物出資財産を給付した募集株式の引受人が当該現物出資財産の価額がこれについて定められた第199条第1項第3号の価額に著しく不足することにつき善意でかつ重大な過失がないときは、募集株式の引受けの申込み又は第205条第1項の契約に係る意思表示を取り消すことができる。

（出資された財産等の価額が不足する場合の取締役等の責任）

第213条　前条第1項第2号に掲げる場合には、次に掲げる者（以下この条において「取締役等」という。）は、株式会社に対し、同号に定める額を支払う義務を負う。

1　当該募集株式の引受人の募集に関する職務を行った業務執行取締役（指名委員会等設置会社にあっては、執行役。以下この号において同じ。）その他当該業務執行取締役の行う業務の執行に職務上関与した者として法務省令で定めるもの

2　現物出資財産の価額の決定に関する株主総会の決議があったときは、当該株主総会に議案を提案した取締役として法務省令で定めるもの

3　現物出資財産の価額の決定に関する取締役会の決議があったときは、当該取締役会に議案を提案した取締役（指名委員会等設置会社にあっては、取締役又は執行役）として法務省令で定めるもの

②　前項の規定にかかわらず、次に掲げる場合には、取締役等は、現物出資財産について同項の義務を負わない。

1　現物出資財産の価額について第207条第2項の検査役の調査を経た場合

2　当該取締役等がその職務を行うについて注意を怠らなかったことを証明した場合

③　第 1 項に規定する場合には、第 207 条第 9 項第 4 号に規定する証明をした者（以下この条において「証明者」という。）は、株式会社に対し前条第 1 項第 2 号に定める額を支払う義務を負う。ただし、当該証明者が当該証明をするについて注意を怠らなかったことを証明したときは、この限りでない。

④　募集株式の引受人がその給付した現物出資財産についての前条第 1 項第 2 号に定める額を支払う義務を負う場合において、次の各号に掲げる者が当該現物出資財産について当該各号に定める義務を負うときは、これらの者は、連帯債務者とする。

1　取締役等　第 1 項の義務

2　証明者　前項本文の義務

（出資の履行を仮装した募集株式の引受人の責任）

第 213 条の 2　募集株式の引受人は、次の各号に掲げる場合には、株式会社に対し、当該各号に定める行為をする義務を負う。

1　第 208 条第 1 項の規定による払込みを仮装した場合　払込みを仮装した払込金額の全額の支払

2　第 208 条第 2 項の規定による給付を仮装した場合　給付を仮装した現物出資財産の給付（株式会社が当該給付に代えて当該現物出資財産の価額に相当する金銭の支払を請求した場合にあっては、当該金銭の全額の支払）

②　前項の規定により募集株式の引受人の負う義務は、総株主の同意がなければ、免除することができない。

（出資の履行を仮装した場合の取締役等の責任）

第 213 条の 3　前条第 1 項各号に掲げる場合には、募集株式の引受人が出資の履行を仮装することに関与した取締役（指名委員会等設置会社にあっては、執行役を含む。）として法務省令で定める者は、株式会社に対し、当該各号に規定する支払をする義務を負う。ただし、その者（当該出資の履行を仮装したものを除く。）がその職務を行うについて注意

を怠らなかったことを証明した場合は、この限りでない。

②　募集株式の引受人が前条第 1 項各号に規定する支払をする義務を負う場合において、前項に規定する者が同項の義務を負うときは、これらの者は、連帯債務者とする。

第 9 節　株券

第 1 款　総則

（株券を発行する旨の定款の定め）

第 214 条　株式会社は、その株式（種類株式発行会社にあっては、全部の種類の株式）に係る株券を発行する旨を定款で定めることができる。

（株券の発行）

第 215 条　株券発行会社は、株式を発行した日以後遅滞なく、当該株式に係る株券を発行しなければならない。

②　株券発行会社は、株式の併合をしたときは、第 180 条第 2 項第 2 号の日以後遅滞なく、併合した株式に係る株券を発行しなければならない。

③　株券発行会社は、株式の分割をしたときは、第 183 条第 2 項第 2 号の日以後遅滞なく、分割した株式に係る株券（既に発行されているものを除く。）を発行しなければならない。

④　前 3 項の規定にかかわらず、公開会社でない株券発行会社は、株主から請求がある時までは、これらの規定の株券を発行しないことができる。

（株券の記載事項）

第 216 条　株券には、次に掲げる事項及びその番号を記載し、株券発行会社の代表取締役（指名委員会等設置会社にあっては、代表執行役）がこれに署名し、又は記名押印しなければならない。

1　株券発行会社の商号

2　当該株券に係る株式の数

3　譲渡による当該株券に係る株式の取得

について株式会社の承認を要することを定めたときは、その旨

4 種類株式発行会社にあっては、当該株券に係る株式の種類及びその内容

（株券不所持の申出）

第217条 株券発行会社の株主は、当該株券発行会社に対し、当該株主の有する株式に係る株券の所持を希望しない旨を申し出ることができる。

② 前項の規定による申出は、その申出に係る株式の数（種類株式発行会社にあっては、株式の種類及び種類ごとの数）を明らかにしてしなければならない。この場合において、当該株式に係る株券が発行されているときは、当該株主は、当該株券を株券発行会社に提出しなければならない。

③ 第1項の規定による申出を受けた株券発行会社は、遅滞なく、前項前段の株式に係る株券を発行しない旨を株主名簿に記載し、又は記録しなければならない。

④ 株券発行会社は、前項の規定による記載又は記録をしたときは、第2項前段の株式に係る株券を発行することができない。

⑤ 第2項後段の規定により提出された株券は、第3項の規定による記載又は記録をした時において、無効となる。

⑥ 第1項の規定による申出をした株主は、いつでも、株券発行会社に対し、第2項前段の株式に係る株券を発行することを請求することができる。この場合において、第2項後段の規定により提出された株券があるときは、株券の発行に要する費用は、当該株主の負担とする。

（株券を発行する旨の定款の定めの廃止）

第218条 株券発行会社は、その株式（種類株式発行会社にあっては、全部の種類の株式）に係る株券を発行する旨の定款の定めを廃止する定款の変更をしようとするときは、当該定款の変更の効力が生ずる日の2週間前までに、次に掲げる事項を公告し、かつ、株主及び登録株式質権者には、各別にこれを通知しなければならない。

1 その株式（種類株式発行会社にあっては、全部の種類の株式）に係る株券を発行する旨の定款の定めを廃止する旨

2 定款の変更がその効力を生ずる日

3 前号の日において当該株式会社の株券は無効となる旨

② 株券発行会社の株式に係る株券は、前項第2号の日に無効となる。

③ 第1項の規定にかかわらず、株式の全部について株券を発行していない株券発行会社がその株式（種類株式発行会社にあっては、全部の種類の株式）に係る株券を発行する旨の定款の定めを廃止する定款の変更をしようとする場合には、同項第2号の日の2週間前までに、株主及び登録株式質権者に対し、同項第1号及び第2号に掲げる事項を通知すれば足りる。

④ 前項の規定による通知は、公告をもってこれに代えることができる。

⑤ 第1項に規定する場合には、株式の質権者（登録株式質権者を除く。）は、同項第2号の日の前日までに、株券発行会社に対し、第148条各号に掲げる事項を株主名簿に記載し、又は記録することを請求することができる。

第2款 株券の提出等

（株券の提出に関する公告等）

第219条 株券発行会社は、次の各号に掲げる行為をする場合には、当該行為の効力が生ずる日（第4号の2に掲げる行為をする場合にあっては、第179条の2第1項第5号に規定する取得日。以下この条において「株券提出日」という。）までに当該株券発行会社に対し当該各号に定める株式に係る株券を提出しなければならない旨を株券提出日の1箇月前までに、公告し、かつ、当該株式の株主及びその登録株式質権者には、各別にこれを通知しなければならない。ただし、当該株式の全部について株券を発行していない場合

は、この限りでない。

1　第107条第1項第1号に掲げる事項についての定款の定めを設ける定款の変更　全部の株式（種類株式発行会社にあっては、当該事項についての定めを設ける種類の株式）

2　株式の併合　全部の株式（種類株式発行会社にあっては、第180条第2項第3号の種類の株式）

3　第171条第1項に規定する全部取得条項付種類株式の取得　当該全部取得条項付種類株式

4　取得条項付株式の取得　当該取得条項付株式

4の2　第179条の3第1項の承認　売渡株式

5　組織変更　全部の株式

6　合併（合併により当該株式会社が消滅する場合に限る。）　全部の株式

7　株式交換　全部の株式

8　株式移転　全部の株式

② 株券発行会社が次の各号に掲げる行為をする場合において、株券提出日までに当該株券発行会社に対して株券を提出しない者があるときは、当該各号に定める者は、当該株券の提出があるまでの間、当該行為（第2号に掲げる行為をする場合にあっては、株式売渡請求に係る売渡株式の取得）によって当該株券に係る株式の株主が受けることのできる金銭等の交付を拒むことができる。

1　前項第1号から第4号までに掲げる行為　当該株券発行会社

2　第179条の3第1項の承認　特別支配株主

3　組織変更　第744条第1項第1号に規定する組織変更後持分会社

4　合併（合併により当該株式会社が消滅する場合に限る。）　第749条第1項に規定する吸収合併存続会社又は第753条第1項に規定する新設合併設立会社

5　株式交換　第767条に規定する株式交

換完全親会社

6　株式移転　第773条第1項第1号に規定する株式移転設立完全親会社

③ 第1項各号に定める株式に係る株券は、株券提出日に無効となる。

④ 第1項第4号の2の規定による公告及び通知の費用は、特別支配株主の負担とする。

（株券の提出をすることができない場合）

第220条　前条第1項各号に掲げる行為をした場合において、株券を提出することができない者があるときは、株券発行会社は、その者の請求により、利害関係人に対し異議があれば一定の期間内にこれを述べることができる旨を公告することができる。ただし、当該期間は、3箇月を下ることができない。

② 株券発行会社が前項の規定による公告をした場合において、同項の期間内に利害関係人が異議を述べなかったときは、前条第2項各号に定める者は、前項の請求をした者に対し、同条第2項の金銭等を交付することができる。

③ 第1項の規定による公告の費用は、同項の請求をした者の負担とする。

第3款　株券喪失登録

（株券喪失登録簿）

第221条　株券発行会社（株式会社がその株式（種類株式発行会社にあっては、全部の種類の株式）に係る株券を発行する旨の定款の定めを廃止する定款の変更をした日の翌日から起算して1年を経過していない場合における当該株式会社を含む。以下この款（第223条、第227条及び第228条第2項を除く。）において同じ。）は、株券喪失登録簿を作成し、これに次に掲げる事項（以下この款において「株券喪失登録簿記載事項」という。）を記載し、又は記録しなければならない。

1　第223条の規定による請求に係る株券（第218条第2項又は第219条第3項の規定により無効となった株券及び株式の発行又は自己株

式の処分の無効の訴えに係る請求を認容する判決が確定した場合における当該株式に係る株券を含む。以下この款（第 228 条を除く。）において同じ。）の番号

2　前号の株券を喪失した者の氏名又は名称及び住所

3　第 1 号の株券に係る株式の株主又は登録株式質権者として株主名簿に記載され、又は記録されている者（以下この款において「名義人」という。）の氏名又は名称及び住所

4　第 1 号の株券につき前 3 号に掲げる事項を記載し、又は記録した日（以下この款において「株券喪失登録日」という。）

（株券喪失登録簿に関する事務の委託）

第 222 条　株券発行会社における第 123 条の規定の適用については、同条中「株主名簿の」とあるのは「株主名簿及び株券喪失登録簿の」と、「株主名簿に」とあるのは「株主名簿及び株券喪失登録簿に」とする。

（株券喪失登録の請求）

第 223 条　株券を喪失した者は、法務省令で定めるところにより、株券発行会社に対し、当該株券についての株券喪失登録簿記載事項を株券喪失登録簿に記載し、又は記録すること（以下「株券喪失登録」という。）を請求することができる。

（名義人等に対する通知）

第 224 条　株券発行会社が前条の規定による請求に応じて株券喪失登録をした場合において、当該請求に係る株券を喪失した者として株券喪失登録簿に記載され、又は記録された者（以下この款において「株券喪失登録者」という。）が当該株券に係る株式の名義人でないときは、株券発行会社は、遅滞なく、当該名義人に対し、当該株券について株券喪失登録をした旨並びに第 221 条第 1 号、第 2 号及び第 4 号に掲げる事項を通知しなければならない。

②　株式についての権利を行使するために株券が株券発行会社に提出された場合におい

て、当該株券について株券喪失登録がされているときは、株券発行会社は、遅滞なく、当該株券を提出した者に対し、当該株券について株券喪失登録がされている旨を通知しなければならない。

（株券を所持する者による抹消の申請）

第 225 条　株券喪失登録がされた株券を所持する者（その株券についての株券喪失登録者を除く。）は、法務省令で定めるところにより、株券発行会社に対し、当該株券喪失登録の抹消を申請することができる。ただし、株券喪失登録日の翌日から起算して 1 年を経過したときは、この限りでない。

②　前項の規定による申請をしようとする者は、株券発行会社に対し、同項の株券を提出しなければならない。

③　第 1 項の規定による申請を受けた株券発行会社は、遅滞なく、同項の株券喪失登録者に対し、同項の規定による申請をした者の氏名又は名称及び住所並びに同項の株券の番号を通知しなければならない。

④　株券発行会社は、前項の規定による通知の日から 2 週間を経過した日に、第 2 項の規定により提出された株券に係る株券喪失登録を抹消しなければならない。この場合においては、株券発行会社は、当該株券を第 1 項の規定による申請をした者に返還しなければならない。

（株券喪失登録者による抹消の申請）

第 226 条　株券喪失登録者は、法務省令で定めるところにより、株券発行会社に対し、株券喪失登録（その株式（種類株式発行会社にあっては、全部の種類の株式）に係る株券を発行する旨の定款の定めを廃止する定款の変更をした場合にあっては、前条第 2 項の規定により提出された株券についての株券喪失登録を除く。）の抹消を申請することができる。

②　前項の規定による申請を受けた株券発行会社は、当該申請を受けた日に、当該申請に係る株券喪失登録を抹消しなければならない。

第 2 編　株式会社

（株券を発行する旨の定款の定めを廃止した場合における株券喪失登録の抹消）

第227条　その株式（種類株式発行会社にあっては、全部の種類の株式）に係る株券を発行する旨の定款の定めを廃止する定款の変更をする場合には、株券発行会社は、当該定款の変更の効力が生ずる日に、株券喪失登録（当該株券喪失登録がされた株券に係る株式の名義人が株券喪失登録者であるものに限り、第225条第2項の規定により提出された株券についてのものを除く。）を抹消しなければならない。

（株券の無効）

第228条　株券喪失登録（抹消されたものを除く。）がされた株券は、株券喪失登録日の翌日から起算して1年を経過した日に無効となる。

②　前項の規定により株券が無効となった場合には、株券発行会社は、当該株券についての株券喪失登録者に対し、株券を再発行しなければならない。

（異議催告手続との関係）

第229条　株券喪失登録者が第220条第1項の請求をした場合には、株券発行会社は、同項の期間の末日が株券喪失登録日の翌日から起算して1年を経過する日前に到来するときに限り、同項の規定による公告をすることができる。

②　株券発行会社が第220条第1項の規定による公告をするときは、当該株券発行会社は、当該公告をした日に、当該公告に係る株券についての株券喪失登録を抹消しなければならない。

（株券喪失登録の効力）

第230条　株券発行会社は、次に掲げる日のいずれか早い日（以下この条において「登録抹消日」という。）までの間は、株券喪失登録がされた株券に係る株式を取得した者の氏名又は名称及び住所を株主名簿に記載し、又は記録することができない。

1　当該株券喪失登録が抹消された日

2　株券喪失登録日の翌日から起算して1年を経過した日

②　株券発行会社は、登録抹消日後でなければ、株券喪失登録がされた株券を再発行することができない。

③　株券喪失登録者が株券喪失登録をした株券に係る株式の名義人でないときは、当該株式の株主は、登録抹消日までの間は、株主総会又は種類株主総会において議決権を行使することができない。

④　株券喪失登録がされた株券に係る株式については、第197条第1項の規定による競売又は同条第2項の規定による売却をすることができない。

（株券喪失登録簿の備置き及び閲覧等）

第231条　株券発行会社は、株券喪失登録簿をその本店（株主名簿管理人がある場合にあっては、その営業所）に備え置かなければならない。

②　何人も、株券発行会社の営業時間内は、いつでも、株券喪失登録簿（利害関係がある部分に限る。）について、次に掲げる請求をすることができる。この場合においては、当該請求の理由を明らかにしてしなければならない。

1　株券喪失登録簿が書面をもって作成されているときは、当該書面の閲覧又は謄写の請求

2　株券喪失登録簿が電磁的記録をもって作成されているときは、当該電磁的記録に記録された事項を法務省令で定める方法により表示したものの閲覧又は謄写の請求

（株券喪失登録者に対する通知等）

第232条　株券発行会社が株券喪失登録者に対してする通知又は催告は、株券喪失登録簿に記載し、又は記録した当該株券喪失登録者の住所（当該株券喪失登録者が別に通知又は催告を受ける場所又は連絡先を株券発行会社に通知した場合にあっては、その場所又は連絡先）にあてて発すれば足りる。

②　前項の通知又は催告は、その通知又は催

告が通常到達すべきであった時に、到達したものとみなす。

（適用除外）

第233条 非訟事件手続法第4編の規定は、株券については、適用しない。

第10節 雑則

（1に満たない端数の処理）

第234条 次の各号に掲げる行為に際して当該各号に定める者に当該株式会社の株式を交付する場合において、その者に対し交付しなければならない当該株式会社の株式の数に1株に満たない端数があるときは、その端数の合計数（その合計数に1に満たない端数がある場合にあっては、これを切り捨てるものとする。）に相当する数の株式を競売し、かつ、その端数に応じてその競売により得られた代金を当該者に交付しなければならない。

1　第170条第1項の規定による株式の取得　当該株式会社の株主

2　第173条第1項の規定による株式の取得　当該株式会社の株主

3　第185条に規定する株式無償割当て　当該株式会社の株主

4　第275条第1項の規定による新株予約権の取得　第236条第1項第7号イの新株予約権の新株予約権者

5　合併（合併により当該株式会社が存続する場合に限る。）　合併後消滅する会社の株主又は社員

6　合併契約に基づく設立時発行株式の発行　合併後消滅する会社の株主又は社員

7　株式交換による他の株式会社の発行済株式全部の取得　株式交換をする株式会社の株主

8　株式移転計画に基づく設立時発行株式の発行　株式移転をする株式会社の株主

9　株式交付　株式交付親会社（第774条の3第1項第1号に規定する株式交付親会社をいう。）に株式交付に際して株式交付子会社（同号に規定する株式交付子会社をいう。）の株式又は新株予約権等（同項第7号に規定する新株予約権等をいう。）を譲り渡した者

② 株式会社は、前項の規定による競売に代えて、市場価格のある同項の株式については市場価格として法務省令で定める方法により算定される額をもって、市場価格のない同項の株式については裁判所の許可を得て競売以外の方法により、これを売却することができる。この場合において、当該許可の申立ては、取締役が2人以上あるときは、その全員の同意によってしなければならない。

③ 前項の規定により第1項の株式を売却した場合における同項の規定の適用については、同項中「競売により」とあるのは、「売却により」とする。

④ 株式会社は、第2項の規定により売却する株式の全部又は一部を買い取ることができる。この場合においては、次に掲げる事項を定めなければならない。

1　買い取る株式の数（種類株式発行会社にあっては、株式の種類及び種類ごとの数）

2　前号の株式の買取りをするのと引換えに交付する金銭の総額

⑤ 取締役会設置会社においては、前項各号に掲げる事項の決定は、取締役会の決議によらなければならない。

⑥ 第1項から第4項までの規定は、第1項各号に掲げる行為に際して当該各号に定める者に当該株式会社の社債又は新株予約権を交付するときについて準用する。

第234条 〔1項9号は新設規定〕

1年6月内

第235条 株式会社が株式の分割又は株式の併合をすることにより株式の数に1株に満たない端数が生ずるときは、その端数の合計数（その合計数に1に満たない端数が生ずる場合にあっては、これを切り捨てるものとする。）に相当する数の株式を競売し、かつ、その端

数に応じてその競売により得られた代金を株主に交付しなければならない。

② 前条第2項から第5項までの規定は、前項の場合について準用する。

第3章 新株予約権

第1節 総則

（新株予約権の内容）

第236条 株式会社が新株予約権を発行するときは、次に掲げる事項を当該新株予約権の内容としなければならない。

1 当該新株予約権の目的である株式の数（種類株式発行会社にあっては、株式の種類及び種類ごとの数）又はその数の算定方法

2 当該新株予約権の行使に際して出資される財産の価額又はその算定方法

3 金銭以外の財産を当該新株予約権の行使に際してする出資の目的とするときは、その旨並びに当該財産の内容及び価額

4 当該新株予約権を行使することができる期間

5 当該新株予約権の行使により株式を発行する場合における増加する資本金及び資本準備金に関する事項

6 譲渡による当該新株予約権の取得について当該株式会社の承認を要することとするときは、その旨

7 当該新株予約権について、当該株式会社が一定の事由が生じたことを条件としてこれを取得することができることとするときは、次に掲げる事項

イ 一定の事由が生じた日に当該株式会社がその新株予約権を取得する旨及びその事由

ロ 当該株式会社が別に定める日が到来することをもってイの事由とするときは、その旨

ハ イの事由が生じた日にイの新株予約権の一部を取得することとするときは、その旨及び取得する新株予約権の一部

の決定の方法

ニ イの新株予約権を取得するのと引換えに当該新株予約権の新株予約権者に対して当該株式会社の株式を交付するときは、当該株式の数（種類株式発行会社にあっては、株式の種類及び種類ごとの数）又はその算定方法

ホ イの新株予約権を取得するのと引換えに当該新株予約権の新株予約権者に対して当該株式会社の社債（新株予約権付社債についてのものを除く。）を交付するときは、当該社債の種類及び種類ごとの各社債の金額の合計額又はその算定方法

ヘ イの新株予約権を取得するのと引換えに当該新株予約権の新株予約権者に対して当該株式会社の他の新株予約権（新株予約権付社債に付されたものを除く。）を交付するときは、当該他の新株予約権の内容及び数又はその算定方法

ト イの新株予約権を取得するのと引換えに当該新株予約権の新株予約権者に対して当該株式会社の新株予約権付社債を交付するときは、当該新株予約権付社債についてのホに規定する事項及び当該新株予約権付社債に付された新株予約権についてのへに規定する事項

チ イの新株予約権を取得するのと引換えに当該新株予約権の新株予約権者に対して当該株式会社の株式等以外の財産を交付するときは、当該財産の内容及び数若しくは額又はこれらの算定方法

8 当該株式会社が次のイからホまでに掲げる行為をする場合において、当該新株予約権の新株予約権者に当該イからホまでに定める株式会社の新株予約権を交付することとするときは、その旨及びその条件

イ 合併（合併により当該株式会社が消滅する場合に限る。） 合併後存続する株式

会社又は合併により設立する株式会社

ロ　吸収分割　吸収分割をする株式会社がその事業に関して有する権利義務の全部又は一部を承継する株式会社

ハ　新設分割　新設分割により設立する株式会社

ニ　株式交換　株式交換をする株式会社の発行済株式の全部を取得する株式会社

ホ　株式移転　株式移転により設立する株式会社

9　新株予約権を行使した新株予約権者に交付する株式の数に1株に満たない端数がある場合において、これを切り捨てるものとするときは、その旨

10　当該新株予約権（新株予約権付社債に付されたものを除く。）に係る新株予約権証券を発行することとするときは、その旨

11　前号に規定する場合において、新株予約権者が第 290 条の規定による請求の全部又は一部をすることができないこととするときは、その旨

② 新株予約権付社債に付された新株予約権の数は、当該新株予約権付社債についての社債の金額ごとに、均等に定めなければならない。

③ 金融商品取引法第2条第 16 項に規定する金融商品取引所に上場されている株式を発行している株式会社は、定款又は株主総会の決議による第 361 条第1項第4号又は第5号ロに掲げる事項についての定めに従い新株予約権を発行するときは、第1項第2号に掲げる事項を当該新株予約権の内容とすることを要しない。この場合において、当該株式会社は、次に掲げる事項を当該新株予約権の内容としなければならない。

1　取締役の報酬等として又は取締役の報酬等をもってする払込みと引換えに当該新株予約権を発行するものであり、当該新株予約権の行使に際してする金銭の払込み又は第1項第3号の財産の給付を要

しない旨

2　定款又は株主総会の決議による第 361 条第1項第4号又は第5号ロに掲げる事項についての定めに係る取締役（取締役であった者を含む。）以外の者は、当該新株予約権を行使することができない旨

④ 指名委員会等設置会社における前項の規定の適用については、同項中「定款又は株主総会の決議による第 361 条第1項第4号又は第5号ロに掲げる事項についての定め」とあるのは「報酬委員会による第 409 条第3項第4号又は第5号ロに定める事項についての決定」と、同項第1号中「取締役」とあるのは「執行役若しくは取締役」と、同項第2号中「取締役」とあるのは「執行役又は取締役」とする。

第 236 条　〔3項・4項は新設規定〕

1年6月内

（共有者による権利の行使）

第 237 条　新株予約権が2以上の者の共有に属するときは、共有者は、当該新株予約権についての権利を行使する者1人を定め、株式会社に対し、その者の氏名又は名称を通知しなければ、当該新株予約権についての権利を行使することができない。ただし、株式会社が当該権利を行使することに同意した場合は、この限りでない。

第2節　新株予約権の発行

第1款　募集事項の決定等

（募集事項の決定）

第 238 条　株式会社は、その発行する新株予約権を引き受ける者の募集をしようとするときは、その都度、募集新株予約権（当該募集に応じて当該新株予約権の引受けの申込みをした者に対して割り当てる新株予約権をいう。以下この章において同じ。）について次に掲げる事項（以下この節において「募集事項」という。）を定めなければならない。

1　募集新株予約権の内容及び数

2　募集新株予約権と引換えに金銭の払込みを要しないこととする場合には、その旨

3　前号に規定する場合以外の場合には、募集新株予約権の払込金額（募集新株予約権1個と引換えに払い込む金銭の額をいう。以下この章において同じ。）又はその算定方法

4　募集新株予約権を割り当てる日（以下この節において「割当日」という。）

5　募集新株予約権と引換えにする金銭の払込みの期日を定めるときは、その期日

6　募集新株予約権が新株予約権付社債に付されたものである場合には、第676条各号に掲げる事項

7　前号に規定する場合において、同号の新株予約権付社債に付された募集新株予約権についての第118条第1項、第179条第2項、第777条第1項、第787条第1項又は第808条第1項の規定による請求の方法につき別段の定めをするときは、その定め

②　募集事項の決定は、株主総会の決議によらなければならない。

③　次に掲げる場合には、取締役は、前項の株主総会において、第1号の条件又は第2号の金額で募集新株予約権を引き受ける者の募集をすることを必要とする理由を説明しなければならない。

1　第1項第2号に規定する場合において、金銭の払込みを要しないこととすることが当該者に特に有利な条件であるとき。

2　第1項第3号に規定する場合において、同号の払込金額が当該者に特に有利な金額であるとき。

④　種類株式発行会社において、募集新株予約権の目的である株式の種類の全部又は一部が譲渡制限株式であるときは、当該募集新株予約権に関する募集事項の決定は、当該種類の株式を目的とする募集新株予約権を引き受ける者の募集について当該種類の株式の種類株主を構成員とする種類株主総会の決議を要しない旨の定款の定めがある場合を除き、当該種類株主総会の決議がなければ、その効力を生じない。ただし、当該種類株主総会において議決権を行使することができる種類株主が存しない場合は、この限りでない。

⑤　募集事項は、第1項の募集ごとに、均等に定めなければならない。

（募集事項の決定の委任）

第239条　前条第2項及び第4項の規定にかかわらず、株主総会においては、その決議によって、募集事項の決定を取締役（取締役会設置会社にあっては、取締役会）に委任することができる。この場合においては、次に掲げる事項を定めなければならない。

1　その委任に基づいて募集事項の決定をすることができる募集新株予約権の内容及び数の上限

2　前号の募集新株予約権につき金銭の払込みを要しないこととする場合には、その旨

3　前号に規定する場合以外の場合には、募集新株予約権の払込金額の下限

②　次に掲げる場合には、取締役は、前項の株主総会において、第1号の条件又は第2号の金額で募集新株予約権を引き受ける者の募集をすることを必要とする理由を説明しなければならない。

1　前項第2号に規定する場合において、金銭の払込みを要しないこととすることが当該者に特に有利な条件であるとき。

2　前項第3号に規定する場合において、同号の払込金額の下限が当該者に特に有利な金額であるとき。

③　第1項の決議は、割当日が当該決議の日から1年以内の日である前条第1項の募集についてのみその効力を有する。

④　種類株式発行会社において、募集新株予約権の目的である株式の種類の全部又は一部が譲渡制限株式であるときは、当該募集新株予約権に関する募集事項の決定の委任

は、前条第 4 項の定款の定めがある場合を除き、当該種類株主総会の決議がなければ、その効力を生じない。ただし、当該種類株主総会において議決権を行使することができる種類株主が存しない場合は、この限りでない。

（公開会社における募集事項の決定の特則）

第 240 条 　第 238 条第 3 項各号に掲げる場合を除き、公開会社における同条第 2 項の規定の適用については、同項中「株主総会」とあるのは、「取締役会」とする。この場合においては、前条の規定は、適用しない。

② 　公開会社は、前項の規定により読み替えて適用する第 238 条第 2 項の取締役会の決議によって募集事項を定めた場合には、割当日の 2 週間前までに、株主に対し、当該募集事項を通知しなければならない。

③ 　前項の規定による通知は、公告をもってこれに代えることができる。

④ 　第 2 項の規定は、株式会社が募集事項について割当日の 2 週間前までに金融商品取引法第 4 条第 1 項から第 3 項までの届出をしている場合その他の株主の保護に欠けるおそれがないものとして法務省令で定める場合には、適用しない。

（株主に新株予約権の割当てを受ける権利を与える場合）

第 241 条 　株式会社は、第 238 条第 1 項の募集において、株主に新株予約権の割当てを受ける権利を与えることができる。この場合においては、募集事項のほか、次に掲げる事項を定めなければならない。

1 　株主に対し、次条第 2 項の申込みをすることにより当該株式会社の募集新株予約権（種類株式発行会社にあっては、その目的である株式の種類が当該株主の有する種類の株式と同一の種類のもの）の割当てを受ける権利を与える旨

2 　前号の募集新株予約権の引受けの申込みの期日

② 　前項の場合には、同項第 1 号の株主（当

該株式会社を除く。）は、その有する株式の数に応じて募集新株予約権の割当てを受ける権利を有する。ただし、当該株主が割当てを受ける募集新株予約権の数に 1 に満たない端数があるときは、これを切り捨てるものとする。

③ 　第 1 項各号に掲げる事項を定める場合には、募集事項及び同項各号に掲げる事項は、次の各号に掲げる場合の区分に応じ、当該各号に定める方法によって定めなければならない。

1 　当該募集事項及び第 1 項各号に掲げる事項を取締役の決定によって定めることができる旨の定款の定めがある場合（株式会社が取締役会設置会社である場合を除く。）　取締役の決定

2 　当該募集事項及び第 1 項各号に掲げる事項を取締役会の決議によって定めることができる旨の定款の定めがある場合（次号に掲げる場合を除く。）　取締役会の決議

3 　株式会社が公開会社である場合　取締役会の決議

4 　前 3 号に掲げる場合以外の場合　株主総会の決議

④ 　株式会社は、第 1 項各号に掲げる事項を定めた場合には、同項第 2 号の期日の 2 週間前までに、同項第 1 号の株主（当該株式会社を除く。）に対し、次に掲げる事項を通知しなければならない。

1 　募集事項

2 　当該株主が割当てを受ける募集新株予約権の内容及び数

3 　第 1 項第 2 号の期日

⑤ 　第 238 条第 2 項から第 4 項まで及び前 2 条の規定は、第 1 項から第 3 項までの規定により株主に新株予約権の割当てを受ける権利を与える場合には、適用しない。

第 2 編　株式会社

第 2 款　募集新株予約権の割当て

（募集新株予約権の申込み）

第 242 条　株式会社は、第 238 条第 1 項の募集に応じて募集新株予約権の引受けの申込みをしようとする者に対し、次に掲げる事項を通知しなければならない。

　1　株式会社の商号

　2　募集事項

　3　新株予約権の行使に際して金銭の払込みをすべきときは、払込みの取扱いの場所

　4　前 3 号に掲げるもののほか、法務省令で定める事項

②　第 238 条第 1 項の募集に応じて募集新株予約権の引受けの申込みをする者は、次に掲げる事項を記載した書面を株式会社に交付しなければならない。

　1　申込みをする者の氏名又は名称及び住所

　2　引き受けようとする募集新株予約権の数

③　前項の申込みをする者は、同項の書面の交付に代えて、政令で定めるところにより、株式会社の承諾を得て、同項の書面に記載すべき事項を電磁的方法により提供することができる。この場合において、当該申込みをした者は、同項の書面を交付したものとみなす。

④　第 1 項の規定は、株式会社が同項各号に掲げる事項を記載した金融商品取引法第 2 条第 10 項に規定する目論見書を第 1 項の申込みをしようとする者に対して交付している場合その他募集新株予約権の引受けの申込みをしようとする者の保護に欠けるおそれがないものとして法務省令で定める場合には、適用しない。

⑤　株式会社は、第 1 項各号に掲げる事項について変更があったときは、直ちに、その旨及び当該変更があった事項を第 2 項の申込みをした者（以下この款において「申込者」という。）に通知しなければならない。

⑥　募集新株予約権が新株予約権付社債に付されたものである場合には、申込者（募集新株予約権のみの申込みをした者に限る。）は、その申込みに係る募集新株予約権を付した新株予約権付社債の引受けの申込みをしたものとみなす。

⑦　株式会社が申込者に対してする通知又は催告は、第 2 項第 1 号の住所（当該申込者が別に通知又は催告を受ける場所又は連絡先を当該株式会社に通知した場合にあっては、その場所又は連絡先）にあてて発すれば足りる。

⑧　前項の通知又は催告は、その通知又は催告が通常到達すべきであった時に、到達したものとみなす。

（募集新株予約権の割当て）

第 243 条　株式会社は、申込者の中から募集新株予約権の割当てを受ける者を定め、かつ、その者に割り当てる募集新株予約権の数を定めなければならない。この場合において、株式会社は、当該申込者に割り当てる募集新株予約権の数を、前条第 2 項第 2 号の数よりも減少することができる。

②　次に掲げる場合には、前項の規定による決定は、株主総会（取締役会設置会社にあっては、取締役会）の決議によらなければならない。ただし、定款に別段の定めがある場合は、この限りでない。

　1　募集新株予約権の目的である株式の全部又は一部が譲渡制限株式である場合

　2　募集新株予約権が譲渡制限新株予約権（新株予約権であって、譲渡による当該新株予約権の取得について株式会社の承認を要する旨の定めがあるものをいう。以下この章において同じ。）である場合

③　株式会社は、割当日の前日までに、申込者に対し、当該申込者に割り当てる募集新株予約権の数（当該募集新株予約権が新株予約権付社債に付されたものである場合にあっては、当該新株予約権付社債についての社債の種類及び

各社債の金額の合計額を含む。）を通知しなければならない。

④　第 241 条の規定により株主に新株予約権の割当てを受ける権利を与えた場合において、株主が同条第 1 項第 2 号の期日までに前条第 2 項の申込みをしないときは、当該株主は、募集新株予約権の割当てを受ける権利を失う。

（募集新株予約権の申込み及び割当てに関する特則）

第 244 条　前 2 条の規定は、募集新株予約権を引き受けようとする者がその総数の引受けを行う契約を締結する場合には、適用しない。

②　募集新株予約権が新株予約権付社債に付されたものである場合における前項の規定の適用については、同項中「の引受け」とあるのは、「及び当該募集新株予約権を付した社債の総額の引受け」とする。

③　第 1 項に規定する場合において、次に掲げるときは、株式会社は、株主総会（取締役会設置会社にあっては、取締役会）の決議によって、同項の契約の承認を受けなければならない。ただし、定款に別段の定めがある場合は、この限りでない。

　1　募集新株予約権の目的である株式の全部又は一部が譲渡制限株式であるとき。

　2　募集新株予約権が譲渡制限新株予約権であるとき。

（公開会社における募集新株予約権の割当て等の特則）

第 244 条の 2　公開会社は、募集新株予約権の割当てを受けた申込者又は前条第 1 項の契約により募集新株予約権の総数を引き受けた者（以下この項において「引受人」と総称する。）について、第 1 号に掲げる数の第 2 号に掲げる数に対する割合が 2 分の 1 を超える場合には、割当日の 2 週間前までに、株主に対し、当該引受人（以下この項及び第 5 項において「特定引受人」という。）の氏名又は名称及び住所、当該特定引受人について

の第 1 号に掲げる数その他の法務省令で定める事項を通知しなければならない。ただし、当該特定引受人が当該公開会社の親会社等である場合又は第 241 条の規定により株主に新株予約権の割当てを受ける権利を与えた場合は、この限りでない。

　1　当該引受人（その子会社等を含む。）がその引き受けた募集新株予約権に係る交付株式の株主となった場合に有することとなる最も多い議決権の数

　2　前号に規定する場合における最も多い総株主の議決権の数

②　前項第 1 号に規定する「交付株式」とは、募集新株予約権の目的である株式、募集新株予約権の内容として第 236 条第 1 項第 7 号ニに掲げる事項についての定めがある場合における同号ニの株式その他募集新株予約権の新株予約権者が交付を受ける株式として法務省令で定める株式をいう。

③　第 1 項の規定による通知は、公告をもってこれに代えることができる。

④　第 1 項の規定にかかわらず、株式会社が同項の事項について割当日の 2 週間前までに金融商品取引法第 4 条第 1 項から第 3 項までの届出をしている場合その他の株主の保護に欠けるおそれがないものとして法務省令で定める場合には、第 1 項の規定による通知は、することを要しない。

⑤　総株主（この項の株主総会において議決権を行使することができない株主を除く。）の議決権の 10 分の 1 （これを下回る割合を定款で定めた場合にあっては、その割合）以上の議決権を有する株主が第 1 項の規定による通知又は第 3 項の公告の日（前項の場合にあっては、法務省令で定める日）から 2 週間以内に特定引受人（その子会社等を含む。以下この項において同じ。）による募集新株予約権の引受けに反対する旨を公開会社に対し通知したときは、当該公開会社は、割当日の前日までに、株主総会の決議によって、当該特定引受人に対する募集新株予約権の割当て又は当該特定引

受人との間の前条第1項の契約の承認を受けなければならない。ただし、当該公開会社の財産の状況が著しく悪化している場合において、当該公開会社の事業の継続のため緊急の必要があるときは、この限りでない。

⑥　第309条第1項の規定にかかわらず、前項の株主総会の決議は、議決権を行使することができる株主の議決権の過半数（3分の1以上の割合を定款で定めた場合にあっては、その割合以上）を有する株主が出席し、出席した当該株主の議決権の過半数（これを上回る割合を定款で定めた場合にあっては、その割合以上）をもって行わなければならない。

（新株予約権者となる日）

第245条　次の各号に掲げる者は、割当日に、当該各号に定める募集新株予約権の新株予約権者となる。

1　申込者　株式会社の割り当てた募集新株予約権

2　第244条第1項の契約により募集新株予約権の総数を引き受けた者　その者が引き受けた募集新株予約権

②　募集新株予約権が新株予約権付社債に付されたものである場合には、前項の規定により募集新株予約権の新株予約権者となる者は、当該募集新株予約権を付した新株予約権付社債についての社債の社債権者となる。

第3款　募集新株予約権に係る払込み

第246条　第238条第1項第3号に規定する場合には、新株予約権者は、募集新株予約権についての第236条第1項第4号の期間の初日の前日（第238条第1項第5号に規定する場合にあっては、同号の期日。第3項において「払込期日」という。）までに、株式会社が定めた銀行等の払込みの取扱いの場所において、それぞれの募集新株予約権の払込金額の全額を払い込まなければならない。

②　前項の規定にかかわらず、新株予約権者は、株式会社の承諾を得て、同項の規定による払込みに代えて、払込金額に相当する金銭以外の財産を給付し、又は当該株式会社に対する債権をもって相殺することができる。

③　第238条第1項第3号に規定する場合には、新株予約権者は、募集新株予約権についての払込期日までに、それぞれの募集新株予約権の払込金額の全額の払込み（当該払込みに代えてする金銭以外の財産の給付又は当該株式会社に対する債権をもってする相殺を含む。）をしないときは、当該募集新株予約権を行使することができない。

第4款　募集新株予約権の発行をやめることの請求

第247条　次に掲げる場合において、株主が不利益を受けるおそれがあるときは、株主は、株式会社に対し、第238条第1項の募集に係る新株予約権の発行をやめることを請求することができる。

1　当該新株予約権の発行が法令又は定款に違反する場合

2　当該新株予約権の発行が著しく不公正な方法により行われる場合

第5款　雑則

第248条　第676条から第680条までの規定は、新株予約権付社債についての社債を引き受ける者の募集については、適用しない。

第3節　新株予約権原簿

（新株予約権原簿）

第249条　株式会社は、新株予約権を発行した日以後遅滞なく、新株予約権原簿を作成し、次の各号に掲げる新株予約権の区分に応じ、当該各号に定める事項（以下「新株予約権原簿記載事項」という。）を記載し、又は記録しなければならない。

1　無記名式の新株予約権証券が発行され

ている新株予約権（以下この章において「無記名新株予約権」という。） 当該新株予約権証券の番号並びに当該無記名新株予約権の内容及び数

2 無記名式の新株予約権付債券（証券発行新株予約権付社債（新株予約権付社債であって、当該新株予約権付社債についての社債につき社債券を発行する旨の定めがあるものをいう。以下この章において同じ。）に係る社債券をいう。以下同じ。）が発行されている新株予約権付社債（以下この章において「無記名新株予約権付社債」という。）に付された新株予約権 当該新株予約権付社債券の番号並びに当該新株予約権の内容及び数

3 前2号に掲げる新株予約権以外の新株予約権 次に掲げる事項

イ 新株予約権者の氏名又は名称及び住所

ロ イの新株予約権者の有する新株予約権の内容及び数

ハ イの新株予約権者が新株予約権を取得した日

ニ ロの新株予約権が証券発行新株予約権（新株予約権（新株予約権付社債に付されたものを除く。）であって、当該新株予約権に係る新株予約権証券を発行する旨の定めがあるものをいう。以下この章において同じ。）であるときは、当該新株予約権（新株予約権証券が発行されているものに限る。）に係る新株予約権証券の番号

ホ ロの新株予約権が証券発行新株予約権付社債に付されたものであるときは、当該新株予約権を付した新株予約権付社債（新株予約権付社債券が発行されているものに限る。）に係る新株予約権付社債券の番号

（新株予約権原簿記載事項を記載した書面の交付等）

第250条 前条第3号イの新株予約権者は、株式会社に対し、当該新株予約権者についての新株予約権原簿に記載され、若しくは

記録された新株予約権原簿記載事項を記載した書面の交付又は当該新株予約権原簿記載事項を記録した電磁的記録の提供を請求することができる。

② 前項の書面には、株式会社の代表取締役（指名委員会等設置会社にあっては、代表執行役。次項において同じ。）が署名し、又は記名押印しなければならない。

③ 第1項の電磁的記録には、株式会社の代表取締役が法務省令で定める署名又は記名押印に代わる措置をとらなければならない。

④ 前3項の規定は、証券発行新株予約権及び証券発行新株予約権付社債に付された新株予約権については、適用しない。

（新株予約権原簿の管理）

第251条 株式会社が新株予約権を発行している場合における第123条の規定の適用については、同条中「株主名簿の」とあるのは「株主名簿及び新株予約権原簿の」と、「株主名簿に」とあるのは「株主名簿及び新株予約権原簿に」とする。

（新株予約権原簿の備置き及び閲覧等）

第252条 株式会社は、新株予約権原簿をその本店（株主名簿管理人がある場合にあっては、その営業所）に備え置かなければならない。

② 株主及び債権者は、株式会社の営業時間内は、いつでも、次に掲げる請求をすることができる。この場合においては、当該請求の理由を明らかにしてしなければならない。

1 新株予約権原簿が書面をもって作成されているときは、当該書面の閲覧又は謄写の請求

2 新株予約権原簿が電磁的記録をもって作成されているときは、当該電磁的記録に記録された事項を法務省令で定める方法により表示したものの閲覧又は謄写の請求

③ 株式会社は、前項の請求があったときは、次のいずれかに該当する場合を除き、これを拒むことができない。

1　当該請求を行う株主又は債権者（以下この項において「請求者」という。）がその権利の確保又は行使に関する調査以外の目的で請求を行ったとき。

2　請求者が当該株式会社の業務の遂行を妨げ、又は株主の共同の利益を害する目的で請求を行ったとき。

3　請求者が新株予約権原簿の閲覧又は謄写によって知り得た事実を利益を得て第三者に通報するため請求を行ったとき。

4　請求者が、過去2年以内において、新株予約権原簿の閲覧又は謄写によって知り得た事実を利益を得て第三者に通報したことがあるものであるとき。

④　株式会社の親会社社員は、その権利を行使するため必要があるときは、裁判所の許可を得て、当該株式会社の新株予約権原簿について第2項各号に掲げる請求をすることができる。この場合においては、当該請求の理由を明らかにしてしなければならない。

⑤　前項の親会社社員について第3項各号のいずれかに規定する事由があるときは、裁判所は、前項の許可をすることができない。

（新株予約権者に対する通知等）

第253条　株式会社が新株予約権者に対してする通知又は催告は、新株予約権原簿に記載し、又は記録した当該新株予約権者の住所（当該新株予約権者が別に通知又は催告を受ける場所又は連絡先を当該株式会社に通知した場合にあっては、その場所又は連絡先）にあてて発すれば足りる。

②　前項の通知又は催告は、その通知又は催告が通常到達すべきであった時に、到達したものとみなす。

③　新株予約権が2以上の者の共有に属するときは、共有者は、株式会社が新株予約権者に対してする通知又は催告を受領する者1人を定め、当該株式会社に対し、その者の氏名又は名称を通知しなければならない。この場合においては、その者を新株予約権

者とみなして、前2項の規定を適用する。

④　前項の規定による共有者の通知がない場合には、株式会社が新株予約権の共有者に対してする通知又は催告は、そのうちの1人に対してすれば足りる。

第4節　新株予約権の譲渡等

第1款　新株予約権の譲渡

（新株予約権の譲渡）

第254条　新株予約権者は、その有する新株予約権を譲渡することができる。

②　前項の規定にかかわらず、新株予約権付社債に付された新株予約権のみを譲渡することはできない。ただし、当該新株予約権付社債についての社債が消滅したときは、この限りでない。

③　新株予約権付社債についての社債のみを譲渡することはできない。ただし、当該新株予約権付社債に付された新株予約権が消滅したときは、この限りでない。

（証券発行新株予約権の譲渡）

第255条　証券発行新株予約権の譲渡は、当該証券発行新株予約権に係る新株予約権証券を交付しなければ、その効力を生じない。ただし、自己新株予約権（株式会社が有する自己の新株予約権をいう。以下この章において同じ。）の処分による証券発行新株予約権の譲渡については、この限りでない。

②　証券発行新株予約権付社債に付された新株予約権の譲渡は、当該証券発行新株予約権付社債に係る新株予約権付社債券を交付しなければ、その効力を生じない。ただし、自己新株予約権付社債（株式会社が有する自己の新株予約権付社債をいう。以下この条及び次条において同じ。）の処分による当該自己新株予約権付社債に付された新株予約権の譲渡については、この限りでない。

（自己新株予約権の処分に関する特則）

第256条　株式会社は、自己新株予約権（証券発行新株予約権に限る。）を処分した日以後

遅滞なく、当該自己新株予約権を取得した者に対し、新株予約権証券を交付しなければならない。

② 前項の規定にかかわらず、株式会社は、同項の者から請求がある時までは、同項の新株予約権証券を交付しないことができる。

③ 株式会社は、自己新株予約権付社債（証券発行新株予約権付社債に限る。）を処分した日以後遅滞なく、当該自己新株予約権付社債を取得した者に対し、新株予約権付社債券を交付しなければならない。

④ 第687条の規定は、自己新株予約権付社債の処分による当該自己新株予約権付社債についての社債の譲渡については、適用しない。

（新株予約権の譲渡の対抗要件）

第257条 新株予約権の譲渡は、その新株予約権を取得した者の氏名又は名称及び住所を新株予約権原簿に記載し、又は記録しなければ、株式会社その他の第三者に対抗することができない。

② 記名式の新株予約権証券が発行されている証券発行新株予約権及び記名式の新株予約権付社債券が発行されている証券発行新株予約権付社債に付された新株予約権についての前項の規定の適用については、同項中「株式会社その他の第三者」とあるのは、「株式会社」とする。

③ 第1項の規定は、無記名新株予約権及び無記名新株予約権付社債に付された新株予約権については、適用しない。

（権利の推定等）

第258条 新株予約権証券の占有者は、当該新株予約権証券に係る証券発行新株予約権についての権利を適法に有するものと推定する。

② 新株予約権証券の交付を受けた者は、当該新株予約権証券に係る証券発行新株予約権についての権利を取得する。ただし、その者に悪意又は重大な過失があるときは、この限りでない。

③ 新株予約権付社債券の占有者は、当該新株予約権付社債券に係る証券発行新株予約権付社債に付された新株予約権についての権利を適法に有するものと推定する。

④ 新株予約権付社債券の交付を受けた者は、当該新株予約権付社債券に係る証券発行新株予約権付社債に付された新株予約権についての権利を取得する。ただし、その者に悪意又は重大な過失があるときは、この限りでない。

（新株予約権者の請求によらない新株予約権原簿記載事項の記載又は記録）

第259条 株式会社は、次の各号に掲げる場合には、当該各号の新株予約権の新株予約権者に係る新株予約権原簿記載事項を新株予約権原簿に記載し、又は記録しなければならない。

1 当該株式会社の新株予約権を取得した場合

2 自己新株予約権を処分した場合

② 前項の規定は、無記名新株予約権及び無記名新株予約権付社債に付された新株予約権については、適用しない。

（新株予約権者の請求による新株予約権原簿記載事項の記載又は記録）

第260条 新株予約権を当該新株予約権を発行した株式会社以外の者から取得した者（当該株式会社を除く。以下この節において「新株予約権取得者」という。）は、当該株式会社に対し、当該新株予約権に係る新株予約権原簿記載事項を新株予約権原簿に記載し、又は記録することを請求することができる。

② 前項の規定による請求は、利害関係人の利益を害するおそれがないものとして法務省令で定める場合を除き、その取得した新株予約権の新株予約権者として新株予約権原簿に記載され、若しくは記録された者又はその相続人その他の一般承継人と共同してしなければならない。

③ 前2項の規定は、無記名新株予約権及び無記名新株予約権付社債に付された新株予

第2編 株式会社

約権については、適用しない。

第261条　前条の規定は、新株予約権取得者が取得した新株予約権が譲渡制限新株予約権である場合には、適用しない。ただし、次のいずれかに該当する場合は、この限りでない。

1　当該新株予約権取得者が当該譲渡制限新株予約権を取得することについて次条の承認を受けていること。

2　当該新株予約権取得者が当該譲渡制限新株予約権を取得したことについて第263条第1項の承認を受けていること。

3　当該新株予約権取得者が相続その他の一般承継により譲渡制限新株予約権を取得した者であること。

第2款　新株予約権の譲渡の制限

（新株予約権者からの承認の請求）

第262条　譲渡制限新株予約権の新株予約権者は、その有する譲渡制限新株予約権を他人（当該譲渡制限新株予約権を発行した株式会社を除く。）に譲り渡そうとするときは、当該株式会社に対し、当該他人が当該譲渡制限新株予約権を取得することについて承認をするか否かの決定をすることを請求することができる。

（新株予約権取得者からの承認の請求）

第263条　譲渡制限新株予約権を取得した新株予約権取得者は、株式会社に対し、当該譲渡制限新株予約権を取得したことについて承認をするか否かの決定をすることを請求することができる。

②　前項の規定による請求は、利害関係人の利益を害するおそれがないものとして法務省令で定める場合を除き、その取得した新株予約権の新株予約権者として新株予約権原簿に記載され、若しくは記録された者又はその相続人その他の一般承継人と共同してしなければならない。

（譲渡等承認請求の方法）

第264条　次の各号に掲げる請求（以下この款において「譲渡等承認請求」という。）は、当該各号に定める事項を明らかにしてしなければならない。

1　第262条の規定による請求　次に掲げる事項

イ　当該請求をする新株予約権者が譲り渡そうとする譲渡制限新株予約権の内容及び数

ロ　イの譲渡制限新株予約権を譲り受ける者の氏名又は名称

2　前条第1項の規定による請求　次に掲げる事項

イ　当該請求をする新株予約権取得者の取得した譲渡制限新株予約権の内容及び数

ロ　イの新株予約権取得者の氏名又は名称

（譲渡等の承認の決定等）

第265条　株式会社が第262条又は第263条第1項の承認をするか否かの決定をするには、株主総会（取締役会設置会社にあっては、取締役会）の決議によらなければならない。ただし、新株予約権の内容として別段の定めがある場合は、この限りでない。

②　株式会社は、前項の決定をしたときは、譲渡等承認請求をした者に対し、当該決定の内容を通知しなければならない。

（株式会社が承認をしたとみなされる場合）

第266条　株式会社が譲渡等承認請求の日から2週間（これを下回る期間を定款で定めた場合にあっては、その期間）以内に前条第2項の規定による通知をしなかった場合には、第262条又は第263条第1項の承認をしたものとみなす。ただし、当該株式会社と当該譲渡等承認請求をした者との合意により別段の定めをしたときは、この限りでない。

第3款　新株予約権の質入れ

（新株予約権の質入れ）

第267条　新株予約権者は、その有する新株予約権に質権を設定することができる。

②　前項の規定にかかわらず、新株予約権付社債に付された新株予約権のみに質権を設定することはできない。ただし、当該新株予約権付社債についての社債が消滅したときは、この限りでない。

③　新株予約権付社債についての社債のみに質権を設定することはできない。ただし、当該新株予約権付社債に付された新株予約権が消滅したときは、この限りでない。

④　証券発行新株予約権の質入れは、当該証券発行新株予約権に係る新株予約権証券を交付しなければ、その効力を生じない。

⑤　証券発行新株予約権付社債に付された新株予約権の質入れは、当該証券発行新株予約権付社債に係る新株予約権付社債券を交付しなければ、その効力を生じない。

（新株予約権の質入れの対抗要件）

第268条　新株予約権の質入れは、その質権者の氏名又は名称及び住所を新株予約権原簿に記載し、又は記録しなければ、株式会社その他の第三者に対抗することができない。

②　前項の規定にかかわらず、証券発行新株予約権の質権者は、継続して当該証券発行新株予約権に係る新株予約権証券を占有しなければ、その質権をもって株式会社その他の第三者に対抗することができない。

③　第1項の規定にかかわらず、証券発行新株予約権付社債に付された新株予約権の質権者は、継続して当該証券発行新株予約権付社債に係る新株予約権付社債券を占有しなければ、その質権をもって株式会社その他の第三者に対抗することができない。

（新株予約権原簿の記載等）

第269条　新株予約権に質権を設定した者は、株式会社に対し、次に掲げる事項を新株予約権原簿に記載し、又は記録することを請求することができる。

1　質権者の氏名又は名称及び住所

2　質権の目的である新株予約権

②　前項の規定は、無記名新株予約権及び無記名新株予約権付社債に付された新株予約権については、適用しない。

（新株予約権原簿の記載事項を記載した書面の交付等）

第270条　前条第1項各号に掲げる事項が新株予約権原簿に記載され、又は記録された質権者（以下「登録新株予約権質権者」という。）は、株式会社に対し、当該登録新株予約権質権者についての新株予約権原簿に記載され、若しくは記録された同項各号に掲げる事項を記載した書面の交付又は当該事項を記録した電磁的記録の提供を請求することができる。

②　前項の書面には、株式会社の代表取締役（指名委員会等設置会社にあっては、代表執行役。次項において同じ。）が署名し、又は記名押印しなければならない。

③　第1項の電磁的記録には、株式会社の代表取締役が法務省令で定める署名又は記名押印に代わる措置をとらなければならない。

④　前3項の規定は、証券発行新株予約権及び証券発行新株予約権付社債に付された新株予約権については、適用しない。

（登録新株予約権質権者に対する通知等）

第271条　株式会社が登録新株予約権質権者に対してする通知又は催告は、新株予約権原簿に記載し、又は記録した当該登録新株予約権質権者の住所（当該登録新株予約権質権者が別に通知又は催告を受ける場所又は連絡先を当該株式会社に通知した場合にあっては、その場所又は連絡先）にあてて発すれば足りる。

②　前項の通知又は催告は、その通知又は催告が通常到達すべきであった時に、到達したものとみなす。

（新株予約権の質入れの効果）

第272条　株式会社が次に掲げる行為をした

場合には、新株予約権を目的とする質権は、当該行為によって当該新株予約権の新株予約権者が受けることのできる金銭等について存在する。

1　新株予約権の取得

2　組織変更

3　合併（合併により当該株式会社が消滅する場合に限る。）

4　吸収分割

5　新設分割

6　株式交換

7　株式移転

② 登録新株予約権質権者は、前項の金銭等（金銭に限る。）を受領し、他の債権者に先立って自己の債権の弁済に充てることができる。

③ 株式会社が次の各号に掲げる行為をした場合において、前項の債権の弁済期が到来していないときは、登録新株予約権質権者は、当該各号に定める者に同項に規定する金銭等に相当する金額を供託させることができる。この場合において、質権は、その供託金について存在する。

1　新株予約権の取得　当該株式会社

2　組織変更　第744条第1項第1号に規定する組織変更後持分会社

3　合併（合併により当該株式会社が消滅する場合に限る。）　第749条第1項に規定する吸収合併存続会社又は第753条第1項に規定する新設合併設立会社

④ 前3項の規定は、特別支配株主が新株予約権売渡請求により売渡新株予約権の取得をした場合について準用する。この場合において、前項中「当該各号に定める者」とあるのは、「当該特別支配株主」と読み替えるものとする。

⑤ 新株予約権付社債に付された新株予約権（第236条第1項第3号の財産が当該新株予約権付社債についての社債であるものであって、当該社債の償還額が当該新株予約権についての同項第2号の価額以上であるものに限る。）を目的とする

質権は、当該新株予約権の行使をすることにより当該新株予約権の新株予約権者が交付を受ける株式について存在する。

第4款　信託財産に属する新株予約権についての対抗要件等

第272条の2　新株予約権については、当該新株予約権が信託財産に属する旨を新株予約権原簿に記載し、又は記録しなければ、当該新株予約権が信託財産に属することを株式会社その他の第三者に対抗することができない。

② 第249条第3号イの新株予約権者は、その有する新株予約権が信託財産に属するときは、株式会社に対し、その旨を新株予約権原簿に記載し、又は記録することを請求することができる。

③ 新株予約権原簿に前項の規定による記載又は記録がされた場合における第250条第1項及び第259条第1項の規定の適用については、第250条第1項中「記録された新株予約権原簿記載事項」とあるのは「記録された新株予約権原簿記載事項（当該新株予約権者の有する新株予約権が信託財産に属する旨を含む。）」と、第259条第1項中「新株予約権原簿記載事項」とあるのは「新株予約権原簿記載事項（当該新株予約権者の有する新株予約権が信託財産に属する旨を含む。）」とする。

④ 前3項の規定は、証券発行新株予約権及び証券発行新株予約権付社債に付された新株予約権については、適用しない。

第5節　株式会社による自己の新株予約権の取得

第1款　募集事項の定めに基づく新株予約権の取得

（取得する日の決定）

第273条　取得条項付新株予約権（第236条第1項第7号イに掲げる事項についての定めがある新

株予約権をいう。以下この章において同じ。）の内容として同号ロに掲げる事項についての定めがある場合には、株式会社は、同号ロの日を株主総会（取締役会設置会社にあっては、取締役会）の決議によって定めなければならない。ただし、当該取得条項付新株予約権の内容として別段の定めがある場合は、この限りでない。

② 第236条第1項第7号ロの日を定めたときは、株式会社は、取得条項付新株予約権の新株予約権者（同号ハに掲げる事項についての定めがある場合にあっては、次条第1項の規定により決定した取得条項付新株予約権の新株予約権者）及びその登録新株予約権質権者に対し、当該日の2週間前までに、当該日を通知しなければならない。

③ 前項の規定による通知は、公告をもってこれに代えることができる。

（取得する新株予約権の決定等）

第274条 株式会社は、新株予約権の内容として第236条第1項第7号ハに掲げる事項についての定めがある場合において、取得条項付新株予約権を取得しようとするときは、その取得する取得条項付新株予約権を決定しなければならない。

② 前項の取得条項付新株予約権は、株主総会（取締役会設置会社にあっては、取締役会）の決議によって定めなければならない。ただし、当該取得条項付新株予約権の内容として別段の定めがある場合は、この限りでない。

③ 第1項の規定による決定をしたときは、株式会社は、同項の規定により決定した取得条項付新株予約権の新株予約権者及びその登録新株予約権質権者に対し、直ちに、当該取得条項付新株予約権を取得する旨を通知しなければならない。

④ 前項の規定による通知は、公告をもってこれに代えることができる。

（効力の発生等）

第275条 株式会社は、第236条第1項第7

号イの事由が生じた日（同号ハに掲げる事項についての定めがある場合にあっては、第1号に掲げる日又は第2号に掲げる日のいずれか遅い日。次項及び第3項において同じ。）に、取得条項付新株予約権（同条第1項第7号ハに掲げる事項についての定めがある場合にあっては、前条第1項の規定により決定したもの。次項及び第3項において同じ。）を取得する。

1 第236条第1項第7号イの事由が生じた日

2 前条第3項の規定による通知の日又は同条第4項の公告の日から2週間を経過した日

② 前項の規定により株式会社が取得する取得条項付新株予約権が新株予約権付社債に付されたものである場合には、株式会社は、第236条第1項第7号イの事由が生じた日に、当該新株予約権付社債についての社債を取得する。

③ 次の各号に掲げる場合には、取得条項付新株予約権の新株予約権者（当該株式会社を除く。）は、第236条第1項第7号イの事由が生じた日に、同号に定める事項についての定めに従い、当該各号に定める者となる。

1 第236条第1項第7号ニに掲げる事項についての定めがある場合 同号ニの株式の株主

2 第236条第1項第7号ホに掲げる事項についての定めがある場合 同号ホの社債の社債権者

3 第236条第1項第7号ヘに掲げる事項についての定めがある場合 同号ヘの他の新株予約権の新株予約権者

4 第236条第1項第7号トに掲げる事項についての定めがある場合 同号トの新株予約権付社債についての社債の社債権者及び当該新株予約権付社債に付された新株予約権の新株予約権者

④ 株式会社は、第236条第1項第7号イの事由が生じた後、遅滞なく、取得条項付新株予約権の新株予約権者及びその登録新株

予約権質権者（同号ハに掲げる事項についての定めがある場合にあっては、前条第1項の規定により決定した取得条項付新株予約権の新株予約権者及びその登録新株予約権質権者）に対し、当該事由が生じた旨を通知しなければならない。ただし、第273条第2項の規定による通知又は同条第3項の公告をしたときは、この限りでない。

⑤　前項本文の規定による通知は、公告をもってこれに代えることができる。

第2款　新株予約権の消却

第276条　株式会社は、自己新株予約権を消却することができる。この場合においては、消却する自己新株予約権の内容及び数を定めなければならない。

②　取締役会設置会社においては、前項後段の規定による決定は、取締役会の決議によらなければならない。

第6節　新株予約権無償割当て

（新株予約権無償割当て）

第277条　株式会社は、株主（種類株式発行会社にあっては、ある種類の種類株主）に対して新たに払込みをさせないで当該株式会社の新株予約権の割当て（以下この節において「新株予約権無償割当て」という。）をすることができる。

（新株予約権無償割当てに関する事項の決定）

第278条　株式会社は、新株予約権無償割当てをしようとするときは、その都度、次に掲げる事項を定めなければならない。

1　株主に割り当てる新株予約権の内容及び数又はその算定方法

2　前号の新株予約権が新株予約権付社債に付されたものであるときは、当該新株予約権付社債についての社債の種類及び各社債の金額の合計額又はその算定方法

3　当該新株予約権無償割当てがその効力を生ずる日

4　株式会社が種類株式発行会社である場合には、当該新株予約権無償割当てを受ける株主の有する株式の種類

②　前項第1号及び第2号に掲げる事項についての定めは、当該株式会社以外の株主（種類株式発行会社にあっては、同項第4号の種類の種類株主）の有する株式（種類株式発行会社にあっては、同項第4号の種類の株式）の数に応じて同項第1号の新株予約権及び同項第2号の社債を割り当てることを内容とするものでなければならない。

③　第1項各号に掲げる事項の決定は、株主総会（取締役会設置会社にあっては、取締役会）の決議によらなければならない。ただし、定款に別段の定めがある場合は、この限りでない。

（新株予約権無償割当ての効力の発生等）

第279条　前条第1項第1号の新株予約権の割当てを受けた株主は、同項第3号の日に、同項第1号の新株予約権の新株予約権者（同項第2号に規定する場合にあっては、同項第1号の新株予約権の新株予約権者及び同項第2号の社債の社債権者）となる。

②　株式会社は、前条第1項第3号の日後遅滞なく、株主（種類株式発行会社にあっては、同項第4号の種類の種類株主）及びその登録株式質権者に対し、当該株主が割当てを受けた新株予約権の内容及び数（同項第2号に規定する場合にあっては、当該株主が割当てを受けた社債の種類及び各社債の金額の合計額を含む。）を通知しなければならない。

③　前項の規定による通知がされた場合において、前条第1項第1号の新株予約権についての第236条第1項第4号の期間の末日が当該通知の日から2週間を経過する日前に到来するときは、同号の期間は、当該通知の日から2週間を経過する日まで延長されたものとみなす。

第7節　新株予約権の行使

第1款　総則

（新株予約権の行使）

第280条　新株予約権の行使は、次に掲げる事項を明らかにしてしなければならない。

1　その行使に係る新株予約権の内容及び数

2　新株予約権を行使する日

② 　証券発行新株予約権を行使しようとするときは、当該証券発行新株予約権の新株予約権者は、当該証券発行新株予約権に係る新株予約権証券を株式会社に提出しなければならない。ただし、当該新株予約権証券が発行されていないときは、この限りでない。

③ 　証券発行新株予約権付社債に付された新株予約権を行使しようとする場合には、当該新株予約権の新株予約権者は、当該新株予約権を付した新株予約権付社債に係る新株予約権付社債券を株式会社に提示しなければならない。この場合において、当該株式会社は、当該新株予約権付社債券に当該証券発行新株予約権付社債に付された新株予約権が消滅した旨を記載しなければならない。

④ 　前項の規定にかかわらず、証券発行新株予約権付社債に付された新株予約権を行使しようとする場合において、当該新株予約権の行使により当該証券発行新株予約権付社債についての社債が消滅するときは、当該新株予約権の新株予約権者は、当該新株予約権を付した新株予約権付社債に係る新株予約権付社債券を株式会社に提出しなければならない。

⑤ 　第3項の規定にかかわらず、証券発行新株予約権付社債についての社債の償還後に当該証券発行新株予約権付社債に付された新株予約権を行使しようとする場合には、当該新株予約権の新株予約権者は、当該新株

予約権を付した新株予約権付社債に係る新株予約権付社債券を株式会社に提出しなければならない。

⑥ 　株式会社は、自己新株予約権を行使することができない。

（新株予約権の行使に際しての払込み）

第281条　金銭を新株予約権の行使に際してする出資の目的とするときは、新株予約権者は、前条第1項第2号の日に、株式会社が定めた銀行等の払込みの取扱いの場所において、その行使に係る新株予約権についての第236条第1項第2号の価額の全額を払い込まなければならない。

② 　金銭以外の財産を新株予約権の行使に際してする出資の目的とするときは、新株予約権者は、前条第1項第2号の日に、その行使に係る新株予約権についての第236条第1項第3号の財産を給付しなければならない。この場合において、当該財産の価額が同項第2号の価額に足りないときは、前項の払込みの取扱いの場所においてその差額に相当する金銭を払い込まなければならない。

③ 　新株予約権者は、第1項の規定による払込み又は前項の規定による給付をする債務と株式会社に対する債権とを相殺することができない。

（株主となる時期等）

第282条　新株予約権を行使した新株予約権者は、当該新株予約権を行使した日に、当該新株予約権の目的である株式の株主となる。

② 　新株予約権を行使した新株予約権者であって第286条の2第1項各号に掲げる者に該当するものは、当該各号に定める支払若しくは給付又は第286条の3第1項の規定による支払がされた後でなければ、第286条の2第1項各号の払込み又は給付が仮装された新株予約権の目的である株式について、株主の権利を行使することができない。

③ 　前項の株式を譲り受けた者は、当該株式

についての株主の権利を行使することができる。ただし、その者に悪意又は重大な過失があるときは、この限りでない。

（1に満たない端数の処理）

第283条 新株予約権を行使した場合において、当該新株予約権の新株予約権者に交付する株式の数に1株に満たない端数があるときは、株式会社は、当該新株予約権者に対し、次の各号に掲げる場合の区分に応じ、当該各号に定める額にその端数を乗じて得た額に相当する金銭を交付しなければならない。ただし、第236条第1項第9号に掲げる事項についての定めがある場合は、この限りでない。

1　当該株式が市場価格のある株式である場合　当該株式1株の市場価格として法務省令で定める方法により算定される額

2　前号に掲げる場合以外の場合　1株当たり純資産額

第2款　金銭以外の財産の出資

第284条 株式会社は、第236条第1項第3号に掲げる事項についての定めがある新株予約権が行使された場合には、第281条第2項の規定による給付があった後、遅滞なく、同号の財産（以下この節において「現物出資財産」という。）の価額を調査させるため、裁判所に対し、検査役の選任の申立てをしなければならない。

②　前項の申立てがあった場合には、裁判所は、これを不適法として却下する場合を除き、検査役を選任しなければならない。

③　裁判所は、前項の検査役を選任した場合には、株式会社が当該検査役に対して支払う報酬の額を定めることができる。

④　第2項の検査役は、必要な調査を行い、当該調査の結果を記載し、又は記録した書面又は電磁的記録（法務省令で定めるものに限る。）を裁判所に提供して報告をしなければならない。

⑤　裁判所は、前項の報告について、その内容を明瞭にし、又はその根拠を確認するため必要があると認めるときは、第2項の検査役に対し、更に前項の報告を求めることができる。

⑥　第2項の検査役は、第4項の報告をしたときは、株式会社に対し、同項の書面の写しを交付し、又は同項の電磁的記録に記録された事項を法務省令で定める方法により提供しなければならない。

⑦　裁判所は、第4項の報告を受けた場合において、現物出資財産について定められた第236条第1項第3号の価額（第2項の検査役の調査を経ていないものを除く。）を不当と認めたときは、これを変更する決定をしなければならない。

⑧　第1項の新株予約権の新株予約権者は、前項の決定により現物出資財産の価額の全部又は一部が変更された場合には、当該決定の確定後1週間以内に限り、その新株予約権の行使に係る意思表示を取り消すことができる。

⑨　前各項の規定は、次の各号に掲げる場合には、当該各号に定める事項については、適用しない。

1　行使された新株予約権の新株予約権者が交付を受ける株式の総数が発行済株式の総数の10分の1を超えない場合　当該新株予約権者が給付する現物出資財産の価額

2　現物出資財産について定められた第236条第1項第3号の価額の総額が500万円を超えない場合　当該現物出資財産の価額

3　現物出資財産のうち、市場価格のある有価証券について定められた第236条第1項第3号の価額が当該有価証券の市場価格として法務省令で定める方法により算定されるものを超えない場合　当該有価証券についての現物出資財産の価額

4　現物出資財産について定められた第236条第1項第3号の価額が相当である

ことについて弁護士、弁護士法人、公認
会計士、監査法人、税理士又は税理士法
人の証明（現物出資財産が不動産である場合
にあっては、当該証明及び不動産鑑定士の鑑定
評価。以下この号において同じ。）を受けた場
合　当該証明を受けた現物出資財産の価
額

5　現物出資財産が株式会社に対する金銭
債権（弁済期が到来しているものに限る。）で
あって、当該金銭債権について定められ
た第 236 条第 1 項第 3 号の価額が当該金
銭債権に係る負債の帳簿価額を超えない
場合　当該金銭債権についての現物出資
財産の価額

⑩　次に掲げる者は、前項第 4 号に規定する
証明をすることができない。

1　取締役、会計参与、監査役若しくは執
行役又は支配人その他の使用人

2　新株予約権者

3　業務の停止の処分を受け、その停止の
期間を経過しない者

4　弁護士法人、監査法人又は税理士法人
であって、その社員の半数以上が第 1 号
又は第 2 号に掲げる者のいずれかに該当
するもの

第 3 款　責任

**（不公正な払込金額で新株予約権を引き受け
た者等の責任）**

第 285 条　新株予約権を行使した新株予約権
者は、次の各号に掲げる場合には、株式会
社に対し、当該各号に定める額を支払う義
務を負う。

1　第 238 条第 1 項第 2 号に規定する場合
において、募集新株予約権につき金銭の
払込みを要しないこととすることが著し
く不公正な条件であるとき（取締役（指名
委員会等設置会社にあっては、取締役又は執行
役。次号において同じ。）と通じて新株予約権を
引き受けた場合に限る。）　当該新株予約権
の公正な価額

2　第 238 条第 1 項第 3 号に規定する場合
において、取締役と通じて著しく不公正
な払込金額で新株予約権を引き受けたと
き　当該払込金額と当該新株予約権の公
正な価額との差額に相当する金額

3　第 282 条第 1 項の規定により株主とな
った時におけるその給付した現物出資財
産の価額がこれについて定められた第
236 条第 1 項第 3 号の価額に著しく不足
する場合　当該不足額

②　前項第 3 号に掲げる場合において、現物
出資財産を給付した新株予約権者が当該現
物出資財産の価額がこれについて定められ
た第 236 条第 1 項第 3 号の価額に著しく不
足することにつき善意でかつ重大な過失が
ないときは、新株予約権の行使に係る意思
表示を取り消すことができる。

**（出資された財産等の価額が不足する場合の
取締役等の責任）**

第 286 条　前条第 1 項第 3 号に掲げる場合に
は、次に掲げる者（以下この条において「取締
役等」という。）は、株式会社に対し、同号
に定める額を支払う義務を負う。

1　当該新株予約権者の募集に関する職務
を行った業務執行取締役（指名委員会等設
置会社にあっては、執行役。以下この号におい
て同じ。）その他当該業務執行取締役の行
う業務の執行に職務上関与した者として
法務省令で定めるもの

2　現物出資財産の価額の決定に関する株
主総会の決議があったときは、当該株主
総会に議案を提案した取締役として法務
省令で定めるもの

3　現物出資財産の価額の決定に関する取
締役会の決議があったときは、当該取締
役会に議案を提案した取締役（指名委員会
等設置会社にあっては、取締役又は執行役）と
して法務省令で定めるもの

②　前項の規定にかかわらず、次に掲げる場
合には、取締役等は、現物出資財産につい
て同項の義務を負わない。

1　現物出資財産の価額について第 284 条第 2 項の検査役の調査を経た場合

2　当該取締役等がその職務を行うについて注意を怠らなかったことを証明した場合

③　第 1 項に規定する場合には、第 284 条第 9 項第 4 号に規定する証明をした者（以下この条において「証明者」という。）は、株式会社に対し前条第 1 項第 3 号に定める額を支払う義務を負う。ただし、当該証明者が当該証明をするについて注意を怠らなかったことを証明したときは、この限りでない。

④　新株予約権者がその給付した現物出資財産についての前条第 1 項第 3 号に定める額を支払う義務を負う場合において、次に掲げる者が当該現物出資財産について当該各号に定める義務を負うときは、これらの者は、連帯債務者とする。

1　取締役等　第 1 項の義務

2　証明者　前項本文の義務

（新株予約権に係る払込み等を仮装した新株予約権者等の責任）

第 286 条の 2　新株予約権を行使した新株予約権者であって次の各号に掲げる者に該当するものは、株式会社に対し、当該各号に定める行為をする義務を負う。

1　第 246 条第 1 項の規定による払込み（同条第 2 項の規定により当該払込みに代えてする金銭以外の財産の給付を含む。）を仮装した者又は当該払込みが仮装されたことを知って、若しくは重大な過失により知らないで募集新株予約権を譲り受けた者　払込みが仮装された払込金額の全額の支払（当該払込みに代えてする金銭以外の財産の給付が仮装された場合にあっては、当該財産の給付（株式会社が当該給付に代えて当該財産の価額に相当する金銭の支払を請求した場合にあっては、当該金銭の全額の支払））

2　第 281 条第 1 項又は第 2 項後段の規定による払込みを仮装した者　払込みを仮装した金銭の全額の支払

3　第 281 条第 2 項前段の規定による給付を仮装した者　給付を仮装した金銭以外の財産の給付（株式会社が当該給付に代えて当該財産の価額に相当する金銭の支払を請求した場合にあっては、当該金銭の全額の支払）

②　前項の規定により同項に規定する新株予約権者の負う義務は、総株主の同意がなければ、免除することができない。

（新株予約権に係る払込み等を仮装した場合の取締役等の責任）

第 286 条の 3　新株予約権を行使した新株予約権者であって前条第 1 項各号に掲げる者に該当するものが当該各号に定める行為をする義務を負う場合には、当該各号の払込み又は給付を仮装することに関与した取締役（指名委員会等設置会社にあっては、執行役を含む。）として法務省令で定める者は、株式会社に対し、当該各号に規定する支払をする義務を負う。ただし、その者（当該払込み又は当該給付を仮装したものを除く。）がその職務を行うについて注意を怠らなかったことを証明した場合は、この限りでない。

②　新株予約権を行使した新株予約権者であって前条第 1 項各号に掲げる者に該当するものが当該各号に規定する支払をする義務を負う場合において、前項に規定する者が同項の義務を負うときは、これらの者は、連帯債務者とする。

第 4 款　雑則

第 287 条　第 276 条第 1 項の場合のほか、新株予約権者がその有する新株予約権を行使することができなくなったときは、当該新株予約権は、消滅する。

第 8 節　新株予約権に係る証券

第 1 款　新株予約権証券

（新株予約権証券の発行）

第 288 条　株式会社は、証券発行新株予約権を発行した日以後遅滞なく、当該証券発行

新株予約権に係る新株予約権証券を発行しなければならない。

② 前項の規定にかかわらず、株式会社は、新株予約権者から請求がある時までは、同項の新株予約権証券を発行しないことができる。

（新株予約権証券の記載事項）

第289条 新株予約権証券には、次に掲げる事項及びその番号を記載し、株式会社の代表取締役（指名委員会等設置会社にあっては、代表執行役）がこれに署名し、又は記名押印しなければならない。

1 株式会社の商号

2 当該新株予約権証券に係る証券発行新株予約権の内容及び数

（記名式と無記名式との間の転換）

第290条 証券発行新株予約権の新株予約権者は、第236条第1項第11号に掲げる事項についての定めによりすることができないこととされている場合を除き、いつでも、その記名式の新株予約権証券を無記名式とし、又はその無記名式の新株予約権証券を記名式とすることを請求することができる。

（新株予約権証券の喪失）

第291条 新株予約権証券は、非訟事件手続法第100条に規定する公示催告手続によって無効とすることができる。

② 新株予約権証券を喪失した者は、非訟事件手続法第106条第1項に規定する除権決定を得た後でなければ、その再発行を請求することができない。

第2款 新株予約権付社債券

第292条 証券発行新株予約権付社債に係る新株予約権付社債券には、第697条第1項の規定により記載すべき事項のほか、当該証券発行新株予約権付社債に付された新株予約権の内容及び数を記載しなければならない。

② 証券発行新株予約権付社債についての社債の償還をする場合において、当該証券発行新株予約権付社債に付された新株予約権が消滅していないときは、株式会社は、当該証券発行新株予約権付社債に係る新株予約権付社債券と引換えに社債の償還をすることを請求することができない。この場合においては、株式会社は、社債の償還をするのと引換えに、当該新株予約権付社債券の提示を求め、当該新株予約権付社債券に社債の償還をした旨を記載することができる。

第3款 新株予約権証券等の提出

（新株予約権証券の提出に関する公告等）

第293条 株式会社が次の各号に掲げる行為をする場合において、当該各号に定める新株予約権に係る新株予約権証券（当該新株予約権が新株予約権付社債に付されたものである場合にあっては、当該新株予約権付社債に係る新株予約権付社債券。以下この款において同じ。）を発行しているときは、当該株式会社は、当該行為の効力が生ずる日（第1号に掲げる行為をする場合にあっては、第179条の2第1項第5号に規定する取得日。以下この条において「新株予約権証券提出日」という。）までに当該株式会社に対し当該新株予約権証券を提出しなければならない旨を新株予約権証券提出日の1箇月前までに、公告し、かつ、当該新株予約権の新株予約権者及びその登録新株予約権質権者には、各別にこれを通知しなければならない。

1 第179条の3第1項の承認 売渡新株予約権

1の2 取得条項付新株予約権の取得 当該取得条項付新株予約権

2 組織変更 全部の新株予約権

3 合併（合併により当該株式会社が消滅する場合に限る。） 全部の新株予約権

4 吸収分割 第758条第5号イに規定する吸収分割契約新株予約権

5 新設分割 第763条第1項第10号イ

に規定する新設分割計画新株予約権

6　株式交換　第768条第1項第4号イに規定する株式交換契約新株予約権

7　株式移転　第773条第1項第9号イに規定する株式移転計画新株予約権

② 株式会社が次の各号に掲げる行為をする場合において、新株予約権証券提出日までに当該株式会社に対して新株予約権証券を提出しない者があるときは、当該各号に定める者は、当該新株予約権証券の提出があるまでの間、当該行為（第1号に掲げる行為をする場合にあっては、新株予約権売渡請求に係る売渡新株予約権の取得）によって当該新株予約権証券に係る新株予約権の新株予約権者が交付を受けることができる金銭等の交付を拒むことができる。

1　第179条の3第1項の承認　特別支配株主

2　取得条項付新株予約権の取得　当該株式会社

3　組織変更　第744条第1項第1号に規定する組織変更後持分会社

4　合併（合併により当該株式会社が消滅する場合に限る。）　第749条第1項に規定する吸収合併存続会社又は第753条第1項に規定する新設合併設立会社

5　吸収分割　第758条第1号に規定する吸収分割承継会社

6　新設分割　第763条第1項第1号に規定する新設分割設立株式会社

7　株式交換　第768条第1項第1号に規定する株式交換完全親会社

8　株式移転　第773条第1項第1号に規定する株式移転設立完全親会社

③ 第1項各号に定める新株予約権に係る新株予約権証券は、新株予約権証券提出日に無効となる。

④ 第1項第1号の規定による公告及び通知の費用は、特別支配株主の負担とする。

⑤ 第220条の規定は、第1項各号に掲げる行為をした場合において、新株予約権証券

を提出することができない者があるときについて準用する。この場合において、同条第2項中「前条第2項各号」とあるのは、「第293条第2項各号」と読み替えるものとする。

（無記名式の新株予約権証券等が提出されない場合）

第294条　第132条の規定にかかわらず、前条第1項第1号の2に掲げる行為をする場合（株式会社が新株予約権を取得するのと引換えに当該新株予約権の新株予約権者に対して当該株式会社の株式を交付する場合に限る。）において、同項の規定により新株予約権証券（無記名式のものに限る。以下この条において同じ。）が提出されないときは、株式会社は、当該新株予約権証券を有する者が交付を受けることができる株式に係る第121条第1号に掲げる事項を株主名簿に記載し、又は記録することを要しない。

② 前項に規定する場合には、株式会社は、前条第1項の規定により提出しなければならない新株予約権証券を有する者が交付を受けることができる株式の株主に対する通知又は催告をすることを要しない。

③ 第249条及び第259条第1項の規定にかかわらず、前条第1項第1号の2に掲げる行為をする場合（株式会社が新株予約権を取得するのと引換えに当該新株予約権の新株予約権者に対して当該株式会社の他の新株予約権（新株予約権付社債に付されたものを除く。）を交付する場合に限る。）において、同項の規定により新株予約権証券が提出されないときは、株式会社は、当該新株予約権証券を有する者が交付を受けることができる当該他の新株予約権（無記名新株予約権を除く。）に係る第249条第3号イに掲げる事項を新株予約権原簿に記載し、又は記録することを要しない。

④ 前項に規定する場合には、株式会社は、前条第1項の規定により提出しなければならない新株予約権証券を有する者が交付を受けることができる新株予約権の新株予約

権者に対する通知又は催告をすることを要しない。

⑤ 第 249 条及び第 259 条第 1 項の規定にかかわらず、前条第 1 項第 1 号の 2 に掲げる行為をする場合（株式会社が新株予約権を取得するのと引換えに当該新株予約権の新株予約権者に対して当該株式会社の新株予約権付社債を交付する場合に限る。）において、同項の規定により新株予約権証券が提出されないときは、株式会社は、当該新株予約権証券を有する者が交付を受けることができる新株予約権付社債（無記名新株予約権付社債を除く。）に付された新株予約権に係る第 249 条第 3 号イに掲げる事項を新株予約権原簿に記載し、又は記録することを要しない。

⑥ 前項に規定する場合には、株式会社は、前条第 1 項の規定により提出しなければならない新株予約権証券を有する者が交付を受けることができる新株予約権付社債に付された新株予約権の新株予約権者に対する通知又は催告をすることを要しない。

第 4 章　機関

第 1 節　株主総会及び種類株主総会等

3 年 6 月内

第 1 款　株主総会

（株主総会の権限）

第 295 条　株主総会は、この法律に規定する事項及び株式会社の組織、運営、管理その他株式会社に関する一切の事項について決議をすることができる。

② 前項の規定にかかわらず、取締役会設置会社においては、株主総会は、この法律に規定する事項及び定款で定めた事項に限り、決議をすることができる。

③ この法律の規定により株主総会の決議を必要とする事項について、取締役、執行役、取締役会その他の株主総会以外の機関が決定することができることを内容とする定款の定めは、その効力を有しない。

（株主総会の招集）

第 296 条　定時株主総会は、毎事業年度の終了後一定の時期に招集しなければならない。

② 株主総会は、必要がある場合には、いつでも、招集することができる。

③ 株主総会は、次条第 4 項の規定により招集する場合を除き、取締役が招集する。

（株主による招集の請求）

第 297 条　総株主の議決権の 100 分の 3（これを下回る割合を定款で定めた場合にあっては、その割合）以上の議決権を 6 箇月（これを下回る期間を定款で定めた場合にあっては、その期間）前から引き続き有する株主は、取締役に対し、株主総会の目的である事項（当該株主が議決権を行使することができる事項に限る。）及び招集の理由を示して、株主総会の招集を請求することができる。

② 公開会社でない株式会社における前項の規定の適用については、同項中「6 箇月（これを下回る期間を定款で定めた場合にあっては、その期間）前から引き続き有する」とあるのは、「有する」とする。

③ 第 1 項の株主総会の目的である事項について議決権を行使することができない株主が有する議決権の数は、同項の総株主の議決権の数に算入しない。

④ 次に掲げる場合には、第 1 項の規定による請求をした株主は、裁判所の許可を得て、株主総会を招集することができる。

1　第 1 項の規定による請求の後遅滞なく招集の手続が行われない場合

2　第 1 項の規定による請求があった日から 8 週間（これを下回る期間を定款で定めた場合にあっては、その期間）以内の日を株主総会の日とする株主総会の招集の通知が発せられない場合

（株主総会の招集の決定）

第 298 条　取締役（前条第 4 項の規定により株主

が株主総会を招集する場合にあっては、当該株主。次項本文及び次条から第302条までにおいて同じ。）は、株主総会を招集する場合には、次に掲げる事項を定めなければならない。

1　株主総会の日時及び場所

2　株主総会の目的である事項があるときは、当該事項

3　株主総会に出席しない株主が書面によって議決権を行使することができることとするときは、その旨

4　株主総会に出席しない株主が電磁的方法によって議決権を行使することができることとするときは、その旨

5　前各号に掲げるもののほか、法務省令で定める事項

② 取締役は、株主（株主総会において決議をすることができる事項の全部につき議決権を行使することができない株主を除く。次条から第302条までにおいて同じ。）の数が1,000人以上である場合には、前項第3号に掲げる事項を定めなければならない。ただし、当該株式会社が金融商品取引法第2条第16項に規定する金融商品取引所に上場されている株式を発行している株式会社であって法務省令で定めるものである場合は、この限りでない。

③ 取締役会設置会社における前項の規定の適用については、同項中「株主総会において決議をすることができる事項」とあるのは、「前項第2号に掲げる事項」とする。

④ 取締役会設置会社においては、前条第4項の規定により株主が株主総会を招集するときを除き、第1項各号に掲げる事項の決定は、取締役会の決議によらなければならない。

（株主総会の招集の通知）

第299条　株主総会を招集するには、取締役は、株主総会の日の2週間（前条第1項第3号又は第4号に掲げる事項を定めたときを除き、公開会社でない株式会社にあっては、1週間（当該株式会社が取締役会設置会社以外の株式会社であ

る場合において、これを下回る期間を定款で定めた場合にあっては、その期間））前までに、株主に対してその通知を発しなければならない。

② 次に掲げる場合には、前項の通知は、書面でしなければならない。

1　前条第1項第3号又は第4号に掲げる事項を定めた場合

2　株式会社が取締役会設置会社である場合

③ 取締役は、前項の書面による通知の発出に代えて、政令で定めるところにより、株主の承諾を得て、電磁的方法により通知を発することができる。この場合において、当該取締役は、同項の書面による通知を発したものとみなす。

④ 前2項の通知には、前条第1項各号に掲げる事項を記載し、又は記録しなければならない。

（招集手続の省略）

第300条　前条の規定にかかわらず、株主総会は、株主の全員の同意があるときは、招集の手続を経ることなく開催することができる。ただし、第298条第1項第3号又は第4号に掲げる事項を定めた場合は、この限りでない。

（株主総会参考書類及び議決権行使書面の交付等）

第301条　取締役は、第298条第1項第3号に掲げる事項を定めた場合には、第299条第1項の通知に際して、法務省令で定めるところにより、株主に対し、議決権の行使について参考となるべき事項を記載した書類（以下この節において「株主総会参考書類」という。）及び株主が議決権を行使するための書面（以下この節において「議決権行使書面」という。）を交付しなければならない。

② 取締役は、第299条第3項の承諾をした株主に対し同項の電磁的方法による通知を発するときは、前項の規定による株主総会参考書類及び議決権行使書面の交付に代え

て、これらの書類に記載すべき事項を電磁的方法により提供することができる。ただし、株主の請求があったときは、これらの書類を当該株主に交付しなければならない。

第 301 条 〔1項中「この節」は、施行日前までは「この款」〕

3 年 6 月内

第 302 条 取締役は、第 298 条第 1 項第 4 号に掲げる事項を定めた場合には、第 299 条第 1 項の通知に際して、法務省令で定めるところにより、株主に対し、株主総会参考書類を交付しなければならない。

② 取締役は、第 299 条第 3 項の承諾をした株主に対し同項の電磁的方法による通知を発するときは、前項の規定による株主総会参考書類の交付に代えて、当該株主総会参考書類に記載すべき事項を電磁的方法により提供することができる。ただし、株主の請求があったときは、株主総会参考書類を当該株主に交付しなければならない。

③ 取締役は、第 1 項に規定する場合には、第 299 条第 3 項の承諾をした株主に対する同項の電磁的方法による通知に際して、法務省令で定めるところにより、株主に対し、議決権行使書面に記載すべき事項を当該電磁的方法により提供しなければならない。

④ 取締役は、第 1 項に規定する場合において、第 299 条第 3 項の承諾をしていない株主から株主総会の日の 1 週間前までに議決権行使書面に記載すべき事項の電磁的方法による提供の請求があったときは、法務省令で定めるところにより、直ちに、当該株主に対し、当該事項を電磁的方法により提供しなければならない。

（株主提案権）

第 303 条 株主は、取締役に対し、一定の事項（当該株主が議決権を行使することができる事項に限る。次項において同じ。）を株主総会の目的とすることを請求することができる。

② 前項の規定にかかわらず、取締役会設置会社においては、総株主の議決権の 100 分の 1（これを下回る割合を定款で定めた場合にあっては、その割合）以上の議決権又は 300 個（これを下回る数を定款で定めた場合にあっては、その個数）以上の議決権を 6 箇月（これを下回る期間を定款で定めた場合にあっては、その期間）前から引き続き有する株主に限り、取締役に対し、一定の事項を株主総会の目的とすることを請求することができる。この場合において、その請求は、株主総会の日の 8 週間（これを下回る期間を定款で定めた場合にあっては、その期間）前までにしなければならない。

③ 公開会社でない取締役会設置会社における前項の規定の適用については、同項中「6 箇月（これを下回る期間を定款で定めた場合にあっては、その期間）前から引き続き有する」とあるのは、「有する」とする。

④ 第 2 項の一定の事項について議決権を行使することができない株主が有する議決権の数は、同項の総株主の議決権の数に算入しない。

第 304 条 株主は、株主総会において、株主総会の目的である事項（当該株主が議決権を行使することができる事項に限る。次条第 1 項において同じ。）につき議案を提出することができる。ただし、当該議案が法令若しくは定款に違反する場合又は実質的に同一の議案につき株主総会において総株主（当該議案について議決権を行使することができない株主を除く。）の議決権の 10 分の 1（これを下回る割合を定款で定めた場合にあっては、その割合）以上の賛成を得られなかった日から 3 年を経過していない場合は、この限りでない。

第 305 条 株主は、取締役に対し、株主総会の日の 8 週間（これを下回る期間を定款で定めた場合にあっては、その期間）前までに、株主総会の目的である事項につき当該株主が提出しようとする議案の要領を株主に通知すること（第 299 条第 2 項又は第 3 項の通知をする場合にあっては、その通知に記載し、又は記録す

ること）を請求することができる。ただし、取締役会設置会社においては、総株主の議決権の100分の1（これを下回る割合を定款で定めた場合にあっては、その割合）以上の議決権又は300個（これを下回る数を定款で定めた場合にあっては、その個数）以上の議決権を6箇月（これを下回る期間を定款で定めた場合にあっては、その期間）前から引き続き有する株主に限り、当該請求をすることができる。

② 公開会社でない取締役会設置会社における前項ただし書の規定の適用については、同項ただし書中「6箇月（これを下回る期間を定款で定めた場合にあっては、その期間）前から引き続き有する」とあるのは、「有する」とする。

③ 第1項の株主総会の目的である事項について議決権を行使することができない株主が有する議決権の数は、同項ただし書の総株主の議決権の数に算入しない。

④ 取締役会設置会社の株主が第1項の規定による請求をする場合において、当該株主が提出しようとする議案の数が10を超えるときは、前3項の規定は、10を超える数に相当することとなる数の議案については、適用しない。この場合において、当該株主が提出しようとする次の各号に掲げる議案の数については、当該各号に定めるところによる。

1 取締役、会計参与、監査役又は会計監査人（次号において「役員等」という。）の選任に関する議案 当該議案の数にかかわらず、これを一の議案とみなす。

2 役員等の解任に関する議案 当該議案の数にかかわらず、これを一の議案とみなす。

3 会計監査人を再任しないことに関する議案 当該議案の数にかかわらず、これを一の議案とみなす。

4 定款の変更に関する2以上の議案 当該2以上の議案について異なる議決がされたとすれば当該議決の内容が相互に矛盾する可能性がある場合には、これらを一の議案とみなす。

⑤ 前項前段の10を超える数に相当することとなる数の議案は、取締役がこれを定める。ただし、第1項の規定による請求をした株主が当該請求と併せて当該株主が提出しようとする2以上の議案の全部又は一部につき議案相互間の優先順位を定めている場合には、取締役は、当該優先順位に従い、これを定めるものとする。

⑥ 第1項から第3項までの規定は、第1項の議案が法令若しくは定款に違反する場合又は実質的に同一の議案につき株主総会において総株主（当該議案について議決権を行使することができない株主を除く。）の議決権の10分の1（これを下回る割合を定款で定めた場合にあっては、その割合）以上の賛成を得られなかった日から3年を経過していない場合には、適用しない。

第305条 〔同〕

②・③ 〔同〕

④・⑤ 〔新設規定〕

④ 〔「第1項から第3項まで」は、施行日前までは「前3項」〕〔⑥に繰下げ〕

1年6月内

（株主総会の招集手続等に関する検査役の選任）

第306条 株式会社又は総株主（株主総会において決議をすることができる事項の全部につき議決権を行使することができない株主を除く。）の議決権の100分の1（これを下回る割合を定款で定めた場合にあっては、その割合）以上の議決権を有する株主は、株主総会に係る招集の手続及び決議の方法を調査させるため、当該株主総会に先立ち、裁判所に対し、検査役の選任の申立てをすることができる。

② 公開会社である取締役会設置会社における前項の規定の適用については、同項中「株主総会において決議をすることができる事項」とあるのは「第298条第1項第2号に掲げる事項」と、「有する」とあるの

は「6箇月（これを下回る期間を定款で定めた場合にあっては、その期間）前から引き続き有する」とし、公開会社でない取締役会設置会社における同項の規定の適用については、同項中「株主総会において決議をすることができる事項」とあるのは、「第298条第1項第2号に掲げる事項」とする。

③ 前2項の規定による検査役の選任の申立てがあった場合には、裁判所は、これを不適法として却下する場合を除き、検査役を選任しなければならない。

④ 裁判所は、前項の検査役を選任した場合には、株式会社が当該検査役に対して支払う報酬の額を定めることができる。

⑤ 第3項の検査役は、必要な調査を行い、当該調査の結果を記載し、又は記録した書面又は電磁的記録（法務省令で定めるものに限る。）を裁判所に提供して報告をしなければならない。

⑥ 裁判所は、前項の報告について、その内容を明瞭にし、又はその根拠を確認するため必要があると認めるときは、第3項の検査役に対し、更に前項の報告を求めることができる。

⑦ 第3項の検査役は、第5項の報告をしたときは、株式会社（検査役の選任の申立てをした者が当該株式会社でない場合にあっては、当該株式会社及びその者）に対し、同項の書面の写しを交付し、又は同項の電磁的記録に記録された事項を法務省令で定める方法により提供しなければならない。

（裁判所による株主総会招集等の決定）

第307条 裁判所は、前条第5項の報告があった場合において、必要があると認めるときは、取締役に対し、次に掲げる措置の全部又は一部を命じなければならない。

　1　一定の期間内に株主総会を招集すること。

　2　前条第5項の調査の結果を株主に通知すること。

② 裁判所が前項第1号に掲げる措置を命じた場合には、取締役は、前条第5項の報告の内容を同号の株主総会において開示しなければならない。

③ 前項に規定する場合には、取締役（監査役設置会社にあっては、取締役及び監査役）は、前条第5項の報告の内容を調査し、その結果を第1項第1号の株主総会に報告しなければならない。

（議決権の数）

第308条 株主（株式会社がその総株主の議決権の4分の1以上を有することその他の事由を通じて株式会社がその経営を実質的に支配することが可能な関係にあるものとして法務省令で定める株主を除く。）は、株主総会において、その有する株式1株につき1個の議決権を有する。ただし、単元株式数を定款で定めている場合には、1単元の株式につき1個の議決権を有する。

② 前項の規定にかかわらず、株式会社は、自己株式については、議決権を有しない。

（株主総会の決議）

第309条 株主総会の決議は、定款に別段の定めがある場合を除き、議決権を行使することができる株主の議決権の過半数を有する株主が出席し、出席した当該株主の議決権の過半数をもって行う。

② 前項の規定にかかわらず、次に掲げる株主総会の決議は、当該株主総会において議決権を行使することができる株主の議決権の過半数（3分の1以上の割合を定款で定めた場合にあっては、その割合以上）を有する株主が出席し、出席した当該株主の議決権の3分の2（これを上回る割合を定款で定めた場合にあっては、その割合）以上に当たる多数をもって行わなければならない。この場合において、当該決議の要件に加えて、一定の数以上の株主の賛成を要する旨その他の要件を定款で定めることを妨げない。

　1　第140条第2項及び第5項の株主総会

　2　第156条第1項の株主総会（第160条第

第2編　株式会社

1 項の特定の株主を定める場合に限る。）

3　第 171 条第 1 項及び第 175 条第 1 項の株主総会

4　第 180 条第 2 項の株主総会

5　第 199 条第 2 項、第 200 条第 1 項、第 202 条第 3 項第 4 号、第 204 条第 2 項及び第 205 条第 2 項の株主総会

6　第 238 条第 2 項、第 239 条第 1 項、第 241 条第 3 項第 4 号、第 243 条第 2 項及び第 244 条第 3 項の株主総会

7　第 339 条第 1 項の株主総会（第 342 条第 3 項から第 5 項までの規定により選任された取締役（監査等委員である取締役を除く。）を解任する場合又は監査等委員である取締役若しくは監査役を解任する場合に限る。）

8　第 425 条第 1 項の株主総会

9　第 447 条第 1 項の株主総会（次のいずれにも該当する場合を除く。）

　イ　定時株主総会において第 447 条第 1 項各号に掲げる事項を定めること。

　ロ　第 447 条第 1 項第 1 号の額がイの定時株主総会の日（第 439 条前段に規定する場合にあっては、第 436 条第 3 項の承認があった日）における欠損の額として法務省令で定める方法により算定される額を超えないこと。

10　第 454 条第 4 項の株主総会（配当財産が金銭以外の財産であり、かつ、株主に対して同項第 1 号に規定する金銭分配請求権を与えないこととする場合に限る。）

11　第 6 章から第 8 章までの規定により株主総会の決議を要する場合における当該株主総会

12　第 5 編の規定により株主総会の決議を要する場合における当該株主総会

③　前 2 項の規定にかかわらず、次に掲げる株主総会（種類株式発行会社の株主総会を除く。）の決議は、当該株主総会において議決権を行使することができる株主の半数以上（これを上回る割合を定款で定めた場合にあっては、その割合以上）であって、当該株主の議決権の 3 分の 2 （これを上回る割合を定款で定めた場合にあっては、その割合）以上に当たる多数をもって行わなければならない。

1　その発行する全部の株式の内容として譲渡による当該株式の取得について当該株式会社の承認を要する旨の定款の定めを設ける定款の変更を行う株主総会

2　第 783 条第 1 項の株主総会（合併により消滅する株式会社又は株式交換をする株式会社が公開会社であり、かつ、当該株式会社の株主に対して交付する金銭等の全部又は一部が譲渡制限株式等（同条第 3 項に規定する譲渡制限株式等をいう。次号において同じ。）である場合における当該株主総会に限る。）

3　第 804 条第 1 項の株主総会（合併又は株式移転をする株式会社が公開会社であり、かつ、当該株式会社の株主に対して交付する金銭等の全部又は一部が譲渡制限株式等である場合における当該株主総会に限る。）

④　前 3 項の規定にかかわらず、第 109 条第 2 項の規定による定款の定めについての定款の変更（当該定款の定めを廃止するものを除く。）を行う株主総会の決議は、総株主の半数以上（これを上回る割合を定款で定めた場合にあっては、その割合以上）であって、総株主の議決権の 4 分の 3 （これを上回る割合を定款で定めた場合にあっては、その割合）以上に当たる多数をもって行わなければならない。

⑤　取締役会設置会社においては、株主総会は、第 298 条第 1 項第 2 号に掲げる事項以外の事項については、決議をすることができない。ただし、第 316 条第 1 項若しくは第 2 項に規定する者の選任又は第 398 条第 2 項の会計監査人の出席を求めることについては、この限りでない。

（議決権の代理行使）

第 310 条　株主は、代理人によってその議決権を行使することができる。この場合においては、当該株主又は代理人は、代理権を証明する書面を株式会社に提出しなければならない。

② 前項の代理権の授与は、株主総会ごとにしなければならない。

③ 第1項の株主又は代理人は、代理権を証明する書面の提出に代えて、政令で定めるところにより、株式会社の承諾を得て、当該書面に記載すべき事項を電磁的方法により提供することができる。この場合において、当該株主又は代理人は、当該書面を提出したものとみなす。

④ 株主が第299条第3項の承諾をした者である場合には、株式会社は、正当な理由がなければ、前項の承諾をすることを拒んではならない。

⑤ 株式会社は、株主総会に出席することができる代理人の数を制限することができる。

⑥ 株式会社は、株主総会の日から3箇月間、代理権を証明する書面及び第3項の電磁的方法により提供された事項が記録された電磁的記録をその本店に備え置かなければならない。

⑦ 株主（前項の株主総会において決議をした事項の全部につき議決権を行使することができない株主を除く。次条第4項及び第312条第5項において同じ。）は、株式会社の営業時間内は、いつでも、次に掲げる請求をすることができる。この場合においては、当該請求の理由を明らかにしてしなければならない。

1 代理権を証明する書面の閲覧又は謄写の請求

2 前項の電磁的記録に記録された事項を法務省令で定める方法により表示したものの閲覧又は謄写の請求

⑧ 株式会社は、前項の請求があったときは、次のいずれかに該当する場合を除き、これを拒むことができない。

1 当該請求を行う株主（以下この項において「請求者」という。）がその権利の確保又は行使に関する調査以外の目的で請求を行ったとき。

2 請求者が当該株式会社の業務の遂行を妨げ、又は株主の共同の利益を害する目的で請求を行ったとき。

3 請求者が代理権を証明する書面の閲覧若しくは謄写又は前項第2号の電磁的記録に記録された事項を法務省令で定める方法により表示したものの閲覧若しくは謄写によって知り得た事実を利益を得て第三者に通報するため請求を行ったとき。

4 請求者が、過去2年以内において、代理権を証明する書面の閲覧若しくは謄写又は前項第2号の電磁的記録に記録された事項を法務省令で定める方法により表示したものの閲覧若しくは謄写によって知り得た事実を利益を得て第三者に通報したことがあるものであるとき。〔本条の施行は、令1法70〈1年6月内〉施行日〕

第310条 〔同〕

②から⑥まで 〔同〕

⑦ 株主（前項の株主総会において決議をした事項の全部につき議決権を行使することができない株主を除く。次条第4項及び第312条第5項において同じ。）は、株式会社の営業時間内は、いつでも、次に掲げる請求をすることができる。

1・2 〔同〕

⑧ 〔新設規定〕

1年6月内

（書面による議決権の行使）

第311条 書面による議決権の行使は、議決権行使書面に必要な事項を記載し、法務省令で定める時までに当該記載をした議決権行使書面を株式会社に提出して行う。

② 前項の規定により書面によって行使した議決権の数は、出席した株主の議決権の数に算入する。

③ 株式会社は、株主総会の日から3箇月間、第1項の規定により提出された議決権行使書面をその本店に備え置かなければならない。

④ 株主は、株式会社の営業時間内は、いつでも、第1項の規定により提出された議決権行使書面の閲覧又は謄写の請求をするこ

とができる。この場合においては、当該請求の理由を明らかにしてしなければならない。

⑤　株式会社は、前項の請求があったときは、次のいずれかに該当する場合を除き、これを拒むことができない。

1　当該請求を行う株主（以下この項において「請求者」という。）がその権利の確保又は行使に関する調査以外の目的で請求を行ったとき。

2　請求者が当該株式会社の業務の遂行を妨げ、又は株主の共同の利益を害する目的で請求を行ったとき。

3　請求者が第1項の規定により提出された議決権行使書面の閲覧又は謄写によって知り得た事実を利益を得て第三者に通報するため請求を行ったとき。

4　請求者が、過去2年以内において、第1項の規定により提出された議決権行使書面の閲覧又は謄写によって知り得た事実を利益を得て第三者に通報したことがあるものであるとき。

第311条　〔同〕

②・③　〔同〕

④　株主は、株式会社の営業時間内は、いつでも、第1項の規定により提出された議決権行使書面の閲覧又は謄写の請求をすることができる。

⑤　〔新設規定〕

1年6月内

（電磁的方法による議決権の行使）

第312条　電磁的方法による議決権の行使は、政令で定めるところにより、株式会社の承諾を得て、法務省令で定める時までに議決権行使書面に記載すべき事項を、電磁的方法により当該株式会社に提供して行う。

②　株主が第299条第3項の承諾をした者である場合には、株式会社は、正当な理由がなければ、前項の承諾をすることを拒んではならない。

③　第1項の規定により電磁的方法によって

行使した議決権の数は、出席した株主の議決権の数に算入する。

④　株式会社は、株主総会の日から3箇月間、第1項の規定により提供された事項を記録した電磁的記録をその本店に備え置かなければならない。

⑤　株主は、株式会社の営業時間内は、いつでも、前項の電磁的記録に記録された事項を法務省令で定める方法により表示したものの閲覧又は謄写の請求をすることができる。この場合においては、当該請求の理由を明らかにしてしなければならない。

⑥　株式会社は、前項の請求があったときは、次のいずれかに該当する場合を除き、これを拒むことができない。

1　当該請求を行う株主（以下この項において「請求者」という。）がその権利の確保又は行使に関する調査以外の目的で請求を行ったとき。

2　請求者が当該株式会社の業務の遂行を妨げ、又は株主の共同の利益を害する目的で請求を行ったとき。

3　請求者が前項の電磁的記録に記録された事項を法務省令で定める方法により表示したものの閲覧又は謄写によって知り得た事実を利益を得て第三者に通報するため請求を行ったとき。

4　請求者が、過去2年以内において、前項の電磁的記録に記録された事項を法務省令で定める方法により表示したものの閲覧又は謄写によって知り得た事実を利益を得て第三者に通報したことがあるものであるとき。

第312条　〔同〕

②から④まで　〔同〕

⑤　株主は、株式会社の営業時間内は、いつでも、前項の電磁的記録に記録された事項を法務省令で定める方法により表示したものの閲覧又は謄写の請求をすることができる。

⑥　〔新設規定〕

1年6月内

（議決権の不統一行使）

第 313 条 株主は、その有する議決権を統一しないで行使することができる。

② 取締役会設置会社においては、前項の株主は、株主総会の日の 3 日前までに、取締役会設置会社に対してその有する議決権を統一しないで行使する旨及びその理由を通知しなければならない。

③ 株式会社は、第 1 項の株主が他人のために株式を有する者でないときは、当該株主が同項の規定によりその有する議決権を統一しないで行使することを拒むことができる。

（取締役等の説明義務）

第 314 条 取締役、会計参与、監査役及び執行役は、株主総会において、株主から特定の事項について説明を求められた場合には、当該事項について必要な説明をしなければならない。ただし、当該事項が株主総会の目的である事項に関しないものである場合、その説明をすることにより株主の共同の利益を著しく害する場合その他正当な理由がある場合として法務省令で定める場合は、この限りでない。

（議長の権限）

第 315 条 株主総会の議長は、当該株主総会の秩序を維持し、議事を整理する。

② 株主総会の議長は、その命令に従わない者その他当該株主総会の秩序を乱す者を退場させることができる。

（株主総会に提出された資料等の調査）

第 316 条 株主総会においては、その決議によって、取締役、会計参与、監査役、監査役会及び会計監査人が当該株主総会に提出し、又は提供した資料を調査する者を選任することができる。

② 第 297 条の規定により招集された株主総会においては、その決議によって、株式会社の業務及び財産の状況を調査する者を選任することができる。

（延期又は続行の決議）

第 317 条 株主総会においてその延期又は続行について決議があった場合には、第 298 条及び第 299 条の規定は、適用しない。

（議事録）

第 318 条 株主総会の議事については、法務省令で定めるところにより、議事録を作成しなければならない。

② 株式会社は、株主総会の日から 10 年間、前項の議事録をその本店に備え置かなければならない。

③ 株式会社は、株主総会の日から 5 年間、第 1 項の議事録の写しをその支店に備え置かなければならない。ただし、当該議事録が電磁的記録をもって作成されている場合であって、支店における次項第 2 号に掲げる請求に応じることを可能とするための措置として法務省令で定めるものをとっているときは、この限りでない。

④ 株主及び債権者は、株式会社の営業時間内は、いつでも、次に掲げる請求をすることができる。

　1　第 1 項の議事録が書面をもって作成されているときは、当該書面又は当該書面の写しの閲覧又は謄写の請求

　2　第 1 項の議事録が電磁的記録をもって作成されているときは、当該電磁的記録に記録された事項を法務省令で定める方法により表示したものの閲覧又は謄写の請求

⑤ 株式会社の親会社社員は、その権利を行使するため必要があるときは、裁判所の許可を得て、第 1 項の議事録について前項各号に掲げる請求をすることができる。

（株主総会の決議の省略）

第 319 条 取締役又は株主が株主総会の目的である事項について提案をした場合において、当該提案につき株主（当該事項について議決権を行使することができるものに限る。）の全員が書面又は電磁的記録により同意の意思表示をしたときは、当該提案を可決する

旨の株主総会の決議があったものとみなす。

② 株式会社は、前項の規定により株主総会の決議があったものとみなされた日から10年間、同項の書面又は電磁的記録をその本店に備え置かなければならない。

③ 株主及び債権者は、株式会社の営業時間内は、いつでも、次に掲げる請求をすることができる。

1 前項の書面の閲覧又は謄写の請求

2 前項の電磁的記録に記録された事項を法務省令で定める方法により表示したものの閲覧又は謄写の請求

④ 株式会社の親会社社員は、その権利を行使するため必要があるときは、裁判所の許可を得て、第2項の書面又は電磁的記録について前項各号に掲げる請求をすることができる。

⑤ 第1項の規定により定時株主総会の目的である事項の全てについての提案を可決する旨の株主総会の決議があったものとみなされた場合には、その時に当該定時株主総会が終結したものとみなす。

（株主総会への報告の省略）

第320条 取締役が株主の全員に対して株主総会に報告すべき事項を通知した場合において、当該事項を株主総会に報告することを要しないことにつき株主の全員が書面又は電磁的記録により同意の意思表示をしたときは、当該事項の株主総会への報告があったものとみなす。

第2款 種類株主総会

（種類株主総会の権限）

第321条 種類株主総会は、この法律に規定する事項及び定款で定めた事項に限り、決議をすることができる。

（ある種類の種類株主に損害を及ぼすおそれがある場合の種類株主総会）

第322条 種類株式発行会社が次に掲げる行為をする場合において、ある種類の株式の種類株主に損害を及ぼすおそれがあるとき

は、当該行為は、当該種類の株式の種類株主を構成員とする種類株主総会（当該種類株主に係る株式の種類が2以上ある場合にあっては、当該2以上の株式の種類別に区分された種類株主を構成員とする各種類株主総会。以下この条において同じ。）の決議がなければ、その効力を生じない。ただし、当該種類株主総会において議決権を行使することができる種類株主が存しない場合は、この限りでない。

1 次に掲げる事項についての定款の変更（第111条第1項又は第2項に規定するものを除く。）

イ 株式の種類の追加

ロ 株式の内容の変更

ハ 発行可能株式総数又は発行可能種類株式総数の増加

1の2 第179条の3第1項の承認

2 株式の併合又は株式の分割

3 第185条に規定する株式無償割当て

4 当該株式会社の株式を引き受ける者の募集（第202条第1項各号に掲げる事項を定めるものに限る。）

5 当該株式会社の新株予約権を引き受ける者の募集（第241条第1項各号に掲げる事項を定めるものに限る。）

6 第277条に規定する新株予約権無償割当て

7 合併

8 吸収分割

9 吸収分割による他の会社がその事業に関して有する権利義務の全部又は一部の承継

10 新設分割

11 株式交換

12 株式交換による他の株式会社の発行済株式全部の取得

13 株式移転

14 株式交付

② 種類株式発行会社は、ある種類の株式の内容として、前項の規定による種類株主総会の決議を要しない旨を定款で定めること

ができる。

③　第 1 項の規定は、前項の規定による定款の定めがある種類の株式の種類株主を構成員とする種類株主総会については、適用しない。ただし、第 1 項第 1 号に規定する定款の変更（単元株式数についてのものを除く。）を行う場合は、この限りでない。

④　ある種類の株式の発行後に定款を変更して当該種類の株式について第 2 項の規定による定款の定めを設けようとするときは、当該種類の種類株主全員の同意を得なければならない。

第 322 条　〔1 項 14 号は新設規定〕

`1 年 6 月内`

（種類株主総会の決議を必要とする旨の定めがある場合）

第 323 条　種類株式発行会社において、ある種類の株式の内容として、株主総会（取締役会設置会社にあっては株主総会又は取締役会、第 478 条第 8 項に規定する清算人会設置会社にあっては株主総会又は清算人会）において決議すべき事項について、当該決議のほか、当該種類の株式の種類株主を構成員とする種類株主総会の決議があることを必要とする旨の定めがあるときは、当該事項は、その定款の定めに従い、株主総会、取締役会又は清算人会の決議のほか、当該種類の株式の種類株主を構成員とする種類株主総会の決議がなければ、その効力を生じない。ただし、当該種類株主総会において議決権を行使することができる種類株主が存しない場合は、この限りでない。

（種類株主総会の決議）

第 324 条　種類株主総会の決議は、定款に別段の定めがある場合を除き、その種類の株式の総株主の議決権の過半数を有する株主が出席し、出席した当該株主の議決権の過半数をもって行う。

②　前項の規定にかかわらず、次に掲げる種類株主総会の決議は、当該種類株主総会において議決権を行使することができる株主

の議決権の過半数（3 分の 1 以上の割合を定款で定めた場合にあっては、その割合以上）を有する株主が出席し、出席した当該株主の議決権の 3 分の 2（これを上回る割合を定款で定めた場合にあっては、その割合）以上に当たる多数をもって行わなければならない。この場合においては、当該決議の要件に加えて、一定の数以上の株主の賛成を要する旨その他の要件を定款で定めることを妨げない。

1　第 111 条第 2 項の種類株主総会（ある種類の株式の内容として第 108 条第 1 項第 7 号に掲げる事項についての定款の定めを設ける場合に限る。）

2　第 199 条第 4 項及び第 200 条第 4 項の種類株主総会

3　第 238 条第 4 項及び第 239 条第 4 項の種類株主総会

4　第 322 条第 1 項の種類株主総会

5　第 347 条第 2 項の規定により読み替えて適用する第 339 条第 1 項の種類株主総会

6　第 795 条第 4 項の種類株主総会

7　第 816 条の 3 第 3 項の種類株主総会

③　前 2 項の規定にかかわらず、次に掲げる種類株主総会の決議は、当該種類株主総会において議決権を行使することができる株主の半数以上（これを上回る割合を定款で定めた場合にあっては、その割合以上）であって、当該株主の議決権の 3 分の 2（これを上回る割合を定款で定めた場合にあっては、その割合）以上に当たる多数をもって行わなければならない。

1　第 111 条第 2 項の種類株主総会（ある種類の株式の内容として第 108 条第 1 項第 4 号に掲げる事項についての定款の定めを設ける場合に限る。）

2　第 783 条第 3 項及び第 804 条第 3 項の種類株主総会

第 324 条　〔2 項 7 号は新設規定〕

`1 年 6 月内`

（株主総会に関する規定の準用）

第325条　前款（第295条第1項及び第2項、第296条第1項及び第2項並びに第309条を除く。）の規定は、種類株主総会について準用する。この場合において、第297条第1項中「総株主」とあるのは「総株主（ある種類の株式の株主に限る。以下この款（第308条第1項を除く。）において同じ。）」と、「株主は」とあるのは「株主（ある種類の株式の株主に限る。以下この款（第318条第4項及び第319条第3項を除く。）において同じ。）は」と読み替えるものとする。

☆第3款　電子提供措置

3年6月内

☆**（電子提供措置をとる旨の定款の定め）**

第325条の2　株式会社は、取締役が株主総会（種類株主総会を含む。）の招集の手続を行うときは、次に掲げる資料（以下この款において「株主総会参考書類等」という。）の内容である情報について、電子提供措置（電磁的方法により株主（種類株主総会を招集する場合にあっては、ある種類の株主に限る。）が情報の提供を受けることができる状態に置く措置であって、法務省令で定めるものをいう。以下この款、第911条第3項第12号の2及び第976条第19号において同じ。）をとる旨を定款で定めることができる。この場合において、その定款には、電子提供措置をとる旨を定めれば足りる。

1　株主総会参考書類
2　議決権行使書面
3　第437条の計算書類及び事業報告
4　第444条第6項の連結計算書類

☆**（電子提供措置）**

第325条の3　電子提供措置をとる旨の定款の定めがある株式会社の取締役は、第299条第2項各号に掲げる場合には、株主総会の日の3週間前の日又は同条第1項の通知を発した日のいずれか早い日（以下この款において「電子提供措置開始日」という。）から株主総会の日後3箇月を経過する日までの間

（以下この款において「電子提供措置期間」という。）、次に掲げる事項に係る情報について継続して電子提供措置をとらなければならない。

1　第298条第1項各号に掲げる事項
2　第301条第1項に規定する場合には、株主総会参考書類及び議決権行使書面に記載すべき事項
3　第302条第1項に規定する場合には、株主総会参考書類に記載すべき事項
4　第305条第1項の規定による請求があった場合には、同項の議案の要領
5　株式会社が取締役会設置会社である場合において、取締役が定時株主総会を招集するときは、第437条の計算書類及び事業報告に記載され、又は記録された事項
6　株式会社が会計監査人設置会社（取締役会設置会社に限る。）である場合において、取締役が定時株主総会を招集するときは、第444条第6項の連結計算書類に記載され、又は記録された事項
7　前各号に掲げる事項を修正したときは、その旨及び修正前の事項

②　前項の規定にかかわらず、取締役が第299条第1項の通知に際して株主に対し議決権行使書面を交付するときは、議決権行使書面に記載すべき事項に係る情報については、前項の規定により電子提供措置をとることを要しない。

③　第1項の規定にかかわらず、金融商品取引法第24条第1項の規定によりその発行する株式について有価証券報告書を内閣総理大臣に提出しなければならない株式会社が、電子提供措置開始日までに第1項各号に掲げる事項（定時株主総会に係るものに限り、議決権行使書面に記載すべき事項を除く。）を記載した有価証券報告書（添付書類及びこれらの訂正報告書を含む。）の提出の手続を同法第27条の30の2に規定する開示用電子情報処理組織（以下この款において単に「開示用電子

情報処理組織」という。）を使用して行う場合には、当該事項に係る情報については、同項の規定により電子提供措置をとることを要しない。

☆（株主総会の招集の通知等の特則）
第 325 条の 4　前条第 1 項の規定により電子提供措置をとる場合における第 299 条第 1 項の規定の適用については、同項中「2 週間（前条第 1 項第 3 号又は第 4 号に掲げる事項を定めたときを除き、公開会社でない株式会社にあっては、1 週間（当該株式会社が取締役会設置会社以外の株式会社である場合において、これを下回る期間を定款で定めた場合にあっては、その期間））」とあるのは、「2 週間」とする。

② 　第 299 条第 4 項の規定にかかわらず、前条第 1 項の規定により電子提供措置をとる場合には、第 299 条第 2 項又は第 3 項の通知には、第 298 条第 1 項第 5 号に掲げる事項を記載し、又は記録することを要しない。この場合において、当該通知には、同項第 1 号から第 4 号までに掲げる事項のほか、次に掲げる事項を記載し、又は記録しなければならない。

1　電子提供措置をとっているときは、その旨
2　前条第 3 項の手続を開示用電子情報処理組織を使用して行ったときは、その旨
3　前 2 号に掲げるもののほか、法務省令で定める事項

③ 　第 301 条第 1 項、第 302 条第 1 項、第 437 条及び第 444 条第 6 項の規定にかかわらず、電子提供措置をとる旨の定款の定めがある株式会社においては、取締役は、第 299 条第 1 項の通知に際して、株主に対し、株主総会参考書類等を交付し、又は提供することを要しない。

④ 　電子提供措置をとる旨の定款の定めがある株式会社における第 305 条第 1 項の規定の適用については、同項中「その通知に記載し、又は記録する」とあるのは、「当該

議案の要領について第 325 条の 2 に規定する電子提供措置をとる」とする。

☆（書面交付請求）
第 325 条の 5　電子提供措置をとる旨の定款の定めがある株式会社の株主（第 299 条第 3 項（第 325 条において準用する場合を含む。）の承諾をした株主を除く。）は、株式会社に対し、第 325 条の 3 第 1 項各号（第 325 条の 7 において準用する場合を含む。）に掲げる事項（以下この条において「電子提供措置事項」という。）を記載した書面の交付を請求することができる。

② 　取締役は、第 325 条の 3 第 1 項の規定により電子提供措置をとる場合には、第 299 条第 1 項の通知に際して、前項の規定による請求（以下この条において「書面交付請求」という。）をした株主（当該株主総会において議決権を行使することができる者を定めるための基準日（第 124 条第 1 項に規定する基準日をいう。）を定めた場合にあっては、当該基準日までに書面交付請求をした者に限る。）に対し、当該株主総会に係る電子提供措置事項を記載した書面を交付しなければならない。

③ 　株式会社は、電子提供措置事項のうち法務省令で定めるものの全部又は一部については、前項の規定により交付する書面に記載することを要しない旨を定款で定めることができる。

④ 　書面交付請求をした株主がある場合において、その書面交付請求の日（当該株主が次項ただし書の規定により異議を述べた場合にあっては、当該異議を述べた日）から 1 年を経過したときは、株式会社は、当該株主に対し、第 2 項の規定による書面の交付を終了する旨を通知し、かつ、これに異議のある場合には一定の期間（以下この条において「催告期間」という。）内に異議を述べるべき旨を催告することができる。ただし、催告期間は、1 箇月を下ることができない。

⑤ 　前項の規定による通知及び催告を受けた株主がした書面交付請求は、催告期間を経

過した時にその効力を失う。ただし、当該株主が催告期間内に異議を述べたときは、この限りでない。

☆（電子提供措置の中断）

第325条の6　第325条の3第1項の規定にかかわらず、電子提供措置期間中に電子提供措置の中断（株主が提供を受けることができる状態に置かれた情報がその状態に置かれないこととなったこと又は当該情報がその状態に置かれた後改変されたこと（同項第7号の規定により修正されたことを除く。）をいう。以下この条において同じ。）が生じた場合において、次の各号のいずれにも該当するときは、その電子提供措置の中断は、当該電子提供措置の効力に影響を及ぼさない。

1　電子提供措置の中断が生ずることにつき株式会社が善意でかつ重大な過失がないこと又は株式会社に正当な事由があること。

2　電子提供措置の中断が生じた時間の合計が電子提供措置期間の10分の1を超えないこと。

3　電子提供措置開始日から株主総会の日までの期間中に電子提供措置の中断が生じたときは、当該期間中に電子提供措置の中断が生じた時間の合計が当該期間の10分の1を超えないこと。

4　株式会社が電子提供措置の中断が生じたことを知った後速やかにその旨、電子提供措置の中断が生じた時間及び電子提供措置の中断の内容について当該電子提供措置に付して電子提供措置をとったこと。

☆（株主総会に関する規定の準用）

第325条の7　第325条の3から前条まで（第325条の3第1項（第5号及び第6号に係る部分に限る。）及び第3項並びに第325条の5第1項及び第3項から第5項までを除く。）の規定は、種類株主総会について準用する。この場合において、第325条の3第1項中「第299条第2項各号」とあるのは「第325条において準用する第299条第2項各号」と、「同条第1項」とあるのは「同条第1項（第325条において準用する場合に限る。次項、次条及び第325条の5において同じ。）」と、「第298条第1項各号」とあるのは「第298条第1項各号（第325条において準用する場合に限る。）」と、「第301条第1項」とあるのは「第325条において準用する第301条第1項」と、「第302条第1項」とあるのは「第325条において準用する第302条第1項」と、「第305条第1項」とあるのは「第305条第1項（第325条において準用する場合に限る。次条第4項において同じ。）」と、同条第2項中「株主」とあるのは「株主（ある種類の株式の株主に限る。次条から第325条の6までにおいて同じ。）」と、第325条の4第2項中「第299条第4項」とあるのは「第325条において準用する第299条第4項」と、「第299条第2項」とあるのは「第325条において準用する第299条第2項」と、「第298条第1項第5号」とあるのは「第325条において準用する第298条第1項第5号」と、「同項第1号から第4号まで」とあるのは「第325条において準用する同項第1号から第4号まで」と、同条第3項中「第301条第1項、第302条第1項、第437条及び第444条第6項」とあるのは「第325条において準用する第301条第1項及び第302条第1項」と読み替えるものとする。

第2節　株主総会以外の機関の設置

（株主総会以外の機関の設置）

第326条　株式会社には、1人又は2人以上の取締役を置かなければならない。

②　株式会社は、定款の定めによって、取締役会、会計参与、監査役、監査役会、会計監査人、監査等委員会又は指名委員会等を置くことができる。

（取締役会等の設置義務等）

第327条 次に掲げる株式会社は、取締役会を置かなければならない。

1 公開会社

2 監査役会設置会社

3 監査等委員会設置会社

4 指名委員会等設置会社

② 取締役会設置会社（監査等委員会設置会社及び指名委員会等設置会社を除く。）は、監査役を置かなければならない。ただし、公開会社でない会計参与設置会社については、この限りでない。

③ 会計監査人設置会社（監査等委員会設置会社及び指名委員会等設置会社を除く。）は、監査役を置かなければならない。

④ 監査等委員会設置会社及び指名委員会等設置会社は、監査役を置いてはならない。

⑤ 監査等委員会設置会社及び指名委員会等設置会社は、会計監査人を置かなければならない。

⑥ 指名委員会等設置会社は、監査等委員会を置いてはならない。

（社外取締役の設置義務）

第327条の2 監査役会設置会社（公開会社であり、かつ、大会社であるものに限る。）であって金融商品取引法第24条第1項の規定によりその発行する株式について有価証券報告書を内閣総理大臣に提出しなければならないものは、社外取締役を置かなければならない。

> **（社外取締役を置いていない場合の理由の開示）**
>
> **第327条の2** 事業年度の末日において監査役会設置会社（公開会社であり、かつ、大会社であるものに限る。）であって金融商品取引法第24条第1項の規定によりその発行する株式について有価証券報告書を内閣総理大臣に提出しなければならないものが社外取締役を置いていない場合には、取締役は、当該事業年度に関する定時株主総会において、社外取締役を置くことが相当でない理由を説明しなければならない。

（大会社における監査役会等の設置義務）

第328条 大会社（公開会社でないもの、監査等委員会設置会社及び指名委員会等設置会社を除く。）は、監査役会及び会計監査人を置かなければならない。

② 公開会社でない大会社は、会計監査人を置かなければならない。

第3節 役員及び会計監査人の選任及び解任

第1款 選任

（選任）

第329条 役員（取締役、会計参与及び監査役をいう。以下この節、第371条第4項及び第394条第3項において同じ。）及び会計監査人は、株主総会の決議によって選任する。

② 監査等委員会設置会社においては、前項の規定による取締役の選任は、監査等委員である取締役とそれ以外の取締役とを区別してしなければならない。

③ 第1項の決議をする場合には、法務省令で定めるところにより、役員（監査等委員会設置会社にあっては、監査等委員である取締役若しくはそれ以外の取締役又は会計参与。以下この項において同じ。）が欠けた場合又はこの法律若しくは定款で定めた役員の員数を欠くこととなるときに備えて補欠の役員を選任することができる。

（株式会社と役員等との関係）

第330条 株式会社と役員及び会計監査人との関係は、委任に関する規定に従う。

（取締役の資格等）

第331条 次に掲げる者は、取締役となることができない。

1 法人

2 削除

3 この法律若しくは一般社団法人及び一般財団法人に関する法律（平成18年法律第48号）の規定に違反し、又は金融商品

取引法第 197 条、第 197 条の 2 第 1 号から第 10 号の 3 まで若しくは第 13 号から第 15 号まで、第 198 条第 8 号、第 199 条、第 200 条第 1 号から第 12 号の 2 まで、第 20 号若しくは第 21 号、第 203 条第 3 項若しくは第 205 条第 1 号から第 6 号まで、第 19 号若しくは第 20 号の罪、民事再生法 (平成 11 年法律第 225 号) 第 255 条、第 256 条、第 258 条から第 260 条まで若しくは第 262 条の罪、外国倒産処理手続の承認援助に関する法律 (平成 12 年法律第 129 号) 第 65 条、第 66 条、第 68 条若しくは第 69 条の罪、会社更生法 (平成 14 年法律第 154 号) 第 266 条、第 267 条、第 269 条から第 271 条まで若しくは第 273 条の罪若しくは破産法 (平成 16 年法律第 75 号) 第 265 条、第 266 条、第 268 条から第 272 条まで若しくは第 274 条の罪を犯し、刑に処せられ、その執行を終わり、又はその執行を受けることがなくなった日から 2 年を経過しない者

4　前号に規定する法律の規定以外の法令の規定に違反し、禁錮以上の刑に処せられ、その執行を終わるまで又はその執行を受けることがなくなるまでの者 (刑の執行猶予中の者を除く。)

② 株式会社は、取締役が株主でなければならない旨を定款で定めることができない。ただし、公開会社でない株式会社においては、この限りでない。

③ 監査等委員である取締役は、監査等委員会設置会社若しくはその子会社の業務執行取締役若しくは支配人その他の使用人又は当該子会社の会計参与 (会計参与が法人であるときは、その職務を行うべき社員) 若しくは執行役を兼ねることができない。

④ 指名委員会等設置会社の取締役は、当該指名委員会等設置会社の支配人その他の使用人を兼ねることができない。

⑤ 取締役会設置会社においては、取締役は、3 人以上でなければならない。

⑥ 監査等委員会設置会社においては、監査等委員である取締役は、3 人以上で、その過半数は、社外取締役でなければならない。

第 331 条　〔同〕

　1　〔同〕

　2　成年被後見人若しくは被保佐人又は外国の法令上これらと同様に取り扱われている者

　3・4　〔同〕

②から⑥まで　〔同〕

1年6月内

☆**第 331 条の 2**　成年被後見人が取締役に就任するには、その成年後見人が、成年被後見人の同意 (後見監督人がある場合にあっては、成年被後見人及び後見監督人の同意) を得た上で、成年被後見人に代わって就任の承諾をしなければならない。

② 被保佐人が取締役に就任するには、その保佐人の同意を得なければならない。

③ 第 1 項の規定は、保佐人が民法第 876 条の 4 第 1 項の代理権を付与する旨の審判に基づき被保佐人に代わって就任の承諾をする場合について準用する。この場合において、第 1 項中「成年被後見人の同意 (後見監督人がある場合にあっては、成年被後見人及び後見監督人の同意)」とあるのは、「被保佐人の同意」と読み替えるものとする。

④ 成年被後見人又は被保佐人がした取締役の資格に基づく行為は、行為能力の制限によっては取り消すことができない。

1年6月内

(取締役の任期)

第 332 条　取締役の任期は、選任後 2 年以内に終了する事業年度のうち最終のものに関する定時株主総会の終結の時までとする。ただし、定款又は株主総会の決議によって、その任期を短縮することを妨げない。

② 前項の規定は、公開会社でない株式会社 (監査等委員会設置会社及び指名委員会等設置会社を除く。) において、定款によって、同項の

任期を選任後 10 年以内に終了する事業年度のうち最終のものに関する定時株主総会の終結の時まで伸長することを妨げない。

③ 監査等委員会設置会社の取締役（監査等委員であるものを除く。）についての第 1 項の規定の適用については、同項中「2 年」とあるのは、「1 年」とする。

④ 監査等委員である取締役の任期については、第 1 項ただし書の規定は、適用しない。

⑤ 第 1 項本文の規定は、定款によって、任期の満了前に退任した監査等委員である取締役の補欠として選任された監査等委員である取締役の任期を退任した監査等委員である取締役の任期の満了する時までとすることを妨げない。

⑥ 指名委員会等設置会社の取締役についての第 1 項の規定の適用については、同項中「2 年」とあるのは、「1 年」とする。

⑦ 前各項の規定にかかわらず、次に掲げる定款の変更をした場合には、取締役の任期は、当該定款の変更の効力が生じた時に満了する。

　1　監査等委員会又は指名委員会等を置く旨の定款の変更

　2　監査等委員会又は指名委員会等を置く旨の定款の定めを廃止する定款の変更

　3　その発行する株式の全部の内容として譲渡による当該株式の取得について当該株式会社の承認を要する旨の定款の定めを廃止する定款の変更（監査等委員会設置会社及び指名委員会等設置会社がするものを除く。）

（会計参与の資格等）

第 333 条　会計参与は、公認会計士若しくは監査法人又は税理士若しくは税理士法人でなければならない。

② 会計参与に選任された監査法人又は税理士法人は、その社員の中から会計参与の職務を行うべき者を選定し、これを株式会社に通知しなければならない。この場合において、次項各号に掲げる者を選定することはできない。

③ 次に掲げる者は、会計参与となることができない。

　1　株式会社又はその子会社の取締役、監査役若しくは執行役又は支配人その他の使用人

　2　業務の停止の処分を受け、その停止の期間を経過しない者

　3　税理士法（昭和 26 年法律第 237 号）第 43 条の規定により同法第 2 条第 2 項に規定する税理士業務を行うことができない者

（会計参与の任期）

第 334 条　第 332 条（第 4 項及び第 5 項を除く。次項において同じ。）の規定は、会計参与の任期について準用する。

② 前項において準用する第 332 条の規定にかかわらず、会計参与設置会社が会計参与を置く旨の定款の定めを廃止する定款の変更をした場合には、会計参与の任期は、当該定款の変更の効力が生じた時に満了する。

（監査役の資格等）

第 335 条　第 331 条第 1 項及び第 2 項並びに第 331 条の 2 の規定は、監査役について準用する。〔本項の施行は、令 1 法 70〈1 年 6 月内〉施行日〕

② 監査役は、株式会社若しくはその子会社の取締役若しくは支配人その他の使用人又は当該子会社の会計参与（会計参与が法人であるときは、その職務を行うべき社員）若しくは執行役を兼ねることができない。

③ 監査役会設置会社においては、監査役は、3 人以上で、そのうち半数以上は、社外監査役でなければならない。

> 第 335 条　〔1 中「第 2 項並びに第 331 条の 2」は、施行日前までは「第 2 項」〕

1 年 6 月内

（監査役の任期）

第 336 条　監査役の任期は、選任後 4 年以内に終了する事業年度のうち最終のものに関する定時株主総会の終結の時までとする。

② 前項の規定は、公開会社でない株式会社

第 2 編　株式会社

において、定款によって、同項の任期を選任後10年以内に終了する事業年度のうち最終のものに関する定時株主総会の終結の時まで伸長することを妨げない。

③　第1項の規定は、定款によって、任期の満了前に退任した監査役の補欠として選任された監査役の任期を退任した監査役の任期の満了する時までとすることを妨げない。

④　前3項の規定にかかわらず、次に掲げる定款の変更をした場合には、監査役の任期は、当該定款の変更の効力が生じた時に満了する。

1　監査役を置く旨の定款の定めを廃止する定款の変更

2　監査等委員会又は指名委員会等を置く旨の定款の変更

3　監査役の監査の範囲を会計に関するものに限定する旨の定款の定めを廃止する定款の変更

4　その発行する全部の株式の内容として譲渡による当該株式の取得について当該株式会社の承認を要する旨の定款の定めを廃止する定款の変更

（会計監査人の資格等）

第337条　会計監査人は、公認会計士又は監査法人でなければならない。

②　会計監査人に選任された監査法人は、その社員の中から会計監査人の職務を行うべき者を選定し、これを株式会社に通知しなければならない。この場合においては、次項第2号に掲げる者を選定することはできない。

③　次に掲げる者は、会計監査人となることができない。

1　公認会計士法の規定により、第435条第2項に規定する計算書類について監査をすることができない者

2　株式会社の子会社若しくはその取締役、会計参与、監査役若しくは執行役から公認会計士若しくは監査法人の業務以外の業務により継続的な報酬を受けている者

又はその配偶者

3　監査法人でその社員の半数以上が前号に掲げる者であるもの

（会計監査人の任期）

第338条　会計監査人の任期は、選任後1年以内に終了する事業年度のうち最終のものに関する定時株主総会の終結の時までとする。

②　会計監査人は、前項の定時株主総会において別段の決議がされなかったときは、当該定時株主総会において再任されたものとみなす。

③　前2項の規定にかかわらず、会計監査人設置会社が会計監査人を置く旨の定款の定めを廃止する定款の変更をした場合には、会計監査人の任期は、当該定款の変更の効力が生じた時に満了する。

第2款　解任

（解任）

第339条　役員及び会計監査人は、いつでも、株主総会の決議によって解任することができる。

②　前項の規定により解任された者は、その解任について正当な理由がある場合を除き、株式会社に対し、解任によって生じた損害の賠償を請求することができる。

（監査役等による会計監査人の解任）

第340条　監査役は、会計監査人が次のいずれかに該当するときは、その会計監査人を解任することができる。

1　職務上の義務に違反し、又は職務を怠ったとき。

2　会計監査人としてふさわしくない非行があったとき。

3　心身の故障のため、職務の執行に支障があり、又はこれに堪えないとき。

②　前項の規定による解任は、監査役が2人以上ある場合には、監査役の全員の同意によって行わなければならない。

③　第1項の規定により会計監査人を解任し

たときは、監査役（監査役が2人以上ある場合にあっては、監査役の互選によって定めた監査役）は、その旨及び解任の理由を解任後最初に招集される株主総会に報告しなければならない。

④　監査役会設置会社における前3項の規定の適用については、第1項中「監査役」とあるのは「監査役会」と、第2項中「監査役が2人以上ある場合には、監査役」とあるのは「監査役」と、前項中「監査役（監査役が2人以上ある場合にあっては、監査役の互選によって定めた監査役）」とあるのは「監査役会が選定した監査役」とする。

⑤　監査等委員会設置会社における第1項から第3項までの規定の適用については、第1項中「監査役」とあるのは「監査等委員会」と、第2項中「監査役が2人以上ある場合には、監査役」とあるのは「監査等委員」と、第3項中「監査役（監査役が2人以上ある場合にあっては、監査役の互選によって定めた監査役）」とあるのは「監査等委員会が選定した監査等委員」とする。

⑥　指名委員会等設置会社における第1項から第3項までの規定の適用については、第1項中「監査役」とあるのは「監査委員会」と、第2項中「監査役が2人以上ある場合には、監査役」とあるのは「監査委員会の委員」と、第3項中「監査役（監査役が2人以上ある場合にあっては、監査役の互選によって定めた監査役）」とあるのは「監査委員会が選定した監査委員会の委員」とする。

第3款　選任及び解任の手続に関する特則

（役員の選任及び解任の株主総会の決議）
第341条　第309条第1項の規定にかかわらず、役員を選任し、又は解任する株主総会の決議は、議決権を行使することができる株主の議決権の過半数（3分の1以上の割合を定款で定めた場合にあっては、その割合以上）を

有する株主が出席し、出席した当該株主の議決権の過半数（これを上回る割合を定款で定めた場合にあっては、その割合以上）をもって行わなければならない。

（累積投票による取締役の選任）
第342条　株主総会の目的である事項が2人以上の取締役（監査等委員会設置会社にあっては、監査等委員である取締役又はそれ以外の取締役。以下この条において同じ。）の選任である場合には、株主（取締役の選任について議決権を行使することができる株主に限る。以下この条において同じ。）は、定款に別段の定めがあるときを除き、株式会社に対し、第3項から第5項までに規定するところにより取締役を選任すべきことを請求することができる。

②　前項の規定による請求は、同項の株主総会の日の5日前までにしなければならない。

③　第308条第1項の規定にかかわらず、第1項の規定による請求があった場合には、取締役の選任の決議については、株主は、その有する株式1株（単元株式数を定款で定めている場合にあっては、1単元の株式）につき、当該株主総会において選任する取締役の数と同数の議決権を有する。この場合においては、株主は、1人のみに投票し、又は2人以上に投票して、その議決権を行使することができる。

④　前項の場合には、投票の最多数を得た者から順次取締役に選任されたものとする。

⑤　前2項に定めるもののほか、第1項の規定による請求があった場合における取締役の選任に関し必要な事項は、法務省令で定める。

⑥　前条の規定は、前3項に規定するところにより選任された取締役の解任の決議については、適用しない。

（監査等委員である取締役等の選任等についての意見の陳述）
第342条の2　監査等委員である取締役は、株主総会において、監査等委員である取締

役の選任若しくは解任又は辞任について意見を述べることができる。

② 監査等委員である取締役を辞任した者は、辞任後最初に招集される株主総会に出席して、辞任した旨及びその理由を述べることができる。

③ 取締役は、前項の者に対し、同項の株主総会を招集する旨及び第298条第1項第1号に掲げる事項を通知しなければならない。

④ 監査等委員会が選定する監査等委員は、株主総会において、監査等委員である取締役以外の取締役の選任若しくは解任又は辞任について監査等委員会の意見を述べることができる。

(監査役の選任に関する監査役の同意等)

第 343 条 取締役は、監査役がある場合において、監査役の選任に関する議案を株主総会に提出するには、監査役（監査役が2人以上ある場合にあっては、その過半数）の同意を得なければならない。

② 監査役は、取締役に対し、監査役の選任を株主総会の目的とすること又は監査役の選任に関する議案を株主総会に提出することを請求することができる。

③ 監査役会設置会社における前2項の規定の適用については、第1項中「監査役（監査役が2人以上ある場合にあっては、その過半数）」とあるのは「監査役会」と、前項中「監査役は」とあるのは「監査役会は」とする。

④ 第341条の規定は、監査役の解任の決議については、適用しない。

(会計監査人の選任等に関する議案の内容の決定)

第 344 条 監査役設置会社においては、株主総会に提出する会計監査人の選任及び解任並びに会計監査人を再任しないことに関する議案の内容は、監査役が決定する。

② 監査役が2人以上ある場合における前項の規定の適用については、同項中「監査役が」とあるのは、「監査役の過半数をもっ

て」とする。

③ 監査役会設置会社における第1項の規定の適用については、同項中「監査役」とあるのは、「監査役会」とする。

(監査等委員である取締役の選任に関する監査等委員会の同意等)

第 344 条の 2 取締役は、監査等委員会がある場合において、監査等委員である取締役の選任に関する議案を株主総会に提出するには、監査等委員会の同意を得なければならない。

② 監査等委員会は、取締役に対し、監査等委員である取締役の選任を株主総会の目的とすること又は監査等委員である取締役の選任に関する議案を株主総会に提出することを請求することができる。

③ 第341条の規定は、監査等委員である取締役の解任の決議については、適用しない。

(会計参与等の選任等についての意見の陳述)

第 345 条 会計参与は、株主総会において、会計参与の選任若しくは解任又は辞任について意見を述べることができる。

② 会計参与を辞任した者は、辞任後最初に招集される株主総会に出席して、辞任した旨及びその理由を述べることができる。

③ 取締役は、前項の者に対し、同項の株主総会を招集する旨及び第298条第1項第1号に掲げる事項を通知しなければならない。

④ 第1項の規定は監査役について、前2項の規定は監査役を辞任した者について、それぞれ準用する。この場合において、第1項中「会計参与の」とあるのは、「監査役の」と読み替えるものとする。

⑤ 第1項の規定は会計監査人について、第2項及び第3項の規定は会計監査人を辞任した者及び第340条第1項の規定により会計監査人を解任された者について、それぞれ準用する。この場合において、第1項中「株主総会において、会計参与の選任若しくは解任又は辞任について」とあるのは「会計監査人の選任、解任若しくは不再任

又は辞任について、株主総会に出席して」
と、第 2 項中「辞任後」とあるのは「解任
後又は辞任後」と、「辞任した旨及びその
理由」とあるのは「辞任した旨及びその理
由又は解任についての意見」と読み替える
ものとする。

（役員等に欠員を生じた場合の措置）
第 346 条 役員（監査等委員会設置会社にあって
は、監査等委員である取締役若しくはそれ以外の
取締役又は会計参与。以下この条において同じ。）
が欠けた場合又はこの法律若しくは定款で
定めた役員の員数が欠けた場合には、任期
の満了又は辞任により退任した役員は、新
たに選任された役員（次項の一時役員の職務を
行うべき者を含む。）が就任するまで、なお役
員としての権利義務を有する。

② 前項に規定する場合において、裁判所は、
必要があると認めるときは、利害関係人の
申立てにより、一時役員の職務を行うべき
者を選任することができる。

③ 裁判所は、前項の一時役員の職務を行う
べき者を選任した場合には、株式会社がそ
の者に対して支払う報酬の額を定めること
ができる。

④ 会計監査人が欠けた場合又は定款で定め
た会計監査人の員数が欠けた場合において、
遅滞なく会計監査人が選任されないときは、
監査役は、一時会計監査人の職務を行うべ
き者を選任しなければならない。

⑤ 第 337 条及び第 340 条の規定は、前項の
一時会計監査人の職務を行うべき者につい
て準用する。

⑥ 監査役会設置会社における第 4 項の規定
の適用については、同項中「監査役」とあ
るのは、「監査役会」とする。

⑦ 監査等委員会設置会社における第 4 項の
規定の適用については、同項中「監査役」
とあるのは、「監査等委員会」とする。

⑧ 指名委員会等設置会社における第 4 項の
規定の適用については、同項中「監査役」
とあるのは、「監査委員会」とする。

**（種類株主総会における取締役又は監査役の
　選任等）**
第 347 条 第 108 条第 1 項第 9 号に掲げる事
項（取締役（監査等委員会設置会社にあっては、
監査等委員である取締役又はそれ以外の取締役）
に関するものに限る。）についての定めがある
種類の株式を発行している場合における第
329 条第 1 項、第 332 条第 1 項、第 339 条
第 1 項、第 341 条並びに第 344 条の 2 第 1
項及び第 2 項の規定の適用については、第
329 条第 1 項中「株主総会」とあるのは
「株主総会（取締役（監査等委員会設置会
社にあっては、監査等委員である取締役又
はそれ以外の取締役）については、第 108
条第 2 項第 9 号に定める事項についての定
款の定めに従い、各種類の株式の種類株主
を構成員とする種類株主総会）」と、第
332 条第 1 項及び第 339 条第 1 項中「株主
総会の決議」とあるのは「株主総会（第
41 条第 1 項の規定により又は第 90 条第 1
項の種類創立総会若しくは第 347 条第 1 項
の規定により読み替えて適用する第 329 条
第 1 項の種類株主総会において選任された
取締役（監査等委員会設置会社にあっては、
監査等委員である取締役又はそれ以外の取
締役。以下この項において同じ。）につい
ては、当該取締役の選任に係る種類の株式
の種類株主を構成員とする種類株主総会
（定款に別段の定めがある場合又は当該取
締役の任期満了前に当該種類株主総会にお
いて議決権を行使することができる株主が
存在しなくなった場合にあっては、株主総
会））の決議」と、第 341 条中「第 309 条
第 1 項」とあるのは「第 309 条第 1 項及び
第 324 条」と、「株主総会」とあるのは
「株主総会（第 347 条第 1 項の規定により
読み替えて適用する第 329 条第 1 項及び第
339 条第 1 項の種類株主総会を含む。）」と、
第 344 条の 2 第 1 項及び第 2 項中「株主総
会」とあるのは「第 347 条第 1 項の規定に
より読み替えて適用する第 329 条第 1 項の

種類株主総会」とする。

② 　第108条第1項第9号に掲げる事項（監査役に関するものに限る。）についての定めがある種類の株式を発行している場合における第329条第1項、第339条第1項、第341条並びに第343条第1項及び第2項の規定の適用については、第329条第1項中「株主総会」とあるのは「株主総会（監査役については、第108条第2項第9号に定める事項についての定款の定めに従い、各種類の株式の種類株主を構成員とする種類株主総会）」と、第339条第1項中「株主総会」とあるのは「株主総会（第41条第3項において準用する同条第1項の規定により又は第90条第2項において準用する同条第1項の種類創立総会若しくは第347条第2項の規定により読み替えて適用する第329条第1項の種類株主総会において選任された監査役については、当該監査役の選任に係る種類の株式の種類株主を構成員とする種類株主総会（定款に別段の定めがある場合又は当該監査役の任期満了前に当該種類株主総会において議決権を行使することができる株主が存在しなくなった場合にあっては、株主総会））」と、第341条中「第309条第1項」とあるのは「第309条第1項及び第324条」と、「株主総会」とあるのは「株主総会（第347条第2項の規定により読み替えて適用する第329条第1項の種類株主総会を含む。）」と、第343条第1項及び第2項中「株主総会」とあるのは「第347条第2項の規定により読み替えて適用する第329条第1項の種類株主総会」とする。

第4節　取締役

（業務の執行）

第348条　取締役は、定款に別段の定めがある場合を除き、株式会社（取締役会設置会社を除く。以下この条において同じ。）の業務を執行する。

② 　取締役が2人以上ある場合には、株式会社の業務は、定款に別段の定めがある場合を除き、取締役の過半数をもって決定する。

③ 　前項の場合には、取締役は、次に掲げる事項についての決定を各取締役に委任することができない。

1 　支配人の選任及び解任

2 　支店の設置、移転及び廃止

3 　第298条第1項各号（第325条において準用する場合を含む。）に掲げる事項

4 　取締役の職務の執行が法令及び定款に適合することを確保するための体制その他株式会社の業務並びに当該株式会社及びその子会社から成る企業集団の業務の適正を確保するために必要なものとして法務省令で定める体制の整備

5 　第426条第1項の規定による定款の定めに基づく第423条第1項の責任の免除

④ 　大会社においては、取締役は、前項第4号に掲げる事項を決定しなければならない。

☆（業務の執行の社外取締役への委託）

第348条の2　株式会社（指名委員会等設置会社を除く。）が社外取締役を置いている場合において、当該株式会社と取締役との利益が相反する状況にあるとき、その他取締役が当該株式会社の業務を執行することにより株主の利益を損なうおそれがあるときは、当該株式会社は、その都度、取締役の決定（取締役会設置会社にあっては、取締役会の決議）によって、当該株式会社の業務を執行することを社外取締役に委託することができる。

② 　指名委員会等設置会社と執行役との利益が相反する状況にあるとき、その他執行役が指名委員会等設置会社の業務を執行することにより株主の利益を損なうおそれがあるときは、当該指名委員会等設置会社は、その都度、取締役会の決議によって、当該指名委員会等設置会社の業務を執行することを社外取締役に委託することができる。

③ 　前2項の規定により委託された業務の執行は、第2条第15号イに規定する株式会

社の業務の執行に該当しないものとする。ただし、社外取締役が業務執行取締役（指名委員会等設置会社にあっては、執行役）の指揮命令により当該委託された業務を執行したときは、この限りでない。

1年6月内

（株式会社の代表）

第349条 取締役は、株式会社を代表する。ただし、他に代表取締役その他株式会社を代表する者を定めた場合は、この限りでない。

② 前項本文の取締役が2人以上ある場合には、取締役は、各自、株式会社を代表する。

③ 株式会社（取締役会設置会社を除く。）は、定款、定款の定めに基づく取締役の互選又は株主総会の決議によって、取締役の中から代表取締役を定めることができる。

④ 代表取締役は、株式会社の業務に関する一切の裁判上又は裁判外の行為をする権限を有する。

⑤ 前項の権限に加えた制限は、善意の第三者に対抗することができない。

（代表者の行為についての損害賠償責任）

第350条 株式会社は、代表取締役その他の代表者がその職務を行うについて第三者に加えた損害を賠償する責任を負う。

（代表取締役に欠員を生じた場合の措置）

第351条 代表取締役が欠けた場合又は定款で定めた代表取締役の員数が欠けた場合には、任期の満了又は辞任により退任した代表取締役は、新たに選定された代表取締役（次項の一時代表取締役の職務を行うべき者を含む。）が就任するまで、なお代表取締役としての権利義務を有する。

② 前項に規定する場合において、裁判所は、必要があると認めるときは、利害関係人の申立てにより、一時代表取締役の職務を行うべき者を選任することができる。

③ 裁判所は、前項の一時代表取締役の職務を行うべき者を選任した場合には、株式会社がその者に対して支払う報酬の額を定め

ることができる。

（取締役の職務を代行する者の権限）

第352条 民事保全法（平成元年法律第91号）第56条に規定する仮処分命令により選任された取締役又は代表取締役の職務を代行する者は、仮処分命令に別段の定めがある場合を除き、株式会社の常務に属しない行為をするには、裁判所の許可を得なければならない。

② 前項の規定に違反して行った取締役又は代表取締役の職務を代行する者の行為は、無効とする。ただし、株式会社は、これをもって善意の第三者に対抗することができない。

（株式会社と取締役との間の訴えにおける会社の代表）

第353条 第349条第4項の規定にかかわらず、株式会社が取締役（取締役であった者を含む。以下この条において同じ。）に対し、又は取締役が株式会社に対して訴えを提起する場合には、株主総会は、当該訴えについて株式会社を代表する者を定めることができる。

（表見代表取締役）

第354条 株式会社は、代表取締役以外の取締役に社長、副社長その他株式会社を代表する権限を有するものと認められる名称を付した場合には、当該取締役がした行為について、善意の第三者に対してその責任を負う。

（忠実義務）

第355条 取締役は、法令及び定款並びに株主総会の決議を遵守し、株式会社のため忠実にその職務を行わなければならない。

（競業及び利益相反取引の制限）

第356条 取締役は、次に掲げる場合には、株主総会において、当該取引につき重要な事実を開示し、その承認を受けなければならない。

1 取締役が自己又は第三者のために株式会社の事業の部類に属する取引をしよう

とするとき。

2 取締役が自己又は第三者のために株式会社と取引をしようとするとき。

3 株式会社が取締役の債務を保証することその他取締役以外の者との間において株式会社と当該取締役との利益が相反する取引をしようとするとき。

② 民法第108条の規定は、前項の承認を受けた同項第2号又は第3号の取引については、適用しない。

(取締役の報告義務)

第357条 取締役は、株式会社に著しい損害を及ぼすおそれのある事実があることを発見したときは、直ちに、当該事実を株主(監査役設置会社にあっては、監査役)に報告しなければならない。

② 監査役会設置会社における前項の規定の適用については、同項中「株主(監査役設置会社にあっては、監査役)」とあるのは、「監査役会」とする。

③ 監査等委員会設置会社における第1項の規定の適用については、同項中「株主(監査役設置会社にあっては、監査役)」とあるのは、「監査等委員会」とする。

(業務の執行に関する検査役の選任)

第358条 株式会社の業務の執行に関し、不正の行為又は法令若しくは定款に違反する重大な事実があることを疑うに足りる事由があるときは、次に掲げる株主は、当該株式会社の業務及び財産の状況を調査させるため、裁判所に対し、検査役の選任の申立てをすることができる。

1 総株主(株主総会において決議をすることができる事項の全部につき議決権を行使することができない株主を除く。)の議決権の100分の3(これを下回る割合を定款で定めた場合にあっては、その割合)以上の議決権を有する株主

2 発行済株式(自己株式を除く。)の100分の3(これを下回る割合を定款で定めた場合にあっては、その割合)以上の数の株式を有

する株主

② 前項の申立てがあった場合には、裁判所は、これを不適法として却下する場合を除き、検査役を選任しなければならない。

③ 裁判所は、前項の検査役を選任した場合には、株式会社が当該検査役に対して支払う報酬の額を定めることができる。

④ 第2項の検査役は、その職務を行うため必要があるときは、株式会社の子会社の業務及び財産の状況を調査することができる。

⑤ 第2項の検査役は、必要な調査を行い、当該調査の結果を記載し、又は記録した書面又は電磁的記録(法務省令で定めるものに限る。)を裁判所に提供して報告をしなければならない。

⑥ 裁判所は、前項の報告について、その内容を明瞭にし、又はその根拠を確認するため必要があると認めるときは、第2項の検査役に対し、更に前項の報告を求めることができる。

⑦ 第2項の検査役は、第5項の報告をしたときは、株式会社及び検査役の選任の申立てをした株主に対し、同項の書面の写しを交付し、又は同項の電磁的記録に記録された事項を法務省令で定める方法により提供しなければならない。

(裁判所による株主総会招集等の決定)

第359条 裁判所は、前条第5項の報告があった場合において、必要があると認めるときは、取締役に対し、次に掲げる措置の全部又は一部を命じなければならない。

1 一定の期間内に株主総会を招集すること。

2 前条第5項の調査の結果を株主に通知すること。

② 裁判所が前項第1号に掲げる措置を命じた場合には、取締役は、前条第5項の報告の内容を同号の株主総会において開示しなければならない。

③ 前項に規定する場合には、取締役(監査役設置会社にあっては、取締役及び監査役)は、

前条第 5 項の報告の内容を調査し、その結果を第 1 項第 1 号の株主総会に報告しなければならない。

（株主による取締役の行為の差止め）

第 360 条 6 箇月（これを下回る期間を定款で定めた場合にあっては、その期間）前から引き続き株式を有する株主は、取締役が株式会社の目的の範囲外の行為その他法令若しくは定款に違反する行為をし、又はこれらの行為をするおそれがある場合において、当該行為によって当該株式会社に著しい損害が生ずるおそれがあるときは、当該取締役に対し、当該行為をやめることを請求することができる。

② 公開会社でない株式会社における前項の規定の適用については、同項中「6 箇月（これを下回る期間を定款で定めた場合にあっては、その期間）前から引き続き株式を有する株主」とあるのは、「株主」とする。

③ 監査役設置会社、監査等委員会設置会社又は指名委員会等設置会社における第 1 項の規定の適用については、同項中「著しい損害」とあるのは、「回復することができない損害」とする。

（取締役の報酬等）

第 361 条 取締役の報酬、賞与その他の職務執行の対価として株式会社から受ける財産上の利益（以下この章において「報酬等」という。）についての次に掲げる事項は、定款に当該事項を定めていないときは、株主総会の決議によって定める。

1 報酬等のうち額が確定しているものについては、その額

2 報酬等のうち額が確定していないものについては、その具体的な算定方法

3 報酬等のうち当該株式会社の募集株式（第 199 条第 1 項に規定する募集株式をいう。以下この項及び第 409 条第 3 項において同じ。）については、当該募集株式の数（種類株式発行会社にあっては、募集株式の種類及び種

類ごとの数）の上限その他法務省令で定める事項

4 報酬等のうち当該株式会社の募集新株予約権（第 238 条第 1 項に規定する募集新株予約権をいう。以下この項及び第 409 条第 3 項において同じ。）については、当該募集新株予約権の数の上限その他法務省令で定める事項

5 報酬等のうち次のイ又はロに掲げるものと引換えにする払込みに充てるための金銭については、当該イ又はロに定める事項

イ 当該株式会社の募集株式 取締役が引き受ける当該募集株式の数（種類株式発行会社にあっては、募集株式の種類及び種類ごとの数）の上限その他法務省令で定める事項

ロ 当該株式会社の募集新株予約権 取締役が引き受ける当該募集新株予約権の数の上限その他法務省令で定める事項

6 報酬等のうち金銭でないもの（当該株式会社の募集株式及び募集新株予約権を除く。）については、その具体的な内容

② 監査等委員会設置会社においては、前項各号に掲げる事項は、監査等委員である取締役とそれ以外の取締役とを区別して定めなければならない。

③ 監査等委員である各取締役の報酬等について定款の定め又は株主総会の決議がないときは、当該報酬等は、第 1 項の報酬等の範囲内において、監査等委員である取締役の協議によって定める。

④ 第 1 項各号に掲げる事項を定め、又はこれを改定する議案を株主総会に提出した取締役は、当該株主総会において、当該事項を相当とする理由を説明しなければならない。

⑤ 監査等委員である取締役は、株主総会において、監査等委員である取締役の報酬等について意見を述べることができる。

第 2 編 株式会社

⑥　監査等委員会が選定する監査等委員は、株主総会において、監査等委員である取締役以外の取締役の報酬等について監査等委員会の意見を述べることができる。

⑦　次に掲げる株式会社の取締役会は、取締役（監査等委員である取締役を除く。以下この項において同じ。）の報酬等の内容として定款又は株主総会の決議による第 1 項各号に掲げる事項についての定めがある場合には、当該定めに基づく取締役の個人別の報酬等の内容についての決定に関する方針として法務省令で定める事項を決定しなければならない。ただし、取締役の個人別の報酬等の内容が定款又は株主総会の決議により定められているときは、この限りでない。

1　監査役会設置会社（公開会社であり、かつ、大会社であるものに限る。）であって、金融商品取引法第 24 条第 1 項の規定によりその発行する株式について有価証券報告書を内閣総理大臣に提出しなければならないもの

2　監査等委員会設置会社

第 361 条　〔同〕

　　1・2　〔同〕

　　3　報酬等のうち金銭でないものについては、その具体的な内容〔6 に繰下げ〕

②・③　〔同〕

④　〔「第 1 項各号」は、令 1 法 70〈1 年 6 月内〉施行日前までは「第 1 項第 2 号又は第 3 号」〕

⑤・⑥　〔同〕

⑦　〔新設規定〕

1 年 6 月内

第 5 節　取締役会

第 1 款　権限等

（取締役会の権限等）

第 362 条　取締役会は、すべての取締役で組織する。

②　取締役会は、次に掲げる職務を行う。

1　取締役会設置会社の業務執行の決定

2　取締役の職務の執行の監督

3　代表取締役の選定及び解職

③　取締役会は、取締役の中から代表取締役を選定しなければならない。

④　取締役会は、次に掲げる事項その他の重要な業務執行の決定を取締役に委任することができない。

1　重要な財産の処分及び譲受け

2　多額の借財

3　支配人その他の重要な使用人の選任及び解任

4　支店その他の重要な組織の設置、変更及び廃止

5　第 676 条第 1 号に掲げる事項その他の社債を引き受ける者の募集に関する重要な事項として法務省令で定める事項

6　取締役の職務の執行が法令及び定款に適合することを確保するための体制その他株式会社の業務並びに当該株式会社及びその子会社から成る企業集団の業務の適正を確保するために必要なものとして法務省令で定める体制の整備

7　第 426 条第 1 項の規定による定款の定めに基づく第 423 条第 1 項の責任の免除

⑤　大会社である取締役会設置会社においては、取締役会は、前項第 6 号に掲げる事項を決定しなければならない。

（取締役会設置会社の取締役の権限）

第 363 条　次に掲げる取締役は、取締役会設置会社の業務を執行する。

1　代表取締役

2　代表取締役以外の取締役であって、取締役会の決議によって取締役会設置会社の業務を執行する取締役として選定されたもの

②　前項各号に掲げる取締役は、3 箇月に 1 回以上、自己の職務の執行の状況を取締役会に報告しなければならない。

（取締役会設置会社と取締役との間の訴えにおける会社の代表）

第 364 条　第 353 条に規定する場合には、取

締役会は、同条の規定による株主総会の定めがある場合を除き、同条の訴えについて取締役会設置会社を代表する者を定めることができる。

（競業及び取締役会設置会社との取引等の制限）

第365条 取締役会設置会社における第356条の規定の適用については、同条第1項中「株主総会」とあるのは、「取締役会」とする。

② 取締役会設置会社においては、第356条第1項各号の取引をした取締役は、当該取引後、遅滞なく、当該取引についての重要な事実を取締役会に報告しなければならない。

第2款　運営

（招集権者）

第366条 取締役会は、各取締役が招集する。ただし、取締役会を招集する取締役を定款又は取締役会で定めたときは、その取締役が招集する。

② 前項ただし書に規定する場合には、同項ただし書の規定により定められた取締役（以下この章において「招集権者」という。）以外の取締役は、招集権者に対し、取締役会の目的である事項を示して、取締役会の招集を請求することができる。

③ 前項の規定による請求があった日から5日以内に、その請求があった日から2週間以内の日を取締役会の日とする取締役会の招集の通知が発せられない場合には、その請求をした取締役は、取締役会を招集することができる。

（株主による招集の請求）

第367条 取締役会設置会社（監査役設置会社、監査等委員会設置会社及び指名委員会等設置会社を除く。）の株主は、取締役が取締役会設置会社の目的の範囲外の行為その他法令若しくは定款に違反する行為をし、又はこれらの行為をするおそれがあると認めると

きは、取締役会の招集を請求することができる。

② 前項の規定による請求は、取締役（前条第1項ただし書に規定する場合にあっては、招集権者）に対し、取締役会の目的である事項を示して行わなければならない。

③ 前条第3項の規定は、第1項の規定による請求があった場合について準用する。

④ 第1項の規定による請求を行った株主は、当該請求に基づき招集され、又は前項において準用する前条第3項の規定により招集した取締役会に出席し、意見を述べることができる。

（招集手続）

第368条 取締役会を招集する者は、取締役会の日の1週間（これを下回る期間を定款で定めた場合にあっては、その期間）前までに、各取締役（監査役設置会社にあっては、各取締役及び各監査役）に対してその通知を発しなければならない。

② 前項の規定にかかわらず、取締役会は、取締役（監査役設置会社にあっては、取締役及び監査役）の全員の同意があるときは、招集の手続を経ることなく開催することができる。

（取締役会の決議）

第369条 取締役会の決議は、議決に加わることができる取締役の過半数（これを上回る割合を定款で定めた場合にあっては、その割合以上）が出席し、その過半数（これを上回る割合を定款で定めた場合にあっては、その割合以上）をもって行う。

② 前項の決議について特別の利害関係を有する取締役は、議決に加わることができない。

③ 取締役会の議事については、法務省令で定めるところにより、議事録を作成し、議事録が書面をもって作成されているときは、出席した取締役及び監査役は、これに署名し、又は記名押印しなければならない。

④ 前項の議事録が電磁的記録をもって作成

されている場合における当該電磁的記録に記録された事項については、法務省令で定める署名又は記名押印に代わる措置をとらなければならない。

⑤　取締役会の決議に参加した取締役であって第3項の議事録に異議をとどめないものは、その決議に賛成したものと推定する。

（取締役会の決議の省略）

第370条　取締役会設置会社は、取締役が取締役会の決議の目的である事項について提案をした場合において、当該提案につき取締役（当該事項について議決に加わることができるものに限る。）の全員が書面又は電磁的記録により同意の意思表示をしたとき（監査役設置会社にあっては、監査役が当該提案について異議を述べたときを除く。）は、当該提案を可決する旨の取締役会の決議があったものとみなす旨を定款で定めることができる。

（議事録等）

第371条　取締役会設置会社は、取締役会の日（前条の規定により取締役会の決議があったものとみなされた日を含む。）から10年間、第369条第3項の議事録又は前条の意思表示を記載し、若しくは記録した書面若しくは電磁的記録（以下この条において「議事録等」という。）をその本店に備え置かなければならない。

②　株主は、その権利を行使するため必要があるときは、株式会社の営業時間内は、いつでも、次に掲げる請求をすることができる。

　1　前項の議事録等が書面をもって作成されているときは、当該書面の閲覧又は謄写の請求

　2　前項の議事録等が電磁的記録をもって作成されているときは、当該電磁的記録に記録された事項を法務省令で定める方法により表示したものの閲覧又は謄写の請求

③　監査役設置会社、監査等委員会設置会社又は指名委員会等設置会社における前項の規定の適用については、同項中「株式会社の営業時間内は、いつでも」とあるのは、「裁判所の許可を得て」とする。

④　取締役会設置会社の債権者は、役員又は執行役の責任を追及するため必要があるときは、裁判所の許可を得て、当該取締役会設置会社の議事録等について第2項各号に掲げる請求をすることができる。

⑤　前項の規定は、取締役会設置会社の親会社社員がその権利を行使するため必要があるときについて準用する。

⑥　裁判所は、第3項において読み替えて適用する第2項各号に掲げる請求又は第4項（前項において準用する場合を含む。以下この項において同じ。）の請求に係る閲覧又は謄写をすることにより、当該取締役会設置会社又はその親会社若しくは子会社に著しい損害を及ぼすおそれがあると認めるときは、第3項において読み替えて適用する第2項の許可又は第4項の許可をすることができない。

（取締役会への報告の省略）

第372条　取締役、会計参与、監査役又は会計監査人が取締役（監査役設置会社にあっては、取締役及び監査役）の全員に対して取締役会に報告すべき事項を通知したときは、当該事項を取締役会へ報告することを要しない。

②　前項の規定は、第363条第2項の規定による報告については、適用しない。

③　指名委員会等設置会社についての前2項の規定の適用については、第1項中「監査役又は会計監査人」とあるのは「会計監査人又は執行役」と、「取締役（監査役設置会社にあっては、取締役及び監査役）」とあるのは「取締役」と、前項中「第363条第2項」とあるのは「第417条第4項」とする。

（特別取締役による取締役会の決議）

第373条　第369条第1項の規定にかかわらず、取締役会設置会社（指名委員会等設置会

社を除く。）が次に掲げる要件のいずれにも該当する場合（監査等委員会設置会社にあっては、第399条の13第5項に規定する場合又は同条第6項の規定による定款の定めがある場合を除く。）には、取締役会は、第362条第4項第1号及び第2号又は第399条の13第4項第1号及び第2号に掲げる事項についての取締役会の決議については、あらかじめ選定した3人以上の取締役（以下この章において「特別取締役」という。）のうち、議決に加わることができるものの過半数（これを上回る割合を取締役会で定めた場合にあっては、その割合以上）が出席し、その過半数（これを上回る割合を取締役会で定めた場合にあっては、その割合以上）をもって行うことができる旨を定めることができる。

1　取締役の数が6人以上であること。

2　取締役のうち1人以上が社外取締役であること。

② 前項の規定による特別取締役による議決の定めがある場合には、特別取締役以外の取締役は、第362条第4項第1号及び第2号又は第399条の13第4項第1号及び第2号に掲げる事項の決定をする取締役会に出席することを要しない。この場合における第366条第1項本文及び第368条の規定の適用については、第366条第1項本文中「各取締役」とあるのは「各特別取締役（第373条第1項に規定する特別取締役をいう。第368条において同じ。）」と、第368条第1項中「定款」とあるのは「取締役会」と、「各取締役」とあるのは「各特別取締役」と、同条第2項中「取締役（」とあるのは「特別取締役（」と、「取締役及び」とあるのは「特別取締役及び」とする。

③ 特別取締役の互選によって定められた者は、前項の取締役会の決議後、遅滞なく、当該決議の内容を特別取締役以外の取締役に報告しなければならない。

④ 第366条（第1項本文を除く。）、第367条、第369条第1項、第370条及び第399条の14の規定は、第2項の取締役会については、適用しない。

第6節　会計参与

（会計参与の権限）

第374条　会計参与は、取締役と共同して、計算書類（第435条第2項に規定する計算書類をいう。以下この章において同じ。）及びその附属明細書、臨時計算書類（第441条第1項に規定する臨時計算書類をいう。以下この章において同じ。）並びに連結計算書類（第444条第1項に規定する連結計算書類をいう。第396条第1項において同じ。）を作成する。この場合において、会計参与は、法務省令で定めるところにより、会計参与報告を作成しなければならない。

② 会計参与は、いつでも、次に掲げるものの閲覧及び謄写をし、又は取締役及び支配人その他の使用人に対して会計に関する報告を求めることができる。

1　会計帳簿又はこれに関する資料が書面をもって作成されているときは、当該書面

2　会計帳簿又はこれに関する資料が電磁的記録をもって作成されているときは、当該電磁的記録に記録された事項を法務省令で定める方法により表示したもの

③ 会計参与は、その職務を行うため必要があるときは、会計参与設置会社の子会社に対して会計に関する報告を求め、又は会計参与設置会社若しくはその子会社の業務及び財産の状況の調査をすることができる。

④ 前項の子会社は、正当な理由があるときは、同項の報告又は調査を拒むことができる。

⑤ 会計参与は、その職務を行うに当たっては、第333条第3項第2号又は第3号に掲げる者を使用してはならない。

⑥ 指名委員会等設置会社における第1項及び第2項の規定の適用については、第1項

中「取締役」とあるのは「執行役」と、第２項中「取締役及び」とあるのは「執行役及び取締役並びに」とする。

（会計参与の報告義務）

第 375 条　会計参与は、その職務を行うに際して取締役の職務の執行に関し不正の行為又は法令若しくは定款に違反する重大な事実があることを発見したときは、遅滞なく、これを株主（監査役設置会社にあっては、監査役）に報告しなければならない。

② 　監査役会設置会社における前項の規定の適用については、同項中「株主（監査役設置会社にあっては、監査役）」とあるのは、「監査役会」とする。

③ 　監査等委員会設置会社における第１項の規定の適用については、同項中「株主（監査役設置会社にあっては、監査役）」とあるのは、「監査等委員会」とする。

④ 　指名委員会等設置会社における第１項の規定の適用については、同項中「取締役」とあるのは「執行役又は取締役」と、「株主（監査役設置会社にあっては、監査役）」とあるのは「監査委員会」とする。

（取締役会への出席）

第 376 条　取締役会設置会社の会計参与（会計参与が監査法人又は税理士法人である場合にあっては、その職務を行うべき社員。以下この条において同じ。）は、第 436 条第３項、第 441 条第３項又は第 444 条第５項の承認をする取締役会に出席しなければならない。この場合において、会計参与は、必要があると認めるときは、意見を述べなければならない。

② 　会計参与設置会社において、前項の取締役会を招集する者は、当該取締役会の日の１週間（これを下回る期間を定款で定めた場合にあっては、その期間）前までに、各会計参与に対してその通知を発しなければならない。

③ 　会計参与設置会社において、第 368 条第２項の規定により第１項の取締役会を招集の手続を経ることなく開催するときは、会計参与の全員の同意を得なければならない。

（株主総会における意見の陳述）

第 377 条　第 374 条第１項に規定する書類の作成に関する事項について会計参与が取締役と意見を異にするときは、会計参与（会計参与が監査法人又は税理士法人である場合にあっては、その職務を行うべき社員）は、株主総会において意見を述べることができる。

② 　指名委員会等設置会社における前項の規定の適用については、同項中「取締役」とあるのは、「執行役」とする。

（会計参与による計算書類等の備置き等）

第 378 条　会計参与は、次の各号に掲げるものを、当該各号に定める期間、法務省令で定めるところにより、当該会計参与が定めた場所に備え置かなければならない。

１ 　各事業年度に係る計算書類及びその附属明細書並びに会計参与報告　定時株主総会の日の１週間（取締役会設置会社にあっては、２週間）前の日（第 319 条第１項の場合にあっては、同項の提案があった日）から５年間

２ 　臨時計算書類及び会計参与報告　臨時計算書類を作成した日から５年間

② 　会計参与設置会社の株主及び債権者は、会計参与設置会社の営業時間内（会計参与が請求に応ずることが困難な場合として法務省令で定める場合を除く。）は、いつでも、会計参与に対し、次に掲げる請求をすることができる。ただし、第２号又は第４号に掲げる請求をするには、当該会計参与の定めた費用を支払わなければならない。

１ 　前項各号に掲げるものが書面をもって作成されているときは、当該書面の閲覧の請求

２ 　前号の書面の謄本又は抄本の交付の請求

３ 　前項各号に掲げるものが電磁的記録をもって作成されているときは、当該電磁的記録に記録された事項を法務省令で定める方法により表示したものの閲覧の請

求

4 　前号の電磁的記録に記録された事項を電磁的方法であって会計参与の定めたものにより提供することの請求又はその事項を記載した書面の交付の請求

③ 　会計参与設置会社の親会社社員は、その権利を行使するため必要があるときは、裁判所の許可を得て、当該会計参与設置会社の第1項各号に掲げるものについて前項各号に掲げる請求をすることができる。ただし、同項第2号又は第4号に掲げる請求をするには、当該会計参与の定めた費用を支払わなければならない。

（会計参与の報酬等）

第 379 条 　会計参与の報酬等は、定款にその額を定めていないときは、株主総会の決議によって定める。

② 　会計参与が2人以上ある場合において、各会計参与の報酬等について定款の定め又は株主総会の決議がないときは、当該報酬等は、前項の報酬等の範囲内において、会計参与の協議によって定める。

③ 　会計参与（会計参与が監査法人又は税理士法人である場合にあっては、その職務を行うべき社員）は、株主総会において、会計参与の報酬等について意見を述べることができる。

（費用等の請求）

第 380 条 　会計参与がその職務の執行について会計参与設置会社に対して次に掲げる請求をしたときは、当該会計参与設置会社は、当該請求に係る費用又は債務が当該会計参与の職務の執行に必要でないことを証明した場合を除き、これを拒むことができない。

1 　費用の前払の請求

2 　支出した費用及び支出の日以後におけるその利息の償還の請求

3 　負担した債務の債権者に対する弁済（当該債務が弁済期にない場合にあっては、相当の担保の提供）の請求

第7節　監査役

（監査役の権限）

第 381 条 　監査役は、取締役（会計参与設置会社にあっては、取締役及び会計参与）の職務の執行を監査する。この場合において、監査役は、法務省令で定めるところにより、監査報告を作成しなければならない。

② 　監査役は、いつでも、取締役及び会計参与並びに支配人その他の使用人に対して事業の報告を求め、又は監査役設置会社の業務及び財産の状況の調査をすることができる。

③ 　監査役は、その職務を行うため必要があるときは、監査役設置会社の子会社に対して事業の報告を求め、又はその子会社の業務及び財産の状況の調査をすることができる。

④ 　前項の子会社は、正当な理由があるときは、同項の報告又は調査を拒むことができる。

（取締役への報告義務）

第 382 条 　監査役は、取締役が不正の行為をし、若しくは当該行為をするおそれがあると認めるとき、又は法令若しくは定款に違反する事実若しくは著しく不当な事実があると認めるときは、遅滞なく、その旨を取締役（取締役会設置会社にあっては、取締役会）に報告しなければならない。

（取締役会への出席義務等）

第 383 条 　監査役は、取締役会に出席し、必要があると認めるときは、意見を述べなければならない。ただし、監査役が2人以上ある場合において、第373条第1項の規定による特別取締役による議決の定めがあるときは、監査役の互選によって、監査役の中から特に同条第2項の取締役会に出席する監査役を定めることができる。

② 　監査役は、前条に規定する場合において、必要があると認めるときは、取締役（第366条第1項ただし書に規定する場合にあっては、

招集権者）に対し、取締役会の招集を請求
することができる。

③　前項の規定による請求があった日から5
日以内に、その請求があった日から2週間
以内の日を取締役会の日とする取締役会の
招集の通知が発せられない場合は、その請
求をした監査役は、取締役会を招集するこ
とができる。

④　前2項の規定は、第373条第2項の取締
役会については、適用しない。

（株主総会に対する報告義務）

第384条　監査役は、取締役が株主総会に提
出しようとする議案、書類その他法務省令
で定めるものを調査しなければならない。
この場合において、法令若しくは定款に違
反し、又は著しく不当な事項があると認め
るときは、その調査の結果を株主総会に報
告しなければならない。

（監査役による取締役の行為の差止め）

第385条　監査役は、取締役が監査役設置会
社の目的の範囲外の行為その他法令若しく
は定款に違反する行為をし、又はこれらの
行為をするおそれがある場合において、当
該行為によって当該監査役設置会社に著し
い損害が生ずるおそれがあるときは、当該
取締役に対し、当該行為をやめることを請
求することができる。

②　前項の場合において、裁判所が仮処分を
もって同項の取締役に対し、その行為をや
めることを命ずるときは、担保を立てさせ
ないものとする。

**（監査役設置会社と取締役との間の訴えにお
ける会社の代表等）**

第386条　第349条第4項、第353条及び第
364条の規定にかかわらず、次の各号に掲
げる場合には、当該各号の訴えについては、
監査役が監査役設置会社を代表する。

　1　監査役設置会社が取締役（取締役であっ
た者を含む。以下この条において同じ。）に対
し、又は取締役が監査役設置会社に対し
て訴えを提起する場合

　2　株式交換等完全親会社（第849条第2項
第1号に規定する株式交換等完全親会社をいう。
次項第3号において同じ。）である監査役設
置会社がその株式交換等完全子会社（第
847条の2第1項に規定する株式交換等完全子
会社をいう。次項第3号において同じ。）の取
締役、執行役（執行役であった者を含む。以
下この条において同じ。）又は清算人（清算人
であった者を含む。以下この条において同じ。）
の責任（第847条の2第1項各号に掲げる行為
の効力が生じた時までにその原因となった事実
が生じたものに限る。）を追及する訴えを提
起する場合

　3　最終完全親会社等（第847条の3第1項
に規定する最終完全親会社等をいう。次項第4
号において同じ。）である監査役設置会社
がその完全子会社等（同条第2項第2号に
規定する完全子会社等をいい、同条第3項の規
定により当該完全子会社等とみなされるものを
含む。次項第4号において同じ。）である株式
会社の取締役、執行役又は清算人に対し
て特定責任追及の訴え（同条第1項に規定
する特定責任追及の訴えをいう。）を提起する
場合

②　第349条第4項の規定にかかわらず、次
に掲げる場合には、監査役が監査役設置会
社を代表する。

　1　監査役設置会社が第847条第1項、第
847条の2第1項若しくは第3項（同条
第4項及び第5項において準用する場合を含
む。）又は第847条の3第1項の規定に
よる請求（取締役の責任を追及する訴えの提
起の請求に限る。）を受ける場合

　2　監査役設置会社が第849条第4項の訴
訟告知（取締役の責任を追及する訴えに係るも
のに限る。）並びに第850条第2項の規定
による通知及び催告（取締役の責任を追及
する訴えに係る訴訟における和解に関するもの
に限る。）を受ける場合

　3　株式交換等完全親会社である監査役設
置会社が第847条第1項の規定による請

求（前項第2号に規定する訴えの提起の請求に限る。）をする場合又は第849条第6項の規定による通知（その株式交換等完全子会社の取締役、執行役又は清算人の責任を追及する訴えに係るものに限る。）を受ける場合

4　最終完全親会社等である監査役設置会社が第847条第1項の規定による請求（前項第3号に規定する特定責任追及の訴えの提起の請求に限る。）をする場合又は第849条第7項の規定による通知（その完全子会社等である株式会社の取締役、執行役又は清算人の責任を追及する訴えに係るものに限る。）を受ける場合

（監査役の報酬等）

第387条　監査役の報酬等は、定款にその額を定めていないときは、株主総会の決議によって定める。

②　監査役が2人以上ある場合において、各監査役の報酬等について定款の定め又は株主総会の決議がないときは、当該報酬等は、前項の報酬等の範囲内において、監査役の協議によって定める。

③　監査役は、株主総会において、監査役の報酬等について意見を述べることができる。

（費用等の請求）

第388条　監査役がその職務の執行について監査役設置会社（監査役の監査の範囲を会計に関するものに限定する旨の定款の定めがある株式会社を含む。）に対して次に掲げる請求をしたときは、当該監査役設置会社は、当該請求に係る費用又は債務が当該監査役の職務の執行に必要でないことを証明した場合を除き、これを拒むことができない。

1　費用の前払の請求

2　支出した費用及び支出の日以後におけるその利息の償還の請求

3　負担した債務の債権者に対する弁済（当該債務が弁済期にない場合にあっては、相当の担保の提供）の請求

（定款の定めによる監査範囲の限定）

第389条　公開会社でない株式会社（監査役会設置会社及び会計監査人設置会社を除く。）は、第381条第1項の規定にかかわらず、その監査役の監査の範囲を会計に関するものに限定する旨を定款で定めることができる。

②　前項の規定による定款の定めがある株式会社の監査役は、法務省令で定めるところにより、監査報告を作成しなければならない。

③　前項の監査役は、取締役が株主総会に提出しようとする会計に関する議案、書類その他の法務省令で定めるものを調査し、その調査の結果を株主総会に報告しなければならない。

④　第2項の監査役は、いつでも、次に掲げるものの閲覧及び謄写をし、又は取締役及び会計参与並びに支配人その他の使用人に対して会計に関する報告を求めることができる。

1　会計帳簿又はこれに関する資料が書面をもって作成されているときは、当該書面

2　会計帳簿又はこれに関する資料が電磁的記録をもって作成されているときは、当該電磁的記録に記録された事項を法務省令で定める方法により表示したもの

⑤　第2項の監査役は、その職務を行うため必要があるときは、株式会社の子会社に対して会計に関する報告を求め、又は株式会社若しくはその子会社の業務及び財産の状況の調査をすることができる。

⑥　前項の子会社は、正当な理由があるときは、同項の規定による報告又は調査を拒むことができる。

⑦　第381条から第386条までの規定は、第1項の規定による定款の定めがある株式会社については、適用しない。

第8節　監査役会

第1款　権限等

第390条　監査役会は、全ての監査役で組織

第2編　株式会社

する。

② 監査役会は、次に掲げる職務を行う。ただし、第3号の決定は、監査役の権限の行使を妨げることはできない。

1 監査報告の作成

2 常勤の監査役の選定及び解職

3 監査の方針、監査役会設置会社の業務及び財産の状況の調査の方法その他の監査役の職務の執行に関する事項の決定

③ 監査役会は、監査役の中から常勤の監査役を選定しなければならない。

④ 監査役は、監査役会の求めがあるときは、いつでもその職務の執行の状況を監査役会に報告しなければならない。

第2款　運営

(招集権者)

第391条 監査役会は、各監査役が招集する。

(招集手続)

第392条 監査役会を招集するには、監査役は、監査役会の日の1週間（これを下回る期間を定款で定めた場合にあっては、その期間）前までに、各監査役に対してその通知を発しなければならない。

② 前項の規定にかかわらず、監査役会は、監査役の全員の同意があるときは、招集の手続を経ることなく開催することができる。

(監査役会の決議)

第393条 監査役会の決議は、監査役の過半数をもって行う。

② 監査役会の議事については、法務省令で定めるところにより、議事録を作成し、議事録が書面をもって作成されているときは、出席した監査役は、これに署名し、又は記名押印しなければならない。

③ 前項の議事録が電磁的記録をもって作成されている場合における当該電磁的記録に記録された事項については、法務省令で定める署名又は記名押印に代わる措置をとらなければならない。

④ 監査役会の決議に参加した監査役であっ

て第2項の議事録に異議をとどめないものは、その決議に賛成したものと推定する。

(議事録)

第394条 監査役会設置会社は、監査役会の日から10年間、前条第2項の議事録をその本店に備え置かなければならない。

② 監査役会設置会社の株主は、その権利を行使するため必要があるときは、裁判所の許可を得て、次に掲げる請求をすることができる。

1 前項の議事録が書面をもって作成されているときは、当該書面の閲覧又は謄写の請求

2 前項の議事録が電磁的記録をもって作成されているときは、当該電磁的記録に記録された事項を法務省令で定める方法により表示したものの閲覧又は謄写の請求

③ 前項の規定は、監査役会設置会社の債権者が役員の責任を追及するため必要があるとき及び親会社社員がその権利を行使するため必要があるときについて準用する。

④ 裁判所は、第2項（前項において準用する場合を含む。以下この項において同じ。）の請求に係る閲覧又は謄写をすることにより、当該監査役会設置会社又はその親会社若しくは子会社に著しい損害を及ぼすおそれがあると認めるときは、第2項の許可をすることができない。

(監査役会への報告の省略)

第395条 取締役、会計参与、監査役又は会計監査人が監査役の全員に対して監査役会に報告すべき事項を通知したときは、当該事項を監査役会へ報告することを要しない。

第9節　会計監査人

(会計監査人の権限等)

第396条 会計監査人は、次章の定めるところにより、株式会社の計算書類及びその附属明細書、臨時計算書類並びに連結計算書類を監査する。この場合において、会計監

査人は、法務省令で定めるところにより、会計監査報告を作成しなければならない。

② 会計監査人は、いつでも、次に掲げるものの閲覧及び謄写をし、又は取締役及び会計参与並びに支配人その他の使用人に対し、会計に関する報告を求めることができる。

　1　会計帳簿又はこれに関する資料が書面をもって作成されているときは、当該書面

　2　会計帳簿又はこれに関する資料が電磁的記録をもって作成されているときは、当該電磁的記録に記録された事項を法務省令で定める方法により表示したもの

③ 会計監査人は、その職務を行うため必要があるときは、会計監査人設置会社の子会社に対して会計に関する報告を求め、又は会計監査人設置会社若しくはその子会社の業務及び財産の状況の調査をすることができる。

④ 前項の子会社は、正当な理由があるときは、同項の報告又は調査を拒むことができる。

⑤ 会計監査人は、その職務を行うに当たっては、次のいずれかに該当する者を使用してはならない。

　1　第337条第3項第1号又は第2号に掲げる者

　2　会計監査人設置会社又はその子会社の取締役、会計参与、監査役若しくは執行役又は支配人その他の使用人である者

　3　会計監査人設置会社又はその子会社から公認会計士又は監査法人の業務以外の業務により継続的な報酬を受けている者

⑥ 指名委員会等設置会社における第2項の規定の適用については、同項中「取締役」とあるのは、「執行役、取締役」とする。

（監査役に対する報告）

第397条　会計監査人は、その職務を行うに際して取締役の職務の執行に関し不正の行為又は法令若しくは定款に違反する重大な事実があることを発見したときは、遅滞な

く、これを監査役に報告しなければならない。

② 監査役は、その職務を行うため必要があるときは、会計監査人に対し、その監査に関する報告を求めることができる。

③ 監査役会設置会社における第1項の規定の適用については、同項中「監査役」とあるのは、「監査役会」とする。

④ 監査等委員会設置会社における第1項及び第2項の規定の適用については、第1項中「監査役」とあるのは「監査等委員会」と、第2項中「監査役」とあるのは「監査等委員会が選定した監査等委員」とする。

⑤ 指名委員会等設置会社における第1項及び第2項の規定の適用については、第1項中「取締役」とあるのは「執行役又は取締役」と、「監査役」とあるのは「監査委員会」と、第2項中「監査役」とあるのは「監査委員会が選定した監査委員会の委員」とする。

（定時株主総会における会計監査人の意見の陳述）

第398条　第396条第1項に規定する書類が法令又は定款に適合するかどうかについて会計監査人が監査役と意見を異にするときは、会計監査人（会計監査人が監査法人である場合にあっては、その職務を行うべき社員。次項において同じ。）は、定時株主総会に出席して意見を述べることができる。

② 定時株主総会において会計監査人の出席を求める決議があったときは、会計監査人は、定時株主総会に出席して意見を述べなければならない。

③ 監査役会設置会社における第1項の規定の適用については、同項中「監査役」とあるのは、「監査役会又は監査役」とする。

④ 監査等委員会設置会社における第1項の規定の適用については、同項中「監査役」とあるのは、「監査等委員会又は監査等委員」とする。

⑤ 指名委員会等設置会社における第1項の

規定の適用については、同項中「監査役」とあるのは、「監査委員会又はその委員」とする。

（会計監査人の報酬等の決定に関する監査役の関与）

第399条 取締役は、会計監査人又は一時会計監査人の職務を行うべき者の報酬等を定める場合には、監査役（監査役が2人以上ある場合にあっては、その過半数）の同意を得なければならない。

② 監査役会設置会社における前項の規定の適用については、同項中「監査役（監査役が2人以上ある場合にあっては、その過半数）」とあるのは、「監査役会」とする。

③ 監査等委員会設置会社における第1項の規定の適用については、同項中「監査役（監査役が2人以上ある場合にあっては、その過半数）」とあるのは、「監査等委員会」とする。

④ 指名委員会等設置会社における第1項の規定の適用については、同項中「監査役（監査役が2人以上ある場合にあっては、その過半数）」とあるのは、「監査委員会」とする。

第9節の2 監査等委員会

第1款 権限等

（監査等委員会の権限等）

第399条の2 監査等委員会は、全ての監査等委員で組織する。

② 監査等委員は、取締役でなければならない。

③ 監査等委員会は、次に掲げる職務を行う。

1 取締役（会計参与設置会社にあっては、取締役及び会計参与）の職務の執行の監査及び監査報告の作成

2 株主総会に提出する会計監査人の選任及び解任並びに会計監査人を再任しないことに関する議案の内容の決定

3 第342条の2第4項及び第361条第6項に規定する監査等委員会の意見の決定

④ 監査等委員がその職務の執行（監査等委員会の職務の執行に関するものに限る。以下この項において同じ。）について監査等委員会設置会社に対して次に掲げる請求をしたときは、当該監査等委員会設置会社は、当該請求に係る費用又は債務が当該監査等委員の職務の執行に必要でないことを証明した場合を除き、これを拒むことができない。

1 費用の前払の請求

2 支出をした費用及び支出の日以後におけるその利息の償還の請求

3 負担した債務の債権者に対する弁済（当該債務が弁済期にない場合にあっては、相当の担保の提供）の請求

（監査等委員会による調査）

第399条の3 監査等委員会が選定する監査等委員は、いつでも、取締役（会計参与設置会社にあっては、取締役及び会計参与）及び支配人その他の使用人に対し、その職務の執行に関する事項の報告を求め、又は監査等委員会設置会社の業務及び財産の状況の調査をすることができる。

② 監査等委員会が選定する監査等委員は、監査等委員会の職務を執行するため必要があるときは、監査等委員会設置会社の子会社に対して事業の報告を求め、又はその子会社の業務及び財産の状況の調査をすることができる。

③ 前項の子会社は、正当な理由があるときは、同項の報告又は調査を拒むことができる。

④ 第1項及び第2項の監査等委員は、当該各項の報告の徴収又は調査に関する事項についての監査等委員会の決議があるときは、これに従わなければならない。

（取締役会への報告義務）

第399条の4 監査等委員は、取締役が不正の行為をし、若しくは当該行為をするおそれがあると認めるとき、又は法令若しくは定款に違反する事実若しくは著しく不当な

事実があると認めるときは、遅滞なく、その旨を取締役会に報告しなければならない。

（株主総会に対する報告義務）

第 399 条の 5　監査等委員は、取締役が株主総会に提出しようとする議案、書類その他法務省令で定めるものについて法令若しくは定款に違反し、又は著しく不当な事項があると認めるときは、その旨を株主総会に報告しなければならない。

（監査等委員による取締役の行為の差止め）

第 399 条の 6　監査等委員は、取締役が監査等委員会設置会社の目的の範囲外の行為その他法令若しくは定款に違反する行為をし、又はこれらの行為をするおそれがある場合において、当該行為によって当該監査等委員会設置会社に著しい損害が生ずるおそれがあるときは、当該取締役に対し、当該行為をやめることを請求することができる。

②　前項の場合において、裁判所が仮処分をもって同項の取締役に対し、その行為をやめることを命ずるときは、担保を立てさせないものとする。

（監査等委員会設置会社と取締役との間の訴えにおける会社の代表等）

第 399 条の 7　第 349 条第 4 項、第 353 条及び第 364 条の規定にかかわらず、監査等委員会設置会社が取締役（取締役であった者を含む。以下この条において同じ。）に対し、又は取締役が監査等委員会設置会社に対して訴えを提起する場合には、当該訴えについては、次の各号に掲げる場合の区分に応じ、当該各号に定める者が監査等委員会設置会社を代表する。

1　監査等委員が当該訴えに係る訴訟の当事者である場合　取締役会が定める者（株主総会が当該訴えについて監査等委員会設置会社を代表する者を定めた場合にあっては、その者）

2　前号に掲げる場合以外の場合　監査等委員会が選定する監査等委員

②　前項の規定にかかわらず、取締役が監査

等委員会設置会社に対して訴えを提起する場合には、監査等委員（当該訴えを提起する者であるものを除く。）に対してされた訴状の送達は、当該監査等委員会設置会社に対して効力を有する。

③　第 349 条第 4 項、第 353 条及び第 364 条の規定にかかわらず、次の各号に掲げる株式会社が監査等委員会設置会社である場合において、当該各号に定める訴えを提起するときは、当該訴えについては、監査等委員会が選定する監査等委員が当該監査等委員会設置会社を代表する。

1　株式交換等完全親会社（第 849 条第 2 項第 1 号に規定する株式交換等完全親会社をいう。次項第 1 号及び第 5 項第 3 号において同じ。）　その株式交換等完全子会社（第 847 条の 2 第 1 項に規定する株式交換等完全子会社をいう。第 5 項第 3 号において同じ。）の取締役、執行役（執行役であった者を含む。以下この条において同じ。）又は清算人（清算人であった者を含む。以下この条において同じ。）の責任（第 847 条の 2 第 1 項各号に掲げる行為の効力が生じた時までにその原因となった事実が生じたものに限る。）を追及する訴え

2　最終完全親会社等（第 847 条の 3 第 1 項に規定する最終完全親会社等をいう。次項第 2 号及び第 5 項第 4 号において同じ。）　その完全子会社等（同条第 2 項第 2 号に規定する完全子会社等をいい、同条第 3 項の規定により当該完全子会社等とみなされるものを含む。第 5 項第 4 号において同じ。）である株式会社の取締役、執行役又は清算人に対する特定責任追及の訴え（同条第 1 項に規定する特定責任追及の訴えをいう。）

④　第 349 条第 4 項の規定にかかわらず、次の各号に掲げる株式会社が監査等委員会設置会社である場合において、当該各号に定める請求をするときは、監査等委員会が選定する監査等委員が当該監査等委員会設置会社を代表する。

1　株式交換等完全親会社　第 847 条第 1

項の規定による請求（前項第1号に規定する訴えの提起の請求に限る。）

2　最終完全親会社等　第 847 条第 1 項の規定による請求（前項第2号に規定する特定責任追及の訴えの提起の請求に限る。）

⑤　第 349 条第 4 項の規定にかかわらず、次に掲げる場合には、監査等委員が監査等委員会設置会社を代表する。

1　監査等委員会設置会社が第 847 条第 1 項、第 847 条の 2 第 1 項若しくは第 3 項（同条第4項及び第5項において準用する場合を含む。）又は第 847 条の 3 第 1 項の規定による請求（取締役の責任を追及する訴えの提起の請求に限る。）を受ける場合（当該監査等委員が当該訴えに係る訴訟の相手方となる場合を除く。）

2　監査等委員会設置会社が第 849 条第 4 項の訴訟告知（取締役の責任を追及する訴えに係るものに限る。）並びに第 850 条第 2 項の規定による通知及び催告（取締役の責任を追及する訴えに係る訴訟における和解に関するものに限る。）を受ける場合（当該監査等委員がこれらの訴えに係る訴訟の当事者である場合を除く。）

3　株式交換等完全親会社である監査等委員会設置会社が第 849 条第 6 項の規定による通知（その株式交換等完全子会社の取締役、執行役又は清算人の責任を追及する訴えに係るものに限る。）を受ける場合

4　最終完全親会社等である監査等委員会設置会社が第 849 条第 7 項の規定による通知（その完全子会社等である株式会社の取締役、執行役又は清算人の責任を追及する訴えに係るものに限る。）を受ける場合

第 2 款　運営

（招集権者）

第 399 条の 8　監査等委員会は、各監査等委員が招集する。

（招集手続等）

第 399 条の 9　監査等委員会を招集するには、

監査等委員は、監査等委員会の日の 1 週間（これを下回る期間を定款で定めた場合にあっては、その期間）前までに、各監査等委員に対してその通知を発しなければならない。

②　前項の規定にかかわらず、監査等委員会は、監査等委員の全員の同意があるときは、招集の手続を経ることなく開催することができる。

③　取締役（会計参与設置会社にあっては、取締役及び会計参与）は、監査等委員会の要求があったときは、監査等委員会に出席し、監査等委員会が求めた事項について説明をしなければならない。

（監査等委員会の決議）

第 399 条の 10　監査等委員会の決議は、議決に加わることができる監査等委員の過半数が出席し、その過半数をもって行う。

②　前項の決議について特別の利害関係を有する監査等委員は、議決に加わることができない。

③　監査等委員会の議事については、法務省令で定めるところにより、議事録を作成し、議事録が書面をもって作成されているときは、出席した監査等委員は、これに署名し、又は記名押印しなければならない。

④　前項の議事録が電磁的記録をもって作成されている場合における当該電磁的記録に記録された事項については、法務省令で定める署名又は記名押印に代わる措置をとらなければならない。

⑤　監査等委員会の決議に参加した監査等委員であって第 3 項の議事録に異議をとどめないものは、その決議に賛成したものと推定する。

（議事録）

第 399 条の 11　監査等委員会設置会社は、監査等委員会の日から 10 年間、前条第 3 項の議事録をその本店に備え置かなければならない。

②　監査等委員会設置会社の株主は、その権利を行使するため必要があるときは、裁判

所の許可を得て、次に掲げる請求をすることができる。

1　前項の議事録が書面をもって作成されているときは、当該書面の閲覧又は謄写の請求

2　前項の議事録が電磁的記録をもって作成されているときは、当該電磁的記録に記録された事項を法務省令で定める方法により表示したものの閲覧又は謄写の請求

③　前項の規定は、監査等委員会設置会社の債権者が取締役又は会計参与の責任を追及するため必要があるとき及び親会社社員がその権利を行使するため必要があるときについて準用する。

④　裁判所は、第 2 項（前項において準用する場合を含む。以下この項において同じ。）の請求に係る閲覧又は謄写をすることにより、当該監査等委員会設置会社又はその親会社若しくは子会社に著しい損害を及ぼすおそれがあると認めるときは、第 2 項の許可をすることができない。

（監査等委員会への報告の省略）

第 399 条の 12　取締役、会計参与又は会計監査人が監査等委員の全員に対して監査等委員会に報告すべき事項を通知したときは、当該事項を監査等委員会へ報告することを要しない。

第 3 款　監査等委員会設置会社の取締役会の権限等

（監査等委員会設置会社の取締役会の権限）

第 399 条の 13　監査等委員会設置会社の取締役会は、第 362 条の規定にかかわらず、次に掲げる職務を行う。

1　次に掲げる事項その他監査等委員会設置会社の業務執行の決定

イ　経営の基本方針

ロ　監査等委員会の職務の執行のため必要なものとして法務省令で定める事項

ハ　取締役の職務の執行が法令及び定款

に適合することを確保するための体制その他株式会社の業務並びに当該株式会社及びその子会社から成る企業集団の業務の適正を確保するために必要なものとして法務省令で定める体制の整備

2　取締役の職務の執行の監督

3　代表取締役の選定及び解職

②　監査等委員会設置会社の取締役会は、前項第 1 号イからハまでに掲げる事項を決定しなければならない。

③　監査等委員会設置会社の取締役会は、取締役（監査等委員である取締役を除く。）の中から代表取締役を選定しなければならない。

④　監査等委員会設置会社の取締役会は、次に掲げる事項その他の重要な業務執行の決定を取締役に委任することができない。

1　重要な財産の処分及び譲受け

2　多額の借財

3　支配人その他の重要な使用人の選任及び解任

4　支店その他の重要な組織の設置、変更及び廃止

5　第 676 条第 1 号に掲げる事項その他の社債を引き受ける者の募集に関する重要な事項として法務省令で定める事項

6　第 426 条第 1 項の規定による定款の定めに基づく第 423 条第 1 項の責任の免除

⑤　前項の規定にかかわらず、監査等委員会設置会社の取締役の過半数が社外取締役である場合には、当該監査等委員会設置会社の取締役会は、その決議によって、重要な業務執行の決定を取締役に委任することができる。ただし、次に掲げる事項については、この限りでない。

1　第 136 条又は第 137 条第 1 項の決定及び第 140 条第 4 項の規定による指定

2　第 165 条第 3 項において読み替えて適用する第 156 条第 1 項各号に掲げる事項の決定

3　第 262 条又は第 263 条第 1 項の決定

4　第 298 条第 1 項各号に掲げる事項の決定

5　株主総会に提出する議案（会計監査人の選任及び解任並びに会計監査人を再任しないことに関するものを除く。）の内容の決定

6　第 348 条の 2 第 1 項の規定による委託

7　第 361 条第 7 項の規定による同項の事項の決定

8　第 365 条第 1 項において読み替えて適用する第 356 条第 1 項の承認

9　第 366 条第 1 項ただし書の規定による取締役会を招集する取締役の決定

10　第 399 条の 7 第 1 項第 1 号の規定による監査等委員会設置会社を代表する者の決定

11　前項第 6 号に掲げる事項

12　補償契約（第 430 条の 2 第 1 項に規定する補償契約をいう。第 416 条第 4 項第 14 号において同じ。）の内容の決定

13　役員等賠償責任保険契約（第 430 条の 3 第 1 項に規定する役員等賠償責任保険契約をいう。第 416 条第 4 項第 15 号において同じ。）の内容の決定

14　第 436 条第 3 項、第 441 条第 3 項及び第 444 条第 5 項の承認

15　第 454 条第 5 項において読み替えて適用する同条第 1 項の規定により定めなければならないとされる事項の決定

16　第 467 条第 1 項各号に掲げる行為に係る契約（当該監査等委員会設置会社の株主総会の決議による承認を要しないものを除く。）の内容の決定

17　合併契約（当該監査等委員会設置会社の株主総会の決議による承認を要しないものを除く。）の内容の決定

18　吸収分割契約（当該監査等委員会設置会社の株主総会の決議による承認を要しないものを除く。）の内容の決定

19　新設分割計画（当該監査等委員会設置会社の株主総会の決議による承認を要しないものを除く。）の内容の決定

20　株式交換契約（当該監査等委員会設置会社の株主総会の決議による承認を要しないものを除く。）の内容の決定

21　株式移転計画の内容の決定

22　株式交付計画（当該監査等委員会設置会社の株主総会の決議による承認を要しないものを除く。）の内容の決定

⑥　前 2 項の規定にかかわらず、監査等委員会設置会社は、取締役会の決議によって重要な業務執行（前項各号に掲げる事項を除く。）の決定の全部又は一部を取締役に委任することができる旨を定款で定めることができる。

> 第 399 条の 13　〔同〕
> ②から④まで　〔同〕
> ⑤　〔同〕
> 　1 から 5 まで　〔同〕
> 　6・7　〔新設規定〕
> 　6 から 9 まで　〔8〜11 に繰下げ〕
> 　12・13　〔新設規定〕
> 　10 から 17 まで　〔14〜21 に繰下げ〕
> 　22　〔新設規定〕
> ⑥　〔同〕

`1年6月内`

（監査等委員会による取締役会の招集）

第 399 条の 14　監査等委員会設置会社においては、招集権者の定めがある場合であっても、監査等委員会が選定する監査等委員は、取締役会を招集することができる。

第 10 節　指名委員会等及び執行役 〔平 26 法 90 節名改正〕

第 1 款　委員の選定、執行役の選任等

（委員の選定等）

第 400 条　指名委員会、監査委員会又は報酬委員会の各委員会（以下この条、次条及び第 911 条第 3 項第 23 号ロにおいて単に「各委員会」という。）は、委員 3 人以上で組織する。

②　各委員会の委員は、取締役の中から、取

締役会の決議によって選定する。

③　各委員会の委員の過半数は、社外取締役でなければならない。

④　監査委員会の委員（以下「監査委員」という。）は、指名委員会等設置会社若しくはその子会社の執行役若しくは業務執行取締役又は指名委員会等設置会社の子会社の会計参与（会計参与が法人であるときは、その職務を行うべき社員）若しくは支配人その他の使用人を兼ねることができない。

（委員の解職等）

第401条　各委員会の委員は、いつでも、取締役会の決議によって解職することができる。

②　前条第１項に規定する各委員会の委員の員数（定款で４人以上の員数を定めたときは、その員数）が欠けた場合には、任期の満了又は辞任により退任した委員は、新たに選定された委員（次項の一時委員の職務を行うべき者を含む。）が就任するまで、なお委員としての権利義務を有する。

③　前項に規定する場合において、裁判所は、必要があると認めるときは、利害関係人の申立てにより、一時委員の職務を行うべき者を選任することができる。

④　裁判所は、前項の一時委員の職務を行うべき者を選任した場合には、指名委員会等設置会社がその者に対して支払う報酬の額を定めることができる。

（執行役の選任等）

第402条　指名委員会等設置会社には、１人又は２人以上の執行役を置かなければならない。

②　執行役は、取締役会の決議によって選任する。

③　指名委員会等設置会社と執行役との関係は、委任に関する規定に従う。

④　第331条第１項及び第331条の２の規定は、執行役について準用する。〔本項の施行は、令１法70〈１年６月内〉施行日〕

⑤　株式会社は、執行役が株主でなければな

らない旨を定款で定めることができない。ただし、公開会社でない指名委員会等設置会社については、この限りでない。

⑥　執行役は、取締役を兼ねることができる。

⑦　執行役の任期は、選任後１年以内に終了する事業年度のうち最終のものに関する定時株主総会の終結後最初に招集される取締役会の終結の時までとする。ただし、定款によって、その任期を短縮することを妨げない。

⑧　前項の規定にかかわらず、指名委員会等設置会社が指名委員会等を置く旨の定款の定めを廃止する定款の変更をした場合には、執行役の任期は、当該定款の変更の効力が生じた時に満了する。

　第402条　〔4項中「第331条第1項及び第331条の2」は、施行日前までは「第331条第1項」〕

１年６月内

（執行役の解任等）

第403条　執行役は、いつでも、取締役会の決議によって解任することができる。

②　前項の規定により解任された執行役は、その解任について正当な理由がある場合を除き、指名委員会等設置会社に対し、解任によって生じた損害の賠償を請求することができる。

③　第401条第２項から第４項までの規定は、執行役が欠けた場合又は定款で定めた執行役の員数が欠けた場合について準用する。

第２款　指名委員会等の権限等
〔平26法90款名改正〕

（指名委員会等の権限等）

第404条　指名委員会は、株主総会に提出する取締役（会計参与設置会社にあっては、取締役及び会計参与）の選任及び解任に関する議案の内容を決定する。

②　監査委員会は、次に掲げる職務を行う。

１　執行役等（執行役及び取締役をいい、会計参与設置会社にあっては、執行役、取締役及び会計参与をいう。以下この節において同じ。）

の職務の執行の監査及び監査報告の作成

2　株主総会に提出する会計監査人の選任及び解任並びに会計監査人を再任しないことに関する議案の内容の決定

③　報酬委員会は、第361条第1項並びに第379条第1項及び第2項の規定にかかわらず、執行役等の個人別の報酬等の内容を決定する。執行役が指名委員会等設置会社の支配人その他の使用人を兼ねているときは、当該支配人その他の使用人の報酬等の内容についても、同様とする。

④　委員がその職務の執行（当該委員が所属する指名委員会等の職務の執行に関するものに限る。以下この項において同じ。）について指名委員会等設置会社に対して次に掲げる請求をしたときは、当該指名委員会等設置会社は、当該請求に係る費用又は債務が当該委員の職務の執行に必要でないことを証明した場合を除き、これを拒むことができない。

1　費用の前払の請求

2　支出をした費用及び支出の日以後におけるその利息の償還の請求

3　負担した債務の債権者に対する弁済（当該債務が弁済期にない場合にあっては、相当の担保の提供）の請求

（監査委員会による調査）

第405条　監査委員会が選定する監査委員は、いつでも、執行役等及び支配人その他の使用人に対し、その職務の執行に関する事項の報告を求め、又は指名委員会等設置会社の業務及び財産の状況の調査をすることができる。

②　監査委員会が選定する監査委員は、監査委員会の職務を執行するため必要があるときは、指名委員会等設置会社の子会社に対して事業の報告を求め、又はその子会社の業務及び財産の状況の調査をすることができる。

③　前項の子会社は、正当な理由があるときは、同項の報告又は調査を拒むことができる。

④　第1項及び第2項の監査委員は、当該各項の報告の徴収又は調査に関する事項についての監査委員会の決議があるときは、これに従わなければならない。

（取締役会への報告義務）

第406条　監査委員は、執行役又は取締役が不正の行為をし、若しくは当該行為をするおそれがあると認めるとき、又は法令若しくは定款に違反する事実若しくは著しく不当な事実があると認めるときは、遅滞なく、その旨を取締役会に報告しなければならない。

（監査委員による執行役等の行為の差止め）

第407条　監査委員は、執行役又は取締役が指名委員会等設置会社の目的の範囲外の行為その他法令若しくは定款に違反する行為をし、又はこれらの行為をするおそれがある場合において、当該行為によって当該指名委員会等設置会社に著しい損害が生ずるおそれがあるときは、当該執行役又は取締役に対し、当該行為をやめることを請求することができる。

②　前項の場合において、裁判所が仮処分をもって同項の執行役又は取締役に対し、その行為をやめることを命ずるときは、担保を立てさせないものとする。

（指名委員会等設置会社と執行役又は取締役との間の訴えにおける会社の代表等）

第408条　第420条第3項において準用する第349条第4項の規定並びに第353条及び第364条の規定にかかわらず、指名委員会等設置会社が執行役（執行役であった者を含む。以下この条において同じ。）若しくは取締役（取締役であった者を含む。以下この条において同じ。）に対し、又は執行役若しくは取締役が指名委員会等設置会社に対して訴えを提起する場合には、当該訴えについては、次の各号に掲げる場合の区分に応じ、当該各号に定める者が指名委員会等設置会社を代表する。

1　監査委員が当該訴えに係る訴訟の当事

者である場合　取締役会が定める者（株主総会が当該訴えについて指名委員会等設置会社を代表する者を定めた場合にあっては、その者）

2　前号に掲げる場合以外の場合　監査委員会が選定する監査委員

② 前項の規定にかかわらず、執行役又は取締役が指名委員会等設置会社に対して訴えを提起する場合には、監査委員（当該訴えを提起する者であるものを除く。）に対してされた訴状の送達は、当該指名委員会等設置会社に対して効力を有する。

③ 第 420 条第 3 項において準用する第 349 条第 4 項の規定並びに第 353 条及び第 364 条の規定にかかわらず、次の各号に掲げる株式会社が指名委員会等設置会社である場合において、当該各号に定める訴えを提起するときは、当該訴えについては、監査委員会が選定する監査委員が当該指名委員会等設置会社を代表する。

1　株式交換等完全親会社（第 849 条第 2 項第 1 号に規定する株式交換等完全親会社をいう。次項第 1 号及び第 5 項第 3 号において同じ。）その株式交換等完全子会社（第 847 条の 2 第 1 項に規定する株式交換等完全子会社をいう。第 5 項第 3 号において同じ。）の取締役、執行役又は清算人（清算人であった者を含む。以下この条において同じ。）の責任（第 847 条の 2 第 1 項各号に掲げる行為の効力が生じた時までにその原因となった事実が生じたものに限る。）を追及する訴え

2　最終完全親会社等（第 847 条の 3 第 1 項に規定する最終完全親会社等をいう。次項第 2 号及び第 5 項第 4 号において同じ。）その完全子会社等（同条第 2 項第 2 号に規定する完全子会社等をいい、同条第 3 項の規定により当該完全子会社等とみなされるものを含む。第 5 項第 4 号において同じ。）である株式会社の取締役、執行役又は清算人に対する特定責任追及の訴え（同条第 1 項に規定する特定責任追及の訴えをいう。）

④ 第 420 条第 3 項において準用する第 349 条第 4 項の規定にかかわらず、次の各号に掲げる株式会社が指名委員会等設置会社である場合において、当該各号に定める請求をするときは、監査委員会が選定する監査委員が当該指名委員会等設置会社を代表する。

1　株式交換等完全親会社　第 847 条第 1 項の規定による請求（前項第 1 号に規定する訴えの提起の請求に限る。）

2　最終完全親会社等　第 847 条第 1 項の規定による請求（前項第 2 号に規定する特定責任追及の訴えの提起の請求に限る。）

⑤ 第 420 条第 3 項において準用する第 349 条第 4 項の規定にかかわらず、次に掲げる場合には、監査委員が指名委員会等設置会社を代表する。

1　指名委員会等設置会社が第 847 条第 1 項、第 847 条の 2 第 1 項若しくは第 3 項（同条第 4 項及び第 5 項において準用する場合を含む。）又は第 847 条の 3 第 1 項の規定による請求（執行役又は取締役の責任を追及する訴えの提起の請求に限る。）を受ける場合（当該監査委員が当該訴えに係る訴訟の相手方となる場合を除く。）

2　指名委員会等設置会社が第 849 条第 4 項の訴訟告知（執行役又は取締役の責任を追及する訴えに係るものに限る。）並びに第 850 条第 2 項の規定による通知及び催告（執行役又は取締役の責任を追及する訴えに係る訴訟における和解に関するものに限る。）を受ける場合（当該監査委員がこれらの訴えに係る訴訟の当事者である場合を除く。）

3　株式交換等完全親会社である指名委員会等設置会社が第 849 条第 6 項の規定による通知（その株式交換等完全子会社の取締役、執行役又は清算人の責任を追及する訴えに係るものに限る。）を受ける場合

4　最終完全親会社等である指名委員会等設置会社が第 849 条第 7 項の規定による通知（その完全子会社等である株式会社の取締

役、執行役又は清算人の責任を追及する訴えに係るものに限る。）を受ける場合

（報酬委員会による報酬の決定の方法等）

第409条 報酬委員会は、執行役等の個人別の報酬等の内容に係る決定に関する方針を定めなければならない。

② 報酬委員会は、第404条第3項の規定による決定をするには、前項の方針に従わなければならない。

③ 報酬委員会は、次の各号に掲げるものを執行役等の個人別の報酬等とする場合には、その内容として、当該各号に定める事項について決定しなければならない。ただし、会計参与の個人別の報酬等は、第1号に掲げるものでなければならない。

1　額が確定しているもの　個人別の額

2　額が確定していないもの　個人別の具体的な算定方法

3　当該株式会社の募集株式　当該募集株式の数（種類株式発行会社にあっては、募集株式の種類及び種類ごとの数）その他法務省令で定める事項

4　当該株式会社の募集新株予約権　当該募集新株予約権の数その他法務省令で定める事項

5　次のイ又はロに掲げるものと引換えにする払込みに充てるための金銭　当該イ又はロに定める事項

　イ　当該株式会社の募集株式　執行役等が引き受ける当該募集株式の数（種類株式発行会社にあっては、募集株式の種類及び種類ごとの数）その他法務省令で定める事項

　ロ　当該株式会社の募集新株予約権　執行役等が引き受ける当該募集新株予約権の数その他法務省令で定める事項

6　金銭でないもの（当該株式会社の募集株式及び募集新株予約権を除く。）　個人別の具体的な内容〔本項の施行は、令1法70〈1年6月内〉施行日〕

- -

第409条　〔同〕

②　〔同〕

③　〔「について決定しなければ」は、令1法70〈1年6月内〉施行日前までは「を決定しなければ」〕

1・2　〔同〕

3から5まで　〔新設規定〕

3　金銭でないもの　個人別の具体的な内容〔6に繰下げ〕

`1年6月内`

第3款　指名委員会等の運営

（招集権者）

第410条 指名委員会等は、当該指名委員会等の各委員が招集する。

（招集手続等）

第411条 指名委員会等を招集するには、その委員は、指名委員会等の日の1週間（これを下回る期間を取締役会で定めた場合にあっては、その期間）前までに、当該指名委員会等の各委員に対してその通知を発しなければならない。

② 前項の規定にかかわらず、指名委員会等は、当該指名委員会等の委員の全員の同意があるときは、招集の手続を経ることなく開催することができる。

③ 執行役等は、指名委員会等の要求があったときは、当該指名委員会等に出席し、当該指名委員会等が求めた事項について説明をしなければならない。

（指名委員会等の決議）

第412条 指名委員会等の決議は、議決に加わることができるその委員の過半数（これを上回る割合を取締役会で定めた場合にあっては、その割合以上）が出席し、その過半数（これを上回る割合を取締役会で定めた場合にあっては、その割合以上）をもって行う。

② 前項の決議について特別の利害関係を有する委員は、議決に加わることができない。

③ 指名委員会等の議事については、法務省令で定めるところにより、議事録を作成し、議事録が書面をもって作成されているとき

は、出席した委員は、これに署名し、又は記名押印しなければならない。

④　前項の議事録が電磁的記録をもって作成されている場合における当該電磁的記録に記録された事項については、法務省令で定める署名又は記名押印に代わる措置をとらなければならない。

⑤　指名委員会等の決議に参加した委員であって第3項の議事録に異議をとどめないものは、その決議に賛成したものと推定する。

（議事録）

第413条　指名委員会等設置会社は、指名委員会等の日から10年間、前条第3項の議事録をその本店に備え置かなければならない。

②　指名委員会等設置会社の取締役は、次に掲げるものの閲覧及び謄写をすることができる。

　1　前項の議事録が書面をもって作成されているときは、当該書面

　2　前項の議事録が電磁的記録をもって作成されているときは、当該電磁的記録に記録された事項を法務省令で定める方法により表示したもの

③　指名委員会等設置会社の株主は、その権利を行使するため必要があるときは、裁判所の許可を得て、第1項の議事録について前項各号に掲げるものの閲覧又は謄写の請求をすることができる。

④　前項の規定は、指名委員会等設置会社の債権者が委員の責任を追及するため必要があるとき及び親会社社員がその権利を行使するため必要があるときについて準用する。

⑤　裁判所は、第3項（前項において準用する場合を含む。以下この項において同じ。）の請求に係る閲覧又は謄写をすることにより、当該指名委員会等設置会社又はその親会社若しくは子会社に著しい損害を及ぼすおそれがあると認めるときは、第3項の許可をすることができない。

（指名委員会等への報告の省略）

第414条　執行役、取締役、会計参与又は会計監査人が委員の全員に対して指名委員会等に報告すべき事項を通知したときは、当該事項を指名委員会等へ報告することを要しない。

第4款　指名委員会等設置会社の取締役の権限等〔平26法90款名改正〕

（指名委員会等設置会社の取締役の権限）

第415条　指名委員会等設置会社の取締役は、この法律又はこの法律に基づく命令に別段の定めがある場合を除き、指名委員会等設置会社の業務を執行することができない。

（指名委員会等設置会社の取締役会の権限）

第416条　指名委員会等設置会社の取締役会は、第362条の規定にかかわらず、次に掲げる職務を行う。

　1　次に掲げる事項その他指名委員会等設置会社の業務執行の決定

　　イ　経営の基本方針

　　ロ　監査委員会の職務の執行のため必要なものとして法務省令で定める事項

　　ハ　執行役が2人以上ある場合における執行役の職務の分掌及び指揮命令の関係その他の執行役相互の関係に関する事項

　　ニ　次条第2項の規定による取締役会の招集の請求を受ける取締役

　　ホ　執行役の職務の執行が法令及び定款に適合することを確保するための体制その他株式会社の業務並びに当該株式会社及びその子会社から成る企業集団の業務の適正を確保するために必要なものとして法務省令で定める体制の整備

　2　執行役等の職務の執行の監督

②　指名委員会等設置会社の取締役会は、前項第1号イからホまでに掲げる事項を決定しなければならない。

③ 指名委員会等設置会社の取締役会は、第1項各号に掲げる職務の執行を取締役に委任することができない。

④ 指名委員会等設置会社の取締役会は、その決議によって、指名委員会等設置会社の業務執行の決定を執行役に委任することができる。ただし、次に掲げる事項については、この限りでない。

1 第136条又は第137条第1項の決定及び第140条第4項の規定による指定

2 第165条第3項において読み替えて適用する第156条第1項各号に掲げる事項の決定

3 第262条又は第263条第1項の決定

4 第298条第1項各号に掲げる事項の決定

5 株主総会に提出する議案（取締役、会計参与及び会計監査人の選任及び解任並びに会計監査人を再任しないことに関するものを除く。）の内容の決定

6 第348条の2第2項の規定による委託

7 第365条第1項において読み替えて適用する第356条第1項（第419条第2項において読み替えて準用する場合を含む。）の承認

8 第366条第1項ただし書の規定による取締役会を招集する取締役の決定

9 第400条第2項の規定による委員の選定及び第401条第1項の規定による委員の解職

10 第402条第2項の規定による執行役の選任及び第403条第1項の規定による執行役の解任

11 第408条第1項第1号の規定による指名委員会等設置会社を代表する者の決定

12 第420条第1項前段の規定による代表執行役の選定及び同条第2項の規定による代表執行役の解職

13 第426条第1項の規定による定款の定めに基づく第423条第1項の責任の免除

14 補償契約の内容の決定

15 役員等賠償責任保険契約の内容の決定

16 第436条第3項、第441条第3項及び第444条第5項の承認

17 第454条第5項において読み替えて適用する同条第1項の規定により定めなければならないとされる事項の決定

18 第467条第1項各号に掲げる行為に係る契約（当該指名委員会等設置会社の株主総会の決議による承認を要しないものを除く。）の内容の決定

19 合併契約（当該指名委員会等設置会社の株主総会の決議による承認を要しないものを除く。）の内容の決定

20 吸収分割契約（当該指名委員会等設置会社の株主総会の決議による承認を要しないものを除く。）の内容の決定

21 新設分割計画（当該指名委員会等設置会社の株主総会の決議による承認を要しないものを除く。）の内容の決定

22 株式交換契約（当該指名委員会等設置会社の株主総会の決議による承認を要しないものを除く。）の内容の決定

23 株式移転計画の内容の決定

24 株式交付計画（当該指名委員会等設置会社の株主総会の決議による承認を要しないものを除く。）の内容の決定

第416条 〔同〕
②・③ 〔同〕
④ 〔同〕
　1から5まで 〔同〕
　6 〔新設規定〕
　6から12まで 〔7～13に繰下げ〕
　14・15 〔新設規定〕
　13から20まで 〔16～23に繰下げ〕
　24 〔新設規定〕

1年6月内

（指名委員会等設置会社の取締役会の運営）

第417条 指名委員会等設置会社においては、招集権者の定めがある場合であっても、指名委員会等がその委員の中から選定する者は、取締役会を招集することができる。

② 執行役は、前条第1項第1号ニの取締役に対し、取締役会の目的である事項を示して、取締役会の招集を請求することができる。この場合において、当該請求があった日から5日以内に、当該請求があった日から2週間以内の日を取締役会の日とする取締役会の招集の通知が発せられないときは、当該執行役は、取締役会を招集することができる。

③ 指名委員会等がその委員の中から選定する者は、遅滞なく、当該指名委員会等の職務の執行の状況を取締役会に報告しなければならない。

④ 執行役は、3箇月に1回以上、自己の職務の執行の状況を取締役会に報告しなければならない。この場合において、執行役は、代理人（他の執行役に限る。）により当該報告をすることができる。

⑤ 執行役は、取締役会の要求があったときは、取締役会に出席し、取締役会が求めた事項について説明をしなければならない。

第5款　執行役の権限等

（執行役の権限）

第418条　執行役は、次に掲げる職務を行う。

1　第416条第4項の規定による取締役会の決議によって委任を受けた指名委員会等設置会社の業務の執行の決定

2　指名委員会等設置会社の業務の執行

（執行役の監査委員に対する報告義務等）

第419条　執行役は、指名委員会等設置会社に著しい損害を及ぼすおそれのある事実を発見したときは、直ちに、当該事実を監査委員に報告しなければならない。

② 第355条、第356条及び第365条第2項の規定は、執行役について準用する。この場合において、第356条第1項中「株主総会」とあるのは「取締役会」と、第365条第2項中「取締役会設置会社においては、第356条第1項各号」とあるのは「第356条第1項各号」と読み替えるものとする。

③ 第357条の規定は、指名委員会等設置会社については、適用しない。

（代表執行役）

第420条　取締役会は、執行役の中から代表執行役を選定しなければならない。この場合において、執行役が1人のときは、その者が代表執行役に選定されたものとする。

② 代表執行役は、いつでも、取締役会の決議によって解職することができる。

③ 第349条第4項及び第5項の規定は代表執行役について、第352条の規定は民事保全法第56条に規定する仮処分命令により選任された執行役又は代表執行役の職務を代行する者について、第401条第2項から第4項までの規定は代表執行役が欠けた場合又は定款で定めた代表執行役の員数が欠けた場合について、それぞれ準用する。

（表見代表執行役）

第421条　指名委員会等設置会社は、代表執行役以外の執行役に社長、副社長その他指名委員会等設置会社を代表する権限を有するものと認められる名称を付した場合には、当該執行役がした行為について、善意の第三者に対してその責任を負う。

（株主による執行役の行為の差止め）

第422条　6箇月（これを下回る期間を定款で定めた場合にあっては、その期間）前から引き続き株式を有する株主は、執行役が指名委員会等設置会社の目的の範囲外の行為その他法令若しくは定款に違反する行為をし、又はこれらの行為をするおそれがある場合において、当該行為によって当該指名委員会等設置会社に回復することができない損害が生ずるおそれがあるときは、当該執行役に対し、当該行為をやめることを請求することができる。

② 公開会社でない指名委員会等設置会社における前項の規定の適用については、同項中「6箇月（これを下回る期間を定款で定めた場合にあっては、その期間）前から引き続き株式を有する株主」とあるのは、

「株主」とする。

第11節　役員等の損害賠償責任

（役員等の株式会社に対する損害賠償責任）

第**423**条　取締役、会計参与、監査役、執行役又は会計監査人（以下この章において「役員等」という。）は、その任務を怠ったときは、株式会社に対し、これによって生じた損害を賠償する責任を負う。

② 取締役又は執行役が第356条第1項（第419条第2項において準用する場合を含む。以下この項において同じ。）の規定に違反して第356条第1項第1号の取引をしたときは、当該取引によって取締役、執行役又は第三者が得た利益の額は、前項の損害の額と推定する。

③ 第356条第1項第2号又は第3号（これらの規定を第419条第2項において準用する場合を含む。）の取引によって株式会社に損害が生じたときは、次に掲げる取締役又は執行役は、その任務を怠ったものと推定する。

1 第356条第1項（第419条第2項において準用する場合を含む。）の取締役又は執行役

2 株式会社が当該取引をすることを決定した取締役又は執行役

3 当該取引に関する取締役会の承認の決議に賛成した取締役（指名委員会等設置会社においては、当該取引が指名委員会等設置会社と取締役との間の取引又は指名委員会等設置会社と取締役との利益が相反する取引である場合に限る。）

④ 前項の規定は、第356条第1項第2号又は第3号に掲げる場合において、同項の取締役（監査等委員であるものを除く。）が当該取引につき監査等委員会の承認を受けたときは、適用しない。

> 第423条　〔1項中「この章」は、施行日前までは「この節」〕

1年6月内

（株式会社に対する損害賠償責任の免除）

第**424**条　前条第1項の責任は、総株主の同意がなければ、免除することができない。

（責任の一部免除）

第**425**条　前条の規定にかかわらず、第423条第1項の責任は、当該役員等が職務を行うにつき善意でかつ重大な過失がないときは、賠償の責任を負う額から次に掲げる額の合計額（第427条第1項において「最低責任限度額」という。）を控除して得た額を限度として、株主総会（株式会社に最終完全親会社等（第847条の3第1項に規定する最終完全親会社等をいう。以下この節において同じ。）がある場合において、当該責任が特定責任（第847条の3第4項に規定する特定責任をいう。以下この節において同じ。）であるときにあっては、当該株式会社及び当該最終完全親会社等の株主総会。以下この条において同じ。）の決議によって免除することができる。

1 当該役員等がその在職中に株式会社から職務執行の対価として受け、又は受けるべき財産上の利益の1年間当たりの額に相当する額として法務省令で定める方法により算定される額に、次のイからハまでに掲げる役員等の区分に応じ、当該イからハまでに定める数を乗じて得た額

イ 代表取締役又は代表執行役　6

ロ 代表取締役以外の取締役（業務執行取締役等であるものに限る。）又は代表執行役以外の執行役　4

ハ 取締役（イ及びロに掲げるものを除く。）、会計参与、監査役又は会計監査人　2

2 当該役員等が当該株式会社の新株予約権を引き受けた場合（第238条第3項各号に掲げる場合に限る。）における当該新株予約権に関する財産上の利益に相当する額として法務省令で定める方法により算定される額

② 前項の場合には、取締役（株式会社に最終完全親会社等がある場合において、同項の規定により免除しようとする責任が特定責任であるときにあっては、当該株式会社及び当該最終完全親会社等の取締役）は、同項の株主総会において

次に掲げる事項を開示しなければならない。

1 責任の原因となった事実及び賠償の責任を負う額

2 前項の規定により免除することができる額の限度及びその算定の根拠

3 責任を免除すべき理由及び免除額

③ 監査役設置会社、監査等委員会設置会社又は指名委員会等設置会社においては、取締役（これらの会社に最終完全親会社等がある場合において、第1項の規定により免除しようとする責任が特定責任であるときにあっては、当該会社及び当該最終完全親会社等の取締役）は、第423条第1項の責任の免除（取締役（監査等委員又は監査委員であるものを除く。）及び執行役の責任の免除に限る。）に関する議案を株主総会に提出するには、次の各号に掲げる株式会社の区分に応じ、当該各号に定める者の同意を得なければならない。

1 監査役設置会社　監査役（監査役が2人以上ある場合にあっては、各監査役）

2 監査等委員会設置会社　各監査等委員

3 指名委員会等設置会社　各監査委員

④ 第1項の決議があった場合において、株式会社が当該決議後に同項の役員等に対し退職慰労金その他の法務省令で定める財産上の利益を与えるときは、株主総会の承認を受けなければならない。当該役員等が同項第2号の新株予約権を当該決議後に行使し、又は譲渡するときも同様とする。

⑤ 第1項の決議があった場合において、当該役員等が前項の新株予約権を表示する新株予約権証券を所持するときは、当該役員等は、遅滞なく、当該新株予約権証券を株式会社に対し預託しなければならない。この場合において、当該役員等は、同項の譲渡について同項の承認を受けた後でなければ、当該新株予約権証券の返還を求めることができない。

（取締役等による免除に関する定款の定め）

第426条 第424条の規定にかかわらず、監査役設置会社（取締役が2人以上ある場合に限

る。）、監査等委員会設置会社又は指名委員会等設置会社は、第423条第1項の責任について、当該役員等が職務を行うにつき善意でかつ重大な過失がない場合において、責任の原因となった事実の内容、当該役員等の職務の執行の状況その他の事情を勘案して特に必要と認めるときは、前条第1項の規定により免除することができる額を限度として取締役（当該責任を負う取締役を除く。）の過半数の同意（取締役会設置会社にあっては、取締役会の決議）によって免除することができる旨を定款で定めることができる。

② 前条第3項の規定は、定款を変更して前項の規定による定款の定め（取締役（監査等委員又は監査委員であるものを除く。）及び執行役の責任を免除することができる旨の定めに限る。）を設ける議案を株主総会に提出する場合、同項の規定による定款の定めに基づく責任の免除（取締役（監査等委員又は監査委員であるものを除く。）及び執行役の責任の免除に限る。）についての取締役の同意を得る場合及び当該責任の免除に関する議案を取締役会に提出する場合について準用する。この場合において、同条第3項中「取締役（これらの会社に最終完全親会社等がある場合において、第1項の規定により免除しようとする責任が特定責任であるときにあっては、当該会社及び当該最終完全親会社等の取締役）」とあるのは、「取締役」と読み替えるものとする。

③ 第1項の規定による定款の定めに基づいて役員等の責任を免除する旨の同意（取締役会設置会社にあっては、取締役会の決議）を行ったときは、取締役は、遅滞なく、前条第2項各号に掲げる事項及び責任を免除することに異議がある場合には一定の期間内に当該異議を述べるべき旨を公告し、又は株主に通知しなければならない。ただし、当該期間は、1箇月を下ることができない。

④ 公開会社でない株式会社における前項の規定の適用については、同項中「公告し、

又は株主に通知し」とあるのは、「株主に通知し」とする。

⑤ 株式会社に最終完全親会社等がある場合において、第3項の規定による公告又は通知（特定責任の免除に係るものに限る。）がされたときは、当該最終完全親会社等の取締役は、遅滞なく、前条第2項各号に掲げる事項及び責任を免除することに異議がある場合には一定の期間内に当該異議を述べるべき旨を公告し、又は株主に通知しなければならない。ただし、当該期間は、1箇月を下ることができない。

⑥ 公開会社でない最終完全親会社等における前項の規定の適用については、同項中「公告し、又は株主に通知し」とあるのは、「株主に通知し」とする。

⑦ 総株主（第3項の責任を負う役員等であるものを除く。）の議決権の100分の3（これを下回る割合を定款で定めた場合にあっては、その割合）以上の議決権を有する株主が同項の期間内に同項の異議を述べたとき（株式会社に最終完全親会社等がある場合において、第1項の規定による定款の定めに基づき免除しようとする責任が特定責任であるときにあっては、当該株式会社の総株主（第3項の責任を負う役員等であるものを除く。）の議決権の100分の3（これを下回る割合を定款で定めた場合にあっては、その割合）以上の議決権を有する株主又は当該最終完全親会社等の総株主（第3項の責任を負う役員等であるものを除く。）の議決権の100分の3（これを下回る割合を定款で定めた場合にあっては、その割合）以上の議決権を有する株主が第3項又は第5項の期間内に当該各項の異議を述べたとき）は、株式会社は、第1項の規定による定款の定めに基づく免除をしてはならない。

⑧ 前条第4項及び第5項の規定は、第1項の規定による定款の定めに基づき責任を免除した場合について準用する。

（責任限定契約）

第 427 条 第424条の規定にかかわらず、株式会社は、取締役（業務執行取締役等であるものを除く。）、会計参与、監査役又は会計監査人（以下この条及び第911条第3項第25号において「非業務執行取締役等」という。）の第423条第1項の責任について、当該非業務執行取締役等が職務を行うにつき善意でかつ重大な過失がないときは、定款で定めた額の範囲内であらかじめ株式会社が定めた額と最低責任限度額とのいずれか高い額を限度とする旨の契約を非業務執行取締役等と締結することができる旨を定款で定めることができる。

② 前項の契約を締結した非業務執行取締役等が当該株式会社の業務執行取締役等に就任したときは、当該契約は、将来に向かってその効力を失う。

③ 第425条第3項の規定は、定款を変更して第1項の規定による定款の定め（同項に規定する取締役（監査等委員又は監査委員であるものを除く。）と契約を締結することができる旨の定めに限る。）を設ける議案を株主総会に提出する場合について準用する。この場合において、同条第3項中「取締役（これらの会社に最終完全親会社等がある場合において、第1項の規定により免除しようとする責任が特定責任であるときにあっては、当該会社及び当該最終完全親会社等の取締役）」とあるのは、「取締役」と読み替えるものとする。

④ 第1項の契約を締結した株式会社が、当該契約の相手方である非業務執行取締役等が任務を怠ったことにより損害を受けたことを知ったときは、その後最初に招集される株主総会（当該株式会社に最終完全親会社等がある場合において、当該損害が特定責任に係るものであるときにあっては、当該株式会社及び当該最終完全親会社等の株主総会）において次に掲げる事項を開示しなければならない。

1 第425条第2項第1号及び第2号に掲げる事項

2 当該契約の内容及び当該契約を締結した理由

3 第 423 条第 1 項の損害のうち、当該非業務執行取締役等が賠償する責任を負わないとされた額

⑤ 第 425 条第 4 項及び第 5 項の規定は、非業務執行取締役等が第 1 項の契約によって同項に規定する限度を超える部分について損害を賠償する責任を負わないとされた場合について準用する。

(取締役が自己のためにした取引に関する特則)

第 428 条 第 356 条第 1 項第 2 号（第 419 条第 2 項において準用する場合を含む。）の取引（自己のためにした取引に限る。）をした取締役又は執行役の第 423 条第 1 項の責任は、任務を怠ったことが当該取締役又は執行役の責めに帰することができない事由によるものであることをもって免れることができない。

② 前 3 条の規定は、前項の責任については、適用しない。

(役員等の第三者に対する損害賠償責任)

第 429 条 役員等がその職務を行うについて悪意又は重大な過失があったときは、当該役員等は、これによって第三者に生じた損害を賠償する責任を負う。

② 次の各号に掲げる者が、当該各号に定める行為をしたときも、前項と同様とする。ただし、その者が当該行為をすることについて注意を怠らなかったことを証明したときは、この限りでない。

1 取締役及び執行役 次に掲げる行為

イ 株式、新株予約権、社債若しくは新株予約権付社債を引き受ける者の募集をする際に通知しなければならない重要な事項についての虚偽の通知又は当該募集のための当該株式会社の事業その他の事項に関する説明に用いた資料についての虚偽の記載若しくは記録

ロ 計算書類及び事業報告並びにこれらの附属明細書並びに臨時計算書類に記載し、又は記録すべき重要な事項についての虚偽の記載又は記録

ハ 虚偽の登記

ニ 虚偽の公告（第 440 条第 3 項に規定する措置を含む。）

2 会計参与 計算書類及びその附属明細書、臨時計算書類並びに会計参与報告に記載し、又は記録すべき重要な事項についての虚偽の記載又は記録

3 監査役、監査等委員及び監査委員 監査報告に記載し、又は記録すべき重要な事項についての虚偽の記載又は記録

4 会計監査人 会計監査報告に記載し、又は記録すべき重要な事項についての虚偽の記載又は記録

(役員等の連帯責任)

第 430 条 役員等が株式会社又は第三者に生じた損害を賠償する責任を負う場合において、他の役員等も当該損害を賠償する責任を負うときは、これらの者は、連帯債務者とする。

☆第 12 節 補償契約及び役員等のために締結される保険契約

1年6月内

☆（補償契約）

第 430 条の 2 株式会社が、役員等に対して次に掲げる費用等の全部又は一部を当該株式会社が補償することを約する契約（以下この条において「補償契約」という。）の内容の決定をするには、株主総会（取締役会設置会社にあっては、取締役会）の決議によらなければならない。

1 当該役員等が、その職務の執行に関し、法令の規定に違反したことが疑われ、又は責任の追及に係る請求を受けたことに対処するために支出する費用

2 当該役員等が、その職務の執行に関し、第三者に生じた損害を賠償する責任を負う場合における次に掲げる損失

イ 当該損害を当該役員等が賠償することにより生ずる損失

ロ 当該損害の賠償に関する紛争につい

第2編　株式会社

て当事者間に和解が成立したときは、当該役員等が当該和解に基づく金銭を支払うことにより生ずる損失

② 株式会社は、補償契約を締結している場合であっても、当該補償契約に基づき、次に掲げる費用等を補償することができない。

1　前項第1号に掲げる費用のうち通常要する費用の額を超える部分

2　当該株式会社が前項第2号の損害を賠償するとすれば当該役員等が当該株式会社に対して第423条第1項の責任を負う場合には、同号に掲げる損失のうち当該責任に係る部分

3　役員等がその職務を行うにつき悪意又は重大な過失があったことにより前項第2号の責任を負う場合には、同号に掲げる損失の全部

③ 補償契約に基づき第1項第1号に掲げる費用を補償した株式会社が、当該役員等が自己若しくは第三者の不正な利益を図り、又は当該株式会社に損害を加える目的で同号の職務を執行したことを知ったときは、当該役員等に対し、補償した金額に相当する金銭を返還することを請求することができる。

④ 取締役会設置会社においては、補償契約に基づく補償をした取締役及び当該補償を受けた取締役は、遅滞なく、当該補償についての重要な事実を取締役会に報告しなければならない。

⑤ 前項の規定は、執行役について準用する。この場合において、同項中「取締役会設置会社においては、補償契約」とあるのは、「補償契約」と読み替えるものとする。

⑥ 第356条第1項及び第365条第2項（これらの規定を第419条第2項において準用する場合を含む。）、第423条第3項並びに第428条第1項の規定は、株式会社と取締役又は執行役との間の補償契約については、適用しない。

⑦ 民法第108条の規定は、第1項の決議に

よってその内容が定められた前項の補償契約の締結については、適用しない。

☆（役員等のために締結される保険契約）

第430条の3　株式会社が、保険者との間で締結する保険契約のうち役員等がその職務の執行に関し責任を負うこと又は当該責任の追及に係る請求を受けることによって生ずることのある損害を保険者が塡補することを約するものであって、役員等を被保険者とするもの（当該保険契約を締結することにより被保険者である役員等の職務の執行の適正性が著しく損なわれるおそれがないものとして法務省令で定めるものを除く。第3項ただし書において「役員等賠償責任保険契約」という。）の内容の決定をするには、株主総会（取締役会設置会社にあっては、取締役会）の決議によらなければならない。

② 第356条第1項及び第365条第2項（これらの規定を第419条第2項において準用する場合を含む。）並びに第423条第3項の規定は、株式会社が保険者との間で締結する保険契約のうち役員等がその職務の執行に関し責任を負うこと又は当該責任の追及に係る請求を受けることによって生ずることのある損害を保険者が塡補することを約するものであって、取締役又は執行役を被保険者とするものの締結については、適用しない。

③ 民法第108条の規定は、前項の保険契約の締結については、適用しない。ただし、当該契約が役員等賠償責任保険契約である場合には、第1項の決議によってその内容が定められたときに限る。

第5章　計算等

第1節　会計の原則

第431条　株式会社の会計は、一般に公正妥当と認められる企業会計の慣行に従うものとする。

第2節　会計帳簿等

第1款　会計帳簿

（会計帳簿の作成及び保存）

第432条　株式会社は、法務省令で定めるところにより、適時に、正確な会計帳簿を作成しなければならない。

②　株式会社は、会計帳簿の閉鎖の時から10年間、その会計帳簿及びその事業に関する重要な資料を保存しなければならない。

（会計帳簿の閲覧等の請求）

第433条　総株主（株主総会において決議をすることができる事項の全部につき議決権を行使することができない株主を除く。）の議決権の100分の3（これを下回る割合を定款で定めた場合にあっては、その割合）以上の議決権を有する株主又は発行済株式（自己株式を除く。）の100分の3（これを下回る割合を定款で定めた場合にあっては、その割合）以上の数の株式を有する株主は、株式会社の営業時間内は、いつでも、次に掲げる請求をすることができる。この場合においては、当該請求の理由を明らかにしてしなければならない。

1　会計帳簿又はこれに関する資料が書面をもって作成されているときは、当該書面の閲覧又は謄写の請求

2　会計帳簿又はこれに関する資料が電磁的記録をもって作成されているときは、当該電磁的記録に記録された事項を法務省令で定める方法により表示したものの閲覧又は謄写の請求

②　前項の請求があったときは、株式会社は、次のいずれかに該当すると認められる場合を除き、これを拒むことができない。

1　当該請求を行う株主（以下この項において「請求者」という。）がその権利の確保又は行使に関する調査以外の目的で請求を行ったとき。

2　請求者が当該株式会社の業務の遂行を妨げ、株主の共同の利益を害する目的で

請求を行ったとき。

3　請求者が当該株式会社の業務と実質的に競争関係にある事業を営み、又はこれに従事するものであるとき。

4　請求者が会計帳簿又はこれに関する資料の閲覧又は謄写によって知り得た事実を利益を得て第三者に通報するため請求したとき。

5　請求者が、過去2年以内において、会計帳簿又はこれに関する資料の閲覧又は謄写によって知り得た事実を利益を得て第三者に通報したことがあるものであるとき。

③　株式会社の親会社社員は、その権利を行使するため必要があるときは、裁判所の許可を得て、会計帳簿又はこれに関する資料について第1項各号に掲げる請求をすることができる。この場合においては、当該請求の理由を明らかにしてしなければならない。

④　前項の親会社社員について第2項各号のいずれかに規定する事由があるときは、裁判所は、前項の許可をすることができない。

（会計帳簿の提出命令）

第434条　裁判所は、申立てにより又は職権で、訴訟の当事者に対し、会計帳簿の全部又は一部の提出を命ずることができる。

第2款　計算書類等

（計算書類等の作成及び保存）

第435条　株式会社は、法務省令で定めるところにより、その成立の日における貸借対照表を作成しなければならない。

②　株式会社は、法務省令で定めるところにより、各事業年度に係る計算書類（貸借対照表、損益計算書その他株式会社の財産及び損益の状況を示すために必要かつ適当なものとして法務省令で定めるものをいう。以下この章において同じ。）及び事業報告並びにこれらの附属明細書を作成しなければならない。

③　計算書類及び事業報告並びにこれらの附

属明細書は、電磁的記録をもって作成する
ことができる。

④　株式会社は、計算書類を作成した時から
10 年間、当該計算書類及びその附属明細
書を保存しなければならない。

（計算書類等の監査等）

第 **436** 条　監査役設置会社（監査役の監査の範
囲を会計に関するものに限定する旨の定款の定め
がある株式会社を含み、会計監査人設置会社を除
く。）においては、前条第 2 項の計算書類
及び事業報告並びにこれらの附属明細書は、
法務省令で定めるところにより、監査役の
監査を受けなければならない。

②　会計監査人設置会社においては、次の各
号に掲げるものは、法務省令で定めるとこ
ろにより、当該各号に定める者の監査を受
けなければならない。

　1　前条第 2 項の計算書類及びその附属明
細書　監査役（監査等委員会設置会社にあっ
ては監査等委員会、指名委員会等設置会社にあ
っては監査委員会）及び会計監査人

　2　前条第 2 項の事業報告及びその附属明
細書　監査役（監査等委員会設置会社にあっ
ては監査等委員会、指名委員会等設置会社にあ
っては監査委員会）

③　取締役会設置会社においては、前条第 2
項の計算書類及び事業報告並びにこれらの
附属明細書（第 1 項又は前項の規定の適用があ
る場合にあっては、第 1 項又は前項の監査を受け
たもの）は、取締役会の承認を受けなけれ
ばならない。

（計算書類等の株主への提供）

第 **437** 条　取締役会設置会社においては、取
締役は、定時株主総会の招集の通知に際し
て、法務省令で定めるところにより、株主
に対し、前条第 3 項の承認を受けた計算書
類及び事業報告（同条第 1 項又は第 2 項の規定
の適用がある場合にあっては、監査報告又は会計
監査報告を含む。）を提供しなければならな
い。

（計算書類等の定時株主総会への提出等）

第 **438** 条　次の各号に掲げる株式会社におい
ては、取締役は、当該各号に定める計算書
類及び事業報告を定時株主総会に提出し、
又は提供しなければならない。

　1　第 436 条第 1 項に規定する監査役設置
会社（取締役会設置会社を除く。）　第 436
条第 1 項の監査を受けた計算書類及び事
業報告

　2　会計監査人設置会社（取締役会設置会社
を除く。）　第 436 条第 2 項の監査を受け
た計算書類及び事業報告

　3　取締役会設置会社　第 436 条第 3 項の
承認を受けた計算書類及び事業報告

　4　前 3 号に掲げるもの以外の株式会社
第 435 条第 2 項の計算書類及び事業報告

②　前項の規定により提出され、又は提供さ
れた計算書類は、定時株主総会の承認を受
けなければならない。

③　取締役は、第 1 項の規定により提出され、
又は提供された事業報告の内容を定時株主
総会に報告しなければならない。

（会計監査人設置会社の特則）

第 **439** 条　会計監査人設置会社については、
第 436 条第 3 項の承認を受けた計算書類が
法令及び定款に従い株式会社の財産及び損
益の状況を正しく表示しているものとして
法務省令で定める要件に該当する場合には、
前条第 2 項の規定は、適用しない。この場
合においては、取締役は、当該計算書類の
内容を定時株主総会に報告しなければなら
ない。

（計算書類の公告）

第 **440** 条　株式会社は、法務省令で定めると
ころにより、定時株主総会の終結後遅滞な
く、貸借対照表（大会社にあっては、貸借対照
表及び損益計算書）を公告しなければならな
い。

②　前項の規定にかかわらず、その公告方法
が第 939 条第 1 項第 1 号又は第 2 号に掲げ
る方法である株式会社は、前項に規定する

第 2 編　株式会社

貸借対照表の要旨を公告することで足りる。

③　前項の株式会社は、法務省令で定めるところにより、定時株主総会の終結後遅滞なく、第1項に規定する貸借対照表の内容である情報を、定時株主総会の終結の日後5年を経過する日までの間、継続して電磁的方法により不特定多数の者が提供を受けることができる状態に置く措置をとることができる。この場合においては、前2項の規定は、適用しない。

④　金融商品取引法第24条第1項の規定により有価証券報告書を内閣総理大臣に提出しなければならない株式会社については、前3項の規定は、適用しない。

（臨時計算書類）

第441条　株式会社は、最終事業年度の直後の事業年度に属する一定の日（以下この項において「臨時決算日」という。）における当該株式会社の財産の状況を把握するため、法務省令で定めるところにより、次に掲げるもの（以下「臨時計算書類」という。）を作成することができる。

1　臨時決算日における貸借対照表

2　臨時決算日の属する事業年度の初日から臨時決算日までの期間に係る損益計算書

②　第436条第1項に規定する監査役設置会社又は会計監査人設置会社においては、臨時計算書類は、法務省令で定めるところにより、監査役又は会計監査人（監査等委員会設置会社にあっては監査等委員会及び会計監査人、指名委員会等設置会社にあっては監査委員会及び会計監査人）の監査を受けなければならない。

③　取締役会設置会社においては、臨時計算書類（前項の規定の適用がある場合にあっては、同項の監査を受けたもの）は、取締役会の承認を受けなければならない。

④　次の各号に掲げる株式会社においては、当該各号に定める臨時計算書類は、株主総会の承認を受けなければならない。ただし、臨時計算書類が法令及び定款に従い株式会

社の財産及び損益の状況を正しく表示しているものとして法務省令で定める要件に該当する場合は、この限りでない。

1　第436条第1項に規定する監査役設置会社又は会計監査人設置会社（いずれも取締役会設置会社を除く。）　第2項の監査を受けた臨時計算書類

2　取締役会設置会社　前項の承認を受けた臨時計算書類

3　前2号に掲げるもの以外の株式会社　第1項の臨時計算書類

（計算書類等の備置き及び閲覧等）

第442条　株式会社は、次の各号に掲げるもの（以下この条において「計算書類等」という。）を、当該各号に定める期間、その本店に備え置かなければならない。

1　各事業年度に係る計算書類及び事業報告並びにこれらの附属明細書（第436条第1項又は第2項の規定の適用がある場合にあっては、監査報告又は会計監査報告を含む。）　定時株主総会の日の1週間（取締役会設置会社にあっては、2週間）前の日（第319条第1項の場合にあっては、同項の提案があった日）から5年間

2　臨時計算書類（前条第2項の規定の適用がある場合にあっては、監査報告又は会計監査報告を含む。）　臨時計算書類を作成した日から5年間

②　株式会社は、次の各号に掲げる計算書類等の写しを、当該各号に定める期間、その支店に備え置かなければならない。ただし、計算書類等が電磁的記録で作成されている場合であって、支店における次項第3号及び第4号に掲げる請求に応じることを可能とするための措置として法務省令で定めるものをとっているときは、この限りでない。

1　前項第1号に掲げる計算書類等　定時株主総会の日の1週間（取締役会設置会社にあっては、2週間）前の日（第319条第1項の場合にあっては、同項の提案があった日）から3年間

第2編　株式会社

　　2　前項第2号に掲げる計算書類等　同号の臨時計算書類を作成した日から3年間
③　株主及び債権者は、株式会社の営業時間内は、いつでも、次に掲げる請求をすることができる。ただし、第2号又は第4号に掲げる請求をするには、当該株式会社の定めた費用を支払わなければならない。
　　1　計算書類等が書面をもって作成されているときは、当該書面又は当該書面の写しの閲覧の請求
　　2　前号の書面の謄本又は抄本の交付の請求
　　3　計算書類等が電磁的記録をもって作成されているときは、当該電磁的記録に記録された事項を法務省令で定める方法により表示したものの閲覧の請求
　　4　前号の電磁的記録に記録された事項を電磁的方法であって株式会社の定めたものにより提供することの請求又はその事項を記載した書面の交付の請求
④　株式会社の親会社社員は、その権利を行使するため必要があるときは、裁判所の許可を得て、当該株式会社の計算書類等について前項各号に掲げる請求をすることができる。ただし、同項第2号又は第4号に掲げる請求をするには、当該株式会社の定めた費用を支払わなければならない。

（計算書類等の提出命令）
第443条　裁判所は、申立てにより又は職権で、訴訟の当事者に対し、計算書類及びその附属明細書の全部又は一部の提出を命ずることができる。

第3款　連結計算書類

第444条　会計監査人設置会社は、法務省令で定めるところにより、各事業年度に係る連結計算書類（当該会計監査人設置会社及びその子会社から成る企業集団の財産及び損益の状況を示すために必要かつ適当なものとして法務省令で定めるものをいう。以下同じ。）を作成することができる。

②　連結計算書類は、電磁的記録をもって作成することができる。
③　事業年度の末日において大会社であって金融商品取引法第24条第1項の規定により有価証券報告書を内閣総理大臣に提出しなければならないものは、当該事業年度に係る連結計算書類を作成しなければならない。
④　連結計算書類は、法務省令で定めるところにより、監査役（監査等委員会設置会社にあっては監査等委員会、指名委員会等設置会社にあっては監査委員会）及び会計監査人の監査を受けなければならない。
⑤　会計監査人設置会社が取締役会設置会社である場合には、前項の監査を受けた連結計算書類は、取締役会の承認を受けなければならない。
⑥　会計監査人設置会社が取締役会設置会社である場合には、取締役は、定時株主総会の招集の通知に際して、法務省令で定めるところにより、株主に対し、前項の承認を受けた連結計算書類を提供しなければならない。
⑦　次の各号に掲げる会計監査人設置会社においては、取締役は、当該各号に定める連結計算書類を定時株主総会に提出し、又は提供しなければならない。この場合において、当該各号に定める連結計算書類の内容及び第4項の監査の結果を定時株主総会に報告しなければならない。
　　1　取締役会設置会社である会計監査人設置会社　第5項の承認を受けた連結計算書類
　　2　前号に掲げるもの以外の会計監査人設置会社　第4項の監査を受けた連結計算書類

第3節　資本金の額等

第1款　総則

（資本金の額及び準備金の額）

第445条　株式会社の資本金の額は、この法律に別段の定めがある場合を除き、設立又は株式の発行に際して株主となる者が当該株式会社に対して払込み又は給付をした財産の額とする。

② 前項の払込み又は給付に係る額の2分の1を超えない額は、資本金として計上しないことができる。

③ 前項の規定により資本金として計上しないこととした額は、資本準備金として計上しなければならない。

④ 剰余金の配当をする場合には、株式会社は、法務省令で定めるところにより、当該剰余金の配当により減少する剰余金の額に10分の1を乗じて得た額を資本準備金又は利益準備金（以下「準備金」と総称する。）として計上しなければならない。

⑤ 合併、吸収分割、新設分割、株式交換、株式移転又は株式交付に際して資本金又は準備金として計上すべき額については、法務省令で定める。

⑥ 定款又は株主総会の決議による第361条第1項第3号、第4号若しくは第5号ロに掲げる事項についての定め又は報酬委員会による第409条第3項第3号、第4号若しくは第5号ロに定める事項についての決定に基づく株式の発行により資本金又は準備金として計上すべき額については、法務省令で定める。

> 第445条　〔同〕
> ②から④まで　〔同〕
> ⑤ 合併、吸収分割、新設分割、株式交換又は株式移転に際して資本金又は準備金として計上すべき額については、法務省令で定める。
> ⑥ 〔新設規定〕

`1年6月内`

（剰余金の額）

第446条　株式会社の剰余金の額は、第1号から第4号までに掲げる額の合計額から第5号から第7号までに掲げる額の合計額を減じて得た額とする。

1　最終事業年度の末日におけるイ及びロに掲げる額の合計額からハからホまでに掲げる額の合計額を減じて得た額
　イ　資産の額
　ロ　自己株式の帳簿価額の合計額
　ハ　負債の額
　ニ　資本金及び準備金の額の合計額
　ホ　ハ及びニに掲げるもののほか、法務省令で定める各勘定科目に計上した額の合計額

2　最終事業年度の末日後に自己株式の処分をした場合における当該自己株式の対価の額から当該自己株式の帳簿価額を控除して得た額

3　最終事業年度の末日後に資本金の額の減少をした場合における当該減少額（次条第1項第2号の額を除く。）

4　最終事業年度の末日後に準備金の額の減少をした場合における当該減少額（第448条第1項第2号の額を除く。）

5　最終事業年度の末日後に第178条第1項の規定により自己株式の消却をした場合における当該自己株式の帳簿価額

6　最終事業年度の末日後に剰余金の配当をした場合における次に掲げる額の合計額
　イ　第454条第1項第1号の配当財産の帳簿価額の総額（同条第4項第1号に規定する金銭分配請求権を行使した株主に割り当てた当該配当財産の帳簿価額を除く。）
　ロ　第454条第4項第1号に規定する金銭分配請求権を行使した株主に交付した金銭の額の合計額
　ハ　第456条に規定する基準未満株式の株主に支払った金銭の額の合計額

7　前2号に掲げるもののほか、法務省令

で定める各勘定科目に計上した額の合計額

第2款　資本金の額の減少等

第1目　資本金の額の減少等

（資本金の額の減少）

第447条　株式会社は、資本金の額を減少することができる。この場合においては、株主総会の決議によって、次に掲げる事項を定めなければならない。

1　減少する資本金の額

2　減少する資本金の額の全部又は一部を準備金とするときは、その旨及び準備金とする額

3　資本金の額の減少がその効力を生ずる日

② 前項第1号の額は、同項第3号の日における資本金の額を超えてはならない。

③ 株式会社が株式の発行と同時に資本金の額を減少する場合において、当該資本金の額の減少の効力が生ずる日後の資本金の額が当該日前の資本金の額を下回らないときにおける第1項の規定の適用については、同項中「株主総会の決議」とあるのは、「取締役の決定（取締役会設置会社にあっては、取締役会の決議）」とする。

（準備金の額の減少）

第448条　株式会社は、準備金の額を減少することができる。この場合においては、株主総会の決議によって、次に掲げる事項を定めなければならない。

1　減少する準備金の額

2　減少する準備金の額の全部又は一部を資本金とするときは、その旨及び資本金とする額

3　準備金の額の減少がその効力を生ずる日

② 前項第1号の額は、同項第3号の日における準備金の額を超えてはならない。

③ 株式会社が株式の発行と同時に準備金の

額を減少する場合において、当該準備金の額の減少の効力が生ずる日後の準備金の額が当該日前の準備金の額を下回らないときにおける第1項の規定の適用については、同項中「株主総会の決議」とあるのは、「取締役の決定（取締役会設置会社にあっては、取締役会の決議）」とする。

（債権者の異議）

第449条　株式会社が資本金又は準備金（以下この条において「資本金等」という。）の額を減少する場合（減少する準備金の額の全部を資本金とする場合を除く。）には、当該株式会社の債権者は、当該株式会社に対し、資本金等の額の減少について異議を述べることができる。ただし、準備金の額のみを減少する場合であって、次のいずれにも該当するときは、この限りでない。

1　定時株主総会において前条第1項各号に掲げる事項を定めること。

2　前条第1項第1号の額が前号の定時株主総会の日（第439条前段に規定する場合にあっては、第436条第3項の承認があった日）における欠損の額として法務省令で定める方法により算定される額を超えないこと。

② 前項の規定により株式会社の債権者が異議を述べることができる場合には、当該株式会社は、次に掲げる事項を官報に公告し、かつ、知れている債権者には、各別にこれを催告しなければならない。ただし、第3号の期間は、1箇月を下ることができない。

1　当該資本金等の額の減少の内容

2　当該株式会社の計算書類に関する事項として法務省令で定めるもの

3　債権者が一定の期間内に異議を述べることができる旨

③ 前項の規定にかかわらず、株式会社が同項の規定による公告を、官報のほか、第939条第1項の規定による定款の定めに従い、同項第2号又は第3号に掲げる公告方法によりするときは、前項の規定による各

別の催告は、することを要しない。

④ 債権者が第2項第3号の期間内に異議を述べなかったときは、当該債権者は、当該資本金等の額の減少について承認をしたものとみなす。

⑤ 債権者が第2項第3号の期間内に異議を述べたときは、株式会社は、当該債権者に対し、弁済し、若しくは相当の担保を提供し、又は当該債権者に弁済を受けさせることを目的として信託会社等（信託会社及び信託業務を営む金融機関（金融機関の信託業務の兼営等に関する法律（昭和18年法律第43号）第1条第1項の認可を受けた金融機関をいう。）をいう。以下同じ。）に相当の財産を信託しなければならない。ただし、当該資本金等の額の減少をしても当該債権者を害するおそれがないときは、この限りでない。

⑥ 次の各号に掲げるものは、当該各号に定める日にその効力を生ずる。ただし、第2項から前項までの規定による手続が終了していないときは、この限りでない。

　1　資本金の額の減少　第447条第1項第3号の日

　2　準備金の額の減少　前条第1項第3号の日

⑦ 株式会社は、前項各号に定める日前は、いつでも当該日を変更することができる。

第2目　資本金の額の増加等

（資本金の額の増加）

第450条　株式会社は、剰余金の額を減少して、資本金の額を増加することができる。この場合においては、次に掲げる事項を定めなければならない。

　1　減少する剰余金の額

　2　資本金の額の増加がその効力を生ずる日

② 前項各号に掲げる事項の決定は、株主総会の決議によらなければならない。

③ 第1項第1号の額は、同項第2号の日における剰余金の額を超えてはならない。

（準備金の額の増加）

第451条　株式会社は、剰余金の額を減少して、準備金の額を増加することができる。この場合においては、次に掲げる事項を定めなければならない。

　1　減少する剰余金の額

　2　準備金の額の増加がその効力を生ずる日

② 前項各号に掲げる事項の決定は、株主総会の決議によらなければならない。

③ 第1項第1号の額は、同項第2号の日における剰余金の額を超えてはならない。

第3目　剰余金についてのその他の処分

第452条　株式会社は、株主総会の決議によって、損失の処理、任意積立金の積立てその他の剰余金の処分（前目に定めるもの及び剰余金の配当その他株式会社の財産を処分するものを除く。）をすることができる。この場合においては、当該剰余金の処分の額その他の法務省令で定める事項を定めなければならない。

第4節　剰余金の配当

（株主に対する剰余金の配当）

第453条　株式会社は、その株主（当該株式会社を除く。）に対し、剰余金の配当をすることができる。

（剰余金の配当に関する事項の決定）

第454条　株式会社は、前条の規定による剰余金の配当をしようとするときは、その都度、株主総会の決議によって、次に掲げる事項を定めなければならない。

　1　配当財産の種類（当該株式会社の株式等を除く。）及び帳簿価額の総額

　2　株主に対する配当財産の割当てに関する事項

　3　当該剰余金の配当がその効力を生ずる日

② 前項に規定する場合において、剰余金の

配当について内容の異なる２以上の種類の株式を発行しているときは、株式会社は、当該種類の株式の内容に応じ、同項第２号に掲げる事項として、次に掲げる事項を定めることができる。

1　ある種類の株式の株主に対して配当財産の割当てをしないこととするときは、その旨及び当該株式の種類

2　前号に掲げる事項のほか、配当財産の割当てについて株式の種類ごとに異なる取扱いを行うこととするときは、その旨及び当該異なる取扱いの内容

③　第１項第２号に掲げる事項についての定めは、株主（当該株式会社及び前項第１号の種類の株式の株主を除く。）の有する株式の数（前項第２号に掲げる事項についての定めがある場合にあっては、各種類の株式の数）に応じて配当財産を割り当てることを内容とするものでなければならない。

④　配当財産が金銭以外の財産であるときは、株式会社は、株主総会の決議によって、次に掲げる事項を定めることができる。ただし、第１号の期間の末日は、第１項第３号の日以前の日でなければならない。

1　株主に対して金銭分配請求権（当該配当財産に代えて金銭を交付することを株式会社に対して請求する権利をいう。以下この章において同じ。）を与えるときは、その旨及び金銭分配請求権を行使することができる期間

2　一定の数未満の数の株式を有する株主に対して配当財産の割当てをしないこととするときは、その旨及びその数

⑤　取締役会設置会社は、１事業年度の途中において１回に限り取締役会の決議によって剰余金の配当（配当財産が金銭であるものに限る。以下この項において「中間配当」という。）をすることができる旨を定款で定めることができる。この場合における中間配当についての第１項の規定の適用については、同項中「株主総会」とあるのは、「取締役会」

とする。

（金銭分配請求権の行使）

第 455 条　前条第４項第１号に規定する場合には、株式会社は、同号の期間の末日の20日前までに、株主に対し、同号に掲げる事項を通知しなければならない。

②　株式会社は、金銭分配請求権を行使した株主に対し、当該株主が割当てを受けた配当財産に代えて、当該配当財産の価額に相当する金銭を支払わなければならない。この場合においては、次の各号に掲げる場合の区分に応じ、当該各号に定める額をもって当該配当財産の価額とする。

1　当該配当財産が市場価格のある財産である場合　当該配当財産の市場価格として法務省令で定める方法により算定される額

2　前号に掲げる場合以外の場合　株式会社の申立てにより裁判所が定める額

（基準株式数を定めた場合の処理）

第 456 条　第 454 条第４項第２号の数（以下この条において「基準株式数」という。）を定めた場合には、株式会社は、基準株式数に満たない数の株式（以下この条において「基準未満株式」という。）を有する株主に対し、前条第２項後段の規定の例により基準株式数の株式を有する株主が割当てを受けた配当財産の価額として定めた額に当該基準未満株式の数の基準株式数に対する割合を乗じて得た額に相当する金銭を支払わなければならない。

（配当財産の交付の方法等）

第 457 条　配当財産（第 455 条第２項の規定により支払う金銭及び前条の規定により支払う金銭を含む。以下この条において同じ。）は、株主名簿に記載し、又は記録した株主（登録株式質権者を含む。以下この条において同じ。）の住所又は株主が株式会社に通知した場所（第３項において「住所等」という。）において、これを交付しなければならない。

②　前項の規定による配当財産の交付に要す

る費用は、株式会社の負担とする。ただし、株主の責めに帰すべき事由によってその費用が増加したときは、その増加額は、株主の負担とする。

③ 前2項の規定は、日本に住所等を有しない株主に対する配当財産の交付については、適用しない。

（適用除外）

第458条 第453条から前条までの規定は、株式会社の純資産額が300万円を下回る場合には、適用しない。

第5節 剰余金の配当等を決定する機関の特則

（剰余金の配当等を取締役会が決定する旨の定款の定め）

第459条 会計監査人設置会社（取締役（監査等委員会設置会社にあっては、監査等委員である取締役以外の取締役）の任期の末日が選任後1年以内に終了する事業年度のうち最終のものに関する定時株主総会の終結の日後の日であるもの及び監査役設置会社であって監査役会設置会社でないものを除く。）は、次に掲げる事項を取締役会（第2号に掲げる事項については第436条第3項の取締役会に限る。）が定めることができる旨を定款で定めることができる。

1 第160条第1項の規定による決定をする場合以外の場合における第156条第1項各号に掲げる事項

2 第449条第1項第2号に該当する場合における第448条第1項第1号及び第3号に掲げる事項

3 第452条後段の事項

4 第454条第1項各号及び同条第4項各号に掲げる事項。ただし、配当財産が金銭以外の財産であり、かつ、株主に対して金銭分配請求権を与えないこととする場合を除く。

② 前項の規定による定款の定めは、最終事業年度に係る計算書類が法令及び定款に従い株式会社の財産及び損益の状況を正しく表示しているものとして法務省令で定める要件に該当する場合に限り、その効力を有する。

③ 第1項の規定による定款の定めがある場合における第449条第1項第1号の規定の適用については、同号中「定時株主総会」とあるのは、「定時株主総会又は第436条第3項の取締役会」とする。

（株主の権利の制限）

第460条 前条第1項の規定による定款の定めがある場合には、株式会社は、同項各号に掲げる事項を株主総会の決議によっては定めない旨を定款で定めることができる。

② 前項の規定による定款の定めは、最終事業年度に係る計算書類が法令及び定款に従い株式会社の財産及び損益の状況を正しく表示しているものとして法務省令で定める要件に該当する場合に限り、その効力を有する。

第6節 剰余金の配当等に関する責任

（配当等の制限）

第461条 次に掲げる行為により株主に対して交付する金銭等（当該株式会社の株式を除く。以下この節において同じ。）の帳簿価額の総額は、当該行為がその効力を生ずる日における分配可能額を超えてはならない。

1 第138条第1号ハ又は第2号ハの請求に応じて行う当該株式会社の株式の買取り

2 第156条第1項の規定による決定に基づく当該株式会社の株式の取得（第163条に規定する場合又は第165条第1項に規定する場合における当該株式会社による株式の取得に限る。）

3 第157条第1項の規定による決定に基づく当該株式会社の株式の取得

4 第173条第1項の規定による当該株式会社の株式の取得

5 第176条第1項の規定による請求に基

づく当該株式会社の株式の買取り

6　第197条第3項の規定による当該株式
会社の株式の買取り

7　第234条第4項（第235条第2項において
準用する場合を含む。）の規定による当該株
式会社の株式の買取り

8　剰余金の配当

② 前項に規定する「分配可能額」とは、第
1号及び第2号に掲げる額の合計額から第
3号から第6号までに掲げる額の合計額を
減じて得た額をいう（以下この節において同
じ。）。

1　剰余金の額

2　臨時計算書類につき第441条第4項の
承認（同項ただし書に規定する場合にあって
は、同条第3項の承認）を受けた場合にお
ける次に掲げる額

イ　第441条第1項第2号の期間の利益
の額として法務省令で定める各勘定科
目に計上した額の合計額

ロ　第441条第1項第2号の期間内に自
己株式を処分した場合における当該自
己株式の対価の額

3　自己株式の帳簿価額

4　最終事業年度の末日後に自己株式を処
分した場合における当該自己株式の対価
の額

5　第2号に規定する場合における第441
条第1項第2号の期間の損失の額として
法務省令で定める各勘定科目に計上した
額の合計額

6　前3号に掲げるもののほか、法務省令
で定める各勘定科目に計上した額の合計
額

（剰余金の配当等に関する責任）

第462条　前条第1項の規定に違反して株式
会社が同項各号に掲げる行為をした場合に
は、当該行為により金銭等の交付を受けた
者並びに当該行為に関する職務を行った業
務執行者（業務執行取締役（指名委員会等設置会
社にあっては、執行役。以下この項において同

じ。）その他当該業務執行取締役の行う業務の執行
に職務上関与した者として法務省令で定めるもの
をいう。以下この節において同じ。）及び当該行
為が次の各号に掲げるものである場合にお
ける当該各号に定める者は、当該株式会社
に対し、連帯して、当該金銭等の交付を受
けた者が交付を受けた金銭等の帳簿価額に
相当する金銭を支払う義務を負う。

1　前条第1項第2号に掲げる行為　次に
掲げる者

イ　第156条第1項の規定による決定に
係る株主総会の決議があった場合（当
該決議によって定められた同項第2号の金銭
等の総額が当該決議の日における分配可能額
を超える場合に限る。）における当該株主
総会に係る総会議案提案取締役（当該
株主総会に議案を提案した取締役として法務
省令で定めるものをいう。以下この項におい
て同じ。）

ロ　第156条第1項の規定による決定に
係る取締役会の決議があった場合（当
該決議によって定められた同項第2号の金銭
等の総額が当該決議の日における分配可能額
を超える場合に限る。）における当該取締
役会に係る取締役会議案提案取締役
（当該取締役会に議案を提案した取締役（指
名委員会等設置会社にあっては、取締役又は
執行役）として法務省令で定めるものをい
う。以下この項において同じ。）

2　前条第1項第3号に掲げる行為　次に
掲げる者

イ　第157条第1項の規定による決定に
係る株主総会の決議があった場合（当
該決議によって定められた同項第3号の総額
が当該決議の日における分配可能額を超える
場合に限る。）における当該株主総会に
係る総会議案提案取締役

ロ　第157条第1項の規定による決定に
係る取締役会の決議があった場合（当
該決議によって定められた同項第3号の総額
が当該決議の日における分配可能額を超える

場合に限る。）における当該取締役会に係る取締役会議案提案取締役

3　前条第1項第4号に掲げる行為　第171条第1項の株主総会（当該株主総会の決議によって定められた同項第1号に規定する取得対価の総額が当該決議の日における分配可能額を超える場合における当該株主総会に限る。）に係る総会議案提案取締役

4　前条第1項第6号に掲げる行為　次に掲げる者

イ　第197条第3項後段の規定による決定に係る株主総会の決議があった場合（当該決議によって定められた同項第2号の総額が当該決議の日における分配可能額を超える場合に限る。）における当該株主総会に係る総会議案提案取締役

ロ　第197条第3項後段の規定による決定に係る取締役会の決議があった場合（当該決議によって定められた同項第2号の総額が当該決議の日における分配可能額を超える場合に限る。）における当該取締役会に係る取締役会議案提案取締役

5　前条第1項第7号に掲げる行為　次に掲げる者

イ　第234条第4項後段（第235条第2項において準用する場合を含む。）の規定による決定に係る株主総会の決議があった場合（当該決議によって定められた第234条第4項第2号（第235条第2項において準用する場合を含む。）の総額が当該決議の日における分配可能額を超える場合に限る。）における当該株主総会に係る総会議案提案取締役

ロ　第234条第4項後段（第235条第2項において準用する場合を含む。）の規定による決定に係る取締役会の決議があった場合（当該決議によって定められた第234条第4項第2号（第235条第2項において準用する場合を含む。）の総額が当該決議の日における分配可能額を超える場合に限る。）における当該取締役会に係る取締役会

議案提案取締役

6　前条第1項第8号に掲げる行為　次に掲げる者

イ　第454条第1項の規定による決定に係る株主総会の決議があった場合（当該決議によって定められた配当財産の帳簿価額が当該決議の日における分配可能額を超える場合に限る。）における当該株主総会に係る総会議案提案取締役

ロ　第454条第1項の規定による決定に係る取締役会の決議があった場合（当該決議によって定められた配当財産の帳簿価額が当該決議の日における分配可能額を超える場合に限る。）における当該取締役会に係る取締役会議案提案取締役

② 　前項の規定にかかわらず、業務執行者及び同項各号に定める者は、その職務を行うについて注意を怠らなかったことを証明したときは、同項の義務を負わない。

③ 　第1項の規定により業務執行者及び同項各号に定める者の負う義務は、免除することができない。ただし、前条第1項各号に掲げる行為の時における分配可能額を限度として当該義務を免除することについて総株主の同意がある場合は、この限りでない。

（株主に対する求償権の制限等）

第463条　前条第1項に規定する場合において、株式会社が第461条第1項各号に掲げる行為により株主に対して交付した金銭等の帳簿価額の総額が当該行為がその効力を生じた日における分配可能額を超えることにつき善意の株主は、当該株主が交付を受けた金銭等について、前条第1項の金銭を支払った業務執行者及び同項各号に定める者からの求償の請求に応ずる義務を負わない。

② 　前項に規定する場合には、株式会社の債権者は、同項の規定により義務を負う株主に対し、その交付を受けた金銭等の帳簿価額（当該額が当該債権者の株式会社に対して有する債権額を超える場合にあっては、当該債

権額）に相当する金銭を支払わせることができる。

（買取請求に応じて株式を取得した場合の責任）

第464条 株式会社が第116条第1項又は第182条の4第1項の規定による請求に応じて株式を取得する場合において、当該請求をした株主に対して支払った金銭の額が当該支払の日における分配可能額を超えるときは、当該株式の取得に関する職務を行った業務執行者は、株式会社に対し、連帯して、その超過額を支払う義務を負う。ただし、その者がその職務を行うについて注意を怠らなかったことを証明した場合は、この限りでない。

② 前項の義務は、総株主の同意がなければ、免除することができない。

（欠損が生じた場合の責任）

第465条 株式会社が次の各号に掲げる行為をした場合において、当該行為をした日の属する事業年度（その事業年度の直前の事業年度が最終事業年度でないときは、その事業年度の直前の事業年度）に係る計算書類につき第438条第2項の承認（第439条前段に規定する場合にあっては、第436条第3項の承認）を受けた時における第461条第2項第3号、第4号及び第6号に掲げる額の合計額が同項第1号に掲げる額を超えるときは、当該各号に掲げる行為に関する職務を行った業務執行者は、当該株式会社に対し、連帯して、その超過額（当該超過額が当該各号に定める額を超える場合にあっては、当該各号に定める額）を支払う義務を負う。ただし、当該業務執行者がその職務を行うについて注意を怠らなかったことを証明した場合は、この限りでない。

1 第138条第1号ハ又は第2号ハの請求に応じて行う当該株式会社の株式の買取り 当該株式の買取りにより株主に対して交付した金銭等の帳簿価額の総額

2 第156条第1項の規定による決定に基づく当該株式会社の株式の取得（第163条に規定する場合又は第165条第1項に規定する場合における当該株式会社による株式の取得に限る。） 当該株式の取得により株主に対して交付した金銭等の帳簿価額の総額

3 第157条第1項の規定による決定に基づく当該株式会社の株式の取得 当該株式の取得により株主に対して交付した金銭等の帳簿価額の総額

4 第167条第1項の規定による当該株式会社の株式の取得 当該株式の取得により株主に対して交付した金銭等の帳簿価額の総額

5 第170条第1項の規定による当該株式会社の株式の取得 当該株式の取得により株主に対して交付した金銭等の帳簿価額の総額

6 第173条第1項の規定による当該株式会社の株式の取得 当該株式の取得により株主に対して交付した金銭等の帳簿価額の総額

7 第176条第1項の規定による請求に基づく当該株式会社の株式の買取り 当該株式の買取りにより株主に対して交付した金銭等の帳簿価額の総額

8 第197条第3項の規定による当該株式会社の株式の買取り 当該株式の買取りにより株主に対して交付した金銭等の帳簿価額の総額

9 次のイ又はロに掲げる規定による当該株式会社の株式の買取り 当該株式の買取りにより当該イ又はロに定める者に対して交付した金銭等の帳簿価額の総額
　イ 第234条第4項 同条第1項各号に定める者
　ロ 第235条第2項において準用する第234条第4項 株主

10 剰余金の配当（次のイからハまでに掲げるものを除く。） 当該剰余金の配当についての第446条第6号イからハまでに掲げる額の合計額

イ　定時株主総会（第439条前段に規定する
場合にあっては、定時株主総会又は第436条
第3項の取締役会）において第454条第
1項各号に掲げる事項を定める場合に
おける剰余金の配当

ロ　第447条第1項各号に掲げる事項を
定めるための株主総会において第454
条第1項各号に掲げる事項を定める場
合（同項第1号の額（第456条の規定により
基準未満株式の株主に支払う金銭があるとき
は、その額を合算した額）が第447条第1項
第1号の額を超えない場合であって、同項第
2号に掲げる事項についての定めがない場合
に限る。）における剰余金の配当

ハ　第448条第1項各号に掲げる事項を
定めるための株主総会において第454
条第1項各号に掲げる事項を定める場
合（同項第1号の額（第456条の規定により
基準未満株式の株主に支払う金銭があるとき
は、その額を合算した額）が第448条第1項
第1号の額を超えない場合であって、同項第
2号に掲げる事項についての定めがない場合
に限る。）における剰余金の配当

② 前項の義務は、総株主の同意がなければ、
免除することができない。

第6章　定款の変更

第466条　株式会社は、その成立後、株主総
会の決議によって、定款を変更することが
できる。

第7章　事業の譲渡等

（事業譲渡等の承認等）

第467条　株式会社は、次に掲げる行為をす
る場合には、当該行為がその効力を生ずる
日（以下この章において「効力発生日」という。）
の前日までに、株主総会の決議によって、
当該行為に係る契約の承認を受けなければ
ならない。

1　事業の全部の譲渡

2　事業の重要な一部の譲渡（当該譲渡によ

り譲り渡す資産の帳簿価額が当該株式会社の総
資産額として法務省令で定める方法により算定
される額の5分の1（これを下回る割合を定款
で定めた場合にあっては、その割合）を超えな
いものを除く。）

2の2　その子会社の株式又は持分の全部
又は一部の譲渡（次のいずれにも該当する場
合における譲渡に限る。）

イ　当該譲渡により譲り渡す株式又は持
分の帳簿価額が当該株式会社の総資産
額として法務省令で定める方法により
算定される額の5分の1（これを下回る
割合を定款で定めた場合にあっては、その割
合）を超えるとき。

ロ　当該株式会社が、効力発生日におい
て当該子会社の議決権の総数の過半数
の議決権を有しないとき。

3　他の会社（外国会社その他の法人を含む。
次条において同じ。）の事業の全部の譲受け

4　事業の全部の賃貸、事業の全部の経営
の委任、他人と事業上の損益の全部を共
通にする契約その他これらに準ずる契約
の締結、変更又は解約

5　当該株式会社（第25条第1項各号に掲げ
る方法により設立したものに限る。以下この号
において同じ。）の成立後2年以内におけ
るその成立前から存在する財産であって
その事業のために継続して使用するもの
の取得。ただし、イに掲げる額のロに掲
げる額に対する割合が5分の1（これを下
回る割合を当該株式会社の定款で定めた場合に
あっては、その割合）を超えない場合を除
く。

イ　当該財産の対価として交付する財産
の帳簿価額の合計額

ロ　当該株式会社の純資産額として法務
省令で定める方法により算定される額

② 前項第3号に掲げる行為をする場合にお
いて、当該行為をする株式会社が譲り受け
る資産に当該株式会社の株式が含まれると
きは、取締役は、同項の株主総会において、

第2編　株式会社

当該株式に関する事項を説明しなければならない。

（事業譲渡等の承認を要しない場合）

第 468 条 前条の規定は、同条第 1 項第 1 号から第 4 号までに掲げる行為（以下この章において「事業譲渡等」という。）に係る契約の相手方が当該事業譲渡等をする株式会社の特別支配会社（ある株式会社の総株主の議決権の 10 分の 9（これを上回る割合を当該株式会社の定款で定めた場合にあっては、その割合）以上を他の会社及び当該他の会社が発行済株式の全部を有する株式会社その他これに準ずるものとして法務省令で定める法人が有している場合における当該他の会社をいう。以下同じ。）である場合には、適用しない。

② 前条の規定は、同条第 1 項第 3 号に掲げる行為をする場合において、第 1 号に掲げる額の第 2 号に掲げる額に対する割合が 5 分の 1（これを下回る割合を定款で定めた場合にあっては、その割合）を超えないときは、適用しない。

1 当該他の会社の事業の全部の対価として交付する財産の帳簿価額の合計額

2 当該株式会社の純資産額として法務省令で定める方法により算定される額

③ 前項に規定する場合において、法務省令で定める数の株式（前条第 1 項の株主総会において議決権を行使することができるものに限る。）を有する株主が次条第 3 項の規定による通知又は同条第 4 項の公告の日から 2 週間以内に前条第 1 項第 3 号に掲げる行為に反対する旨を当該行為をする株式会社に対し通知したときは、当該株式会社は、効力発生日の前日までに、株主総会の決議によって、当該行為に係る契約の承認を受けなければならない。

（反対株主の株式買取請求）

第 469 条 事業譲渡等をする場合（次に掲げる場合を除く。）には、反対株主は、事業譲渡等をする株式会社に対し、自己の有する株式を公正な価格で買い取ることを請求することができる。

1 第 467 条第 1 項第 1 号に掲げる行為をする場合において、同項の株主総会の決議と同時に第 471 条第 3 号の株主総会の決議がされたとき。

2 前条第 2 項に規定する場合（同条第 3 項に規定する場合を除く。）

② 前項に規定する「反対株主」とは、次の各号に掲げる場合における当該各号に定める株主をいう。

1 事業譲渡等をするために株主総会（種類株主総会を含む。）の決議を要する場合 次に掲げる株主

イ 当該株主総会に先立って当該事業譲渡等に反対する旨を当該株式会社に対し通知し、かつ、当該株主総会において当該事業譲渡等に反対した株主（当該株主総会において議決権を行使することができるものに限る。）

ロ 当該株主総会において議決権を行使することができない株主

2 前号に規定する場合以外の場合 全ての株主（前条第 1 項に規定する場合における当該特別支配会社を除く。）

③ 事業譲渡等をしようとする株式会社は、効力発生日の 20 日前までに、その株主（前条第 1 項に規定する場合における当該特別支配会社を除く。）に対し、事業譲渡等をする旨（第 467 条第 2 項に規定する場合にあっては、同条第 1 項第 3 号に掲げる行為をする旨及び同条第 2 項の株式に関する事項）を通知しなければならない。

④ 次に掲げる場合には、前項の規定による通知は、公告をもってこれに代えることができる。

1 事業譲渡等をする株式会社が公開会社である場合

2 事業譲渡等をする株式会社が第 467 条第 1 項の株主総会の決議によって事業譲渡等に係る契約の承認を受けた場合

⑤ 第 1 項の規定による請求（以下この章にお

いて「株式買取請求」という。）は、効力発生日の20日前の日から効力発生日の前日までの間に、その株式買取請求に係る株式の数（種類株式発行会社にあっては、株式の種類及び種類ごとの数）を明らかにしてしなければならない。

⑥　株券が発行されている株式について株式買取請求をしようとするときは、当該株式の株主は、事業譲渡等をする株式会社に対し、当該株式に係る株券を提出しなければならない。ただし、当該株券について第223条の規定による請求をした者については、この限りでない。

⑦　株式買取請求をした株主は、事業譲渡等をする株式会社の承諾を得た場合に限り、その株式買取請求を撤回することができる。

⑧　事業譲渡等を中止したときは、株式買取請求は、その効力を失う。

⑨　第133条の規定は、株式買取請求に係る株式については、適用しない。

（株式の価格の決定等）
第470条　株式買取請求があった場合において、株式の価格の決定について、株主と事業譲渡等をする株式会社との間に協議が調ったときは、当該株式会社は、効力発生日から60日以内にその支払をしなければならない。

②　株式の価格の決定について、効力発生日から30日以内に協議が調わないときは、株主又は前項の株式会社は、その期間の満了の日後30日以内に、裁判所に対し、価格の決定の申立てをすることができる。

③　前条第7項の規定にかかわらず、前項に規定する場合において、効力発生日から60日以内に同項の申立てがないときは、その期間の満了後は、株主は、いつでも、株式買取請求を撤回することができる。

④　第1項の株式会社は、裁判所の決定した価格に対する同項の期間の満了の日後の法定利率による利息をも支払わなければならない。

⑤　第1項の株式会社は、株式の価格の決定があるまでは、株主に対し、当該株式会社が公正な価格と認める額を支払うことができる。

⑥　株式買取請求に係る株式の買取りは、効力発生日に、その効力を生ずる。

⑦　株券発行会社は、株券が発行されている株式について株式買取請求があったときは、株券と引換えに、その株式買取請求に係る株式の代金を支払わなければならない。

第8章　解散

（解散の事由）
第471条　株式会社は、次に掲げる事由によって解散する。
1　定款で定めた存続期間の満了
2　定款で定めた解散の事由の発生
3　株主総会の決議
4　合併（合併により当該株式会社が消滅する場合に限る。）
5　破産手続開始の決定
6　第824条第1項又は第833条第1項の規定による解散を命ずる裁判

（休眠会社のみなし解散）
第472条　休眠会社（株式会社であって、当該株式会社に関する登記が最後にあった日から12年を経過したものをいう。以下この条において同じ。）は、法務大臣が休眠会社に対し2箇月以内に法務省令で定めるところによりその本店の所在地を管轄する登記所に事業を廃止していない旨の届出をすべき旨を官報に公告した場合において、その届出をしないときは、その2箇月の期間の満了の時に、解散したものとみなす。ただし、当該期間内に当該休眠会社に関する登記がされたときは、この限りでない。

②　登記所は、前項の規定による公告があったときは、休眠会社に対し、その旨の通知を発しなければならない。

（株式会社の継続）
第473条　株式会社は、第471条第1号から

第3号までに掲げる事由によって解散した場合（前条第1項の規定により解散したものとみなされた場合を含む。）には、次章の規定による清算が結了するまで（同項の規定により解散したものとみなされた場合にあっては、解散したものとみなされた後3年以内に限る。）、株主総会の決議によって、株式会社を継続することができる。

（解散した株式会社の合併等の制限）

第474条 株式会社が解散した場合には、当該株式会社は、次に掲げる行為をすることができない。

　1　合併（合併により当該株式会社が存続する場合に限る。）

　2　吸収分割による他の会社がその事業に関して有する権利義務の全部又は一部の承継

第9章　清算

第1節　総則

第1款　清算の開始

（清算の開始原因）

第475条 株式会社は、次に掲げる場合には、この章の定めるところにより、清算をしなければならない。

　1　解散した場合（第471条第4号に掲げる事由によって解散した場合及び破産手続開始の決定により解散した場合であって当該破産手続が終了していない場合を除く。）

　2　設立の無効の訴えに係る請求を認容する判決が確定した場合

　3　株式移転の無効の訴えに係る請求を認容する判決が確定した場合

（清算株式会社の能力）

第476条 前条の規定により清算をする株式会社（以下「清算株式会社」という。）は、清算の目的の範囲内において、清算が結了するまではなお存続するものとみなす。

第2款　清算株式会社の機関

第1目　株主総会以外の機関の設置

第477条 清算株式会社には、1人又は2人以上の清算人を置かなければならない。

② 清算株式会社は、定款の定めによって、清算人会、監査役又は監査役会を置くことができる。

③ 監査役会を置く旨の定款の定めがある清算株式会社は、清算人会を置かなければならない。

④ 第475条各号に掲げる場合に該当することとなった時において公開会社又は大会社であった清算株式会社は、監査役を置かなければならない。

⑤ 第475条各号に掲げる場合に該当することとなった時において監査等委員会設置会社であった清算株式会社であって、前項の規定の適用があるものにおいては、監査等委員である取締役が監査役となる。

⑥ 第475条各号に掲げる場合に該当することとなった時において指名委員会等設置会社であった清算株式会社であって、第4項の規定の適用があるものにおいては、監査委員が監査役となる。

⑦ 第4章第2節の規定は、清算株式会社については、適用しない。

第2目　清算人の就任及び解任並びに監査役の退任

（清算人の就任）

第478条 次に掲げる者は、清算株式会社の清算人となる。

　1　取締役（次号又は第3号に掲げる者がある場合を除く。）

　2　定款で定める者

　3　株主総会の決議によって選任された者

② 前項の規定により清算人となる者がないときは、裁判所は、利害関係人の申立てに

より、清算人を選任する。

③ 前 2 項の規定にかかわらず、第 471 条第 6 号に掲げる事由によって解散した清算株式会社については、裁判所は、利害関係人若しくは法務大臣の申立てにより又は職権で、清算人を選任する。

④ 第 1 項及び第 2 項の規定にかかわらず、第 475 条第 2 号又は第 3 号に掲げる場合に該当することとなった清算株式会社については、裁判所は、利害関係人の申立てにより、清算人を選任する。

⑤ 第 475 条各号に掲げる場合に該当することとなった時において監査等委員会設置会社であった清算株式会社における第 1 項第 1 号の規定の適用については、同号中「取締役」とあるのは、「監査等委員である取締役以外の取締役」とする。

⑥ 第 475 条各号に掲げる場合に該当することとなった時において指名委員会等設置会社であった清算株式会社における第 1 項第 1 号の規定の適用については、同号中「取締役」とあるのは、「監査委員以外の取締役」とする。

⑦ 第 335 条第 3 項の規定にかかわらず、第 475 条各号に掲げる場合に該当することとなった時において監査等委員会設置会社又は指名委員会等設置会社であった清算株式会社である監査役会設置会社においては、監査役は、3 人以上で、そのうち半数以上は、次に掲げる要件のいずれにも該当するものでなければならない。

　1　その就任の前 10 年間当該監査等委員会設置会社若しくは指名委員会等設置会社又はその子会社の取締役（社外取締役を除く。）、会計参与（会計参与が法人であるときは、その職務を行うべき社員。次号において同じ。）若しくは執行役又は支配人その他の使用人であったことがないこと。

　2　その就任の前 10 年内のいずれかの時において当該監査等委員会設置会社若しくは指名委員会等設置会社又はその子会

社の社外取締役又は監査役であったことがある者にあっては、当該社外取締役又は監査役への就任の前 10 年間当該監査等委員会設置会社若しくは指名委員会等設置会社又はその子会社の取締役（社外取締役を除く。）、会計参与若しくは執行役又は支配人その他の使用人であったことがないこと。

　3　第 2 条第 16 号ハからホまでに掲げる要件

⑧ 第 330 条、第 331 条第 1 項及び第 331 条の 2 の規定は清算人について、第 331 条第 5 項の規定は清算人会設置会社（清算人会を置く清算株式会社又はこの法律の規定により清算人会を置かなければならない清算株式会社をいう。以下同じ。）について、それぞれ準用する。この場合において、同項中「取締役は」とあるのは、「清算人は」と読み替えるものとする。

> 第 478 条　〔8 項中「、第 331 条第 1 項及び第 331 条の 2」「第 331 条第 5 項」は、施行日前まではそれぞれ「及び第 331 条第 1 項」「同条第 5 項」〕

1 年 6 月内

（清算人の解任）

第 **479** 条　清算人（前条第 2 項から第 4 項までの規定により裁判所が選任したものを除く。）は、いつでも、株主総会の決議によって解任することができる。

② 重要な事由があるときは、裁判所は、次に掲げる株主の申立てにより、清算人を解任することができる。

　1　総株主（次に掲げる株主を除く。）の議決権の 100 分の 3 （これを下回る割合を定款で定めた場合にあっては、その割合）以上の議決権を 6 箇月（これを下回る期間を定款で定めた場合にあっては、その期間）前から引き続き有する株主（次に掲げる株主を除く。）

　　イ　清算人を解任する旨の議案について議決権を行使することができない株主

　　ロ　当該申立てに係る清算人である株主

　2　発行済株式（次に掲げる株主の有する株式

を除く。）の 100 分の 3（これを下回る割合を定款で定めた場合にあっては、その割合）以上の数の株式を 6 箇月（これを下回る期間を定款で定めた場合にあっては、その期間）前から引き続き有する株主（次に掲げる株主を除く。）

　イ　当該清算株式会社である株主

　ロ　当該申立てに係る清算人である株主

③　公開会社でない清算株式会社における前項各号の規定の適用については、これらの規定中「6 箇月（これを下回る期間を定款で定めた場合にあっては、その期間）前から引き続き有する」とあるのは、「有する」とする。

④　第 346 条第 1 項から第 3 項までの規定は、清算人について準用する。

（監査役の退任）

第 480 条　清算株式会社の監査役は、当該清算株式会社が次に掲げる定款の変更をした場合には、当該定款の変更の効力が生じた時に退任する。

　1　監査役を置く旨の定款の定めを廃止する定款の変更

　2　監査役の監査の範囲を会計に関するものに限定する旨の定款の定めを廃止する定款の変更

②　第 336 条の規定は、清算株式会社の監査役については、適用しない。

第３目　清算人の職務等

（清算人の職務）

第 481 条　清算人は、次に掲げる職務を行う。

　1　現務の結了

　2　債権の取立て及び債務の弁済

　3　残余財産の分配

（業務の執行）

第 482 条　清算人は、清算株式会社（清算人会設置会社を除く。以下この条において同じ。）の業務を執行する。

②　清算人が 2 人以上ある場合には、清算株式会社の業務は、定款に別段の定めがある

場合を除き、清算人の過半数をもって決定する。

③　前項の場合には、清算人は、次に掲げる事項についての決定を各清算人に委任することができない。

　1　支配人の選任及び解任

　2　支店の設置、移転及び廃止

　3　第 298 条第 1 項各号（第 325 条において準用する場合を含む。）に掲げる事項

　4　清算人の職務の執行が法令及び定款に適合することを確保するための体制その他清算株式会社の業務の適正を確保するために必要なものとして法務省令で定める体制の整備

④　第 353 条から第 357 条（第 3 項を除く。）まで、第 360 条並びに第 361 条第 1 項及び第 4 項の規定は、清算人（同条の規定については、第 478 条第 2 項から第 4 項までの規定により裁判所が選任したものを除く。）について準用する。この場合において、第 353 条中「第 349 条第 4 項」とあるのは「第 483 条第 6 項において準用する第 349 条第 4 項」と、第 354 条中「代表取締役」とあるのは「代表清算人（第 483 条第 1 項に規定する代表清算人をいう。）」と、第 360 条第 3 項中「監査役設置会社、監査等委員会設置会社又は指名委員会等設置会社」とあるのは「監査役設置会社」と読み替えるものとする。

（清算株式会社の代表）

第 483 条　清算人は、清算株式会社を代表する。ただし、他に代表清算人（清算株式会社を代表する清算人をいう。以下同じ。）その他清算株式会社を代表する者を定めた場合は、この限りでない。

②　前項本文の清算人が 2 人以上ある場合には、清算人は、各自、清算株式会社を代表する。

③　清算株式会社（清算人会設置会社を除く。）は、定款、定款の定めに基づく清算人（第 478 条第 2 項から第 4 項までの規定により裁判所が

選任したものを除く。以下この項において同じ。）の互選又は株主総会の決議によって、清算人の中から代表清算人を定めることができる。

④ 第478条第1項第1号の規定により取締役が清算人となる場合において、代表取締役を定めていたときは、当該代表取締役が代表清算人となる。

⑤ 裁判所は、第478条第2項から第4項までの規定により清算人を選任する場合には、その清算人の中から代表清算人を定めることができる。

⑥ 第349条第4項及び第5項並びに第351条の規定は代表清算人について、第352条の規定は民事保全法第56条に規定する仮処分命令により選任された清算人又は代表清算人の職務を代行する者について、それぞれ準用する。

（清算株式会社についての破産手続の開始）

第484条 清算株式会社の財産がその債務を完済するのに足りないことが明らかになったときは、清算人は、直ちに破産手続開始の申立てをしなければならない。

② 清算人は、清算株式会社が破産手続開始の決定を受けた場合において、破産管財人にその事務を引き継いだときは、その任務を終了したものとする。

③ 前項に規定する場合において、清算株式会社が既に債権者に支払い、又は株主に分配したものがあるときは、破産管財人は、これを取り戻すことができる。

（裁判所の選任する清算人の報酬）

第485条 裁判所は、第478条第2項から第4項までの規定により清算人を選任した場合には、清算株式会社が当該清算人に対して支払う報酬の額を定めることができる。

（清算人の清算株式会社に対する損害賠償責任）

第486条 清算人は、その任務を怠ったときは、清算株式会社に対し、これによって生じた損害を賠償する責任を負う。

② 清算人が第482条第4項において準用する第356条第1項の規定に違反して同項第1号の取引をしたときは、当該取引により清算人又は第三者が得た利益の額は、前項の損害の額と推定する。

③ 第482条第4項において準用する第356条第1項第2号又は第3号の取引によって清算株式会社に損害が生じたときは、次に掲げる清算人は、その任務を怠ったものと推定する。

1 第482条第4項において準用する第356条第1項の清算人

2 清算株式会社が当該取引をすることを決定した清算人

3 当該取引に関する清算人会の承認の決議に賛成した清算人

④ 第424条及び第428条第1項の規定は、清算人の第1項の責任について準用する。この場合において、同条第1項中「第356条第1項第2号（第419条第2項において準用する場合を含む。）」とあるのは、「第482条第4項において準用する第356条第1項第2号」と読み替えるものとする。

（清算人の第三者に対する損害賠償責任）

第487条 清算人がその職務を行うについて悪意又は重大な過失があったときは、当該清算人は、これによって第三者に生じた損害を賠償する責任を負う。

② 清算人が、次に掲げる行為をしたときも、前項と同様とする。ただし、当該清算人が当該行為をすることについて注意を怠らなかったことを証明したときは、この限りでない。

1 株式、新株予約権、社債若しくは新株予約権付社債を引き受ける者の募集をする際に通知しなければならない重要な事項についての虚偽の通知又は当該募集のための当該清算株式会社の事業その他の事項に関する説明に用いた資料についての虚偽の記載若しくは記録

2 第492条第1項に規定する財産目録等

並びに第 494 条第 1 項の貸借対照表及び事務報告並びにこれらの附属明細書に記載し、又は記録すべき重要な事項についての虚偽の記載又は記録

3　虚偽の登記

4　虚偽の公告

（清算人及び監査役の連帯責任）

第 488 条　清算人又は監査役が清算株式会社又は第三者に生じた損害を賠償する責任を負う場合において、他の清算人又は監査役も当該損害を賠償する責任を負うときは、これらの者は、連帯債務者とする。

②　前項の場合には、第 430 条の規定は、適用しない。

第 4 目　清算人会

（清算人会の権限等）

第 489 条　清算人会は、全ての清算人で組織する。

②　清算人会は、次に掲げる職務を行う。

1　清算人会設置会社の業務執行の決定

2　清算人の職務の執行の監督

3　代表清算人の選定及び解職

③　清算人会は、清算人の中から代表清算人を選定しなければならない。ただし、他に代表清算人があるときは、この限りでない。

④　清算人会は、その選定した代表清算人及び第 483 条第 4 項の規定により代表清算人となった者を解職することができる。

⑤　第 483 条第 5 項の規定により裁判所が代表清算人を定めたときは、清算人会は、代表清算人を選定し、又は解職することができない。

⑥　清算人会は、次に掲げる事項その他の重要な業務執行の決定を清算人に委任することができない。

1　重要な財産の処分及び譲受け

2　多額の借財

3　支配人その他の重要な使用人の選任及び解任

4　支店その他の重要な組織の設置、変更

及び廃止

5　第 676 条第 1 号に掲げる事項その他の社債を引き受ける者の募集に関する重要な事項として法務省令で定める事項

6　清算人の職務の執行が法令及び定款に適合することを確保するための体制その他清算株式会社の業務の適正を確保するために必要なものとして法務省令で定める体制の整備

⑦　次に掲げる清算人は、清算人会設置会社の業務を執行する。

1　代表清算人

2　代表清算人以外の清算人であって、清算人会の決議によって清算人会設置会社の業務を執行する清算人として選定されたもの

⑧　第 363 条第 2 項、第 364 条及び第 365 条の規定は、清算人会設置会社について準用する。この場合において、第 363 条第 2 項中「前項各号」とあるのは「第 489 条第 7 項各号」と、「取締役は」とあるのは「清算人は」と、「取締役会」とあるのは「清算人会」と、第 364 条中「第 353 条」とあるのは「第 482 条第 4 項において準用する第 353 条」と、「取締役会は」とあるのは「清算人会は」と、第 365 条第 1 項中「第 356 条」とあるのは「第 482 条第 4 項において準用する第 356 条」と、「「取締役会」とあるのは「「清算人会」と、同条第 2 項中「第 356 条第 1 項各号」とあるのは「第 482 条第 4 項において準用する第 356 条第 1 項各号」と、「取締役は」とあるのは「清算人は」と、「取締役会に」とあるのは「清算人会に」と読み替えるものとする。

（清算人会の運営）

第 490 条　清算人会は、各清算人が招集する。ただし、清算人会を招集する清算人を定款又は清算人会で定めたときは、その清算人が招集する。

②　前項ただし書に規定する場合には、同項ただし書の規定により定められた清算人

（以下この項において「招集権者」という。）以外の清算人は、招集権者に対し、清算人会の目的である事項を示して、清算人会の招集を請求することができる。

③　前項の規定による請求があった日から5日以内に、その請求があった日から2週間以内の日を清算人会の日とする清算人会の招集の通知が発せられない場合には、その請求をした清算人は、清算人会を招集することができる。

④　第367条及び第368条の規定は、清算人会設置会社における清算人会の招集について準用する。この場合において、第367条第1項中「監査役設置会社、監査等委員会設置会社及び指名委員会等設置会社」とあるのは「監査役設置会社」と、「取締役が」とあるのは「清算人が」と、同条第2項中「取締役（前条第1項ただし書に規定する場合にあっては、招集権者）」とあるのは「清算人（第490条第1項ただし書に規定する場合にあっては、同条第2項に規定する招集権者）」と、同条第3項及び第4項中「前条第3項」とあるのは「第490条第3項」と、第368条第1項中「各取締役」とあるのは「各清算人」と、同条第2項中「取締役（」とあるのは「清算人（」と、「取締役及び」とあるのは「清算人及び」と読み替えるものとする。

⑤　第369条から第371条までの規定は、清算人会設置会社における清算人会の決議について準用する。この場合において、第369条第1項中「取締役の」とあるのは「清算人の」と、同条第2項中「取締役」とあるのは「清算人」と、同条第3項中「取締役及び」とあるのは「清算人及び」と、同条第5項中「取締役であって」とあるのは「清算人であって」と、第370条中「取締役が」とあるのは「清算人が」と、「取締役（」とあるのは「清算人（」と、第371条第3項中「監査役設置会社、監査等委員会設置会社又は指名委員会等設置会社」とあるのは「監査役設置会社」と、同条第4項中「役員又は執行役」とあるのは「清算人又は監査役」と読み替えるものとする。

⑥　第372条第1項及び第2項の規定は、清算人会設置会社における清算人会への報告について準用する。この場合において、同条第1項中「取締役、会計参与、監査役又は会計監査人」とあるのは「清算人又は監査役」と、「取締役（」とあるのは「清算人（」と、「取締役及び」とあるのは「清算人及び」と、同条第2項中「第363条第2項」とあるのは「第489条第8項において準用する第363条第2項」と読み替えるものとする。

第5目　取締役等に関する規定の適用

第491条　清算株式会社については、第2章（第155条を除く。）、第3章、第4章第1節、第335条第2項、第343条第1項及び第2項、第345条第4項において準用する同条第3項、第359条、同章第7節及び第8節並びに第7章の規定中取締役、代表取締役、取締役会又は取締役会設置会社に関する規定は、それぞれ清算人、代表清算人、清算人会又は清算人会設置会社に関する規定として清算人、代表清算人、清算人会又は清算人会設置会社に適用があるものとする。

第3款　財産目録等

（財産目録等の作成等）

第492条　清算人（清算人会設置会社にあっては、第489条第7項各号に掲げる清算人）は、その就任後遅滞なく、清算株式会社の財産の現況を調査し、法務省令で定めるところにより、第475条各号に掲げる場合に該当することとなった日における財産目録及び貸借対照表（以下この条及び次条において「財産目録等」という。）を作成しなければならない。

②　清算人会設置会社においては、財産目録

右側余白：

等は、清算人会の承認を受けなければならない。

③ 清算人は、財産目録等（前項の規定の適用がある場合にあっては、同項の承認を受けたもの）を株主総会に提出し、又は提供し、その承認を受けなければならない。

④ 清算株式会社は、財産目録等を作成した時からその本店の所在地における清算結了の登記の時までの間、当該財産目録等を保存しなければならない。

（財産目録等の提出命令）

第493条 裁判所は、申立てにより又は職権で、訴訟の当事者に対し、財産目録等の全部又は一部の提出を命ずることができる。

（貸借対照表等の作成及び保存）

第494条 清算株式会社は、法務省令で定めるところにより、各清算事務年度（第475条各号に掲げる場合に該当することとなった日の翌日又はその後毎年その日に応当する日（応当する日がない場合にあっては、その前日）から始まる各1年の期間をいう。）に係る貸借対照表及び事務報告並びにこれらの附属明細書を作成しなければならない。

② 前項の貸借対照表及び事務報告並びにこれらの附属明細書は、電磁的記録をもって作成することができる。

③ 清算株式会社は、第1項の貸借対照表を作成した時からその本店の所在地における清算結了の登記の時までの間、当該貸借対照表及びその附属明細書を保存しなければならない。

（貸借対照表等の監査等）

第495条 監査役設置会社（監査役の監査の範囲を会計に関するものに限定する旨の定款の定めがある株式会社を含む。）においては、前条第1項の貸借対照表及び事務報告並びにこれらの附属明細書は、法務省令で定めるところにより、監査役の監査を受けなければならない。

② 清算人会設置会社においては、前条第1項の貸借対照表及び事務報告並びにこれら

の附属明細書（前項の規定の適用がある場合にあっては、同項の監査を受けたもの）は、清算人会の承認を受けなければならない。

（貸借対照表等の備置き及び閲覧等）

第496条 清算株式会社は、第494条第1項に規定する各清算事務年度に係る貸借対照表及び事務報告並びにこれらの附属明細書（前条第1項の規定の適用がある場合にあっては、監査報告を含む。以下この条において「貸借対照表等」という。）を、定時株主総会の日の1週間前の日（第319条第1項の場合にあっては、同項の提案があった日）からその本店の所在地における清算結了の登記の時までの間、その本店に備え置かなければならない。

② 株主及び債権者は、清算株式会社の営業時間内は、いつでも、次に掲げる請求をすることができる。ただし、第2号又は第4号に掲げる請求をするには、当該清算株式会社の定めた費用を支払わなければならない。

1 貸借対照表等が書面をもって作成されているときは、当該書面の閲覧の請求

2 前号の書面の謄本又は抄本の交付の請求

3 貸借対照表等が電磁的記録をもって作成されているときは、当該電磁的記録に記録された事項を法務省令で定める方法により表示したものの閲覧の請求

4 前号の電磁的記録に記録された事項を電磁的方法であって清算株式会社の定めたものにより提供することの請求又はその事項を記載した書面の交付の請求

③ 清算株式会社の親会社社員は、その権利を行使するため必要があるときは、裁判所の許可を得て、当該清算株式会社の貸借対照表等について前項各号に掲げる請求をすることができる。ただし、同項第2号又は第4号に掲げる請求をするには、当該清算株式会社の定めた費用を支払わなければならない。

（貸借対照表等の定時株主総会への提出等）

第 497 条　次の各号に掲げる清算株式会社においては、清算人は、当該各号に定める貸借対照表及び事務報告を定時株主総会に提出し、又は提供しなければならない。

　　1　第 495 条第 1 項に規定する監査役設置会社（清算人会設置会社を除く。）　同項の監査を受けた貸借対照表及び事務報告

　　2　清算人会設置会社　第 495 条第 2 項の承認を受けた貸借対照表及び事務報告

　　3　前 2 号に掲げるもの以外の清算株式会社　第 494 条第 1 項の貸借対照表及び事務報告

②　前項の規定により提出され、又は提供された貸借対照表は、定時株主総会の承認を受けなければならない。

③　清算人は、第 1 項の規定により提出され、又は提供された事務報告の内容を定時株主総会に報告しなければならない。

（貸借対照表等の提出命令）

第 498 条　裁判所は、申立てにより又は職権で、訴訟の当事者に対し、第 494 条第 1 項の貸借対照表及びその附属明細書の全部又は一部の提出を命ずることができる。

第 4 款　債務の弁済等

（債権者に対する公告等）

第 499 条　清算株式会社は、第 475 条各号に掲げる場合に該当することとなった後、遅滞なく、当該清算株式会社の債権者に対し、一定の期間内にその債権を申し出るべき旨を官報に公告し、かつ、知れている債権者には、各別にこれを催告しなければならない。ただし、当該期間は、2 箇月を下ることができない。

②　前項の規定による公告には、当該債権者が当該期間内に申出をしないときは清算から除斥される旨を付記しなければならない。

（債務の弁済の制限）

第 500 条　清算株式会社は、前条第 1 項の期間内は、債務の弁済をすることができない。この場合において、清算株式会社は、その債務の不履行によって生じた責任を免れることができない。

②　前項の規定にかかわらず、清算株式会社は、前条第 1 項の期間内であっても、裁判所の許可を得て、少額の債権、清算株式会社の財産につき存する担保権によって担保される債権その他これを弁済しても他の債権者を害するおそれがない債権に係る債務について、その弁済をすることができる。この場合において、当該許可の申立ては、清算人が 2 人以上あるときは、その全員の同意によってしなければならない。

（条件付債権等に係る債務の弁済）

第 501 条　清算株式会社は、条件付債権、存続期間が不確定な債権その他その額が不確定な債権に係る債務を弁済することができる。この場合においては、これらの債権を評価させるため、裁判所に対し、鑑定人の選任の申立てをしなければならない。

②　前項の場合には、清算株式会社は、同項の鑑定人の評価に従い同項の債権に係る債務を弁済しなければならない。

③　第 1 項の鑑定人の選任の手続に関する費用は、清算株式会社の負担とする。当該鑑定人による鑑定のための呼出し及び質問に関する費用についても、同様とする。

（債務の弁済前における残余財産の分配の制限）

第 502 条　清算株式会社は、当該清算株式会社の債務を弁済した後でなければ、その財産を株主に分配することができない。ただし、その存否又は額について争いのある債権に係る債務についてその弁済をするために必要と認められる財産を留保した場合は、この限りでない。

（清算からの除斥）

第 503 条　清算株式会社の債権者（知れている債権者を除く。）であって第 499 条第 1 項の期間内にその債権の申出をしなかったものは、清算から除斥される。

第 2 編　株式会社

②　前項の規定により清算から除斥された債権者は、分配がされていない残余財産に対してのみ、弁済を請求することができる。

③　清算株式会社の残余財産を株主の一部に分配した場合には、当該株主の受けた分配と同一の割合の分配を当該株主以外の株主に対してするために必要な財産は、前項の残余財産から控除する。

第5款　残余財産の分配

（残余財産の分配に関する事項の決定）

第504条　清算株式会社は、残余財産の分配をしようとするときは、清算人の決定（清算人会設置会社にあっては、清算人会の決議）によって、次に掲げる事項を定めなければならない。

1　残余財産の種類

2　株主に対する残余財産の割当てに関する事項

②　前項に規定する場合において、残余財産の分配について内容の異なる2以上の種類の株式を発行しているときは、清算株式会社は、当該種類の株式の内容に応じ、同項第2号に掲げる事項として、次に掲げる事項を定めることができる。

1　ある種類の株式の株主に対して残余財産の割当てをしないこととするときは、その旨及び当該株式の種類

2　前号に掲げる事項のほか、残余財産の割当てについて株式の種類ごとに異なる取扱いを行うこととするときは、その旨及び当該異なる取扱いの内容

③　第1項第2号に掲げる事項についての定めは、株主（当該清算株式会社及び前項第1号の種類の株式の株主を除く。）の有する株式の数（前項第2号に掲げる事項についての定めがある場合にあっては、各種類の株式の数）に応じて残余財産を割り当てることを内容とするものでなければならない。

（残余財産が金銭以外の財産である場合）

第505条　株主は、残余財産が金銭以外の財産であるときは、金銭分配請求権（当該残余財産に代えて金銭を交付することを清算株式会社に対して請求する権利をいう。以下この条において同じ。）を有する。この場合において、清算株式会社は、清算人の決定（清算人会設置会社にあっては、清算人会の決議）によって、次に掲げる事項を定めなければならない。

1　金銭分配請求権を行使することができる期間

2　一定の数未満の数の株式を有する株主に対して残余財産の割当てをしないこととするときは、その旨及びその数

②　前項に規定する場合には、清算株式会社は、同項第1号の期間の末日の20日前までに、株主に対し、同号に掲げる事項を通知しなければならない。

③　清算株式会社は、金銭分配請求権を行使した株主に対し、当該株主が割当てを受けた残余財産に代えて、当該残余財産の価額に相当する金銭を支払わなければならない。この場合においては、次の各号に掲げる場合の区分に応じ、当該各号に定める額をもって当該残余財産の価額とする。

1　当該残余財産が市場価格のある財産である場合　当該残余財産の市場価格として法務省令で定める方法により算定される額

2　前号に掲げる場合以外の場合　清算株式会社の申立てにより裁判所が定める額

（基準株式数を定めた場合の処理）

第506条　前条第1項第2号の数（以下この条において「基準株式数」という。）を定めた場合には、清算株式会社は、基準株式数に満たない数の株式（以下この条において「基準未満株式」という。）を有する株主に対し、前条第3項後段の規定の例により基準株式数の株式を有する株主が割当てを受けた残余財産の価額として定めた額に当該基準未満株式の数の基準株式数に対する割合を乗じて得た額に相当する金銭を支払わなければならない。

第6款　清算事務の終了等

第507条　清算株式会社は、清算事務が終了したときは、遅滞なく、法務省令で定めるところにより、決算報告を作成しなければならない。

②　清算人会設置会社においては、決算報告は、清算人会の承認を受けなければならない。

③　清算人は、決算報告（前項の規定の適用がある場合にあっては、同項の承認を受けたもの）を株主総会に提出し、又は提供し、その承認を受けなければならない。

④　前項の承認があったときは、任務を怠ったことによる清算人の損害賠償の責任は、免除されたものとみなす。ただし、清算人の職務の執行に関し不正の行為があったときは、この限りでない。

第7款　帳簿資料の保存

第508条　清算人（清算人会設置会社にあっては、第489条第7項各号に掲げる清算人）は、清算株式会社の本店の所在地における清算結了の登記の時から10年間、清算株式会社の帳簿並びにその事業及び清算に関する重要な資料（以下この条において「帳簿資料」という。）を保存しなければならない。

②　裁判所は、利害関係人の申立てにより、前項の清算人に代わって帳簿資料を保存する者を選任することができる。この場合においては、同項の規定は、適用しない。

③　前項の規定により選任された者は、清算株式会社の本店の所在地における清算結了の登記の時から10年間、帳簿資料を保存しなければならない。

④　第2項の規定による選任の手続に関する費用は、清算株式会社の負担とする。

第8款　適用除外等

第509条　次に掲げる規定は、清算株式会社については、適用しない。

1　第155条

2　第5章第2節第2款（第435条第4項、第440条第3項、第442条及び第443条を除く。）及び第3款並びに第3節から第5節まで

3　第5編第4章及び第4章の2並びに同編第5章中株式交換、株式移転及び株式交付の手続に係る部分

②　第2章第4節の2の規定は、対象会社が清算株式会社である場合には、適用しない。

③　清算株式会社は、無償で取得する場合その他法務省令で定める場合に限り、当該清算株式会社の株式を取得することができる。

> **第509条**　〔同〕
> 1・2　〔同〕
> 3　第5編第4章並びに第5章中株式交換及び株式移転の手続に係る部分
> ②・③　〔同〕

1年6月内

第2節　特別清算

第1款　特別清算の開始

（特別清算開始の原因）

第510条　裁判所は、清算株式会社に次に掲げる事由があると認めるときは、第514条の規定に基づき、申立てにより、当該清算株式会社に対し特別清算の開始を命ずる。

1　清算の遂行に著しい支障を来すべき事情があること。

2　債務超過（清算株式会社の財産がその債務を完済するのに足りない状態をいう。次条第2項において同じ。）の疑いがあること。

（特別清算開始の申立て）

第511条　債権者、清算人、監査役又は株主は、特別清算開始の申立てをすることができる。

②　清算株式会社に債務超過の疑いがあるときは、清算人は、特別清算開始の申立てをしなければならない。

第2編　株式会社

（他の手続の中止命令等）

第512条　裁判所は、特別清算開始の申立てがあった場合において、必要があると認めるときは、債権者、清算人、監査役若しくは株主の申立てにより又は職権で、特別清算開始の申立てにつき決定があるまでの間、次に掲げる手続又は処分の中止を命ずることができる。ただし、第1号に掲げる破産手続については破産手続開始の決定がされていない場合に限り、第2号に掲げる手続又は第3号に掲げる処分についてはその手続の申立人である債権者又はその処分を行う者に不当な損害を及ぼすおそれがない場合に限る。

1　清算株式会社についての破産手続

2　清算株式会社の財産に対して既にされている強制執行、仮差押え又は仮処分の手続（一般の先取特権その他一般の優先権がある債権に基づくものを除く。）

3　清算株式会社の財産に対して既にされている共助対象外国租税（租税条約等の実施に伴う所得税法、法人税法及び地方税法の特例等に関する法律（昭和44年法律第46号。第518条の2及び第571条第4項において「租税条約等実施特例法」という。）第11条第1項に規定する共助対象外国租税をいう。以下同じ。）の請求権に基づき国税滞納処分の例によってする処分（第515条第1項において「外国租税滞納処分」という。）

②　特別清算開始の申立てを却下する決定に対して第890条第5項の即時抗告がされたときも、前項と同様とする。

（特別清算開始の申立ての取下げの制限）

第513条　特別清算開始の申立てをした者は、特別清算開始の命令前に限り、当該申立てを取り下げることができる。この場合において、前条の規定による中止の命令、第540条第2項の規定による保全処分又は第541条第2項の規定による処分がされた後は、裁判所の許可を得なければならない。

（特別清算開始の命令）

第514条　裁判所は、特別清算開始の申立てがあった場合において、特別清算開始の原因となる事由があると認めるときは、次のいずれかに該当する場合を除き、特別清算開始の命令をする。

1　特別清算の手続の費用の予納がないとき。

2　特別清算によっても清算を結了する見込みがないことが明らかであるとき。

3　特別清算によることが債権者の一般の利益に反することが明らかであるとき。

4　不当な目的で特別清算開始の申立てがされたとき、その他申立てが誠実にされたものでないとき。

（他の手続の中止等）

第515条　特別清算開始の命令があったときは、破産手続開始の申立て、清算株式会社の財産に対する強制執行、仮差押え、仮処分若しくは外国租税滞納処分又は財産開示手続（民事執行法（昭和54年法律第4号）第197条第1項の申立てによるものに限る。以下この項において同じ。）若しくは第三者からの情報取得手続（同法第205条第1項第1号、第206条第1項又は第207条第1項の申立てによるものに限る。以下この項において同じ。）の申立てはすることができず、破産手続（破産手続開始の決定がされていないものに限る。）、清算株式会社の財産に対して既にされている強制執行、仮差押え及び仮処分の手続並びに外国租税滞納処分並びに財産開示手続及び第三者からの情報取得手続は中止する。ただし、一般の先取特権その他一般の優先権がある債権に基づく強制執行、仮差押え、仮処分又は財産開示手続若しくは第三者からの情報取得手続については、この限りでない。

②　特別清算開始の命令が確定したときは、前項の規定により中止した手続又は処分は、特別清算の手続の関係においては、その効力を失う。

③　特別清算開始の命令があったときは、清

算株式会社の債権者の債権（一般の先取特権その他一般の優先権がある債権、特別清算の手続のために清算株式会社に対して生じた債権及び特別清算の手続に関する清算株式会社に対する費用請求権を除く。以下この節において「協定債権」という。）については、第938条第1項第2号又は第3号に規定する特別清算開始の取消しの登記又は特別清算終結の登記の日から2箇月を経過する日までの間は、時効は、完成しない。

（担保権の実行の手続等の中止命令）

第516条 裁判所は、特別清算開始の命令があった場合において、債権者の一般の利益に適合し、かつ、担保権の実行の手続等（清算株式会社の財産につき存する担保権の実行の手続、企業担保権の実行の手続又は清算株式会社の財産に対して既にされている一般の先取特権その他一般の優先権がある債権に基づく強制執行の手続をいう。以下この条において同じ。）の申立人に不当な損害を及ぼすおそれがないものと認めるときは、清算人、監査役、債権者若しくは株主の申立てにより又は職権で、相当の期間を定めて、担保権の実行の手続等の中止を命ずることができる。

（相殺の禁止）

第517条 協定債権を有する債権者（以下この節において「協定債権者」という。）は、次に掲げる場合には、相殺をすることができない。

1　特別清算開始後に清算株式会社に対して債務を負担したとき。

2　支払不能（清算株式会社が、支払能力を欠くために、その債務のうち弁済期にあるものにつき、一般的かつ継続的に弁済することができない状態をいう。以下この款において同じ。）になった後に契約によって負担する債務を専ら協定債権をもってする相殺に供する目的で清算株式会社の財産の処分を内容とする契約を清算株式会社との間で締結し、又は清算株式会社に対して債務を負担する者の債務を引き受けることを内

容とする契約を締結することにより清算株式会社に対して債務を負担した場合であって、当該契約の締結の当時、支払不能であったことを知っていたとき。

3　支払の停止があった後に清算株式会社に対して債務を負担した場合であって、その負担の当時、支払の停止があったことを知っていたとき。ただし、当該支払の停止があった時において支払不能でなかったときは、この限りでない。

4　特別清算開始の申立てがあった後に清算株式会社に対して債務を負担した場合であって、その負担の当時、特別清算開始の申立てがあったことを知っていたとき。

② 前項第2号から第4号までの規定は、これらの規定に規定する債務の負担が次に掲げる原因のいずれかに基づく場合には、適用しない。

1　法定の原因

2　支払不能であったこと又は支払の停止若しくは特別清算開始の申立てがあったことを協定債権者が知った時より前に生じた原因

3　特別清算開始の申立てがあった時より1年以上前に生じた原因

第518条 清算株式会社に対して債務を負担する者は、次に掲げる場合には、相殺をすることができない。

1　特別清算開始後に他人の協定債権を取得したとき。

2　支払不能になった後に協定債権を取得した場合であって、その取得の当時、支払不能であったことを知っていたとき。

3　支払の停止があった後に協定債権を取得した場合であって、その取得の当時、支払の停止があったことを知っていたとき。ただし、当該支払の停止があった時において支払不能でなかったときは、この限りでない。

4　特別清算開始の申立てがあった後に協

定債権を取得した場合であって、その取得の当時、特別清算開始の申立てがあったことを知っていたとき。

② 前項第2号から第4号までの規定は、これらの規定に規定する協定債権の取得が次に掲げる原因のいずれかに基づく場合には、適用しない。

1 法定の原因

2 支払不能であったこと又は支払の停止若しくは特別清算開始の申立てがあったことを清算株式会社に対して債務を負担する者が知った時より前に生じた原因

3 特別清算開始の申立てがあった時より1年以上前に生じた原因

4 清算株式会社に対して債務を負担する者と清算株式会社との間の契約

（共助対象外国租税債権者の手続参加）

第518条の2 協定債権者は、共助対象外国租税の請求権をもって特別清算の手続に参加するには、租税条約等実施特例法第11条第1項に規定する共助実施決定を得なければならない。

第2款 裁判所による監督及び調査

（裁判所による監督）

第519条 特別清算開始の命令があったときは、清算株式会社の清算は、裁判所の監督に属する。

② 裁判所は、必要があると認めるときは、清算株式会社の業務を監督する官庁に対し、当該清算株式会社の特別清算の手続について意見の陳述を求め、又は調査を嘱託することができる。

③ 前項の官庁は、裁判所に対し、当該清算株式会社の特別清算の手続について意見を述べることができる。

（裁判所による調査）

第520条 裁判所は、いつでも、清算株式会社に対し、清算事務及び財産の状況の報告を命じ、その他清算の監督上必要な調査をすることができる。

（裁判所への財産目録等の提出）

第521条 特別清算開始の命令があった場合には、清算株式会社は、第492条第3項の承認があった後遅滞なく、財産目録等（同項に規定する財産目録等をいう。以下この条において同じ。）を裁判所に提出しなければならない。ただし、財産目録等が電磁的記録をもって作成されているときは、当該電磁的記録に記録された事項を記載した書面を裁判所に提出しなければならない。

（調査命令）

第522条 裁判所は、特別清算開始後において、清算株式会社の財産の状況を考慮して必要があると認めるときは、清算人、監査役、債権の申出をした債権者その他清算株式会社に知れている債権者の債権の総額の10分の1以上に当たる債権を有する債権者若しくは総株主（株主総会において決議をすることができる事項の全部につき議決権を行使することができない株主を除く。）の議決権の100分の3（これを下回る割合を定款で定めた場合にあっては、その割合）以上の議決権を6箇月（これを下回る期間を定款で定めた場合にあっては、その期間）前から引き続き有する株主若しくは発行済株式（自己株式を除く。）の100分の3（これを下回る割合を定款で定めた場合にあっては、その割合）以上の数の株式を6箇月（これを下回る期間を定款で定めた場合にあっては、その期間）前から引き続き有する株主の申立てにより又は職権で、次に掲げる事項について、調査委員による調査を命ずる処分（第533条において「調査命令」という。）をすることができる。

1 特別清算開始に至った事情

2 清算株式会社の業務及び財産の状況

3 第540条第1項の規定による保全処分をする必要があるかどうか。

4 第542条第1項の規定による保全処分をする必要があるかどうか。

5 第545条第1項に規定する役員等責任

査定決定をする必要があるかどうか。

6　その他特別清算に必要な事項で裁判所の指定するもの

② 清算株式会社の財産につき担保権（特別の先取特権、質権、抵当権又はこの法律若しくは商法の規定による留置権に限る。）を有する債権者がその担保権の行使によって弁済を受けることができる債権の額は、前項の債権の額に算入しない。

③ 公開会社でない清算株式会社における第1項の規定の適用については、同項中「6箇月（これを下回る期間を定款で定めた場合にあっては、その期間）前から引き続き有する」とあるのは、「有する」とする。

第3款　清算人

（清算人の公平誠実義務）

第523条　特別清算が開始された場合には、清算人は、債権者、清算株式会社及び株主に対し、公平かつ誠実に清算事務を行う義務を負う。

（清算人の解任等）

第524条　裁判所は、清算人が清算事務を適切に行っていないとき、その他重要な事由があるときは、債権者若しくは株主の申立てにより又は職権で、清算人を解任することができる。

② 清算人が欠けたときは、裁判所は、清算人を選任する。

③ 清算人がある場合においても、裁判所は、必要があると認めるときは、更に清算人を選任することができる。

（清算人代理）

第525条　清算人は、必要があるときは、その職務を行わせるため、自己の責任で1人又は2人以上の清算人代理を選任することができる。

② 前項の清算人代理の選任については、裁判所の許可を得なければならない。

（清算人の報酬等）

第526条　清算人は、費用の前払及び裁判所が定める報酬を受けることができる。

② 前項の規定は、清算人代理について準用する。

第4款　監督委員

（監督委員の選任等）

第527条　裁判所は、1人又は2人以上の監督委員を選任し、当該監督委員に対し、第535条第1項の許可に代わる同意をする権限を付与することができる。

② 法人は、監督委員となることができる。

（監督委員に対する監督等）

第528条　監督委員は、裁判所が監督する。

② 裁判所は、監督委員が清算株式会社の業務及び財産の管理の監督を適切に行っていないとき、その他重要な事由があるときは、利害関係人の申立てにより又は職権で、監督委員を解任することができる。

（2人以上の監督委員の職務執行）

第529条　監督委員が2人以上あるときは、共同してその職務を行う。ただし、裁判所の許可を得て、それぞれ単独にその職務を行い、又は職務を分掌することができる。

（監督委員による調査等）

第530条　監督委員は、いつでも、清算株式会社の清算人及び監査役並びに支配人その他の使用人に対し、事業の報告を求め、又は清算株式会社の業務及び財産の状況を調査することができる。

② 監督委員は、その職務を行うため必要があるときは、清算株式会社の子会社に対し、事業の報告を求め、又はその子会社の業務及び財産の状況を調査することができる。

（監督委員の注意義務）

第531条　監督委員は、善良な管理者の注意をもって、その職務を行わなければならない。

② 監督委員が前項の注意を怠ったときは、その監督委員は、利害関係人に対し、連帯して損害を賠償する責任を負う。

（監督委員の報酬等）

第532条　監督委員は、費用の前払及び裁判所が定める報酬を受けることができる。

②　監督委員は、その選任後、清算株式会社に対する債権又は清算株式会社の株式を譲り受け、又は譲り渡すには、裁判所の許可を得なければならない。

③　監督委員は、前項の許可を得ないで同項に規定する行為をしたときは、費用及び報酬の支払を受けることができない。

第5款　調査委員

（調査委員の選任等）

第533条　裁判所は、調査命令をする場合には、当該調査命令において、1人又は2人以上の調査委員を選任し、調査委員が調査すべき事項及び裁判所に対して調査の結果の報告をすべき期間を定めなければならない。

（監督委員に関する規定の準用）

第534条　前款（第527条第1項及び第529条ただし書を除く。）の規定は、調査委員について準用する。

第6款　清算株式会社の行為の制限等

（清算株式会社の行為の制限）

第535条　特別清算開始の命令があった場合には、清算株式会社が次に掲げる行為をするには、裁判所の許可を得なければならない。ただし、第527条第1項の規定により監督委員が選任されているときは、これに代わる監督委員の同意を得なければならない。

1　財産の処分（次条第1項各号に掲げる行為を除く。）

2　借財

3　訴えの提起

4　和解又は仲裁合意（仲裁法（平成15年法律第138号）第2条第1項に規定する仲裁合意をいう。）

5　権利の放棄

6　その他裁判所の指定する行為

②　前項の規定にかかわらず、同項第1号から第5号までに掲げる行為については、次に掲げる場合には、同項の許可を要しない。

1　最高裁判所規則で定める額以下の価額を有するものに関するとき。

2　前号に掲げるもののほか、裁判所が前項の許可を要しないものとしたものに関するとき。

③　第1項の許可又はこれに代わる監督委員の同意を得ないでした行為は、無効とする。ただし、これをもって善意の第三者に対抗することができない。

（事業の譲渡の制限等）

第536条　特別清算開始の命令があった場合には、清算株式会社が次に掲げる行為をするには、裁判所の許可を得なければならない。

1　事業の全部の譲渡

2　事業の重要な一部の譲渡（当該譲渡により譲り渡す資産の帳簿価額が当該清算株式会社の総資産額として法務省令で定める方法により算定される額の5分の1（これを下回る割合を定款で定めた場合にあっては、その割合）を超えないものを除く。）

3　その子会社の株式又は持分の全部又は一部の譲渡（次のいずれにも該当する場合における譲渡に限る。）

イ　当該譲渡により譲り渡す株式又は持分の帳簿価額が当該清算株式会社の総資産額として法務省令で定める方法により算定される額の5分の1（これを下回る割合を定款で定めた場合にあっては、その割合）を超えるとき。

ロ　当該清算株式会社が、当該譲渡がその効力を生ずる日において当該子会社の議決権の総数の過半数の議決権を有しないとき。

②　前条第3項の規定は、前項の許可を得ないでした行為について準用する。

③ 第7章（第467条第1項第5号を除く。）の規定は、特別清算の場合には、適用しない。

（債務の弁済の制限）

第537条 特別清算開始の命令があった場合には、清算株式会社は、協定債権者に対して、その債権額の割合に応じて弁済をしなければならない。

② 前項の規定にかかわらず、清算株式会社は、裁判所の許可を得て、少額の協定債権、清算株式会社の財産につき存する担保権によって担保される協定債権その他これを弁済しても他の債権者を害するおそれがない協定債権に係る債務について、債権額の割合を超えて弁済をすることができる。

（換価の方法）

第538条 清算株式会社は、民事執行法その他強制執行の手続に関する法令の規定により、その財産の換価をすることができる。この場合においては、第535条第1項第1号の規定は、適用しない。

② 清算株式会社は、民事執行法その他強制執行の手続に関する法令の規定により、第522条第2項に規定する担保権（以下この条及び次条において単に「担保権」という。）の目的である財産の換価をすることができる。この場合においては、当該担保権を有する者（以下この条及び次条において「担保権者」という。）は、その換価を拒むことができない。

③ 前2項の場合には、民事執行法第63条及び第129条（これらの規定を同法その他強制執行の手続に関する法令において準用する場合を含む。）の規定は、適用しない。

④ 第2項の場合において、担保権者が受けるべき金額がまだ確定していないときは、清算株式会社は、代金を別に寄託しなければならない。この場合においては、担保権は、寄託された代金につき存する。

（担保権者が処分をすべき期間の指定）

第539条 担保権者が法律に定められた方法によらないで担保権の目的である財産の処分をする権利を有するときは、裁判所は、清算株式会社の申立てにより、担保権者がその処分をすべき期間を定めることができる。

② 担保権者は、前項の期間内に処分をしないときは、同項の権利を失う。

第7款　清算の監督上必要な処分等

（清算株式会社の財産に関する保全処分）

第540条 裁判所は、特別清算開始の命令があった場合において、清算の監督上必要があると認めるときは、債権者、清算人、監査役若しくは株主の申立てにより又は職権で、清算株式会社の財産に関し、その財産の処分禁止の仮処分その他の必要な保全処分を命ずることができる。

② 裁判所は、特別清算開始の申立てがあった時から当該申立てについての決定があるまでの間においても、必要があると認めるときは、債権者、清算人、監査役若しくは株主の申立てにより又は職権で、前項の規定による保全処分をすることができる。特別清算開始の申立てを却下する決定に対して第890条第5項の即時抗告がされたときも、同様とする。

③ 裁判所が前2項の規定により清算株式会社が債権者に対して弁済その他の債務を消滅させる行為をすることを禁止する旨の保全処分を命じた場合には、債権者は、特別清算の関係においては、当該保全処分に反してされた弁済その他の債務を消滅させる行為の効力を主張することができない。ただし、債権者が、その行為の当時、当該保全処分がされたことを知っていたときに限る。

（株主名簿の記載等の禁止）

第541条 裁判所は、特別清算開始の命令があった場合において、清算の監督上必要があると認めるときは、債権者、清算人、監査役若しくは株主の申立てにより又は職権で、清算株式会社が株主名簿記載事項を株

主名簿に記載し、又は記録することを禁止することができる。

② 裁判所は、特別清算開始の申立てがあった時から当該申立てについての決定があるまでの間においても、必要があると認めるときは、債権者、清算人、監査役若しくは株主の申立てにより又は職権で、前項の規定による処分をすることができる。特別清算開始の申立てを却下する決定に対して第890条第5項の即時抗告がされたときも、同様とする。

(役員等の財産に対する保全処分)
第542条 裁判所は、特別清算開始の命令があった場合において、清算の監督上必要があると認めるときは、清算株式会社の申立てにより又は職権で、発起人、設立時取締役、設立時監査役、第423条第1項に規定する役員等又は清算人（以下この款において「対象役員等」という。）の責任に基づく損害賠償請求権につき、当該対象役員等の財産に対する保全処分をすることができる。

② 裁判所は、特別清算開始の申立てがあった時から当該申立てについての決定があるまでの間においても、緊急の必要があると認めるときは、清算株式会社の申立てにより又は職権で、前項の規定による保全処分をすることができる。特別清算開始の申立てを却下する決定に対して第890条第5項の即時抗告がされたときも、同様とする。

(役員等の責任の免除の禁止)
第543条 裁判所は、特別清算開始の命令があった場合において、清算の監督上必要があると認めるときは、債権者、清算人、監査役若しくは株主の申立てにより又は職権で、対象役員等の責任の免除の禁止の処分をすることができる。

(役員等の責任の免除の取消し)
第544条 特別清算開始の命令があったときは、清算株式会社は、特別清算開始の申立てがあった後又はその前1年以内にした対象役員等の責任の免除を取り消すことがで

きる。不正の目的によってした対象役員等の責任の免除についても、同様とする。

② 前項の規定による取消権は、訴え又は抗弁によって、行使する。

③ 第1項の規定による取消権は、特別清算開始の命令があった日から2年を経過したときは、行使することができない。当該対象役員等の責任の免除の日から20年を経過したときも、同様とする。

(役員等責任査定決定)
第545条 裁判所は、特別清算開始の命令があった場合において、必要があると認めるときは、清算株式会社の申立てにより又は職権で、対象役員等の責任に基づく損害賠償請求権の査定の裁判（以下この条において「役員等責任査定決定」という。）をすることができる。

② 裁判所は、職権で役員等責任査定決定の手続を開始する場合には、その旨の決定をしなければならない。

③ 第1項の申立て又は前項の決定があったときは、時効の完成猶予及び更新に関しては、裁判上の請求があったものとみなす。

④ 役員等責任査定決定の手続（役員等責任査定決定があった後のものを除く。）は、特別清算が終了したときは、終了する。

第8款 債権者集会

(債権者集会の招集)
第546条 債権者集会は、特別清算の実行上必要がある場合には、いつでも、招集することができる。

② 債権者集会は、次条第3項の規定により招集する場合を除き、清算株式会社が招集する。

(債権者による招集の請求)
第547条 債権の申出をした協定債権者その他清算株式会社に知れている協定債権者の協定債権の総額の10分の1以上に当たる協定債権を有する協定債権者は、清算株式会社に対し、債権者集会の目的である事項

及び招集の理由を示して、債権者集会の招集を請求することができる。

② 清算株式会社の財産につき第522条第2項に規定する担保権を有する協定債権者がその担保権の行使によって弁済を受けることができる協定債権の額は、前項の協定債権の額に算入しない。

③ 次に掲げる場合には、第1項の規定による請求をした協定債権者は、裁判所の許可を得て、債権者集会を招集することができる。

1 第1項の規定による請求の後遅滞なく招集の手続が行われない場合

2 第1項の規定による請求があった日から6週間以内の日を債権者集会の日とする債権者集会の招集の通知が発せられない場合

(債権者集会の招集等の決定)

第548条 債権者集会を招集する者 (以下この款において「招集者」という。) は、債権者集会を招集する場合には、次に掲げる事項を定めなければならない。

1 債権者集会の日時及び場所

2 債権者集会の目的である事項

3 債権者集会に出席しない協定債権者が電磁的方法によって議決権を行使することができることとするときは、その旨

4 前3号に掲げるもののほか、法務省令で定める事項

② 清算株式会社が債権者集会を招集する場合には、当該清算株式会社は、各協定債権について債権者集会における議決権の行使の許否及びその額を定めなければならない。

③ 清算株式会社以外の者が債権者集会を招集する場合には、その招集者は、清算株式会社に対し、前項に規定する事項を定めることを請求しなければならない。この場合において、その請求があったときは、清算株式会社は、同項に規定する事項を定めなければならない。

④ 清算株式会社の財産につき第522条第2項に規定する担保権を有する協定債権者は、その担保権の行使によって弁済を受けることができる協定債権の額については、議決権を有しない。

⑤ 協定債権者は、共助対象外国租税の請求権については、議決権を有しない。

(債権者集会の招集の通知)

第549条 債権者集会を招集するには、招集者は、債権者集会の日の2週間前までに、債権の申出をした協定債権者その他清算株式会社に知れている協定債権者及び清算株式会社に対して、書面をもってその通知を発しなければならない。

② 招集者は、前項の書面による通知の発出に代えて、政令で定めるところにより、同項の通知を受けるべき者の承諾を得て、電磁的方法により通知を発することができる。この場合において、当該招集者は、同項の書面による通知を発したものとみなす。

③ 前2項の通知には、前条第1項各号に掲げる事項を記載し、又は記録しなければならない。

④ 前3項の規定は、債権の申出をした債権者その他清算株式会社に知れている債権者であって一般の先取特権その他一般の優先権がある債権、特別清算の手続のために清算株式会社に対して生じた債権又は特別清算の手続に関する清算株式会社に対する費用請求権を有するものについて準用する。

(債権者集会参考書類及び議決権行使書面の交付等)

第550条 招集者は、前条第1項の通知に際しては、法務省令で定めるところにより、債権の申出をした協定債権者その他清算株式会社に知れている協定債権者に対し、当該協定債権者が有する協定債権について第548条第2項又は第3項の規定により定められた事項及び議決権の行使について参考となるべき事項を記載した書類 (次項において「債権者集会参考書類」という。) 並びに協定債権者が議決権を行使するための書面 (以

下この款において「議決権行使書面」という。）を交付しなければならない。

② 招集者は、前条第2項の承諾をした協定債権者に対し同項の電磁的方法による通知を発するときは、前項の規定による債権者集会参考書類及び議決権行使書面の交付に代えて、これらの書類に記載すべき事項を電磁的方法により提供することができる。ただし、協定債権者の請求があったときは、これらの書類を当該協定債権者に交付しなければならない。

第551条 招集者は、第548条第1項第3号に掲げる事項を定めた場合には、第549条第2項の承諾をした協定債権者に対する電磁的方法による通知に際して、法務省令で定めるところにより、協定債権者に対し、議決権行使書面に記載すべき事項を当該電磁的方法により提供しなければならない。

② 招集者は、第548条第1項第3号に掲げる事項を定めた場合において、第549条第2項の承諾をしていない協定債権者から債権者集会の日の1週間前までに議決権行使書面に記載すべき事項の電磁的方法による提供の請求があったときは、法務省令で定めるところにより、直ちに、当該協定債権者に対し、当該事項を電磁的方法により提供しなければならない。

（債権者集会の指揮等）

第552条 債権者集会は、裁判所が指揮する。

② 債権者集会を招集しようとするときは、招集者は、あらかじめ、第548条第1項各号に掲げる事項及び同条第2項又は第3項の規定により定められた事項を裁判所に届け出なければならない。

（異議を述べられた議決権の取扱い）

第553条 債権者集会において、第548条第2項又は第3項の規定により各協定債権について定められた事項について、当該協定債権を有する者又は他の協定債権者が異議を述べたときは、裁判所がこれを定める。

（債権者集会の決議）

第554条 債権者集会において決議をする事項を可決するには、次に掲げる同意のいずれもがなければならない。

　1　出席した議決権者（議決権を行使することができる協定債権者をいう。以下この款及び次款において同じ。）の過半数の同意

　2　出席した議決権者の議決権の総額の2分の1を超える議決権を有する者の同意

② 第558条第1項の規定によりその有する議決権の一部のみを前項の事項に同意するものとして行使した議決権者（その余の議決権を行使しなかったものを除く。）があるときの同項第1号の規定の適用については、当該議決権者1人につき、出席した議決権者の数に1を、同意をした議決権者の数に2分の1を、それぞれ加算するものとする。

③ 債権者集会は、第548条第1項第2号に掲げる事項以外の事項については、決議をすることができない。

（議決権の代理行使）

第555条 協定債権者は、代理人によってその議決権を行使することができる。この場合においては、当該協定債権者又は代理人は、代理権を証明する書面を招集者に提出しなければならない。

② 前項の代理権の授与は、債権者集会ごとにしなければならない。

③ 第1項の協定債権者又は代理人は、代理権を証明する書面の提出に代えて、政令で定めるところにより、招集者の承諾を得て、当該書面に記載すべき事項を電磁的方法により提供することができる。この場合において、当該協定債権者又は代理人は、当該書面を提出したものとみなす。

④ 協定債権者が第549条第2項の承諾をした者である場合には、招集者は、正当な理由がなければ、前項の承諾をすることを拒んではならない。

（書面による議決権の行使）

第556条 債権者集会に出席しない協定債権

者は、書面によって議決権を行使することができる。

② 書面による議決権の行使は、議決権行使書面に必要な事項を記載し、法務省令で定める時までに当該記載をした議決権行使書面を招集者に提出して行う。

③ 前項の規定により書面によって議決権を行使した議決権者は、第554条第1項及び第567条第1項の規定の適用については、債権者集会に出席したものとみなす。

（電磁的方法による議決権の行使）

第557条 電磁的方法による議決権の行使は、政令で定めるところにより、招集者の承諾を得て、法務省令で定める時までに議決権行使書面に記載すべき事項を、電磁的方法により当該招集者に提供して行う。

② 協定債権者が第549条第2項の承諾をした者である場合には、招集者は、正当な理由がなければ、前項の承諾をすることを拒んではならない。

③ 第1項の規定により電磁的方法によって議決権を行使した議決権者は、第554条第1項及び第567条第1項の規定の適用については、債権者集会に出席したものとみなす。

（議決権の不統一行使）

第558条 協定債権者は、その有する議決権を統一しないで行使することができる。この場合においては、債権者集会の日の3日前までに、招集者に対してその旨及びその理由を通知しなければならない。

② 招集者は、前項の協定債権者が他人のために協定債権を有する者でないときは、当該協定債権者が同項の規定によりその有する議決権を統一しないで行使することを拒むことができる。

（担保権を有する債権者等の出席等）

第559条 債権者集会又は招集者は、次に掲げる債権者の出席を求め、その意見を聴くことができる。この場合において、債権者集会にあっては、これをする旨の決議を経

なければならない。

1 第522条第2項に規定する担保権を有する債権者

2 一般の先取特権その他一般の優先権がある債権、特別清算の手続のために清算株式会社に対して生じた債権又は特別清算の手続に関する清算株式会社に対する費用請求権を有する債権者

（延期又は続行の決議）

第560条 債権者集会においてその延期又は続行について決議があった場合には、第548条（第4項を除く。）及び第5149条の規定は、適用しない。

（議事録）

第561条 債権者集会の議事については、招集者は、法務省令で定めるところにより、議事録を作成しなければならない。

（清算人の調査結果等の債権者集会に対する報告）

第562条 特別清算開始の命令があった場合において、第492条第1項に規定する清算人が清算株式会社の財産の現況についての調査を終了して財産目録等（同項に規定する財産目録等をいう。以下この条において同じ。）を作成したときは、清算株式会社は、遅滞なく、債権者集会を招集し、当該債権者集会に対して、清算株式会社の業務及び財産の状況の調査の結果並びに財産目録等の要旨を報告するとともに、清算の実行の方針及び見込みに関して意見を述べなければならない。ただし、債権者集会に対する報告及び意見の陳述以外の方法によりその報告すべき事項及び当該意見の内容を債権者に周知させることが適当であると認めるときは、この限りでない。

第9款 協定

（協定の申出）

第563条 清算株式会社は、債権者集会に対し、協定の申出をすることができる。

第2編　株式会社

（協定の条項）

第564条　協定においては、協定債権者の権利（第522条第2項に規定する担保権を除く。）の全部又は一部の変更に関する条項を定めなければならない。

② 協定債権者の権利の全部又は一部を変更する条項においては、債務の減免、期限の猶予その他の権利の変更の一般的基準を定めなければならない。

（協定による権利の変更）

第565条　協定による権利の変更の内容は、協定債権者の間では平等でなければならない。ただし、不利益を受ける協定債権者の同意がある場合又は少額の協定債権について別段の定めをしても衡平を害しない場合その他協定債権者の間に差を設けても衡平を害しない場合は、この限りでない。

（担保権を有する債権者等の参加）

第566条　清算株式会社は、協定案の作成に当たり必要があると認めるときは、次に掲げる債権者の参加を求めることができる。

　1　第522条第2項に規定する担保権を有する債権者

　2　一般の先取特権その他一般の優先権がある債権を有する債権者

（協定の可決の要件）

第567条　第554条第1項の規定にかかわらず、債権者集会において協定を可決するには、次に掲げる同意のいずれもがなければならない。

　1　出席した議決権者の過半数の同意

　2　議決権者の議決権の総額の3分の2以上の議決権を有する者の同意

② 第554条第2項の規定は、前項第1号の規定の適用について準用する。

（協定の認可の申立て）

第568条　協定が可決されたときは、清算株式会社は、遅滞なく、裁判所に対し、協定の認可の申立てをしなければならない。

（協定の認可又は不認可の決定）

第569条　前条の申立てがあった場合には、裁判所は、次項の場合を除き、協定の認可の決定をする。

② 裁判所は、次のいずれかに該当する場合には、協定の不認可の決定をする。

　1　特別清算の手続又は協定が法律の規定に違反し、かつ、その不備を補正することができないものであるとき。ただし、特別清算の手続が法律の規定に違反する場合において、当該違反の程度が軽微であるときは、この限りでない。

　2　協定が遂行される見込みがないとき。

　3　協定が不正の方法によって成立するに至ったとき。

　4　協定が債権者の一般の利益に反するとき。

（協定の効力発生の時期）

第570条　協定は、認可の決定の確定により、その効力を生ずる。

（協定の効力範囲）

第571条　協定は、清算株式会社及び全ての協定債権者のために、かつ、それらの者に対して効力を有する。

② 協定は、第522条第2項に規定する債権者が有する同項に規定する担保権、協定債権者が清算株式会社の保証人その他清算株式会社と共に債務を負担する者に対して有する権利及び清算株式会社以外の者が協定債権者のために提供した担保に影響を及ぼさない。

③ 協定の認可の決定が確定したときは、協定債権者の権利は、協定の定めに従い、変更される。

④ 前項の規定にかかわらず、共助対象外国租税の請求権についての協定による権利の変更の効力は、租税条約等実施特例法第11条第1項の規定による共助との関係においてのみ主張することができる。

（協定の内容の変更）

第572条　協定の実行上必要があるときは、協定の内容を変更することができる。この場合においては、第563条から前条までの

規定を準用する。

第10款 特別清算の終了

(特別清算終結の決定)

第573条 裁判所は、特別清算開始後、次に掲げる場合には、清算人、監査役、債権者、株主又は調査委員の申立てにより、特別清算終結の決定をする。

1 特別清算が結了したとき。

2 特別清算の必要がなくなったとき。

(破産手続開始の決定)

第574条 裁判所は、特別清算開始後、次に掲げる場合において、清算株式会社に破産手続開始の原因となる事実があると認めるときは、職権で、破産法に従い、破産手続開始の決定をしなければならない。

1 協定の見込みがないとき。

2 協定の実行の見込みがないとき。

3 特別清算によることが債権者の一般の利益に反するとき。

② 裁判所は、特別清算開始後、次に掲げる場合において、清算株式会社に破産手続開始の原因となる事実があると認めるときは、職権で、破産法に従い、破産手続開始の決定をすることができる。

1 協定が否決されたとき。

2 協定の不認可の決定が確定したとき。

③ 前2項の規定により破産手続開始の決定があった場合における破産法第71条第1項第4号並びに第2項第2号及び第3号、第72条第1項第4号並びに第2項第2号及び第3号、第160条 (第1項第1号を除く。)、第162条 (第1項第2号を除く。)、第163条第2項、第164条第1項 (同条第2項において準用する場合を含む。)、第166条並びに第167条第2項 (同法第170条第2項において準用する場合を含む。) の規定の適用については、次の各号に掲げる区分に応じ、当該各号に定める申立てがあった時に破産手続開始の申立てがあったものとみなす。

1 特別清算開始の申立ての前に特別清算

開始の命令の確定によって効力を失った破産手続における破産手続開始の申立てがある場合 当該破産手続開始の申立て

2 前号に掲げる場合以外の場合 特別清算開始の申立て

④ 第1項又は第2項の規定により破産手続開始の決定があったときは、特別清算の手続のために清算株式会社に対して生じた債権及び特別清算の手続に関する清算株式会社に対する費用請求権は、財団債権とする。

第 **3** 編

持分会社

第3編　持分会社

第1章　設立

（定款の作成）

第575条　合名会社、合資会社又は合同会社（以下「持分会社」と総称する。）を設立するには、その社員になろうとする者が定款を作成し、その全員がこれに署名し、又は記名押印しなければならない。

②　前項の定款は、電磁的記録をもって作成することができる。この場合において、当該電磁的記録に記録された情報については、法務省令で定める署名又は記名押印に代わる措置をとらなければならない。

（定款の記載又は記録事項）

第576条　持分会社の定款には、次に掲げる事項を記載し、又は記録しなければならない。

1　目的
2　商号
3　本店の所在地
4　社員の氏名又は名称及び住所
5　社員が無限責任社員又は有限責任社員のいずれであるかの別
6　社員の出資の目的（有限責任社員にあっては、金銭等に限る。）及びその価額又は評価の標準

②　設立しようとする持分会社が合名会社である場合には、前項第5号に掲げる事項として、その社員の全部を無限責任社員とする旨を記載し、又は記録しなければならない。

③　設立しようとする持分会社が合資会社である場合には、第1項第5号に掲げる事項として、その社員の一部を無限責任社員とし、その他の社員を有限責任社員とする旨を記載し、又は記録しなければならない。

④　設立しようとする持分会社が合同会社である場合には、第1項第5号に掲げる事項として、その社員の全部を有限責任社員とする旨を記載し、又は記録しなければならない。

第577条　前条に規定するもののほか、持分会社の定款には、この法律の規定により定款の定めがなければその効力を生じない事項及びその他の事項でこの法律の規定に違反しないものを記載し、又は記録することができる。

（合同会社の設立時の出資の履行）

第578条　設立しようとする持分会社が合同会社である場合には、当該合同会社の社員になろうとする者は、定款の作成後、合同会社の設立の登記をする時までに、その出資に係る金銭の全額を払い込み、又はその出資に係る金銭以外の財産の全部を給付しなければならない。ただし、合同会社の社員になろうとする者全員の同意があるときは、登記、登録その他権利の設定又は移転を第三者に対抗するために必要な行為は、合同会社の成立後にすることを妨げない。

（持分会社の成立）

第579条　持分会社は、その本店の所在地において設立の登記をすることによって成立する。

第2章　社員

第1節　社員の責任等

（社員の責任）

第580条　社員は、次に掲げる場合には、連帯して、持分会社の債務を弁済する責任を負う。

1　当該持分会社の財産をもってその債務を完済することができない場合
2　当該持分会社の財産に対する強制執行がその効を奏しなかった場合（社員が、当該持分会社に弁済をする資力があり、かつ、強制執行が容易であることを証明した場合を除く。）

②　有限責任社員は、その出資の価額（既に持分会社に対し履行した出資の価額を除く。）を

限度として、持分会社の債務を弁済する責任を負う。

（社員の抗弁）

第581条 社員が持分会社の債務を弁済する責任を負う場合には、社員は、持分会社が主張することができる抗弁をもって当該持分会社の債権者に対抗することができる。

② 前項に規定する場合において、持分会社がその債権者に対して相殺権、取消権又は解除権を有するときは、これらの権利の行使によって持分会社がその債務を免れるべき限度において、社員は、当該債権者に対して債務の履行を拒むことができる。

（社員の出資に係る責任）

第582条 社員が金銭を出資の目的とした場合において、その出資をすることを怠ったときは、当該社員は、その利息を支払うほか、損害の賠償をしなければならない。

② 社員が債権を出資の目的とした場合において、当該債権の債務者が弁済期に弁済をしなかったときは、当該社員は、その弁済をする責任を負う。この場合においては、当該社員は、その利息を支払うほか、損害の賠償をしなければならない。

（社員の責任を変更した場合の特則）

第583条 有限責任社員が無限責任社員となった場合には、当該無限責任社員となった者は、その者が無限責任社員となる前に生じた持分会社の債務についても、無限責任社員としてこれを弁済する責任を負う。

② 有限責任社員（合同会社の社員を除く。）が出資の価額を減少した場合であっても、当該有限責任社員は、その旨の登記をする前に生じた持分会社の債務については、従前の責任の範囲内でこれを弁済する責任を負う。

③ 無限責任社員が有限責任社員となった場合であっても、当該有限責任社員となった者は、その旨の登記をする前に生じた持分会社の債務については、無限責任社員として当該債務を弁済する責任を負う。

④ 前2項の責任は、前2項の登記後2年以内に請求又は請求の予告をしない持分会社の債権者に対しては、当該登記後2年を経過した時に消滅する。

（無限責任社員となることを許された未成年者の行為能力）

第584条 持分会社の無限責任社員となることを許された未成年者は、社員の資格に基づく行為に関しては、行為能力者とみなす。

第2節　持分の譲渡等

（持分の譲渡）

第585条 社員は、他の社員の全員の承諾がなければ、その持分の全部又は一部を他人に譲渡することができない。

② 前項の規定にかかわらず、業務を執行しない有限責任社員は、業務を執行する社員の全員の承諾があるときは、その持分の全部又は一部を他人に譲渡することができる。

③ 第637条の規定にかかわらず、業務を執行しない有限責任社員の持分の譲渡に伴い定款の変更を生ずるときは、その持分の譲渡による定款の変更は、業務を執行する社員の全員の同意によってすることができる。

④ 前3項の規定は、定款で別段の定めをすることを妨げない。

（持分の全部の譲渡をした社員の責任）

第586条 持分の全部を他人に譲渡した社員は、その旨の登記をする前に生じた持分会社の債務について、従前の責任の範囲内でこれを弁済する責任を負う。

② 前項の責任は、同項の登記後2年以内に請求又は請求の予告をしない持分会社の債権者に対しては、当該登記後2年を経過した時に消滅する。

第587条 持分会社は、その持分の全部又は一部を譲り受けることができない。

② 持分会社が当該持分会社の持分を取得した場合には、当該持分は、当該持分会社がこれを取得した時に、消滅する。

第3節　誤認行為の責任

（無限責任社員であると誤認させる行為等をした有限責任社員の責任）

第588条　合資会社の有限責任社員が自己を無限責任社員であると誤認させる行為をしたときは、当該有限責任社員は、その誤認に基づいて合資会社と取引をした者に対し、無限責任社員と同一の責任を負う。

②　合資会社又は合同会社の有限責任社員がその責任の限度を誤認させる行為（前項の行為を除く。）をしたときは、当該有限責任社員は、その誤認に基づいて合資会社又は合同会社と取引をした者に対し、その誤認させた責任の範囲内で当該合資会社又は合同会社の債務を弁済する責任を負う。

（社員であると誤認させる行為をした者の責任）

第589条　合名会社又は合資会社の社員でない者が自己を無限責任社員であると誤認させる行為をしたときは、当該社員でない者は、その誤認に基づいて合名会社又は合資会社と取引をした者に対し、無限責任社員と同一の責任を負う。

②　合資会社又は合同会社の社員でない者が自己を有限責任社員であると誤認させる行為をしたときは、当該社員でない者は、その誤認に基づいて合資会社又は合同会社と取引をした者に対し、その誤認させた責任の範囲内で当該合資会社又は合同会社の債務を弁済する責任を負う。

第3章　管理

第1節　総則

（業務の執行）

第590条　社員は、定款に別段の定めがある場合を除き、持分会社の業務を執行する。

②　社員が2人以上ある場合には、持分会社の業務は、定款に別段の定めがある場合を除き、社員の過半数をもって決定する。

③　前項の規定にかかわらず、持分会社の常務は、各社員が単独で行うことができる。ただし、その完了前に他の社員が異議を述べた場合は、この限りでない。

（業務を執行する社員を定款で定めた場合）

第591条　業務を執行する社員を定款で定めた場合において、業務を執行する社員が2人以上あるときは、持分会社の業務は、定款に別段の定めがある場合を除き、業務を執行する社員の過半数をもって決定する。この場合における前条第3項の規定の適用については、同項中「社員」とあるのは、「業務を執行する社員」とする。

②　前項の規定にかかわらず、同項に規定する場合には、支配人の選任及び解任は、社員の過半数をもって決定する。ただし、定款で別段の定めをすることを妨げない。

③　業務を執行する社員を定款で定めた場合において、その業務を執行する社員の全員が退社したときは、当該定款の定めは、その効力を失う。

④　業務を執行する社員を定款で定めた場合には、その業務を執行する社員は、正当な事由がなければ、辞任することができない。

⑤　前項の業務を執行する社員は、正当な事由がある場合に限り、他の社員の一致によって解任することができる。

⑥　前2項の規定は、定款で別段の定めをすることを妨げない。

（社員の持分会社の業務及び財産状況に関する調査）

第592条　業務を執行する社員を定款で定めた場合には、各社員は、持分会社の業務を執行する権利を有しないときであっても、その業務及び財産の状況を調査することができる。

②　前項の規定は、定款で別段の定めをすることを妨げない。ただし、定款によっても、社員が事業年度の終了時又は重要な事由があるときに同項の規定による調査をすることを制限する旨を定めることができない。

第2節　業務を執行する社員

（業務を執行する社員と持分会社との関係）

第593条　業務を執行する社員は、善良な管理者の注意をもって、その職務を行う義務を負う。

②　業務を執行する社員は、法令及び定款を遵守し、持分会社のため忠実にその職務を行わなければならない。

③　業務を執行する社員は、持分会社又は他の社員の請求があるときは、いつでもその職務の執行の状況を報告し、その職務が終了した後は、遅滞なくその経過及び結果を報告しなければならない。

④　民法第646条から第650条までの規定は、業務を執行する社員と持分会社との関係について準用する。この場合において、同法第646条第1項、第648条第2項、第648条の2、第649条及び第650条中「委任事務」とあるのは「その職務」と、同法第648条第3項第1号中「委任事務」とあり、及び同項第2号中「委任」とあるのは「前項の職務」と読み替えるものとする。

⑤　前2項の規定は、定款で別段の定めをすることを妨げない。

（競業の禁止）

第594条　業務を執行する社員は、当該社員以外の社員の全員の承認を受けなければ、次に掲げる行為をしてはならない。ただし、定款に別段の定めがある場合は、この限りでない。

1　自己又は第三者のために持分会社の事業の部類に属する取引をすること。

2　持分会社の事業と同種の事業を目的とする会社の取締役、執行役又は業務を執行する社員となること。

②　業務を執行する社員が前項の規定に違反して同項第1号に掲げる行為をしたときは、当該行為によって当該業務を執行する社員又は第三者が得た利益の額は、持分会社に生じた損害の額と推定する。

（利益相反取引の制限）

第595条　業務を執行する社員は、次に掲げる場合には、当該取引について当該社員以外の社員の過半数の承認を受けなければならない。ただし、定款に別段の定めがある場合は、この限りでない。

1　業務を執行する社員が自己又は第三者のために持分会社と取引をしようとするとき。

2　持分会社が業務を執行する社員の債務を保証することその他社員でない者との間において持分会社と当該社員との利益が相反する取引をしようとするとき。

②　民法第108条の規定は、前項の承認を受けた同項各号の取引については、適用しない。

（業務を執行する社員の持分会社に対する損害賠償責任）

第596条　業務を執行する社員は、その任務を怠ったときは、持分会社に対し、連帯して、これによって生じた損害を賠償する責任を負う。

（業務を執行する有限責任社員の第三者に対する損害賠償責任）

第597条　業務を執行する有限責任社員がその職務を行うについて悪意又は重大な過失があったときは、当該有限責任社員は、連帯して、これによって第三者に生じた損害を賠償する責任を負う。

（法人が業務を執行する社員である場合の特則）

第598条　法人が業務を執行する社員である場合には、当該法人は、当該業務を執行する社員の職務を行うべき者を選任し、その者の氏名及び住所を他の社員に通知しなければならない。

②　第593条から前条までの規定は、前項の規定により選任された社員の職務を行うべき者について準用する。

（持分会社の代表）

第599条　業務を執行する社員は、持分会社

を代表する。ただし、他に持分会社を代表する社員その他持分会社を代表する者を定めた場合は、この限りでない。

② 前項本文の業務を執行する社員が2人以上ある場合には、業務を執行する社員は、各自、持分会社を代表する。

③ 持分会社は、定款又は定款の定めに基づく社員の互選によって、業務を執行する社員の中から持分会社を代表する社員を定めることができる。

④ 持分会社を代表する社員は、持分会社の業務に関する一切の裁判上又は裁判外の行為をする権限を有する。

⑤ 前項の権限に加えた制限は、善意の第三者に対抗することができない。

(持分会社を代表する社員等の行為についての損害賠償責任)

第600条 持分会社は、持分会社を代表する社員その他の代表者がその職務を行うについて第三者に加えた損害を賠償する責任を負う。

(持分会社と社員との間の訴えにおける会社の代表)

第601条 第599条第4項の規定にかかわらず、持分会社が社員に対し、又は社員が持分会社に対して訴えを提起する場合において、当該訴えについて持分会社を代表する者（当該社員を除く。）が存しないときは、当該社員以外の社員の過半数をもって、当該訴えについて持分会社を代表する者を定めることができる。

第602条 第599条第1項の規定にかかわらず、社員が持分会社に対して社員の責任を追及する訴えの提起を請求した場合において、持分会社が当該請求の日から60日以内に当該訴えを提起しないときは、当該請求をした社員は、当該訴えについて持分会社を代表することができる。ただし、当該訴えが当該社員若しくは第三者の不正な利益を図り又は当該持分会社に損害を加えることを目的とする場合は、この限りでない。

第3節 業務を執行する社員の職務を代行する者

第603条 民事保全法第56条に規定する仮処分命令により選任された業務を執行する社員又は持分会社を代表する社員の職務を代行する者は、仮処分命令に別段の定めがある場合を除き、持分会社の常務に属しない行為をするには、裁判所の許可を得なければならない。

② 前項の規定に違反して行った業務を執行する社員又は持分会社を代表する社員の職務を代行する者の行為は、無効とする。ただし、持分会社は、これをもって善意の第三者に対抗することができない。

第4章 社員の加入及び退社

第1節 社員の加入

(社員の加入)

第604条 持分会社は、新たに社員を加入させることができる。

② 持分会社の社員の加入は、当該社員に係る定款の変更をした時に、その効力を生ずる。

③ 前項の規定にかかわらず、合同会社が新たに社員を加入させる場合において、新たに社員となろうとする者が同項の定款の変更をした時にその出資に係る払込み又は給付の全部又は一部を履行していないときは、その者は、当該払込み又は給付を完了した時に、合同会社の社員となる。

(加入した社員の責任)

第605条 持分会社の成立後に加入した社員は、その加入前に生じた持分会社の債務についても、これを弁済する責任を負う。

第2節 社員の退社

(任意退社)

第606条 持分会社の存続期間を定款で定めなかった場合又はある社員の終身の間持分

会社が存続することを定款で定めた場合には、各社員は、事業年度の終了の時において退社をすることができる。この場合においては、各社員は、6箇月前までに持分会社に退社の予告をしなければならない。

② 前項の規定は、定款で別段の定めをすることを妨げない。

③ 前2項の規定にかかわらず、各社員は、やむを得ない事由があるときは、いつでも退社することができる。

(法定退社)

第607条 社員は、前条、第609条第1項、第642条第2項及び第845条の場合のほか、次に掲げる事由によって退社する。

1 定款で定めた事由の発生

2 総社員の同意

3 死亡

4 合併 (合併により当該法人である社員が消滅する場合に限る。)

5 破産手続開始の決定

6 解散 (前2号に掲げる事由によるものを除く。)

7 後見開始の審判を受けたこと。

8 除名

② 持分会社は、その社員が前項第5号から第7号までに掲げる事由の全部又は一部によっては退社しない旨を定めることができる。

(相続及び合併の場合の特則)

第608条 持分会社は、その社員が死亡した場合又は合併により消滅した場合における当該社員の相続人その他の一般承継人が当該社員の持分を承継する旨を定款で定めることができる。

② 第604条第2項の規定にかかわらず、前項の規定による定款の定めがある場合には、同項の一般承継人 (社員以外のものに限る。) は、同項の持分を承継した時に、当該持分を有する社員となる。

③ 第1項の定款の定めがある場合には、持分会社は、同項の一般承継人が持分を承継

した時に、当該一般承継人に係る定款の変更をしたものとみなす。

④ 第1項の一般承継人 (相続により持分を承継したものであって、出資に係る払込み又は給付の全部又は一部を履行していないものに限る。) が2人以上ある場合には、各一般承継人は、連帯して当該出資に係る払込み又は給付の履行をする責任を負う。

⑤ 第1項の一般承継人 (相続により持分を承継したものに限る。) が2人以上ある場合には、各一般承継人は、承継した持分についての権利を行使する者1人を定めなければ、当該持分についての権利を行使することができない。ただし、持分会社が当該権利を行使することに同意した場合は、この限りでない。

(持分の差押債権者による退社)

第609条 社員の持分を差し押さえた債権者は、事業年度の終了時において当該社員を退社させることができる。この場合においては、当該債権者は、6箇月前までに持分会社及び当該社員にその予告をしなければならない。

② 前項後段の予告は、同項の社員が、同項の債権者に対し、弁済し、又は相当の担保を提供したときは、その効力を失う。

③ 第1項後段の予告をした同項の債権者は、裁判所に対し、持分の払戻しの請求権の保全に関し必要な処分をすることを申し立てることができる。

(退社に伴う定款のみなし変更)

第610条 第606条、第607条第1項、前条第1項又は第642条第2項の規定により社員が退社した場合 (第845条の規定により社員が退社したものとみなされる場合を含む。) には、持分会社は、当該社員が退社した時に、当該社員に係る定款の定めを廃止する定款の変更をしたものとみなす。

(退社に伴う持分の払戻し)

第611条 退社した社員は、その出資の種類を問わず、その持分の払戻しを受けること

ができる。ただし、第608条第1項及び第2項の規定により当該社員の一般承継人が社員となった場合は、この限りでない。

② 退社した社員と持分会社との間の計算は、退社の時における持分会社の財産の状況に従ってしなければならない。

③ 退社した社員の持分は、その出資の種類を問わず、金銭で払い戻すことができる。

④ 退社の時にまだ完了していない事項については、その完了後に計算をすることができる。

⑤ 社員が除名により退社した場合における第2項及び前項の規定の適用については、これらの規定中「退社の時」とあるのは、「除名の訴えを提起した時」とする。

⑥ 前項に規定する場合には、持分会社は、除名の訴えを提起した日後の法定利率による利息をも支払わなければならない。

⑦ 社員の持分の差押えは、持分の払戻しを請求する権利に対しても、その効力を有する。

(退社した社員の責任)

第612条 退社した社員は、その登記をする前に生じた持分会社の債務について、従前の責任の範囲内でこれを弁済する責任を負う。

② 前項の責任は、同項の登記後2年以内に請求又は請求の予告をしない持分会社の債権者に対しては、当該登記後2年を経過した時に消滅する。

(商号変更の請求)

第613条 持分会社がその商号中に退社した社員の氏若しくは氏名又は名称を用いているときは、当該退社した社員は、当該持分会社に対し、その氏若しくは氏名又は名称の使用をやめることを請求することができる。

第5章 計算等

第1節 会計の原則

第614条 持分会社の会計は、一般に公正妥当と認められる企業会計の慣行に従うものとする。

第2節 会計帳簿

(会計帳簿の作成及び保存)

第615条 持分会社は、法務省令で定めるところにより、適時に、正確な会計帳簿を作成しなければならない。

② 持分会社は、会計帳簿の閉鎖の時から10年間、その会計帳簿及びその事業に関する重要な資料を保存しなければならない。

(会計帳簿の提出命令)

第616条 裁判所は、申立てにより又は職権で、訴訟の当事者に対し、会計帳簿の全部又は一部の提出を命ずることができる。

第3節 計算書類

(計算書類の作成及び保存)

第617条 持分会社は、法務省令で定めるところにより、その成立の日における貸借対照表を作成しなければならない。

② 持分会社は、法務省令で定めるところにより、各事業年度に係る計算書類（貸借対照表その他持分会社の財産の状況を示すために必要かつ適切なものとして法務省令で定めるものをいう。以下この章において同じ。）を作成しなければならない。

③ 計算書類は、電磁的記録をもって作成することができる。

④ 持分会社は、計算書類を作成した時から10年間、これを保存しなければならない。

(計算書類の閲覧等)

第618条 持分会社の社員は、当該持分会社の営業時間内は、いつでも、次に掲げる請求をすることができる。

1 計算書類が書面をもって作成されてい

第619条～第625条

るときは、当該書面の閲覧又は謄写の請求

2　計算書類が電磁的記録をもって作成されているときは、当該電磁的記録に記録された事項を法務省令で定める方法により表示したものの閲覧又は謄写の請求

② 前項の規定は、定款で別段の定めをすることを妨げない。ただし、定款によっても、社員が事業年度の終了時に同項各号に掲げる請求をすることを制限する旨を定めることができない。

（計算書類の提出命令）

第619条　裁判所は、申立てにより又は職権で、訴訟の当事者に対し、計算書類の全部又は一部の提出を命ずることができる。

第4節　資本金の額の減少

第620条　持分会社は、損失のてん補のために、その資本金の額を減少することができる。

② 前項の規定により減少する資本金の額は、損失の額として法務省令で定める方法により算定される額を超えることができない。

第5節　利益の配当

（利益の配当）

第621条　社員は、持分会社に対し、利益の配当を請求することができる。

② 持分会社は、利益の配当を請求する方法その他の利益の配当に関する事項を定款で定めることができる。

③ 社員の持分の差押えは、利益の配当を請求する権利に対しても、その効力を有する。

（社員の損益分配の割合）

第622条　損益分配の割合について定款の定めがないときは、その割合は、各社員の出資の価額に応じて定める。

② 利益又は損失の一方についてのみ分配の割合についての定めを定款で定めたときは、その割合は、利益及び損失の分配に共通であるものと推定する。

（有限責任社員の利益の配当に関する責任）

第623条　持分会社が利益の配当により有限責任社員に対して交付した金銭等の帳簿価額（以下この項において「配当額」という。）が当該利益の配当をする日における利益額（持分会社の利益の額として法務省令で定める方法により算定される額をいう。以下この章において同じ。）を超える場合には、当該利益の配当を受けた有限責任社員は、当該持分会社に対し、連帯して、当該配当額に相当する金銭を支払う義務を負う。

② 前項に規定する場合における同項の利益の配当を受けた有限責任社員についての第580条第2項の規定の適用については、同項中「を限度として」とあるのは、「及び第623条第1項の配当額が同項の利益額を超過する額（同項の義務を履行した額を除く。）の合計額を限度として」とする。

第6節　出資の払戻し

第624条　社員は、持分会社に対し、既に出資として払込み又は給付をした金銭等の払戻し（以下この編において「出資の払戻し」という。）を請求することができる。この場合において、当該金銭等が金銭以外の財産であるときは、当該財産の価額に相当する金銭の払戻しを請求することを妨げない。

② 持分会社は、出資の払戻しを請求する方法その他の出資の払戻しに関する事項を定款で定めることができる。

③ 社員の持分の差押えは、出資の払戻しを請求する権利に対しても、その効力を有する。

第7節　合同会社の計算等に関する特則

第1款　計算書類の閲覧に関する特則

第625条　合同会社の債権者は、当該合同会社の営業時間内は、いつでも、その計算書

第3編　持分会社

• 217 •

類（作成した日から5年以内のものに限る。）について第618条第1項各号に掲げる請求をすることができる。

第2款 資本金の額の減少に関する特則

（出資の払戻し又は持分の払戻しを行う場合の資本金の額の減少）

第626条 合同会社は、第620条第1項の場合のほか、出資の払戻し又は持分の払戻しのために、その資本金の額を減少することができる。

② 前項の規定により出資の払戻しのために減少する資本金の額は、第632条第2項に規定する出資払戻額から出資の払戻しをする日における剰余金額を控除して得た額を超えてはならない。

③ 第1項の規定により持分の払戻しのために減少する資本金の額は、第635条第1項に規定する持分払戻額から持分の払戻しをする日における剰余金額を控除して得た額を超えてはならない。

④ 前2項に規定する「剰余金額」とは、第1号に掲げる額から第2号から第4号までに掲げる額の合計額を減じて得た額をいう（第4款及び第5款において同じ。）。

1 資産の額

2 負債の額

3 資本金の額

4 前2号に掲げるもののほか、法務省令で定める各勘定科目に計上した額の合計額

（債権者の異議）

第627条 合同会社が資本金の額を減少する場合には、当該合同会社の債権者は、当該合同会社に対し、資本金の額の減少について異議を述べることができる。

② 前項に規定する場合には、合同会社は、次に掲げる事項を官報に公告し、かつ、知れている債権者には、各別にこれを催告しなければならない。ただし、第2号の期間

は、1箇月を下ることができない。

1 当該資本金の額の減少の内容

2 債権者が一定の期間内に異議を述べることができる旨

③ 前項の規定にかかわらず、合同会社が同項の規定による公告を、官報のほか、第939条第1項の規定による定款の定めに従い、同項第2号又は第3号に掲げる公告方法によりするときは、前項の規定による各別の催告は、することを要しない。

④ 債権者が第2項第2号の期間内に異議を述べなかったときは、当該債権者は、当該資本金の額の減少について承認をしたものとみなす。

⑤ 債権者が第2項第2号の期間内に異議を述べたときは、合同会社は、当該債権者に対し、弁済し、若しくは相当の担保を提供し、又は当該債権者に弁済を受けさせることを目的として信託会社等に相当の財産を信託しなければならない。ただし、当該資本金の額の減少をしても当該債権者を害するおそれがないときは、この限りでない。

⑥ 資本金の額の減少は、前各項の手続が終了した日に、その効力を生ずる。

第3款 利益の配当に関する特則

（利益の配当の制限）

第628条 合同会社は、利益の配当により社員に対して交付する金銭等の帳簿価額（以下この款において「配当額」という。）が当該利益の配当をする日における利益額を超える場合には、当該利益の配当をすることができない。この場合においては、合同会社は、第621条第1項の規定による請求を拒むことができる。

（利益の配当に関する責任）

第629条 合同会社が前条の規定に違反して利益の配当をした場合には、当該利益の配当に関する業務を執行した社員は、当該合同会社に対し、当該利益の配当を受けた社

員と連帯して、当該配当額に相当する金銭を支払う義務を負う。ただし、当該業務を執行した社員がその職務を行うについて注意を怠らなかったことを証明した場合は、この限りでない。

② 前項の義務は、免除することができない。ただし、利益の配当をした日における利益額を限度として当該義務を免除することについて総社員の同意がある場合は、この限りでない。

（社員に対する求償権の制限等）
第630条 前条第1項に規定する場合において、利益の配当を受けた社員は、配当額が利益の配当をした日における利益額を超えることにつき善意であるときは、当該配当額について、当該利益の配当に関する業務を執行した社員からの求償の請求に応ずる義務を負わない。

② 前条第1項に規定する場合には、合同会社の債権者は、利益の配当を受けた社員に対し、配当額（当該配当額が当該債権者の合同会社に対して有する債権額を超える場合にあっては、当該債権額）に相当する金銭を支払わせることができる。

③ 第623条第2項の規定は、合同会社の社員については、適用しない。

（欠損が生じた場合の責任）
第631条 合同会社が利益の配当をした場合において、当該利益の配当をした日の属する事業年度の末日に欠損（合同会社の欠損の額として法務省令で定める方法により算定される額をいう。以下この項において同じ。）が生じたときは、当該利益の配当に関する業務を執行した社員は、当該合同会社に対し、当該利益の配当を受けた社員と連帯して、その欠損額（当該欠損額が配当額を超えるときは、当該配当額）を支払う義務を負う。ただし、当該業務を執行した社員がその職務を行うについて注意を怠らなかったことを証明した場合は、この限りでない。

② 前項の義務は、総社員の同意がなければ、

免除することができない。

第4款 出資の払戻しに関する特則

（出資の払戻しの制限）
第632条 第624条第1項の規定にかかわらず、合同会社の社員は、定款を変更してその出資の価額を減少する場合を除き、同項前段の規定による請求をすることができない。

② 合同会社が出資の払戻しにより社員に対して交付する金銭等の帳簿価額（以下この款において「出資払戻額」という。）が、第624条第1項前段の規定による請求をした日における剰余金額（第626条第1項の資本金の額の減少をした場合にあっては、その減少をした後の剰余金額。以下この款において同じ。）又は前項の出資の価額を減少した額のいずれか少ない額を超える場合には、当該出資の払戻しをすることができない。この場合においては、合同会社は、第624条第1項前段の規定による請求を拒むことができる。

（出資の払戻しに関する社員の責任）
第633条 合同会社が前条の規定に違反して出資の払戻しをした場合には、当該出資の払戻しに関する業務を執行した社員は、当該合同会社に対し、当該出資の払戻しを受けた社員と連帯して、当該出資払戻額に相当する金銭を支払う義務を負う。ただし、当該業務を執行した社員がその職務を行うについて注意を怠らなかったことを証明した場合は、この限りでない。

② 前項の義務は、免除することができない。ただし、出資の払戻しをした日における剰余金額を限度として当該義務を免除することについて総社員の同意がある場合は、この限りでない。

（社員に対する求償権の制限等）
第634条 前条第1項に規定する場合において、出資の払戻しを受けた社員は、出資払戻額が出資の払戻しをした日における剰余

金額を超えることにつき善意であるときは、当該出資払戻額について、当該出資の払戻しに関する業務を執行した社員からの求償の請求に応ずる義務を負わない。

② 前条第1項に規定する場合には、合同会社の債権者は、出資の払戻しを受けた社員に対し、出資払戻額（当該出資払戻額が当該債権者の合同会社に対して有する債権額を超える場合にあっては、当該債権額）に相当する金銭を支払わせることができる。

第5款 退社に伴う持分の払戻しに関する特則

（債権者の異議）

第635条 合同会社が持分の払戻しにより社員に対して交付する金銭等の帳簿価額（以下この款において「持分払戻額」という。）が当該持分の払戻しをする日における剰余金額を超える場合には、当該合同会社の債権者は、当該合同会社に対し、持分の払戻しについて異議を述べることができる。

② 前項に規定する場合には、合同会社は、次に掲げる事項を官報に公告し、かつ、知れている債権者には、各別にこれを催告しなければならない。ただし、第2号の期間は、1箇月（持分払戻額が当該合同会社の純資産額として法務省令で定める方法により算定される額を超える場合にあっては、2箇月）を下ることができない。

1 当該剰余金額を超える持分の払戻しの内容
2 債権者が一定の期間内に異議を述べることができる旨

③ 前項の規定にかかわらず、合同会社が同項の規定による公告を、官報のほか、第939条第1項の規定による定款の定めに従い、同項第2号又は第3号に掲げる公告方法によりするときは、前項の規定による各別の催告は、することを要しない。ただし、持分払戻額が当該合同会社の純資産額として法務省令で定める方法により算定される

額を超える場合は、この限りでない。

④ 債権者が第2項第2号の期間内に異議を述べなかったときは、当該債権者は、当該持分の払戻しについて承認をしたものとみなす。

⑤ 債権者が第2項第2号の期間内に異議を述べたときは、合同会社は、当該債権者に対し、弁済し、若しくは相当の担保を提供し、又は当該債権者に弁済を受けさせることを目的として信託会社等に相当の財産を信託しなければならない。ただし、持分払戻額が当該合同会社の純資産額として法務省令で定める方法により算定される額を超えない場合において、当該持分の払戻しをしても当該債権者を害するおそれがないときは、この限りでない。

（業務を執行する社員の責任）

第636条 合同会社が前条の規定に違反して持分の払戻しをした場合には、当該持分の払戻しに関する業務を執行した社員は、当該合同会社に対し、当該持分の払戻しを受けた社員と連帯して、当該持分払戻額に相当する金銭を支払う義務を負う。ただし、持分の払戻しに関する業務を執行した社員がその職務を行うについて注意を怠らなかったことを証明した場合は、この限りでない。

② 前項の義務は、免除することができない。ただし、持分の払戻しをした時における剰余金額を限度として当該義務を免除することについて総社員の同意がある場合は、この限りでない。

第6章 定款の変更

（定款の変更）

第637条 持分会社は、定款に別段の定めがある場合を除き、総社員の同意によって、定款の変更をすることができる。

（定款の変更による持分会社の種類の変更）

第638条 合名会社は、次の各号に掲げる定款の変更をすることにより、当該各号に定

める種類の持分会社となる。

1 有限責任社員を加入させる定款の変更 合資会社

2 その社員の一部を有限責任社員とする 定款の変更 合資会社

3 その社員の全部を有限責任社員とする 定款の変更 合同会社

② 合資会社は、次の各号に掲げる定款の変更をすることにより、当該各号に定める種類の持分会社となる。

1 その社員の全部を無限責任社員とする 定款の変更 合名会社

2 その社員の全部を有限責任社員とする 定款の変更 合同会社

③ 合同会社は、次の各号に掲げる定款の変更をすることにより、当該各号に定める種類の持分会社となる。

1 その社員の全部を無限責任社員とする 定款の変更 合名会社

2 無限責任社員を加入させる定款の変更 合資会社

3 その社員の一部を無限責任社員とする 定款の変更 合資会社

（合資会社の社員の退社による定款のみなし変更）

第639条 合資会社の有限責任社員が退社したことにより当該合資会社の社員が無限責任社員のみとなった場合には、当該合資会社は、合名会社となる定款の変更をしたものとみなす。

② 合資会社の無限責任社員が退社したことにより当該合資会社の社員が有限責任社員のみとなった場合には、当該合資会社は、合同会社となる定款の変更をしたものとみなす。

（定款の変更時の出資の履行）

第640条 第638条第1項第3号又は第2項第2号に掲げる定款の変更をする場合において、当該定款の変更をする持分会社の社員が当該定款の変更後の合同会社に対する出資に係る払込み又は給付の全部又は一部

を履行していないときは、当該定款の変更は、当該払込み及び給付が完了した日に、その効力を生ずる。

② 前条第2項の規定により合同会社となる定款の変更をしたものとみなされた場合において、社員がその出資に係る払込み又は給付の全部又は一部を履行していないときは、当該定款の変更をしたものとみなされた日から1箇月以内に、当該払込み又は給付を完了しなければならない。ただし、当該期間内に、合名会社又は合資会社となる定款の変更をした場合は、この限りでない。

第7章 解散

（解散の事由）

第641条 持分会社は、次に掲げる事由によって解散する。

1 定款で定めた存続期間の満了

2 定款で定めた解散の事由の発生

3 総社員の同意

4 社員が欠けたこと。

5 合併（合併により当該持分会社が消滅する場合に限る。）

6 破産手続開始の決定

7 第824条第1項又は第833条第2項の規定による解散を命ずる裁判

（持分会社の継続）

第642条 持分会社は、前条第1号から第3号までに掲げる事由によって解散した場合には、次章の規定による清算が結了するまで、社員の全部又は一部の同意によって、持分会社を継続することができる。

② 前項の場合には、持分会社を継続することについて同意しなかった社員は、持分会社が継続することとなった日に、退社する。

（解散した持分会社の合併等の制限）

第643条 持分会社が解散した場合には、当該持分会社は、次に掲げる行為をすることができない。

1 合併（合併により当該持分会社が存続する場合に限る。）

2　吸収分割による他の会社がその事業に関して有する権利義務の全部又は一部の承継

第8章　清算

第1節　清算の開始

（清算の開始原因）

第644条　持分会社は、次に掲げる場合には、この章の定めるところにより、清算をしなければならない。

1　解散した場合（第641条第5号に掲げる事由によって解散した場合及び破産手続開始の決定により解散した場合であって当該破産手続が終了していない場合を除く。）

2　設立の無効の訴えに係る請求を認容する判決が確定した場合

3　設立の取消しの訴えに係る請求を認容する判決が確定した場合

（清算持分会社の能力）

第645条　前条の規定により清算をする持分会社（以下「清算持分会社」という。）は、清算の目的の範囲内において、清算が結了するまではなお存続するものとみなす。

第2節　清算人

（清算人の設置）

第646条　清算持分会社には、1人又は2人以上の清算人を置かなければならない。

（清算人の就任）

第647条　次に掲げる者は、清算持分会社の清算人となる。

1　業務を執行する社員（次号又は第3号に掲げる者がある場合を除く。）

2　定款で定める者

3　社員（業務を執行する社員を定款で定めた場合にあっては、その社員）の過半数の同意によって定める者

②　前項の規定により清算人となる者がないときは、裁判所は、利害関係人の申立てにより、清算人を選任する。

③　前2項の規定にかかわらず、第641条第4号又は第7号に掲げる事由によって解散した清算持分会社については、裁判所は、利害関係人若しくは法務大臣の申立てにより又は職権で、清算人を選任する。

④　第1項及び第2項の規定にかかわらず、第644条第2号又は第3号に掲げる場合に該当することとなった清算持分会社については、裁判所は、利害関係人の申立てにより、清算人を選任する。

（清算人の解任）

第648条　清算人（前条第2項から第4項までの規定により裁判所が選任したものを除く。）は、いつでも、解任することができる。

②　前項の規定による解任は、定款に別段の定めがある場合を除き、社員の過半数をもって決定する。

③　重要な事由があるときは、裁判所は、社員その他利害関係人の申立てにより、清算人を解任することができる。

（清算人の職務）

第649条　清算人は、次に掲げる職務を行う。

1　現務の結了

2　債権の取立て及び債務の弁済

3　残余財産の分配

（業務の執行）

第650条　清算人は、清算持分会社の業務を執行する。

②　清算人が2人以上ある場合には、清算持分会社の業務は、定款に別段の定めがある場合を除き、清算人の過半数をもって決定する。

③　前項の規定にかかわらず、社員が2人以上ある場合には、清算持分会社の事業の全部又は一部の譲渡は、社員の過半数をもって決定する。

（清算人と清算持分会社との関係）

第651条　清算持分会社と清算人との関係は、委任に関する規定に従う。

②　第593条第2項、第594条及び第595条の規定は、清算人について準用する。この

場合において、第 594 条第 1 項及び第 595 条第 1 項中「当該社員以外の社員」とあるのは、「社員(当該清算人が社員である場合にあっては、当該清算人以外の社員)」と読み替えるものとする。

(清算人の清算持分会社に対する損害賠償責任)

第 652 条 清算人は、その任務を怠ったときは、清算持分会社に対し、連帯して、これによって生じた損害を賠償する責任を負う。

(清算人の第三者に対する損害賠償責任)

第 653 条 清算人がその職務を行うについて悪意又は重大な過失があったときは、当該清算人は、連帯して、これによって第三者に生じた損害を賠償する責任を負う。

(法人が清算人である場合の特則)

第 654 条 法人が清算人である場合には、当該法人は、当該清算人の職務を行うべき者を選任し、その者の氏名及び住所を社員に通知しなければならない。

② 前 3 条の規定は、前項の規定により選任された清算人の職務を行うべき者について準用する。

(清算持分会社の代表)

第 655 条 清算人は、清算持分会社を代表する。ただし、他に清算持分会社を代表する清算人その他清算持分会社を代表する者を定めた場合は、この限りでない。

② 前項本文の清算人が 2 人以上ある場合には、清算人は、各自、清算持分会社を代表する。

③ 清算持分会社は、定款又は定款の定めに基づく清算人 (第 647 条第 2 項から第 4 項までの規定により裁判所が選任したものを除く。以下この項において同じ。) の互選によって、清算人の中から清算持分会社を代表する清算人を定めることができる。

④ 第 647 条第 1 項第 1 号の規定により業務を執行する社員が清算人となる場合において、持分会社を代表する社員を定めていたときは、当該持分会社を代表する社員が清

算持分会社を代表する清算人となる。

⑤ 裁判所は、第 647 条第 2 項から第 4 項までの規定により清算人を選任する場合には、その清算人の中から清算持分会社を代表する清算人を定めることができる。

⑥ 第 599 条第 4 項及び第 5 項の規定は清算持分会社を代表する清算人について、第 603 条の規定は民事保全法第 56 条に規定する仮処分命令により選任された清算人又は清算持分会社を代表する清算人の職務を代行する者について、それぞれ準用する。

(清算持分会社についての破産手続の開始)

第 656 条 清算持分会社の財産がその債務を完済するのに足りないことが明らかになったときは、清算人は、直ちに破産手続開始の申立てをしなければならない。

② 清算人は、清算持分会社が破産手続開始の決定を受けた場合において、破産管財人にその事務を引き継いだときは、その任務を終了したものとする。

③ 前項に規定する場合において、清算持分会社が既に債権者に支払い、又は社員に分配したものがあるときは、破産管財人は、これを取り戻すことができる。

(裁判所の選任する清算人の報酬)

第 657 条 裁判所は、第 647 条第 2 項から第 4 項までの規定により清算人を選任した場合には、清算持分会社が当該清算人に対して支払う報酬の額を定めることができる。

第 3 節 財産目録等

(財産目録等の作成等)

第 658 条 清算人は、その就任後遅滞なく、清算持分会社の財産の現況を調査し、法務省令で定めるところにより、第 644 条各号に掲げる場合に該当することとなった日における財産目録及び貸借対照表 (以下この節において「財産目録等」という。) を作成し、各社員にその内容を通知しなければならない。

② 清算持分会社は、財産目録等を作成した時からその本店の所在地における清算結了

の登記の時までの間、当該財産目録等を保存しなければならない。

③　清算持分会社は、社員の請求により、毎月清算の状況を報告しなければならない。

（財産目録等の提出命令）

第 659 条　裁判所は、申立てにより又は職権で、訴訟の当事者に対し、財産目録等の全部又は一部の提出を命ずることができる。

第 4 節　債務の弁済等

（債権者に対する公告等）

第 660 条　清算持分会社（合同会社に限る。以下この項及び次条において同じ。）は、第 644 条各号に掲げる場合に該当することとなった後、遅滞なく、当該清算持分会社の債権者に対し、一定の期間内にその債権を申し出るべき旨を官報に公告し、かつ、知れている債権者には、各別にこれを催告しなければならない。ただし、当該期間は、2 箇月を下ることができない。

②　前項の規定による公告には、当該債権者が当該期間内に申出をしないときは清算から除斥される旨を付記しなければならない。

（債務の弁済の制限）

第 661 条　清算持分会社は、前条第 1 項の期間内は、債務の弁済をすることができない。この場合において、清算持分会社は、その債務の不履行によって生じた責任を免れることができない。

②　前項の規定にかかわらず、清算持分会社は、前条第 1 項の期間内であっても、裁判所の許可を得て、少額の債権、清算持分会社の財産につき存する担保権によって担保される債権その他これを弁済しても他の債権者を害するおそれがない債権に係る債務について、その弁済をすることができる。この場合において、当該許可の申立ては、清算人が 2 人以上あるときは、その全員の同意によってしなければならない。

（条件付債権等に係る債務の弁済）

第 662 条　清算持分会社は、条件付債権、存続期間が不確定な債権その他その額が不確定な債権に係る債務を弁済することができる。この場合においては、これらの債権を評価させるため、裁判所に対し、鑑定人の選任の申立てをしなければならない。

②　前項の場合には、清算持分会社は、同項の鑑定人の評価に従い同項の債権に係る債務を弁済しなければならない。

③　第 1 項の鑑定人の選任の手続に関する費用は、清算持分会社の負担とする。当該鑑定人による鑑定のための呼出し及び質問に関する費用についても、同様とする。

（出資の履行の請求）

第 663 条　清算持分会社に現存する財産がその債務を完済するのに足りない場合において、その出資の全部又は一部を履行していない社員があるときは、当該出資に係る定款の定めにかかわらず、当該清算持分会社は、当該社員に出資させることができる。

（債務の弁済前における残余財産の分配の制限）

第 664 条　清算持分会社は、当該清算持分会社の債務を弁済した後でなければ、その財産を社員に分配することができない。ただし、その存否又は額について争いのある債権に係る債務についてその弁済をするために必要と認められる財産を留保した場合は、この限りでない。

（清算からの除斥）

第 665 条　清算持分会社（合同会社に限る。以下この条において同じ。）の債権者（知れている債権者を除く。）であって第 660 条第 1 項の期間内にその債権の申出をしなかったものは、清算から除斥される。

②　前項の規定により清算から除斥された債権者は、分配がされていない残余財産に対してのみ、弁済を請求することができる。

③　清算持分会社の残余財産を社員の一部に分配した場合には、当該社員の受けた分配と同一の割合の分配を当該社員以外の社員に対してするために必要な財産は、前項の

残余財産から控除する。

第 5 節 残余財産の分配

（残余財産の分配の割合）

第 666 条 残余財産の分配の割合について定款の定めがないときは、その割合は、各社員の出資の価額に応じて定める。

第 6 節 清算事務の終了等

第 667 条 清算持分会社は、清算事務が終了したときは、遅滞なく、清算に係る計算をして、社員の承認を受けなければならない。

② 社員が 1 箇月以内に前項の計算について異議を述べなかったときは、社員は、当該計算の承認をしたものとみなす。ただし、清算人の職務の執行に不正の行為があったときは、この限りでない。

第 7 節 任意清算

（財産の処分の方法）

第 668 条 持分会社（合名会社及び合資会社に限る。以下この節において同じ。）は、定款又は総社員の同意によって、当該持分会社が第 641 条第 1 号から第 3 号までに掲げる事由によって解散した場合における当該持分会社の財産の処分の方法を定めることができる。

② 第 2 節から前節までの規定は、前項の財産の処分の方法を定めた持分会社については、適用しない。

（財産目録等の作成）

第 669 条 前条第 1 項の財産の処分の方法を定めた持分会社が第 641 条第 1 号から第 3 号までに掲げる事由によって解散した場合には、清算持分会社（合名会社及び合資会社に限る。以下この節において同じ。）は、解散の日から 2 週間以内に、法務省令で定めるところにより、解散の日における財産目録及び貸借対照表を作成しなければならない。

② 前条第 1 項の財産の処分の方法を定めていない持分会社が第 641 条第 1 号から第 3 号までに掲げる事由によって解散した場合において、解散後に同項の財産の処分の方法を定めたときは、清算持分会社は、当該財産の処分の方法を定めた日から 2 週間以内に、法務省令で定めるところにより、解散の日における財産目録及び貸借対照表を作成しなければならない。

（債権者の異議）

第 670 条 持分会社が第 668 条第 1 項の財産の処分の方法を定めた場合には、その解散後の清算持分会社の債権者は、当該清算持分会社に対し、当該財産の処分の方法について異議を述べることができる。

② 前項に規定する場合には、清算持分会社は、解散の日（前条第 2 項に規定する場合にあっては、当該財産の処分の方法を定めた日）から 2 週間以内に、次に掲げる事項を官報に公告し、かつ、知れている債権者には、各別にこれを催告しなければならない。ただし、第 2 号の期間は、1 箇月を下ることができない。

1 第 668 条第 1 項の財産の処分の方法に従い清算をする旨

2 債権者が一定の期間内に異議を述べることができる旨

③ 前項の規定にかかわらず、清算持分会社が同項の規定による公告を、官報のほか、第 939 条第 1 項の規定による定款の定めに従い、同項第 2 号又は第 3 号に掲げる公告方法によりするときは、前項の規定による各別の催告は、することを要しない。

④ 債権者が第 2 項第 2 号の期間内に異議を述べなかったときは、当該債権者は、当該財産の処分の方法について承認をしたものとみなす。

⑤ 債権者が第 2 項第 2 号の期間内に異議を述べたときは、清算持分会社は、当該債権者に対し、弁済し、若しくは相当の担保を提供し、又は当該債権者に弁済を受けさせることを目的として信託会社等に相当の財産を信託しなければならない。

（持分の差押債権者の同意等）

第671条 持分会社が第668条第1項の財産の処分の方法を定めた場合において、社員の持分を差し押さえた債権者があるときは、その解散後の清算持分会社がその財産の処分をするには、その債権者の同意を得なければならない。

② 前項の清算持分会社が同項の規定に違反してその財産の処分をしたときは、社員の持分を差し押さえた債権者は、当該清算持分会社に対し、その持分に相当する金額の支払を請求することができる。

第8節　帳簿資料の保存

第672条 清算人（第668条第1項の財産の処分の方法を定めた場合にあっては、清算持分会社を代表する社員）は、清算持分会社の本店の所在地における清算結了の登記の時から10年間、清算持分会社の帳簿並びにその事業及び清算に関する重要な資料（以下この条において「帳簿資料」という。）を保存しなければならない。

② 前項の規定にかかわらず、定款で又は社員の過半数をもって帳簿資料を保存する者を定めた場合には、その者は、清算持分会社の本店の所在地における清算結了の登記の時から10年間、帳簿資料を保存しなければならない。

③ 裁判所は、利害関係人の申立てにより、第1項の清算人又は前項の規定により帳簿資料を保存する者に代わって帳簿資料を保存する者を選任することができる。この場合においては、前2項の規定は、適用しない。

④ 前項の規定により選任された者は、清算持分会社の本店の所在地における清算結了の登記の時から10年間、帳簿資料を保存しなければならない。

⑤ 第3項の規定による選任の手続に関する費用は、清算持分会社の負担とする。

第9節　社員の責任の消滅時効

第673条 第580条に規定する社員の責任は、清算持分会社の本店の所在地における解散の登記をした後5年以内に請求又は請求の予告をしない清算持分会社の債権者に対しては、その登記後5年を経過した時に消滅する。

② 前項の期間の経過後であっても、社員に分配していない残余財産があるときは、清算持分会社の債権者は、清算持分会社に対して弁済を請求することができる。

第10節　適用除外等

（適用除外）

第674条 次に掲げる規定は、清算持分会社については、適用しない。

1　第4章第1節

2　第606条、第607条第1項（第3号及び第4号を除く。）及び第609条

3　第5章第3節（第617条第4項、第618条及び第619条を除く。）から第6節まで及び第7節第2款

4　第638条第1項第3号及び第2項第2号

（相続及び合併による退社の特則）

第675条 清算持分会社の社員が死亡した場合又は合併により消滅した場合には、第608条第1項の定款の定めがないときであっても、当該社員の相続人その他の一般承継人は、当該社員の持分を承継する。この場合においては、同条第4項及び第5項の規定を準用する。

第 **4** 編

社　債

第4編　社債

第1章　総則

（募集社債に関する事項の決定）

第676条　会社は、その発行する社債を引き受ける者の募集をしようとするときは、その都度、募集社債（当該募集に応じて当該社債の引受けの申込みをした者に対して割り当てる社債をいう。以下この編において同じ。）について次に掲げる事項を定めなければならない。

1　募集社債の総額

2　各募集社債の金額

3　募集社債の利率

4　募集社債の償還の方法及び期限

5　利息支払の方法及び期限

6　社債券を発行するときは、その旨

7　社債権者が第698条の規定による請求の全部又は一部をすることができないこととするときは、その旨

7の2　社債管理者を定めないこととするときは、その旨

8　社債管理者が社債権者集会の決議によらずに第706条第1項第2号に掲げる行為をすることができることとするときは、その旨

8の2　社債管理補助者を定めることとするときは、その旨

9　各募集社債の払込金額（各募集社債と引換えに払い込む金銭の額をいう。以下この章において同じ。）若しくはその最低金額又はこれらの算定方法

10　募集社債と引換えにする金銭の払込みの期日

11　一定の日までに募集社債の総額について割当てを受ける者を定めていない場合において、募集社債の全部を発行しないこととするときは、その旨及びその一定の日

12　前各号に掲げるもののほか、法務省令で定める事項

第676条　〔7号の2・8号の2は新設規定〕

1年6月内

（募集社債の申込み）

第677条　会社は、前条の募集に応じて募集社債の引受けの申込みをしようとする者に対し、次に掲げる事項を通知しなければならない。

1　会社の商号

2　当該募集に係る前条各号に掲げる事項

3　前2号に掲げるもののほか、法務省令で定める事項

②　前条の募集に応じて募集社債の引受けの申込みをする者は、次に掲げる事項を記載した書面を会社に交付しなければならない。

1　申込みをする者の氏名又は名称及び住所

2　引き受けようとする募集社債の金額及び金額ごとの数

3　会社が前条第9号の最低金額を定めたときは、希望する払込金額

③　前項の申込みをする者は、同項の書面の交付に代えて、政令で定めるところにより、会社の承諾を得て、同項の書面に記載すべき事項を電磁的方法により提供することができる。この場合において、当該申込みをした者は、同項の書面を交付したものとみなす。

④　第1項の規定は、会社が同項各号に掲げる事項を記載した金融商品取引法第2条第10項に規定する目論見書を第1項の申込みをしようとする者に対して交付している場合その他募集社債の引受けの申込みをしようとする者の保護に欠けるおそれがないものとして法務省令で定める場合には、適用しない。

⑤　会社は、第1項各号に掲げる事項について変更があったときは、直ちに、その旨及び当該変更があった事項を第2項の申込みをした者（以下この章において「申込者」という。）に通知しなければならない。

⑥　会社が申込者に対してする通知又は催告

は、第2項第1号の住所（当該申込者が別に通知又は催告を受ける場所又は連絡先を当該会社に通知した場合にあっては、その場所又は連絡先）にあてて発すれば足りる。

⑦　前項の通知又は催告は、その通知又は催告が通常到達すべきであった時に、到達したものとみなす。

（募集社債の割当て）

第678条　会社は、申込者の中から募集社債の割当てを受ける者を定め、かつ、その者に割り当てる募集社債の金額及び金額ごとの数を定めなければならない。この場合において、会社は、当該申込者に割り当てる募集社債の金額ごとの数を、前条第2項第2号の数よりも減少することができる。

②　会社は、第676条第10号の期日の前日までに、申込者に対し、当該申込者に割り当てる募集社債の金額及び金額ごとの数を通知しなければならない。

（募集社債の申込み及び割当てに関する特則）

第679条　前2条の規定は、募集社債を引き受けようとする者がその総額の引受けを行う契約を締結する場合には、適用しない。

（募集社債の社債権者）

第680条　次の各号に掲げる者は、当該各号に定める募集社債の社債権者となる。

1　申込者　会社の割り当てた募集社債

2　前条の契約により募集社債の総額を引き受けた者　その者が引き受けた募集社債

（社債原簿）

第681条　会社は、社債を発行した日以後遅滞なく、社債原簿を作成し、これに次に掲げる事項（以下この章において「社債原簿記載事項」という。）を記載し、又は記録しなければならない。

1　第676条第3号から第8号の2までに掲げる事項その他の社債の内容を特定するものとして法務省令で定める事項（以下この編において「種類」という。）〔本号の施行は、令1法70〈1年6月内〉施行日〕

2　種類ごとの社債の総額及び各社債の金額

3　各社債と引換えに払い込まれた金銭の額及び払込みの日

4　社債権者（無記名社債（無記名式の社債券が発行されている社債をいう。以下この編において同じ。）の社債権者を除く。）の氏名又は名称及び住所

5　前号の社債権者が各社債を取得した日

6　社債券を発行したときは、社債券の番号、発行の日、社債券が記名式か、又は無記名式かの別及び無記名式の社債券の数

7　前各号に掲げるもののほか、法務省令で定める事項

第681条　〔1号中「第8号の2」は、施行日前までは「第8号」〕

1年6月内

（社債原簿記載事項を記載した書面の交付等）

第682条　社債権者（無記名社債の社債権者を除く。）は、社債を発行した会社（以下この編において「社債発行会社」という。）に対し、当該社債権者についての社債原簿に記載され、若しくは記録された社債原簿記載事項を記載した書面の交付又は当該社債原簿記載事項を記録した電磁的記録の提供を請求することができる。

②　前項の書面には、社債発行会社の代表者が署名し、又は記名押印しなければならない。

③　第1項の電磁的記録には、社債発行会社の代表者が法務省令で定める署名又は記名押印に代わる措置をとらなければならない。

④　前3項の規定は、当該社債について社債券を発行する旨の定めがある場合には、適用しない。

（社債原簿管理人）

第683条　会社は、社債原簿管理人（会社に代わって社債原簿の作成及び備置きその他の社債原簿に関する事務を行う者をいう。以下同じ。）を定め、当該事務を行うことを委託すること

第4編　社債

ができる。

（社債原簿の備置き及び閲覧等）

第684条　社債発行会社は、社債原簿をその本店（社債原簿管理人がある場合にあっては、その営業所）に備え置かなければならない。

②　社債権者その他の法務省令で定める者は、社債発行会社の営業時間内は、いつでも、次に掲げる請求をすることができる。この場合においては、当該請求の理由を明らかにしてしなければならない。

1　社債原簿が書面をもって作成されているときは、当該書面の閲覧又は謄写の請求

2　社債原簿が電磁的記録をもって作成されているときは、当該電磁的記録に記録された事項を法務省令で定める方法により表示したものの閲覧又は謄写の請求

③　社債発行会社は、前項の請求があったときは、次のいずれかに該当する場合を除き、これを拒むことができない。

1　当該請求を行う者がその権利の確保又は行使に関する調査以外の目的で請求を行ったとき。

2　当該請求を行う者が社債原簿の閲覧又は謄写によって知り得た事実を利益を得て第三者に通報するため請求を行ったとき。

3　当該請求を行う者が、過去2年以内において、社債原簿の閲覧又は謄写によって知り得た事実を利益を得て第三者に通報したことがあるものであるとき。

④　社債発行会社が株式会社である場合には、当該社債発行会社の親会社社員は、その権利を行使するため必要があるときは、裁判所の許可を得て、当該社債発行会社の社債原簿について第2項各号に掲げる請求をすることができる。この場合においては、当該請求の理由を明らかにしてしなければならない。

⑤　前項の親会社社員について第3項各号のいずれかに規定する事由があるときは、裁判所は、前項の許可をすることができない。

（社債権者に対する通知等）

第685条　社債発行会社が社債権者に対してする通知又は催告は、社債原簿に記載し、又は記録した当該社債権者の住所（当該社債権者が別に通知又は催告を受ける場所又は連絡先を当該社債発行会社に通知した場合にあっては、その場所又は連絡先）にあてて発すれば足りる。

②　前項の通知又は催告は、その通知又は催告が通常到達すべきであった時に、到達したものとみなす。

③　社債が2以上の者の共有に属するときは、共有者は、社債発行会社が社債権者に対してする通知又は催告を受領する者1人を定め、当該社債発行会社に対し、その者の氏名又は名称を通知しなければならない。この場合においては、その者を社債権者とみなして、前2項の規定を適用する。

④　前項の規定による共有者の通知がない場合には、社債発行会社が社債の共有者に対してする通知又は催告は、そのうちの1人に対してすれば足りる。

⑤　前各項の規定は、第720条第1項の通知に際して社債権者に書面を交付し、又は当該書面に記載すべき事項を電磁的方法により提供する場合について準用する。この場合において、第2項中「到達したもの」とあるのは、「当該書面の交付又は当該事項の電磁的方法による提供があったもの」と読み替えるものとする。

（共有者による権利の行使）

第686条　社債が2以上の者の共有に属するときは、共有者は、当該社債についての権利を行使する者1人を定め、会社に対し、その者の氏名又は名称を通知しなければ、当該社債についての権利を行使することができない。ただし、会社が当該権利を行使することに同意した場合は、この限りでない。

（社債券を発行する場合の社債の譲渡）

第687条 社債券を発行する旨の定めがある社債の譲渡は、当該社債に係る社債券を交付しなければ、その効力を生じない。

（社債の譲渡の対抗要件）

第688条 社債の譲渡は、その社債を取得した者の氏名又は名称及び住所を社債原簿に記載し、又は記録しなければ、社債発行会社その他の第三者に対抗することができない。

② 当該社債について社債券を発行する旨の定めがある場合における前項の規定の適用については、同項中「社債発行会社その他の第三者」とあるのは、「社債発行会社」とする。

③ 前2項の規定は、無記名社債については、適用しない。

（権利の推定等）

第689条 社債券の占有者は、当該社債券に係る社債についての権利を適法に有するものと推定する。

② 社債券の交付を受けた者は、当該社債券に係る社債についての権利を取得する。ただし、その者に悪意又は重大な過失があるときは、この限りでない。

（社債権者の請求によらない社債原簿記載事項の記載又は記録）

第690条 社債発行会社は、次の各号に掲げる場合には、当該各号の社債の社債権者に係る社債原簿記載事項を社債原簿に記載し、又は記録しなければならない。

1 当該社債発行会社の社債を取得した場合

2 当該社債発行会社が有する自己の社債を処分した場合

② 前項の規定は、無記名社債については、適用しない。

（社債権者の請求による社債原簿記載事項の記載又は記録）

第691条 社債を社債発行会社以外の者から取得した者（当該社債発行会社を除く。）は、当該社債発行会社に対し、当該社債に係る社債原簿記載事項を社債原簿に記載し、又は記録することを請求することができる。

② 前項の規定による請求は、利害関係人の利益を害するおそれがないものとして法務省令で定める場合を除き、その取得した社債の社債権者として社債原簿に記載され、若しくは記録された者又はその相続人その他の一般承継人と共同してしなければならない。

③ 前2項の規定は、無記名社債については、適用しない。

（社債券を発行する場合の社債の質入れ）

第692条 社債券を発行する旨の定めがある社債の質入れは、当該社債に係る社債券を交付しなければ、その効力を生じない。

（社債の質入れの対抗要件）

第693条 社債の質入れは、その質権者の氏名又は名称及び住所を社債原簿に記載し、又は記録しなければ、社債発行会社その他の第三者に対抗することができない。

② 前項の規定にかかわらず、社債券を発行する旨の定めがある社債の質権者は、継続して当該社債に係る社債券を占有しなければ、その質権をもって社債発行会社その他の第三者に対抗することができない。

（質権に関する社債原簿の記載等）

第694条 社債に質権を設定した者は、社債発行会社に対し、次に掲げる事項を社債原簿に記載し、又は記録することを請求することができる。

1 質権者の氏名又は名称及び住所

2 質権の目的である社債

② 前項の規定は、社債券を発行する旨の定めがある場合には、適用しない。

（質権に関する社債原簿の記載事項を記載した書面の交付等）

第695条 前条第1項各号に掲げる事項が社債原簿に記載され、又は記録された質権者は、社債発行会社に対し、当該質権者についての社債原簿に記載され、若しくは記録

第4編　社債

された同項各号に掲げる事項を記載した書面の交付又は当該事項を記録した電磁的記録の提供を請求することができる。

② 前項の書面には、社債発行会社の代表者が署名し、又は記名押印しなければならない。

③ 第 1 項の電磁的記録には、社債発行会社の代表者が法務省令で定める署名又は記名押印に代わる措置をとらなければならない。

（信託財産に属する社債についての対抗要件等）

第 695 条の 2 社債については、当該社債が信託財産に属する旨を社債原簿に記載し、又は記録しなければ、当該社債が信託財産に属することを社債発行会社その他の第三者に対抗することができない。

② 第 681 条第 4 号の社債権者は、その有する社債が信託財産に属するときは、社債発行会社に対し、その旨を社債原簿に記載し、又は記録することを請求することができる。

③ 社債原簿に前項の規定による記載又は記録がされた場合における第 682 条第 1 項及び第 690 条第 1 項の規定の適用については、第 682 条第 1 項中「記録された社債原簿記載事項」とあるのは「記録された社債原簿記載事項（当該社債権者の有する社債が信託財産に属する旨を含む。）」と、第 690 条第 1 項中「社債原簿記載事項」とあるのは「社債原簿記載事項（当該社債権者の有する社債が信託財産に属する旨を含む。）」とする。

④ 前 3 項の規定は、社債券を発行する旨の定めがある社債については、適用しない。

（社債券の発行）

第 696 条 社債発行会社は、社債券を発行する旨の定めがある社債を発行した日以後遅滞なく、当該社債に係る社債券を発行しなければならない。

（社債券の記載事項）

第 697 条 社債券には、次に掲げる事項及びその番号を記載し、社債発行会社の代表者

がこれに署名し、又は記名押印しなければならない。

　1　社債発行会社の商号

　2　当該社債券に係る社債の金額

　3　当該社債券に係る社債の種類

② 社債券には、利札を付することができる。

（記名式と無記名式との間の転換）

第 698 条 社債券が発行されている社債の社債権者は、第 676 条第 7 号に掲げる事項についての定めによりすることができないこととされている場合を除き、いつでも、その記名式の社債券を無記名式とし、又はその無記名式の社債券を記名式とすることを請求することができる。

（社債券の喪失）

第 699 条 社債券は、非訟事件手続法第 100 条に規定する公示催告手続によって無効とすることができる。

② 社債券を喪失した者は、非訟事件手続法第 106 条第 1 項に規定する除権決定を得た後でなければ、その再発行を請求することができない。

（利札が欠けている場合における社債の償還）

第 700 条 社債発行会社は、社債券が発行されている社債をその償還の期限前に償還する場合において、これに付された利札が欠けているときは、当該利札に表示される社債の利息の請求権の額を償還額から控除しなければならない。ただし、当該請求権が弁済期にある場合は、この限りでない。

② 前項の利札の所持人は、いつでも、社債発行会社に対し、これと引換えに同項の規定により控除しなければならない額の支払を請求することができる。

（社債の償還請求権等の消滅時効）

第 701 条 社債の償還請求権は、これを行使することができる時から 10 年間行使しないときは、時効によって消滅する。

② 社債の利息の請求権及び前条第 2 項の規定による請求権は、これらを行使することができる時から 5 年間行使しないときは、

時効によって消滅する。

第2章　社債管理者

（社債管理者の設置）

第 702 条　会社は、社債を発行する場合には、社債管理者を定め、社債権者のために、弁済の受領、債権の保全その他の社債の管理を行うことを委託しなければならない。ただし、各社債の金額が 1 億円以上である場合その他社債権者の保護に欠けるおそれがないものとして法務省令で定める場合は、この限りでない。

（社債管理者の資格）

第 703 条　社債管理者は、次に掲げる者でなければならない。

1　銀行

2　信託会社

3　前 2 号に掲げるもののほか、これらに準ずるものとして法務省令で定める者

（社債管理者の義務）

第 704 条　社債管理者は、社債権者のために、公平かつ誠実に社債の管理を行わなければならない。

②　社債管理者は、社債権者に対し、善良な管理者の注意をもって社債の管理を行わなければならない。

（社債管理者の権限等）

第 705 条　社債管理者は、社債権者のために社債に係る債権の弁済を受け、又は社債に係る債権の実現を保全するために必要な一切の裁判上又は裁判外の行為をする権限を有する。

②　社債管理者が前項の弁済を受けた場合には、社債権者は、その社債管理者に対し、社債の償還額及び利息の支払を請求することができる。この場合において、社債券を発行する旨の定めがあるときは、社債権者は、社債券と引換えに当該償還額の支払を、利札と引換えに当該利息の支払を請求しなければならない。

③　前項前段の規定による請求権は、これを

行使することができる時から 10 年間行使しないときは、時効によって消滅する。

④　社債管理者は、その管理の委託を受けた社債につき第 1 項の行為をするために必要があるときは、裁判所の許可を得て、社債発行会社の業務及び財産の状況を調査することができる。

第 706 条　社債管理者は、社債権者集会の決議によらなければ、次に掲げる行為をしてはならない。ただし、第 2 号に掲げる行為については、第 676 条第 8 号に掲げる事項についての定めがあるときは、この限りでない。

1　当該社債の全部についてするその支払の猶予、その債務若しくはその債務の不履行によって生じた責任の免除又は和解（次号に掲げる行為を除く。）〔本号の施行は、令 1 法 70〈1 年 6 月内〉施行日〕

2　当該社債の全部についてする訴訟行為又は破産手続、再生手続、更生手続若しくは特別清算に関する手続に属する行為（前条第 1 項の行為を除く。）

②　社債管理者は、前項ただし書の規定により社債権者集会の決議によらずに同項第 2 号に掲げる行為をしたときは、遅滞なく、その旨を公告し、かつ、知れている社債権者には、各別にこれを通知しなければならない。

③　前項の規定による公告は、社債発行会社における公告の方法によりしなければならない。ただし、その方法が電子公告であるときは、その公告は、官報に掲載する方法でしなければならない。

④　社債管理者は、その管理の委託を受けた社債につき第 1 項各号に掲げる行為をするために必要があるときは、裁判所の許可を得て、社債発行会社の業務及び財産の状況を調査することができる。

第 706 条　〔1 項 1 号中「その債務若しくはその債務」は、施行日前までは「その債務」〕

1 年 6 月内

（特別代理人の選任）

第707条 社債権者と社債管理者との利益が相反する場合において、社債権者のために裁判上又は裁判外の行為をする必要があるときは、裁判所は、社債権者集会の申立てにより、特別代理人を選任しなければならない。

（社債管理者等の行為の方式）

第708条 社債管理者又は前条の特別代理人が社債権者のために裁判上又は裁判外の行為をするときは、個別の社債権者を表示することを要しない。

（2以上の社債管理者がある場合の特則）

第709条 2以上の社債管理者があるときは、これらの者が共同してその権限に属する行為をしなければならない。

② 前項に規定する場合において、社債管理者が第705条第1項の弁済を受けたときは、社債管理者は、社債権者に対し、連帯して、当該弁済の額を支払う義務を負う。

（社債管理者の責任）

第710条 社債管理者は、この法律又は社債権者集会の決議に違反する行為をしたときは、社債権者に対し、連帯して、これによって生じた損害を賠償する責任を負う。

② 社債管理者は、社債発行会社が社債の償還若しくは利息の支払を怠り、若しくは社債発行会社について支払の停止があった後又はその前3箇月以内に、次に掲げる行為をしたときは、社債権者に対し、損害を賠償する責任を負う。ただし、当該社債管理者が誠実にすべき社債の管理を怠らなかったこと又は当該損害が当該行為によって生じたものでないことを証明したときは、この限りでない。

　1　当該社債管理者の債権に係る債務について社債発行会社から担保の供与又は債務の消滅に関する行為を受けること。

　2　当該社債管理者と法務省令で定める特別の関係がある者に対して当該社債管理者の債権を譲り渡すこと（当該特別の関係

がある者が当該債権に係る債務について社債発行会社から担保の供与又は債務の消滅に関する行為を受けた場合に限る。）。

　3　当該社債管理者が社債発行会社に対する債権を有する場合において、契約によって負担する債務を専ら当該債権をもってする相殺に供する目的で社債発行会社の財産の処分を内容とする契約を社債発行会社との間で締結し、又は社債発行会社に対して債務を負担する者の債務を引き受けることを内容とする契約を締結し、かつ、これにより社債発行会社に対し負担した債務と当該債権とを相殺すること。

　4　当該社債管理者が社債発行会社に対して債務を負担する場合において、社債発行会社に対する債権を譲り受け、かつ、当該債務と当該債権とを相殺すること。

（社債管理者の辞任）

第711条 社債管理者は、社債発行会社及び社債権者集会の同意を得て辞任することができる。この場合において、他に社債管理者がないときは、当該社債管理者は、あらかじめ、事務を承継する社債管理者を定めなければならない。

② 前項の規定にかかわらず、社債管理者は、第702条の規定による委託に係る契約に定めた事由があるときは、辞任することができる。ただし、当該契約に事務を承継する社債管理者に関する定めがないときは、この限りでない。

③ 第1項の規定にかかわらず、社債管理者は、やむを得ない事由があるときは、裁判所の許可を得て、辞任することができる。

（社債管理者が辞任した場合の責任）

第712条 第710条第2項の規定は、社債発行会社が社債の償還若しくは利息の支払を怠り、若しくは社債発行会社について支払の停止があった後又はその前3箇月以内に前条第2項の規定により辞任した社債管理者について準用する。

第4編　社債

（社債管理者の解任）

第 713 条 裁判所は、社債管理者がその義務に違反したとき、その事務処理に不適任であるときその他正当な理由があるときは、社債発行会社又は社債権者集会の申立てにより、当該社債管理者を解任することができる。

（社債管理者の事務の承継）

第 714 条 社債管理者が次のいずれかに該当することとなった場合において、他に社債管理者がないときは、社債発行会社は、事務を承継する社債管理者を定め、社債権者のために、社債の管理を行うことを委託しなければならない。この場合においては、社債発行会社は、社債権者集会の同意を得るため、遅滞なく、これを招集し、かつ、その同意を得ることができなかったときは、その同意に代わる裁判所の許可の申立てをしなければならない。

1 第 703 条各号に掲げる者でなくなったとき。

2 第 711 条第 3 項の規定により辞任したとき。

3 前条の規定により解任されたとき。

4 解散したとき。

② 社債発行会社は、前項前段に規定する場合において、同項各号のいずれかに該当することとなった日後 2 箇月以内に、同項後段の規定による招集をせず、又は同項後段の申立てをしなかったときは、当該社債の総額について期限の利益を喪失する。

③ 第 1 項前段に規定する場合において、やむを得ない事由があるときは、利害関係人は、裁判所に対し、事務を承継する社債管理者の選任の申立てをすることができる。

④ 社債発行会社は、第 1 項前段の規定により事務を承継する社債管理者を定めた場合（社債権者集会の同意を得た場合を除く。）又は前項の規定による事務を承継する社債管理者の選任があった場合には、遅滞なく、その旨を公告し、かつ、知れている社債権者に

は、各別にこれを通知しなければならない。

☆第 2 章の 2 社債管理補助者

1 年 6 月内

☆ **（社債管理補助者の設置）**

第 714 条の 2 会社は、第 702 条ただし書に規定する場合には、社債管理補助者を定め、社債権者のために、社債の管理の補助を行うことを委託することができる。ただし、当該社債が担保付社債である場合は、この限りでない。

☆ **（社債管理補助者の資格）**

第 714 条の 3 社債管理補助者は、第 703 条各号に掲げる者その他法務省令で定める者でなければならない。

☆ **（社債管理補助者の権限等）**

第 714 条の 4 社債管理補助者は、社債権者のために次に掲げる行為をする権限を有する。

1 破産手続参加、再生手続参加又は更生手続参加

2 強制執行又は担保権の実行の手続における配当要求

3 第 499 条第 1 項の期間内に債権の申出をすること。

② 社債管理補助者は、第 714 条の 2 の規定による委託に係る契約に定める範囲内において、社債権者のために次に掲げる行為をする権限を有する。

1 社債に係る債権の弁済を受けること。

2 第 705 条第 1 項の行為（前項各号及び前号に掲げる行為を除く。）

3 第 706 条第 1 項各号に掲げる行為

4 社債発行会社が社債の総額について期限の利益を喪失することとなる行為

③ 前項の場合において、社債管理補助者は、社債権者集会の決議によらなければ、次に掲げる行為をしてはならない。

1 前項第 2 号に掲げる行為であって、次に掲げるもの

イ 当該社債の全部についてするその支

払の請求

ロ　当該社債の全部に係る債権に基づく強制執行、仮差押え又は仮処分

ハ　当該社債の全部についてする訴訟行為又は破産手続、再生手続、更生手続若しくは特別清算に関する手続に属する行為（イ及びロに掲げる行為を除く。）

2　前項第 3 号及び第 4 号に掲げる行為

④　社債管理補助者は、第 714 条の 2 の規定による委託に係る契約に従い、社債の管理に関する事項を社債権者に報告し、又は社債権者がこれを知ることができるようにする措置をとらなければならない。

⑤　第 705 条第 2 項及び第 3 項の規定は、第 2 項第 1 号に掲げる行為をする権限を有する社債管理補助者について準用する。

☆（2 以上の社債管理補助者がある場合の特則）

第 714 条の 5　2 以上の社債管理補助者があるときは、社債管理補助者は、各自、その権限に属する行為をしなければならない。

②　社債管理補助者が社債権者に生じた損害を賠償する責任を負う場合において、他の社債管理補助者も当該損害を賠償する責任を負うときは、これらの者は、連帯債務者とする。

☆（社債管理者等との関係）

第 714 条の 6　第 702 条の規定による委託に係る契約又は担保付社債信託法（明治 38 年法律第 52 号）第 2 条第 1 項に規定する信託契約の効力が生じた場合には、第 714 条の 2 の規定による委託に係る契約は、終了する。

☆（社債管理者に関する規定の準用）

第 714 条の 7　第 704 条、第 707 条、第 708 条、第 710 条第 1 項、第 711 条、第 713 条及び第 714 条の規定は、社債管理補助者について準用する。この場合において、第 704 条中「社債の管理」とあるのは「社債の管理の補助」と、同項中「社債権者に対し、連帯して」とあるのは「社債権者に対

し」と、第 711 条第 1 項中「において、他に社債管理者がないときは」とあるのは「において」と、同条第 2 項中「第 702 条」とあるのは「第 714 条の 2」と、第 714 条第 1 項中「において、他に社債管理者がないときは」とあるのは「には」と、「社債の管理」とあるのは「社債の管理の補助」と、「第 703 条各号に掲げる」とあるのは「第 714 条の 3 に規定する」と、「解散した」とあるのは「死亡し、又は解散した」と読み替えるものとする。

第 3 章　社債権者集会

（社債権者集会の構成）

第 715 条　社債権者は、社債の種類ごとに社債権者集会を組織する。

（社債権者集会の権限）

第 716 条　社債権者集会は、この法律に規定する事項及び社債権者の利害に関する事項について決議をすることができる。

（社債権者集会の招集）

第 717 条　社債権者集会は、必要がある場合には、いつでも、招集することができる。

②　社債権者集会は、次項又は次条第 3 項の規定により招集する場合を除き、社債発行会社又は社債管理者が招集する。

③　次に掲げる場合には、社債管理補助者は、社債権者集会を招集することができる。

1　次条第 1 項の規定による請求があった場合

2　第 714 条の 7 において準用する第 711 条第 1 項の社債権者集会の同意を得るため必要がある場合

> **第 717 条**　〔同〕
> ②　社債権者集会は、次条第 3 項の規定により招集する場合を除き、社債発行会社又は社債管理者が招集する。
> ③　〔新設規定〕

1 年 6 月内

（社債権者による招集の請求）

第 718 条　ある種類の社債の総額（償還済みの

額を除く。）の 10 分の 1 以上に当たる社債を有する社債権者は、社債発行会社、社債管理者又は社債管理補助者に対し、社債権者集会の目的である事項及び招集の理由を示して、社債権者集会の招集を請求することができる。

② 社債発行会社が有する自己の当該種類の社債の金額の合計額は、前項に規定する社債の総額に算入しない。

③ 次に掲げる場合には、第 1 項の規定による請求をした社債権者は、裁判所の許可を得て、社債権者集会を招集することができる。

1 第 1 項の規定による請求の後遅滞なく招集の手続が行われない場合

2 第 1 項の規定による請求があった日から 8 週間以内の日を社債権者集会の日とする社債権者集会の招集の通知が発せられない場合

④ 第 1 項の規定による請求又は前項の規定による招集をしようとする無記名社債の社債権者は、その社債券を社債発行会社、社債管理者又は社債管理補助者に提示しなければならない。

> **第 718 条** 〔1 項・4 項中「、社債管理者又は社債管理補助者」は、施行日前までは「又は社債管理者」〕

`1年6月内`

（社債権者集会の招集の決定）

第 719 条 社債権者集会を招集する者（以下この章において「招集者」という。）は、社債権者集会を招集する場合には、次に掲げる事項を定めなければならない。

1 社債権者集会の日時及び場所

2 社債権者集会の目的である事項

3 社債権者集会に出席しない社債権者が電磁的方法によって議決権を行使することができることとするときは、その旨

4 前 3 号に掲げるもののほか、法務省令で定める事項

（社債権者集会の招集の通知）

第 720 条 社債権者集会を招集するには、招集者は、社債権者集会の日の 2 週間前までに、知れている社債権者及び社債発行会社並びに社債管理者又は社債管理補助者がある場合にあっては社債管理者又は社債管理補助者に対して、書面をもってその通知を発しなければならない。〔本項の施行は、令 1 法 70〈1 年 6 月内〉施行日〕

② 招集者は、前項の書面による通知の発出に代えて、政令で定めるところにより、同項の通知を受けるべき者の承諾を得て、電磁的方法により通知を発することができる。この場合において、当該招集者は、同項の書面による通知を発したものとみなす。

③ 前 2 項の通知には、前条各号に掲げる事項を記載し、又は記録しなければならない。

④ 社債発行会社が無記名式の社債券を発行している場合において、社債権者集会を招集するには、招集者は、社債権者集会の日の 3 週間前までに、社債権者集会を招集する旨及び前条各号に掲げる事項を公告しなければならない。

⑤ 前項の規定による公告は、社債発行会社における公告の方法によりしなければならない。ただし、招集者が社債発行会社以外の者である場合において、その方法が電子公告であるときは、その公告は、官報に掲載する方法でしなければならない。

> **第 720 条** 〔1 項中「社債管理者又は社債管理補助者」は、施行日前までは「社債管理者」〕

`1年6月内`

（社債権者集会参考書類及び議決権行使書面の交付等）

第 721 条 招集者は、前条第 1 項の通知に際しては、法務省令で定めるところにより、知れている社債権者に対し、議決権の行使について参考となるべき事項を記載した書類（以下この条において「社債権者集会参考書類」という。）及び社債権者が議決権を行使するための書面（以下この章において「議決権行使

書面」という。）を交付しなければならない。

② 招集者は、前条第2項の承諾をした社債権者に対し同項の電磁的方法による通知を発するときは、前項の規定による社債権者集会参考書類及び議決権行使書面の交付に代えて、これらの書類に記載すべき事項を電磁的方法により提供することができる。ただし、社債権者の請求があったときは、これらの書類を当該社債権者に交付しなければならない。

③ 招集者は、前条第4項の規定による公告をした場合において、社債権者集会の日の1週間前までに無記名社債の社債権者の請求があったときは、直ちに、社債権者集会参考書類及び議決権行使書面を当該社債権者に交付しなければならない。

④ 招集者は、前項の規定による社債権者集会参考書類及び議決権行使書面の交付に代えて、政令で定めるところにより、社債権者の承諾を得て、これらの書類に記載すべき事項を電磁的方法により提供することができる。この場合において、当該招集者は、同項の規定によるこれらの書類の交付をしたものとみなす。

第**722**条 招集者は、第719条第3号に掲げる事項を定めた場合には、第720条第2項の承諾をした社債権者に対する電磁的方法による通知に際して、法務省令で定めるところにより、社債権者に対し、議決権行使書面に記載すべき事項を当該電磁的方法により提供しなければならない。

② 招集者は、第719条第3号に掲げる事項を定めた場合において、第720条第2項の承諾をしていない社債権者から社債権者集会の日の1週間前までに議決権行使書面に記載すべき事項の電磁的方法による提供の請求があったときは、法務省令で定めるところにより、直ちに、当該社債権者に対し、当該事項を電磁的方法により提供しなければならない。

（議決権の額等）

第**723**条 社債権者は、社債権者集会において、その有する当該種類の社債の金額の合計額（償還済みの額を除く。）に応じて、議決権を有する。

② 前項の規定にかかわらず、社債発行会社は、その有する自己の社債については、議決権を有しない。

③ 議決権を行使しようとする無記名社債の社債権者は、社債権者集会の日の1週間前までに、その社債券を招集者に提示しなければならない。

（社債権者集会の決議）

第**724**条 社債権者集会において決議をする事項を可決するには、出席した議決権者（議決権を行使することができる社債権者をいう。以下この章において同じ。）の議決権の総額の2分の1を超える議決権を有する者の同意がなければならない。

② 前項の規定にかかわらず、社債権者集会において次に掲げる事項を可決するには、議決権者の議決権の総額の5分の1以上で、かつ、出席した議決権者の議決権の総額の3分の2以上の議決権を有する者の同意がなければならない。

1 第706条第1項各号に掲げる行為に関する事項

2 第706条第1項、第714条の4第3項（同条第2項第3号に掲げる行為に係る部分に限る。）、第736条第1項、第737条第1項ただし書及び第738条の規定により社債権者集会の決議を必要とする事項

③ 社債権者集会は、第719条第2号に掲げる事項以外の事項については、決議をすることができない。

第**724**条 〔2項2号中「第706条第1項、第714条の4第3項（同条第2項第3号に掲げる行為に係る部分に限る。）」は、施行日前までは「第706条第1項」〕

1年6月内

（議決権の代理行使）

第725条　社債権者は、代理人によってその議決権を行使することができる。この場合においては、当該社債権者又は代理人は、代理権を証明する書面を招集者に提出しなければならない。

②　前項の代理権の授与は、社債権者集会ごとにしなければならない。

③　第1項の社債権者又は代理人は、代理権を証明する書面の提出に代えて、政令で定めるところにより、招集者の承諾を得て、当該書面に記載すべき事項を電磁的方法により提供することができる。この場合において、当該社債権者又は代理人は、当該書面を提出したものとみなす。

④　社債権者が第720条第2項の承諾をした者である場合には、招集者は、正当な理由がなければ、前項の承諾をすることを拒んではならない。

（書面による議決権の行使）

第726条　社債権者集会に出席しない社債権者は、書面によって議決権を行使することができる。

②　書面による議決権の行使は、議決権行使書面に必要な事項を記載し、法務省令で定める時までに当該記載をした議決権行使書面を招集者に提出して行う。

③　前項の規定により書面によって行使した議決権の額は、出席した議決権者の議決権の額に算入する。

（電磁的方法による議決権の行使）

第727条　電磁的方法による議決権の行使は、政令で定めるところにより、招集者の承諾を得て、法務省令で定める時までに議決権行使書面に記載すべき事項を、電磁的方法により当該招集者に提供して行う。

②　社債権者が第720条第2項の承諾をした者である場合には、招集者は、正当な理由がなければ、前項の承諾をすることを拒んではならない。

③　第1項の規定により電磁的方法によって行使した議決権の額は、出席した議決権者の議決権の額に算入する。

（議決権の不統一行使）

第728条　社債権者は、その有する議決権を統一しないで行使することができる。この場合においては、社債権者集会の日の3日前までに、招集者に対してその旨及びその理由を通知しなければならない。

②　招集者は、前項の社債権者が他人のために社債を有する者でないときは、当該社債権者が同項の規定によりその有する議決権を統一しないで行使することを拒むことができる。

（社債発行会社の代表者の出席等）

第729条　社債発行会社、社債管理者又は社債管理補助者は、その代表者若しくは代理人を社債権者集会に出席させ、又は書面により意見を述べることができる。ただし、社債管理者又は社債管理補助者にあっては、その社債権者集会が第707条（第714条の7において準用する場合を含む。）の特別代理人の選任について招集されたものであるときは、この限りでない。

②　社債権者集会又は招集者は、必要があると認めるときは、社債発行会社に対し、その代表者又は代理人の出席を求めることができる。この場合において、社債権者集会にあっては、これをする旨の決議を経なければならない。

> **第729条**　社債発行会社又は社債管理者は、その代表者若しくは代理人を社債権者集会に出席させ、又は書面により意見を述べることができる。ただし、社債管理者にあっては、その社債権者集会が第707条の特別代理人の選任について招集されたものであるときは、この限りでない。
> ②　〔同〕

1年6月内

（延期又は続行の決議）

第730条　社債権者集会においてその延期又は続行について決議があった場合には、第

719条及び第720条の規定は、適用しない。

（議事録）

第731条 社債権者集会の議事については、招集者は、法務省令で定めるところにより、議事録を作成しなければならない。

② 社債発行会社は、社債権者集会の日から10年間、前項の議事録をその本店に備え置かなければならない。

③ 社債管理者、社債管理補助者及び社債権者は、社債発行会社の営業時間内は、いつでも、次に掲げる請求をすることができる。

1 第1項の議事録が書面をもって作成されているときは、当該書面の閲覧又は謄写の請求

2 第1項の議事録が電磁的記録をもって作成されているときは、当該電磁的記録に記録された事項を法務省令で定める方法により表示したものの閲覧又は謄写の請求

第731条 〔3項中「社債管理者、社債管理補助者」は、施行日前までは「社債管理者」〕

`1年6月内`

（社債権者集会の決議の認可の申立て）

第732条 社債権者集会の決議があったときは、招集者は、当該決議があった日から1週間以内に、裁判所に対し、当該決議の認可の申立てをしなければならない。

（社債権者集会の決議の不認可）

第733条 裁判所は、次のいずれかに該当する場合には、社債権者集会の決議の認可をすることができない。

1 社債権者集会の招集の手続又はその決議の方法が法令又は第676条の募集のための当該社債発行会社の事業その他の事項に関する説明に用いた資料に記載され、若しくは記録された事項に違反するとき。

2 決議が不正の方法によって成立するに至ったとき。

3 決議が著しく不公正であるとき。

4 決議が社債権者の一般の利益に反するとき。

（社債権者集会の決議の効力）

第734条 社債権者集会の決議は、裁判所の認可を受けなければ、その効力を生じない。

② 社債権者集会の決議は、当該種類の社債を有する全ての社債権者に対してその効力を有する。

（社債権者集会の決議の認可又は不認可の決定の公告）

第735条 社債発行会社は、社債権者集会の決議の認可又は不認可の決定があった場合には、遅滞なく、その旨を公告しなければならない。

☆ **（社債権者集会の決議の省略）**

第735条の2 社債発行会社、社債管理者、社債管理補助者又は社債権者が社債権者集会の目的である事項について（社債管理補助者にあっては、第714条の7において準用する第711条第1項の社債権者集会の同意をすることについて）提案をした場合において、当該提案につき議決権者の全員が書面又は電磁的記録により同意の意思表示をしたときは、当該提案を可決する旨の社債権者集会の決議があったものとみなす。

② 社債発行会社は、前項の規定により社債権者集会の決議があったものとみなされた日から10年間、同項の書面又は電磁的記録をその本店に備え置かなければならない。

③ 社債管理者、社債管理補助者及び社債権者は、社債発行会社の営業時間内は、いつでも、次に掲げる請求をすることができる。

1 前項の書面の閲覧又は謄写の請求

2 前項の電磁的記録に記録された事項を法務省令で定める方法により表示したものの閲覧又は謄写の請求

④ 第1項の規定により社債権者集会の決議があったものとみなされる場合には、第732条から前条まで（第734条第2項を除く。）の規定は、適用しない。

`1年6月内`

（代表社債権者の選任等）

第736条 社債権者集会においては、その決

議によって、当該種類の社債の総額（償還済みの額を除く。）の1000分の1以上に当たる社債を有する社債権者の中から、1人又は2人以上の代表社債権者を選任し、これに社債権者集会において決議をする事項についての決定を委任することができる。

② 第718条第2項の規定は、前項に規定する社債の総額について準用する。

③ 代表社債権者が2人以上ある場合において、社債権者集会において別段の定めを行わなかったときは、第1項に規定する事項についての決定は、その過半数をもって行う。

（社債権者集会の決議の執行）

第737条 社債権者集会の決議は、次の各号に掲げる場合の区分に応じ、当該各号に定める者が執行する。ただし、社債権者集会の決議によって別に社債権者集会の決議を執行する者を定めたときは、この限りでない。

1 社債管理者がある場合 社債管理者

2 社債管理補助者がある場合において、社債管理補助者の権限に属する行為に関する事項を可決する旨の社債権者集会の決議があったとき 社債管理補助者

3 前2号に掲げる場合以外の場合 代表社債権者

② 第705条第1項から第3項まで、第708条及び第709条の規定は、代表社債権者又は前項ただし書の規定により定められた社債権者集会の決議を執行する者（以下この章において「決議執行者」という。）が社債権者集会の決議を執行する場合について準用する。

> 第737条 社債権者集会の決議は、社債管理者又は代表社債権者（社債管理者があるときを除く。）が執行する。ただし、社債権者集会の決議によって別に社債権者集会の決議を執行する者を定めたときは、この限りでない。
> ② 〔同〕

`1年6月内`

（代表社債権者等の解任等）

第738条 社債権者集会においては、その決議によって、いつでも、代表社債権者若しくは決議執行者を解任し、又はこれらの者に委任した事項を変更することができる。

（社債の利息の支払等を怠ったことによる期限の利益の喪失）

第739条 社債発行会社が社債の利息の支払を怠ったとき、又は定期に社債の一部を償還しなければならない場合においてその償還を怠ったときは、社債権者集会の決議に基づき、当該決議を執行する者は、社債発行会社に対し、一定の期間内にその弁済をしなければならない旨及び当該期間内にその弁済をしないときは当該社債の総額について期限の利益を喪失する旨を書面により通知することができる。ただし、当該期間は、2箇月を下ることができない。

② 前項の決議を執行する者は、同項の規定による書面による通知に代えて、政令で定めるところにより、社債発行会社の承諾を得て、同項の規定により通知する事項を電磁的方法により提供することができる。この場合において、当該決議を執行する者は、当該書面による通知をしたものとみなす。

③ 社債発行会社は、第1項の期間内に同項の弁済をしなかったときは、当該社債の総額について期限の利益を喪失する。

（債権者の異議手続の特則）

第740条 第449条、第627条、第635条、第670条、第779条（第781条第2項において準用する場合を含む。）、第789条（第793条第2項において準用する場合を含む。）、第799条（第802条第2項において準用する場合を含む。）、第810条（第813条第2項において準用する場合を含む。）又は第816条の8の規定により社債権者が異議を述べるには、社債権者集会の決議によらなければならない。この場合においては、裁判所は、利害関係人の申立てにより、社債権者のために異議を述べることができる期間を伸長することができる。

第4編 社債

第4編 社債

② 前項の規定にかかわらず、社債管理者は、社債権者のために、異議を述べることができる。ただし、第702条の規定による委託に係る契約に別段の定めがある場合は、この限りでない。

③ 社債発行会社における第449条第2項、第627条第2項、第635条第2項、第670条第2項、第779条第2項（第781条第2項において準用する場合を含む。以下この項において同じ。）、第789条第2項（第793条第2項において準用する場合を含む。以下この項において同じ。）、第799条第2項（第802条第2項において準用する場合を含む。以下この項において同じ。）、第810条第2項（第813条第2項において準用する場合を含む。以下この項において同じ。）及び第816条の8第2項の規定の適用については、第449条第2項、第627条第2項、第635条第2項、第670条第2項、第779条第2項、第799条第2項及び第816条の8第2項中「知れている債権者」とあるのは「知れている債権者（社債管理者又は社債管理補助者がある場合にあっては、当該社債管理者又は社債管理補助者を含む。）」と、第789条第2項及び第810条第2項中「知れている債権者（同項の規定により異議を述べることができるものに限る。）」とあるのは「知れている債権者（同項の規定により異議を述べることができるものに限り、社債管理者又は社債管理補助者がある場合にあっては当該社債管理者又は社債管理補助者を含む。）」とする。

> 第740条 〔「、第810条（第813条第2項において準用する場合を含む。）又は第816条の8」は、施行日前までは「又は第810条（第813条第2項において準用する場合を含む。）」〕
>
> ② 〔同〕
>
> ③ 社債発行会社における第449条第2項、第627条第2項、第635条第2項、第670条第2項、第779条第2項（第781条第2項において準用する場合を含む。以下この項において同じ。）、第789条第2項（第793条第2項におい

て準用する場合を含む。以下この項において同じ。）、第799条第2項（第802条第2項において準用する場合を含む。以下この項において同じ。）及び第810条第2項（第813条第2項において準用する場合を含む。以下この項において同じ。）の規定の適用については、第449条第2項、第627条第2項、第635条第2項、第670条第2項、第779条第2項及び第799条第2項中「知れている債権者」とあるのは「知れている債権者（社債管理者がある場合にあっては、当該社債管理者を含む。）」と、第789条第2項及び第810条第2項中「知れている債権者（同項の規定により異議を述べることができるものに限る。）」とあるのは「知れている債権者（同項の規定により異議を述べることができるものに限り、社債管理者がある場合にあっては当該社債管理者を含む。）」とする。

> 1年6月内

（社債管理者等の報酬等）

第741条 社債管理者、社債管理補助者、代表社債権者又は決議執行者に対して与えるべき報酬、その事務処理のために要する費用及びその支出の日以後における利息並びにその事務処理のために自己の過失なくして受けた損害の賠償額は、社債発行会社との契約に定めがある場合を除き、裁判所の許可を得て、社債発行会社の負担とすることができる。

② 前項の許可の申立ては、社債管理者、社債管理補助者、代表社債権者又は決議執行者がする。

③ 社債管理者、社債管理補助者、代表社債権者又は決議執行者は、第1項の報酬、費用及び利息並びに損害の賠償額に関し、第705条第1項（第737条第2項において準用する場合を含む。）又は第714条の4第2項第1号の弁済を受けた額について、社債権者に先立って弁済を受ける権利を有する。

> 第741条 〔1項〜3項中「社債管理者、社債管理補助者」は、施行日前までは「社債管理者」。3項中「又は第714条の4第2項第1号の弁済」は、

施行日前までは「の弁済」

1年6月内

（社債権者集会等の費用の負担）

第 742 条　社債権者集会に関する費用は、社債発行会社の負担とする。

②　第 732 条の申立てに関する費用は、社債発行会社の負担とする。ただし、裁判所は、社債発行会社その他利害関係人の申立てにより又は職権で、当該費用の全部又は一部について、招集者その他利害関係人の中から別に負担者を定めることができる。

第４編　社債

第 **5** 編

組織変更、合併、会社分割、株式交換及び株式移転

第5編　組織変更、合併、会社分割、株式交換、株式移転及び株式交付

> 第5編　組織変更、合併、会社分割、株式交換及び株式移転

`1年6月内`

第1章　組織変更

第1節　通則

（組織変更計画の作成）

第743条　会社は、組織変更をすることができる。この場合においては、組織変更計画を作成しなければならない。

第2節　株式会社の組織変更

（株式会社の組織変更計画）

第744条　株式会社が組織変更をする場合には、当該株式会社は、組織変更計画において、次に掲げる事項を定めなければならない。

1　組織変更後の持分会社（以下この編において「組織変更後持分会社」という。）が合名会社、合資会社又は合同会社のいずれであるかの別

2　組織変更後持分会社の目的、商号及び本店の所在地

3　組織変更後持分会社の社員についての次に掲げる事項

　イ　当該社員の氏名又は名称及び住所

　ロ　当該社員が無限責任社員又は有限責任社員のいずれであるかの別

　ハ　当該社員の出資の価額

4　前2号に掲げるもののほか、組織変更後持分会社の定款で定める事項

5　組織変更後持分会社が組織変更に際して組織変更をする株式会社の株主に対してその株式に代わる金銭等（組織変更後持分会社の持分を除く。以下この号及び次号において同じ。）を交付するときは、当該金銭

等についての次に掲げる事項

　イ　当該金銭等が組織変更後持分会社の社債であるときは、当該社債の種類（第107条第2項第2号ロに規定する社債の種類をいう。以下この編において同じ。）及び種類ごとの各社債の金額の合計額又はその算定方法

　ロ　当該金銭等が組織変更後持分会社の社債以外の財産であるときは、当該財産の内容及び数若しくは額又はこれらの算定方法

6　前号に規定する場合には、組織変更をする株式会社の株主（組織変更をする株式会社を除く。）に対する同号の金銭等の割当てに関する事項

7　組織変更をする株式会社が新株予約権を発行しているときは、組織変更後持分会社が組織変更に際して当該新株予約権の新株予約権者に対して交付する当該新株予約権に代わる金銭の額又はその算定方法

8　前号に規定する場合には、組織変更をする株式会社の新株予約権の新株予約権者に対する同号の金銭の割当てに関する事項

9　組織変更がその効力を生ずる日（以下この章において「効力発生日」という。）

②　組織変更後持分会社が合名会社であるときは、前項第3号に掲げる事項として、その社員の全部を無限責任社員とする旨を定めなければならない。

③　組織変更後持分会社が合資会社であるときは、第1項第3号ロに掲げる事項として、その社員の一部を無限責任社員とし、その他の社員を有限責任社員とする旨を定めなければならない。

④　組織変更後持分会社が合同会社であるときは、第1項第3号ロに掲げる事項として、その社員の全部を有限責任社員とする旨を定めなければならない。

（株式会社の組織変更の効力の発生等）

第745条 組織変更をする株式会社は、効力発生日に、持分会社となる。

② 組織変更をする株式会社は、効力発生日に、前条第1項第2号から第4号までに掲げる事項についての定めに従い、当該事項に係る定款の変更をしたものとみなす。

③ 組織変更をする株式会社の株主は、効力発生日に、前条第1項第3号に掲げる事項についての定めに従い、組織変更後持分会社の社員となる。

④ 前条第1項第5号イに掲げる事項についての定めがある場合には、組織変更をする株式会社の株主は、効力発生日に、同項第6号に掲げる事項についての定めに従い、同項第5号イの社債の社債権者となる。

⑤ 組織変更をする株式会社の新株予約権は、効力発生日に、消滅する。

⑥ 前各項の規定は、第779条の規定による手続が終了していない場合又は組織変更を中止した場合には、適用しない。

第3節　持分会社の組織変更

（持分会社の組織変更計画）

第746条 持分会社が組織変更をする場合には、当該持分会社は、組織変更計画において、次に掲げる事項を定めなければならない。

1 組織変更後の株式会社（以下この条において「組織変更後株式会社」という。）の目的、商号、本店の所在地及び発行可能株式総数

2 前号に掲げるもののほか、組織変更後株式会社の定款で定める事項

3 組織変更後株式会社の取締役の氏名

4 次のイからハまでに掲げる場合の区分に応じ、当該イからハまでに定める事項

イ　組織変更後株式会社が会計参与設置会社である場合　組織変更後株式会社の会計参与の氏名又は名称

ロ　組織変更後株式会社が監査役設置会社（監査役の監査の範囲を会計に関するものに限定する旨の定款の定めがある株式会社を含む。）である場合　組織変更後株式会社の監査役の氏名

ハ　組織変更後株式会社が会計監査人設置会社である場合　組織変更後株式会社の会計監査人の氏名又は名称

5 組織変更をする持分会社の社員が組織変更に際して取得する組織変更後株式会社の株式の数（種類株式発行会社にあっては、株式の種類及び種類ごとの数）又はその数の算定方法

6 組織変更をする持分会社の社員に対する前号の株式の割当てに関する事項

7 組織変更後株式会社が組織変更に際して組織変更をする持分会社の社員に対してその持分に代わる金銭等（組織変更後株式会社の株式を除く。以下この号及び次号において同じ。）を交付するときは、当該金銭等についての次に掲げる事項

イ　当該金銭等が組織変更後株式会社の社債（新株予約権付社債についてのものを除く。）であるときは、当該社債の種類及び種類ごとの各社債の金額の合計額又はその算定方法

ロ　当該金銭等が組織変更後株式会社の新株予約権（新株予約権付社債に付されたものを除く。）であるときは、当該新株予約権の内容及び数又はその算定方法

ハ　当該金銭等が組織変更後株式会社の新株予約権付社債であるときは、当該新株予約権付社債についてのイに規定する事項及び当該新株予約権付社債に付された新株予約権についてのロに規定する事項

ニ　当該金銭等が組織変更後株式会社の社債等（社債及び新株予約権をいう。以下この編において同じ。）以外の財産であるときは、当該財産の内容及び数若しくは額又はこれらの算定方法

8 前号に規定する場合には、組織変更を

する持分会社の社員に対する同号の金銭等の割当てに関する事項

9　効力発生日

② 組織変更後株式会社が監査等委員会設置会社である場合には、前項第3号に掲げる事項は、監査等委員である取締役とそれ以外の取締役とを区別して定めなければならない。

（持分会社の組織変更の効力の発生等）

第747条　組織変更をする持分会社は、効力発生日に、株式会社となる。

② 組織変更をする持分会社は、効力発生日に、前条第1項第1号及び第2号に掲げる事項についての定めに従い、当該事項に係る定款の変更をしたものとみなす。

③ 組織変更をする持分会社の社員は、効力発生日に、前条第1項第6号に掲げる事項についての定めに従い、同項第5号の株式の株主となる。

④ 次の各号に掲げる場合には、組織変更をする持分会社の社員は、効力発生日に、前条第1項第8号に掲げる事項についての定めに従い、当該各号に定める者となる。

1　前条第1項第7号イに掲げる事項についての定めがある場合　同号イの社債の社債権者

2　前条第1項第7号ロに掲げる事項についての定めがある場合　同号ロの新株予約権の新株予約権者

3　前条第1項第7号ハに掲げる事項についての定めがある場合　同号ハの新株予約権付社債についての社債の社債権者及び当該新株予約権付社債に付された新株予約権の新株予約権者

⑤ 前各項の規定は、第781条第2項において準用する第779条（第2項第2号を除く。）の規定による手続が終了していない場合又は組織変更を中止した場合には、適用しない。

第2章　合併

第1節　通則

（合併契約の締結）

第748条　会社は、他の会社と合併をすることができる。この場合においては、合併をする会社は、合併契約を締結しなければならない。

第2節　吸収合併

第1款　株式会社が存続する吸収合併

（株式会社が存続する吸収合併契約）

第749条　会社が吸収合併をする場合において、吸収合併後存続する会社（以下この編において「吸収合併存続会社」という。）が株式会社であるときは、吸収合併契約において、次に掲げる事項を定めなければならない。

1　株式会社である吸収合併存続会社（以下この編において「吸収合併存続株式会社」という。）及び吸収合併により消滅する会社（以下この編において「吸収合併消滅会社」という。）の商号及び住所

2　吸収合併存続株式会社が吸収合併に際して株式会社である吸収合併消滅会社（以下この編において「吸収合併消滅株式会社」という。）の株主又は持分会社である吸収合併消滅会社（以下この編において「吸収合併消滅持分会社」という。）の社員に対してその株式又は持分に代わる金銭等を交付するときは、当該金銭等についての次に掲げる事項

イ　当該金銭等が吸収合併存続株式会社の株式であるときは、当該株式の数（種類株式発行会社にあっては、株式の種類及び種類ごとの数）又はその数の算定方法並びに当該吸収合併存続株式会社の資本金及び準備金の額に関する事項

ロ　当該金銭等が吸収合併存続株式会社

の社債（新株予約権付社債についてのものを除く。）であるときは、当該社債の種類及び種類ごとの各社債の金額の合計額又はその算定方法

ハ　当該金銭等が吸収合併存続株式会社の新株予約権（新株予約権付社債に付されたものを除く。）であるときは、当該新株予約権の内容及び数又はその算定方法

ニ　当該金銭等が吸収合併存続株式会社の新株予約権付社債であるときは、当該新株予約権付社債についてのロに規定する事項及び当該新株予約権付社債に付された新株予約権についてのハに規定する事項

ホ　当該金銭等が吸収合併存続株式会社の株式等以外の財産であるときは、当該財産の内容及び数若しくは額又はこれらの算定方法

3　前号に規定する場合には、吸収合併消滅株式会社の株主（吸収合併消滅株式会社及び吸収合併存続株式会社を除く。）又は吸収合併消滅持分会社の社員（吸収合併存続株式会社を除く。）に対する同号の金銭等の割当てに関する事項

4　吸収合併消滅株式会社が新株予約権を発行しているときは、吸収合併存続株式会社が吸収合併に際して当該新株予約権の新株予約権者に対して交付する当該新株予約権に代わる当該吸収合併存続株式会社の新株予約権又は金銭についての次に掲げる事項

イ　当該吸収合併消滅株式会社の新株予約権の新株予約権者に対して吸収合併存続株式会社の新株予約権を交付するときは、当該新株予約権の内容及び数又はその算定方法

ロ　イに規定する場合において、イの吸収合併消滅株式会社の新株予約権が新株予約権付社債に付された新株予約権であるときは、吸収合併存続株式会社

が当該新株予約権付社債についての社債に係る債務を承継する旨並びにその承継に係る社債の種類及び種類ごとの各社債の金額の合計額又はその算定方法

ハ　当該吸収合併消滅株式会社の新株予約権の新株予約権者に対して金銭を交付するときは、当該金銭の額又はその算定方法

5　前号に規定する場合には、吸収合併消滅株式会社の新株予約権の新株予約権者に対する同号の吸収合併存続株式会社の新株予約権又は金銭の割当てに関する事項

6　吸収合併がその効力を生ずる日（以下この節において「効力発生日」という。）

② 前項に規定する場合において、吸収合併消滅株式会社が種類株式発行会社であるときは、吸収合併存続株式会社及び吸収合併消滅株式会社は、吸収合併消滅株式会社の発行する種類の株式の内容に応じ、同項第3号に掲げる事項として次に掲げる事項を定めることができる。

1　ある種類の株式の株主に対して金銭等の割当てをしないこととするときは、その旨及び当該株式の種類

2　前号に掲げる事項のほか、金銭等の割当てについて株式の種類ごとに異なる取扱いを行うこととするときは、その旨及び当該異なる取扱いの内容

③ 第1項に規定する場合には、同項第3号に掲げる事項についての定めは、吸収合併消滅株式会社の株主（吸収合併消滅株式会社及び吸収合併存続株式会社並びに前項第1号の種類の株式の株主を除く。）の有する株式の数（前項第2号に掲げる事項についての定めがある場合にあっては、各種類の株式の数）に応じて金銭等を交付することを内容とするものでなければならない。

（株式会社が存続する吸収合併の効力の発生等）

第750条 吸収合併存続株式会社は、効力発生日に、吸収合併消滅会社の権利義務を承継する。

② 吸収合併消滅会社の吸収合併による解散は、吸収合併の登記の後でなければ、これをもって第三者に対抗することができない。

③ 次の各号に掲げる場合には、吸収合併消滅株式会社の株主又は吸収合併消滅持分会社の社員は、効力発生日に、前条第1項第3号に掲げる事項についての定めに従い、当該各号に定める者となる。

1 前条第1項第2号イに掲げる事項についての定めがある場合　同号イの株式の株主

2 前条第1項第2号ロに掲げる事項についての定めがある場合　同号ロの社債の社債権者

3 前条第1項第2号ハに掲げる事項についての定めがある場合　同号ハの新株予約権の新株予約権者

4 前条第1項第2号ニに掲げる事項についての定めがある場合　同号ニの新株予約権付社債についての社債の社債権者及び当該新株予約権付社債に付された新株予約権の新株予約権者

④ 吸収合併消滅株式会社の新株予約権は、効力発生日に、消滅する。

⑤ 前条第1項第4号イに規定する場合には、吸収合併消滅株式会社の新株予約権の新株予約権者は、効力発生日に、同項第5号に掲げる事項についての定めに従い、同項第4号イの吸収合併存続株式会社の新株予約権の新株予約権者となる。

⑥ 前各項の規定は、第789条（第1項第3号及び第2項第3号を除き、第793条第2項において準用する場合を含む。）若しくは第799条の規定による手続が終了していない場合又は吸収合併を中止した場合には、適用しない。

第2款　持分会社が存続する吸収合併

（持分会社が存続する吸収合併契約）

第751条 会社が吸収合併をする場合において、吸収合併存続会社が持分会社であるときは、吸収合併契約において、次に掲げる事項を定めなければならない。

1 持分会社である吸収合併存続会社（以下この節において「吸収合併存続持分会社」という。）及び吸収合併消滅会社の商号及び住所

2 吸収合併消滅株式会社の株主又は吸収合併消滅持分会社の社員が吸収合併に際して吸収合併存続持分会社の社員となるときは、次のイからハまでに掲げる吸収合併存続持分会社の区分に応じ、当該イからハまでに定める事項

イ 合名会社　当該社員の氏名又は名称及び住所並びに出資の価額

ロ 合資会社　当該社員の氏名又は名称及び住所、当該社員が無限責任社員又は有限責任社員のいずれであるかの別並びに当該社員の出資の価額

ハ 合同会社　当該社員の氏名又は名称及び住所並びに出資の価額

3 吸収合併存続持分会社が吸収合併に際して吸収合併消滅株式会社の株主又は吸収合併消滅持分会社の社員に対してその株式又は持分に代わる金銭等（吸収合併存続持分会社の持分を除く。）を交付するときは、当該金銭等についての次に掲げる事項

イ 当該金銭等が吸収合併存続持分会社の社債であるときは、当該社債の種類及び種類ごとの各社債の金額の合計額又はその算定方法

ロ 当該金銭等が吸収合併存続持分会社の社債以外の財産であるときは、当該財産の内容及び数若しくは額又はこれらの算定方法

4　前号に規定する場合には、吸収合併消滅株式会社の株主（吸収合併消滅株式会社及び吸収合併存続持分会社を除く。）又は吸収合併消滅持分会社の社員（吸収合併存続持分会社を除く。）に対する同号の金銭等の割当てに関する事項

5　吸収合併消滅株式会社が新株予約権を発行しているときは、吸収合併存続持分会社が吸収合併に際して当該新株予約権の新株予約権者に対して交付する当該新株予約権に代わる金銭の額又はその算定方法

6　前号に規定する場合には、吸収合併消滅株式会社の新株予約権の新株予約権者に対する同号の金銭の割当てに関する事項

7　効力発生日

② 前項に規定する場合において、吸収合併消滅株式会社が種類株式発行会社であるときは、吸収合併存続持分会社及び吸収合併消滅株式会社は、吸収合併消滅株式会社の発行する種類の株式の内容に応じ、同項第4号に掲げる事項として次に掲げる事項を定めることができる。

1　ある種類の株式の株主に対して金銭等の割当てをしないこととするときは、その旨及び当該株式の種類

2　前号に掲げる事項のほか、金銭等の割当てについて株式の種類ごとに異なる取扱いを行うこととするときは、その旨及び当該異なる取扱いの内容

③ 第1項に規定する場合には、同項第4号に掲げる事項についての定めは、吸収合併消滅株式会社の株主（吸収合併消滅株式会社及び吸収合併存続持分会社並びに前項第1号の種類の株式の株主を除く。）の有する株式の数（前項第2号に掲げる事項についての定めがある場合にあっては、各種類の株式の数）に応じて金銭等を交付することを内容とするものでなければならない。

（持分会社が存続する吸収合併の効力の発生等）

第752条　吸収合併存続持分会社は、効力発生日に、吸収合併消滅会社の権利義務を承継する。

② 吸収合併消滅会社の吸収合併による解散は、吸収合併の登記の後でなければ、これをもって第三者に対抗することができない。

③ 前条第1項第2号に規定する場合には、吸収合併消滅会社の株主又は吸収合併消滅持分会社の社員は、効力発生日に、同号に掲げる事項についての定めに従い、吸収合併存続持分会社の社員となる。この場合においては、吸収合併存続持分会社は、効力発生日に、同号の社員に係る定款の変更をしたものとみなす。

④ 前条第1項第3号イに掲げる事項についての定めがある場合には、吸収合併消滅株式会社の株主又は吸収合併消滅持分会社の社員は、効力発生日に、同項第4号に掲げる事項についての定めに従い、同項第3号イの社債の社債権者となる。

⑤ 吸収合併消滅株式会社の新株予約権は、効力発生日に、消滅する。

⑥ 前各項の規定は、第789条（第1項第3号及び第2項第3号を除き、第793条第2項において準用する場合を含む。）若しくは第802条第2項において準用する第799条（第2項第3号を除く。）の規定による手続が終了していない場合又は吸収合併を中止した場合には、適用しない。

第3節　新設合併

第1款　株式会社を設立する新設合併

（株式会社を設立する新設合併契約）

第753条　2以上の会社が新設合併をする場合において、新設合併により設立する会社（以下この編において「新設合併設立会社」という。）が株式会社であるときは、新設合併

契約において、次に掲げる事項を定めなければならない。

1　新設合併により消滅する会社（以下この編において「新設合併消滅会社」という。）の商号及び住所

2　株式会社である新設合併設立会社（以下この編において「新設合併設立株式会社」という。）の目的、商号、本店の所在地及び発行可能株式総数

3　前号に掲げるもののほか、新設合併設立株式会社の定款で定める事項

4　新設合併設立株式会社の設立時取締役の氏名

5　次のイからハまでに掲げる場合の区分に応じ、当該イからハまでに定める事項

イ　新設合併設立株式会社が会計参与設置会社である場合　新設合併設立株式会社の設立時会計参与の氏名又は名称

ロ　新設合併設立株式会社が監査役設置会社（監査役の監査の範囲を会計に関するものに限定する旨の定款の定めがある株式会社を含む。）である場合　新設合併設立株式会社の設立時監査役の氏名

ハ　新設合併設立株式会社が会計監査人設置会社である場合　新設合併設立株式会社の設立時会計監査人の氏名又は名称

6　新設合併設立株式会社が新設合併に際して株式会社である新設合併消滅会社（以下この編において「新設合併消滅株式会社」という。）の株主又は持分会社である新設合併消滅会社（以下この編において「新設合併消滅持分会社」という。）の社員に対して交付するその株式又は持分に代わる当該新設合併設立株式会社の株式の数（種類株式発行会社にあっては、株式の種類及び種類ごとの数）又はその数の算定方法並びに当該新設合併設立株式会社の資本金及び準備金の額に関する事項

7　新設合併消滅株式会社の株主（新設合併消滅株式会社を除く。）又は新設合併消滅

持分会社の社員に対する前号の株式の割当てに関する事項

8　新設合併設立株式会社が新設合併に際して新設合併消滅株式会社の株主又は新設合併消滅持分会社の社員に対してその株式又は持分に代わる当該新設合併設立株式会社の社債等を交付するときは、当該社債等についての次に掲げる事項

イ　当該社債等が新設合併設立株式会社の社債（新株予約権付社債についてのものを除く。）であるときは、当該社債の種類及び種類ごとの各社債の金額の合計額又はその算定方法

ロ　当該社債等が新設合併設立株式会社の新株予約権（新株予約権付社債に付されたものを除く。）であるときは、当該新株予約権の内容及び数又はその算定方法

ハ　当該社債等が新設合併設立株式会社の新株予約権付社債であるときは、当該新株予約権付社債についてのイに規定する事項及び当該新株予約権付社債に付された新株予約権についてのロに規定する事項

9　前号に規定する場合には、新設合併消滅株式会社の株主（新設合併消滅株式会社を除く。）又は新設合併消滅持分会社の社員に対する同号の社債等の割当てに関する事項

10　新設合併消滅株式会社が新株予約権を発行しているときは、新設合併設立株式会社が新設合併に際して当該新株予約権の新株予約権者に対して交付する当該新株予約権に代わる当該新設合併設立株式会社の新株予約権又は金銭についての次に掲げる事項

イ　当該新設合併消滅株式会社の新株予約権の新株予約権者に対して新設合併設立株式会社の新株予約権を交付するときは、当該新株予約権の内容及び数又はその算定方法

ロ　イに規定する場合において、イの新
設合併消滅株式会社の新株予約権が新
株予約権付社債に付された新株予約権
であるときは、新設合併設立株式会社
が当該新株予約権付社債についての社
債に係る債務を承継する旨並びにその
承継に係る社債の種類及び種類ごとの
各社債の金額の合計額又はその算定方
法
ハ　当該新設合併消滅株式会社の新株予
約権の新株予約権者に対して金銭を交
付するときは、当該金銭の額又はその
算定方法
11　前号に規定する場合には、新設合併消
滅株式会社の新株予約権の新株予約権者
に対する同号の新設合併設立株式会社の
新株予約権又は金銭の割当てに関する事
項
②　新設合併設立株式会社が監査等委員会設
置会社である場合には、前項第4号に掲げ
る事項は、設立時監査等委員である設立時
取締役とそれ以外の設立時取締役とを区別
して定めなければならない。
③　第1項に規定する場合において、新設合
併消滅株式会社の全部又は一部が種類株式
発行会社であるときは、新設合併消滅会社
は、新設合併消滅株式会社の発行する種類
の株式の内容に応じ、同項第7号に掲げる
事項（新設合併消滅株式会社の株主に係る事項に
限る。次項において同じ。）として次に掲げる
事項を定めることができる。
1　ある種類の株式の株主に対して新設合
併設立株式会社の株式の割当てをしない
こととするときは、その旨及び当該株式
の種類
2　前号に掲げる事項のほか、新設合併設
立株式会社の株式の割当てについて株式
の種類ごとに異なる取扱いを行うことと
するときは、その旨及び当該異なる取扱
いの内容
④　第1項に規定する場合には、同項第7号

に掲げる事項についての定めは、新設合併
消滅株式会社の株主（新設合併消滅会社及び前
項第1号の種類の株式の株主を除く。）の有する
株式の数（前項第2号に掲げる事項についての定
めがある場合にあっては、各種類の株式の数）に
応じて新設合併設立株式会社の株式を交付
することを内容とするものでなければなら
ない。
⑤　前2項の規定は、第1項第9号に掲げる
事項について準用する。この場合において、
前2項中「新設合併設立株式会社の株式」
とあるのは、「新設合併設立株式会社の社
債等」と読み替えるものとする。

**（株式会社を設立する新設合併の効力の発生
等）**
第754条　新設合併設立株式会社は、その成
立の日に、新設合併消滅会社の権利義務を
承継する。
②　前条第1項に規定する場合には、新設合
併消滅株式会社の株主又は新設合併消滅持
分会社の社員は、新設合併設立株式会社の
成立の日に、同項第7号に掲げる事項につ
いての定めに従い、同項第6号の株式の株
主となる。
③　次の各号に掲げる場合には、新設合併消
滅株式会社の株主又は新設合併消滅持分会
社の社員は、新設合併設立株式会社の成立
の日に、前条第1項第9号に掲げる事項に
ついての定めに従い、当該各号に定める者
となる。
1　前条第1項第8号イに掲げる事項につ
いての定めがある場合　同号イの社債の
社債権者
2　前条第1項第8号ロに掲げる事項につ
いての定めがある場合　同号ロの新株予
約権の新株予約権者
3　前条第1項第8号ハに掲げる事項につ
いての定めがある場合　同号ハの新株予
約権付社債についての社債の社債権者及
び当該新株予約権付社債に付された新株
予約権の新株予約権者

④　新設合併消滅株式会社の新株予約権は、新設合併設立株式会社の成立の日に、消滅する。

⑤　前条第1項第10号イに規定する場合には、新設合併消滅株式会社の新株予約権の新株予約権者は、新設合併設立株式会社の成立の日に、同項第11号に掲げる事項についての定めに従い、同項第10号イの新設合併設立株式会社の新株予約権の新株予約権者となる。

第2款　持分会社を設立する新設合併

（持分会社を設立する新設合併契約）

第755条　2以上の会社が新設合併をする場合において、新設合併設立会社が持分会社であるときは、新設合併契約において、次に掲げる事項を定めなければならない。

1　新設合併消滅会社の商号及び住所

2　持分会社である新設合併設立会社（以下この編において「新設合併設立持分会社」という。）が合名会社、合資会社又は合同会社のいずれであるかの別

3　新設合併設立持分会社の目的、商号及び本店の所在地

4　新設合併設立持分会社の社員についての次に掲げる事項

　イ　当該社員の氏名又は名称及び住所

　ロ　当該社員が無限責任社員又は有限責任社員のいずれであるかの別

　ハ　当該社員の出資の価額

5　前2号に掲げるもののほか、新設合併設立持分会社の定款で定める事項

6　新設合併設立持分会社が新設合併に際して新設合併消滅株式会社の株主又は新設合併消滅持分会社の社員に対してその株式又は持分に代わる当該新設合併設立持分会社の社債を交付するときは、当該社債の種類及び種類ごとの各社債の金額の合計額又はその算定方法

7　前号に規定する場合には、新設合併消滅株式会社の株主（新設合併消滅株式会社を除く。）又は新設合併消滅持分会社の社員に対する同号の社債の割当てに関する事項

8　新設合併消滅株式会社が新株予約権を発行しているときは、新設合併設立持分会社が新設合併に際して当該新株予約権の新株予約権者に対して交付する当該新株予約権に代わる金銭の額又はその算定方法

9　前号に規定する場合には、新設合併消滅株式会社の新株予約権の新株予約権者に対する同号の金銭の割当てに関する事項

②　新設合併設立持分会社が合名会社であるときは、前項第4号ロに掲げる事項として、その社員の全部を無限責任社員とする旨を定めなければならない。

③　新設合併設立持分会社が合資会社であるときは、第1項第4号ロに掲げる事項として、その社員の一部を無限責任社員とし、その他の社員を有限責任社員とする旨を定めなければならない。

④　新設合併設立持分会社が合同会社であるときは、第1項第4号ロに掲げる事項として、その社員の全部を有限責任社員とする旨を定めなければならない。

（持分会社を設立する新設合併の効力の発生等）

第756条　新設合併設立持分会社は、その成立の日に、新設合併消滅会社の権利義務を承継する。

②　前条第1項に規定する場合には、新設合併消滅株式会社の株主又は新設合併消滅持分会社の社員は、新設合併設立持分会社の成立の日に、同項第4号に掲げる事項についての定めに従い、当該新設合併設立持分会社の社員となる。

③　前条第1項第6号に掲げる事項についての定めがある場合には、新設合併消滅株式会社の株主又は新設合併消滅持分会社の社

員は、新設合併設立持分会社の成立の日に、同項第7号に掲げる事項についての定めに従い、同項第6号の社債の社債権者となる。

④ 新設合併消滅株式会社の新株予約権は、新設合併設立持分会社の成立の日に、消滅する。

第3章 会社分割

第1節 吸収分割

第1款 通則

（吸収分割契約の締結）

第757条 会社（株式会社又は合同会社に限る。）は、吸収分割をすることができる。この場合においては、当該会社がその事業に関して有する権利義務の全部又は一部を当該会社から承継する会社（以下この編において「吸収分割承継会社」という。）との間で、吸収分割契約を締結しなければならない。

第2款 株式会社に権利義務を承継させる吸収分割

（株式会社に権利義務を承継させる吸収分割契約）

第758条 会社が吸収分割をする場合において、吸収分割承継会社が株式会社であるときは、吸収分割契約において、次に掲げる事項を定めなければならない。

1　吸収分割をする会社（以下この編において「吸収分割会社」という。）及び株式会社である吸収分割承継会社（以下この編において「吸収分割承継株式会社」という。）の商号及び住所

2　吸収分割承継株式会社が吸収分割により吸収分割会社から承継する資産、債務、雇用契約その他の権利義務（株式会社である吸収分割会社（以下この編において「吸収分割株式会社」という。）及び吸収分割承継株式会社の株式並びに吸収分割株式会社の新株予約権に係る義務を除く。）に関する事項

3　吸収分割により吸収分割株式会社又は吸収分割承継株式会社の株式を吸収分割承継株式会社に承継させるときは、当該株式に関する事項

4　吸収分割承継株式会社が吸収分割に際して吸収分割会社に対してその事業に関する権利義務の全部又は一部に代わる金銭等を交付するときは、当該金銭等についての次に掲げる事項

イ　当該金銭等が吸収分割承継株式会社の株式であるときは、当該株式の数（種類株式発行会社にあっては、株式の種類及び種類ごとの数）又はその数の算定方法並びに当該吸収分割承継株式会社の資本金及び準備金の額に関する事項

ロ　当該金銭等が吸収分割承継株式会社の社債（新株予約権付社債についてのものを除く。）であるときは、当該社債の種類及び種類ごとの各社債の金額の合計額又はその算定方法

ハ　当該金銭等が吸収分割承継株式会社の新株予約権（新株予約権付社債に付されたものを除く。）であるときは、当該新株予約権の内容及び数又はその算定方法

ニ　当該金銭等が吸収分割承継株式会社の新株予約権付社債であるときは、当該新株予約権付社債についてのロに規定する事項及び当該新株予約権付社債に付された新株予約権についてのハに規定する事項

ホ　当該金銭等が吸収分割承継株式会社の株式等以外の財産であるときは、当該財産の内容及び数若しくは額又はこれらの算定方法

5　吸収分割承継株式会社が吸収分割に際して吸収分割株式会社の新株予約権の新株予約権者に対して当該新株予約権に代わる当該吸収分割承継株式会社の新株予約権を交付するときは、当該新株予約権についての次に掲げる事項

イ　当該吸収分割承継株式会社の新株予約権の交付を受ける吸収分割株式会社の新株予約権の新株予約権者の有する新株予約権（以下この編において「吸収分割契約新株予約権」という。）の内容

ロ　吸収分割契約新株予約権の新株予約権者に対して交付する吸収分割承継株式会社の新株予約権の内容及び数又はその算定方法

ハ　吸収分割契約新株予約権が新株予約権付社債に付された新株予約権であるときは、吸収分割承継株式会社が当該新株予約権付社債についての社債に係る債務を承継する旨並びにその承継に係る社債の種類及び種類ごとの各社債の金額の合計額又はその算定方法

6　前号に規定する場合には、吸収分割契約新株予約権の新株予約権者に対する同号の吸収分割承継株式会社の新株予約権の割当てに関する事項

7　吸収分割がその効力を生ずる日（以下この節において「効力発生日」という。）

8　吸収分割株式会社が効力発生日に次に掲げる行為をするときは、その旨

イ　第171条第1項の規定による株式の取得（同項第1号に規定する取得対価が吸収分割承継株式会社の株式（吸収分割株式会社が吸収分割をする前から有するものを除き、吸収分割承継株式会社の株式に準ずるものとして法務省令で定めるものを含む。ロにおいて同じ。）のみであるものに限る。）

ロ　剰余金の配当（配当財産が吸収分割承継株式会社の株式のみであるものに限る。）

（株式会社に権利義務を承継させる吸収分割の効力の発生等）

第759条　吸収分割承継株式会社は、効力発生日に、吸収分割契約の定めに従い、吸収分割会社の権利義務を承継する。

②　前項の規定にかかわらず、第789条第1項第2号（第793条第2項において準用する場合を含む。次項において同じ。）の規定により異議を述べることができる吸収分割会社の債権者であって、第789条第2項（第3号を除き、第793条第2項において準用する場合を含む。次項において同じ。）の各別の催告を受けなかったもの（第789条第3項（第793条第2項において準用する場合を含む。）に規定する場合にあっては、不法行為によって生じた債務の債権者であるものに限る。次項において同じ。）は、吸収分割契約において吸収分割後に吸収分割会社に対して債務の履行を請求することができないものとされているときであっても、吸収分割会社に対して、吸収分割会社が効力発生日に有していた財産の価額を限度として、当該債務の履行を請求することができる。

③　第1項の規定にかかわらず、第789条第1項第2号の規定により異議を述べることができる吸収分割会社の債権者であって、同条第2項の各別の催告を受けなかったものは、吸収分割契約において吸収分割後に吸収分割承継株式会社に対して債務の履行を請求することができないものとされているときであっても、吸収分割承継株式会社に対して、承継した財産の価額を限度として、当該債務の履行を請求することができる。

④　第1項の規定にかかわらず、吸収分割会社が吸収分割承継株式会社に承継されない債務の債権者（以下この条において「残存債権者」という。）を害することを知って吸収分割をした場合には、残存債権者は、吸収分割承継株式会社に対して、承継した財産の価額を限度として、当該債務の履行を請求することができる。ただし、吸収分割承継株式会社が吸収分割の効力が生じた時において残存債権者を害することを知らなかったときは、この限りでない。

⑤　前項の規定は、前条第8号に掲げる事項についての定めがある場合には、適用しない。

⑥　吸収分割承継株式会社が第4項の規定に

より同項の債務を履行する責任を負う場合には、当該責任は、吸収分割会社が残存債権者を害することを知って吸収分割をしたことを知った時から2年以内に請求又は請求の予告をしない残存債権者に対しては、その期間を経過した時に消滅する。効力発生日から10年を経過したときも、同様とする。

⑦ 吸収分割会社について破産手続開始の決定、再生手続開始の決定又は更生手続開始の決定があったときは、残存債権者は、吸収分割承継株式会社に対して第4項の規定による請求をする権利を行使することができない。

⑧ 次の各号に掲げる場合には、吸収分割会社は、効力発生日に、吸収分割契約の定めに従い、当該各号に定める者となる。

　1　前条第4号イに掲げる事項についての定めがある場合　同号イの株式の株主

　2　前条第4号ロに掲げる事項についての定めがある場合　同号ロの社債の社債権者

　3　前条第4号ハに掲げる事項についての定めがある場合　同号ハの新株予約権の新株予約権者

　4　前条第4号ニに掲げる事項についての定めがある場合　同号ニの新株予約権付社債についての社債の社債権者及び当該新株予約権付社債に付された新株予約権の新株予約権者

⑨ 前条第5号に規定する場合には、効力発生日に、吸収分割契約新株予約権は、消滅し、当該吸収分割契約新株予約権の新株予約権者は、同条第6号に掲げる事項についての定めに従い、同条第5号ロの吸収分割承継株式会社の新株予約権の新株予約権者となる。

⑩ 前各項の規定は、第789条（第1項第3号及び第2項第3号を除き、第793条第2項において準用する場合を含む。）若しくは第799条の規定による手続が終了していない場合又は

吸収分割を中止した場合には、適用しない。

第3款　持分会社に権利義務を承継させる吸収分割

（持分会社に権利義務を承継させる吸収分割契約）

第760条　会社が吸収分割をする場合において、吸収分割承継会社が持分会社であるときは、吸収分割契約において、次に掲げる事項を定めなければならない。

　1　吸収分割会社及び持分会社である吸収分割承継会社（以下この節において「吸収分割承継持分会社」という。）の商号及び住所

　2　吸収分割承継持分会社が吸収分割により吸収分割会社から承継する資産、債務、雇用契約その他の権利義務（吸収分割株式会社の株式及び新株予約権に係る義務を除く。）に関する事項

　3　吸収分割により吸収分割株式会社の株式を吸収分割承継持分会社に承継させるときは、当該株式に関する事項

　4　吸収分割会社が吸収分割に際して吸収分割承継持分会社の社員となるときは、次のイからハまでに掲げる吸収分割承継持分会社の区分に応じ、当該イからハまでに定める事項

　　イ　合名会社　当該社員の氏名又は名称及び住所並びに出資の価額

　　ロ　合資会社　当該社員の氏名又は名称及び住所、当該社員が無限責任社員又は有限責任社員のいずれであるかの別並びに当該社員の出資の価額

　　ハ　合同会社　当該社員の氏名又は名称及び住所並びに出資の価額

　5　吸収分割承継持分会社が吸収分割に際して吸収分割会社に対してその事業に関する権利義務の全部又は一部に代わる金銭等（吸収分割承継持分会社の持分を除く。）を交付するときは、当該金銭等についての次に掲げる事項

　　イ　当該金銭等が吸収分割承継持分会社

の社債であるときは、当該社債の種類及び種類ごとの各社債の金額の合計額又はその算定方法

　ロ　当該金銭等が吸収分割承継持分会社の社債以外の財産であるときは、当該財産の内容及び数若しくは額又はこれらの算定方法

6　効力発生日

7　吸収分割株式会社が効力発生日に次に掲げる行為をするときは、その旨

　イ　第 171 条第 1 項の規定による株式の取得（同項第 1 号に規定する取得対価が吸収分割承継持分会社の持分（吸収分割株式会社が吸収分割をする前から有するものを除き、吸収分割承継持分会社の持分に準ずるものとして法務省令で定めるものを含む。ロにおいて同じ。）のみであるものに限る。）

　ロ　剰余金の配当（配当財産が吸収分割承継持分会社の持分のみであるものに限る。）

（持分会社に権利義務を承継させる吸収分割の効力の発生等）

第 761 条　吸収分割承継持分会社は、効力発生日に、吸収分割契約の定めに従い、吸収分割会社の権利義務を承継する。

②　前項の規定にかかわらず、第 789 条第 1 項第 2 号（第 793 条第 2 項において準用する場合を含む。次項において同じ。）の規定により異議を述べることができる吸収分割会社の債権者であって、第 789 条第 2 項（第 3 号を除き、第 793 条第 2 項において準用する場合を含む。次項において同じ。）の各別の催告を受けなかったもの（第 789 条第 3 項（第 793 条第 2 項において準用する場合を含む。）に規定する場合にあっては、不法行為によって生じた債務の債権者であるものに限る。次項において同じ。）は、吸収分割契約において吸収分割後に吸収分割会社に対して債務の履行を請求することができないものとされているときであっても、吸収分割会社に対して、吸収分割会社が効力発生日に有していた財産の価額を限度として、当該債務の履行を請求することができ

る。

③　第 1 項の規定にかかわらず、第 789 条第 1 項第 2 号の規定により異議を述べることができる吸収分割会社の債権者であって、同条第 2 項の各別の催告を受けなかったものは、吸収分割契約において吸収分割後に吸収分割承継持分会社に対して債務の履行を請求することができないものとされているときであっても、吸収分割承継持分会社に対して、承継した財産の価額を限度として、当該債務の履行を請求することができる。

④　第 1 項の規定にかかわらず、吸収分割会社が吸収分割承継持分会社に承継されない債務の債権者（以下この条において「残存債権者」という。）を害することを知って吸収分割をした場合には、残存債権者は、吸収分割承継持分会社に対して、承継した財産の価額を限度として、当該債務の履行を請求することができる。ただし、吸収分割承継持分会社が吸収分割の効力が生じた時において残存債権者を害することを知らなかったときは、この限りでない。

⑤　前項の規定は、前条第 7 号に掲げる事項についての定めがある場合には、適用しない。

⑥　吸収分割承継持分会社が第 4 項の規定により同項の債務を履行する責任を負う場合には、当該責任は、吸収分割会社が残存債権者を害することを知って吸収分割をしたことを知った時から 2 年以内に請求又は請求の予告をしない残存債権者に対しては、その期間を経過した時に消滅する。効力発生日から 10 年を経過したときも、同様とする。

⑦　吸収分割会社について破産手続開始の決定、再生手続開始の決定又は更生手続開始の決定があったときは、残存債権者は、吸収分割承継持分会社に対して第 4 項の規定による請求をする権利を行使することができない。

⑧　前条第 4 号に規定する場合には、吸収分割会社は、効力発生日に、同号に掲げる事項についての定めに従い、吸収分割承継持分会社の社員となる。この場合においては、吸収分割承継持分会社は、効力発生日に、同号の社員に係る定款の変更をしたものとみなす。

⑨　前条第 5 号イに掲げる事項についての定めがある場合には、吸収分割会社は、効力発生日に、吸収分割契約の定めに従い、同号イの社債の社債権者となる。

⑩　前各項の規定は、第 789 条（第 1 項第 3 号及び第 2 項第 3 号を除き、第 793 条第 2 項において準用する場合を含む。）若しくは第 802 条第 2 項において準用する第 799 条（第 2 項第 3 号を除く。）の規定による手続が終了していない場合又は吸収分割を中止した場合には、適用しない。

第2節　新設分割

第1款　通則

（新設分割計画の作成）

第762条　1 又は 2 以上の株式会社又は合同会社は、新設分割をすることができる。この場合においては、新設分割計画を作成しなければならない。

②　2 以上の株式会社又は合同会社が共同して新設分割をする場合には、当該 2 以上の株式会社又は合同会社は、共同して新設分割計画を作成しなければならない。

第2款　株式会社を設立する新設分割

（株式会社を設立する新設分割計画）

第763条　1 又は 2 以上の株式会社又は合同会社が新設分割をする場合において、新設分割により設立する会社（以下この編において「新設分割設立会社」という。）が株式会社であるときは、新設分割計画において、次に掲げる事項を定めなければならない。

1　株式会社である新設分割設立会社（以下この編において「新設分割設立株式会社」という。）の目的、商号、本店の所在地及び発行可能株式総数

2　前号に掲げるもののほか、新設分割設立株式会社の定款で定める事項

3　新設分割設立株式会社の設立時取締役の氏名

4　次のイからハまでに掲げる場合の区分に応じ、当該イからハまでに定める事項

イ　新設分割設立株式会社が会計参与設置会社である場合　新設分割設立株式会社の設立時会計参与の氏名又は名称

ロ　新設分割設立株式会社が監査役設置会社（監査役の監査の範囲を会計に関するものに限定する旨の定款の定めがある株式会社を含む。）である場合　新設分割設立株式会社の設立時監査役の氏名

ハ　新設分割設立株式会社が会計監査人設置会社である場合　新設分割設立株式会社の設立時会計監査人の氏名又は名称

5　新設分割設立株式会社が新設分割により新設分割をする会社（以下この編において「新設分割会社」という。）から承継する資産、債務、雇用契約その他の権利義務（株式会社である新設分割会社（以下この編において「新設分割株式会社」という。）の株式及び新株予約権に係る義務を除く。）に関する事項

6　新設分割設立株式会社が新設分割に際して新設分割会社に対して交付するその事業に関する権利義務の全部又は一部に代わる当該新設分割設立株式会社の株式の数（種類株式発行会社にあっては、株式の種類及び種類ごとの数）又はその数の算定方法並びに当該新設分割設立株式会社の資本金及び準備金の額に関する事項

7　2 以上の株式会社又は合同会社が共同して新設分割をするときは、新設分割会社に対する前号の株式の割当てに関する

事項

8　新設分割設立株式会社が新設分割に際して新設分割会社に対してその事業に関する権利義務の全部又は一部に代わる当該新設分割設立株式会社の社債等を交付するときは、当該社債等についての次に掲げる事項

イ　当該社債等が新設分割設立株式会社の社債（新株予約権付社債についてのものを除く。）であるときは、当該社債の種類及び種類ごとの各社債の金額の合計額又はその算定方法

ロ　当該社債等が新設分割設立株式会社の新株予約権（新株予約権付社債に付されたものを除く。）であるときは、当該新株予約権の内容及び数又はその算定方法

ハ　当該社債等が新設分割設立株式会社の新株予約権付社債であるときは、当該新株予約権付社債についてのイに規定する事項及び当該新株予約権付社債に付された新株予約権についてのロに規定する事項

9　前号に規定する場合において、2以上の株式会社又は合同会社が共同して新設分割をするときは、新設分割会社に対する同号の社債等の割当てに関する事項

10　新設分割設立株式会社が新設分割に際して新設分割株式会社の新株予約権の新株予約権者に対して当該新株予約権に代わる当該新設分割設立株式会社の新株予約権を交付するときは、当該新株予約権についての次に掲げる事項

イ　当該新設分割設立株式会社の新株予約権の交付を受ける新設分割株式会社の新株予約権の新株予約権者の有する新株予約権（以下この編において「新設分割計画新株予約権」という。）の内容

ロ　新設分割計画新株予約権の新株予約権者に対して交付する新設分割設立株式会社の新株予約権の内容及び数又は

その算定方法

ハ　新設分割計画新株予約権が新株予約権付社債に付された新株予約権であるときは、新設分割設立株式会社が当該新株予約権付社債についての社債に係る債務を承継する旨並びにその承継に係る社債の種類及び種類ごとの各社債の金額の合計額又はその算定方法

11　前号に規定する場合には、新設分割計画新株予約権の新株予約権者に対する同号の新設分割設立株式会社の新株予約権の割当てに関する事項

12　新設分割株式会社が新設分割設立株式会社の成立の日に次に掲げる行為をするときは、その旨

イ　第171条第1項の規定による株式の取得（同項第1号に規定する取得対価が新設分割設立株式会社の株式（これに準ずるものとして法務省令で定めるものを含む。ロにおいて同じ。）のみであるものに限る。）

ロ　剰余金の配当（配当財産が新設分割設立株式会社の株式のみであるものに限る。）

②　新設分割設立株式会社が監査等委員会設置会社である場合には、前項第3号に掲げる事項は、設立時監査等委員である設立時取締役とそれ以外の設立時取締役とを区別して定めなければならない。

（株式会社を設立する新設分割の効力の発生等）

第764条　新設分割設立株式会社は、その成立の日に、新設分割計画の定めに従い、新設分割会社の権利義務を承継する。

②　前項の規定にかかわらず、第810条第1項第2号（第813条第2項において準用する場合を含む。次項において同じ。）の規定により異議を述べることができる新設分割会社の債権者であって、第810条第2項（第3号を除き、第813条第2項において準用する場合を含む。次項において同じ。）の各別の催告を受けなかったもの（第810条第3項（第813条第2項において準用する場合を含む。）に規定する場合にあっ

ては、不法行為によって生じた債務の債権者であるものに限る。次項において同じ。）は、新設分割計画において新設分割後に新設分割会社に対して債務の履行を請求することができないものとされているときであっても、新設分割会社に対して、新設分割会社が新設分割設立株式会社の成立の日に有していた財産の価額を限度として、当該債務の履行を請求することができる。

③　第1項の規定にかかわらず、第810条第1項第2号の規定により異議を述べることができる新設分割会社の債権者であって、同条第2項の各別の催告を受けなかったものは、新設分割計画において新設分割後に新設分割設立株式会社に対して債務の履行を請求することができないものとされているときであっても、新設分割設立株式会社に対して、承継した財産の価額を限度として、当該債務の履行を請求することができる。

④　第1項の規定にかかわらず、新設分割会社が新設分割設立株式会社に承継されない債務の債権者（以下この条において「残存債権者」という。）を害することを知って新設分割をした場合には、残存債権者は、新設分割設立株式会社に対して、承継した財産の価額を限度として、当該債務の履行を請求することができる。

⑤　前項の規定は、前条第1項第12号に掲げる事項についての定めがある場合には、適用しない。

⑥　新設分割設立株式会社が第4項の規定により同項の債務を履行する責任を負う場合には、当該責任は、新設分割会社が残存債権者を害することを知って新設分割をしたことを知った時から2年以内に請求又は請求の予告をしない残存債権者に対しては、その期間を経過した時に消滅する。新設分割設立株式会社の成立の日から10年を経過したときも、同様とする。

⑦　新設分割会社について破産手続開始の決定、再生手続開始の決定又は更生手続開始の決定があったときは、残存債権者は、新設分割設立株式会社に対して第4項の規定による請求をする権利を行使することができない。

⑧　前条第1項に規定する場合には、新設分割会社は、新設分割設立株式会社の成立の日に、新設分割計画の定めに従い、同項第6号の株式の株主となる。

⑨　次の各号に掲げる場合には、新設分割会社は、新設分割設立株式会社の成立の日に、新設分割計画の定めに従い、当該各号に定める者となる。

1　前条第1項第8号イに掲げる事項についての定めがある場合　同号イの社債の社債権者

2　前条第1項第8号ロに掲げる事項についての定めがある場合　同号ロの新株予約権の新株予約権者

3　前条第1項第8号ハに掲げる事項についての定めがある場合　同号ハの新株予約権付社債についての社債の社債権者及び当該新株予約権付社債に付された新株予約権の新株予約権者

⑩　2以上の株式会社又は合同会社が共同して新設分割をする場合における前2項の規定の適用については、第8項中「新設分割計画の定め」とあるのは「同項第7号に掲げる事項についての定め」と、前項中「新設分割計画の定め」とあるのは「前条第1項第9号に掲げる事項についての定め」とする。

⑪　前条第1項第10号に規定する場合には、新設分割設立株式会社の成立の日に、新設分割計画新株予約権は、消滅し、当該新設分割計画新株予約権の新株予約権者は、同項第11号に掲げる事項についての定めに従い、同項第10号ロの新設分割設立株式会社の新株予約権の新株予約権者となる。

第3款　持分会社を設立する新設分割

（持分会社を設立する新設分割計画）

第765条　1又は2以上の株式会社又は合同会社が新設分割をする場合において、新設分割設立会社が持分会社であるときは、新設分割計画において、次に掲げる事項を定めなければならない。

1　持分会社である新設分割設立会社（以下この編において「新設分割設立持分会社」という。）が合名会社、合資会社又は合同会社のいずれであるかの別

2　新設分割設立持分会社の目的、商号及び本店の所在地

3　新設分割設立持分会社の社員についての次に掲げる事項

イ　当該社員の名称及び住所

ロ　当該社員が無限責任社員又は有限責任社員のいずれであるかの別

ハ　当該社員の出資の価額

4　前2号に掲げるもののほか、新設分割設立持分会社の定款で定める事項

5　新設分割設立持分会社が新設分割により新設分割会社から承継する資産、債務、雇用契約その他の権利義務（新設分割株式会社の株式及び新株予約権に係る義務を除く。）に関する事項

6　新設分割設立持分会社が新設分割に際して新設分割会社に対してその事業に関する権利義務の全部又は一部に代わる当該新設分割設立持分会社の社債を交付するときは、当該社債の種類及び種類ごとの各社債の金額の合計額又はその算定方法

7　前号に規定する場合において、2以上の株式会社又は合同会社が共同して新設分割をするときは、新設分割会社に対する同号の社債の割当てに関する事項

8　新設分割株式会社が新設分割設立持分会社の成立の日に次に掲げる行為をするときは、その旨

イ　第171条第1項の規定による株式の取得（同項第1号に規定する取得対価が新設分割設立持分会社の持分（これに準ずるものとして法務省令で定めるものを含む。ロにおいて同じ。）のみであるものに限る。）

ロ　剰余金の配当（配当財産が新設分割設立持分会社の持分のみであるものに限る。）

②　新設分割設立持分会社が合名会社であるときは、前項第3号ロに掲げる事項として、その社員の全部を無限責任社員とする旨を定めなければならない。

③　新設分割設立持分会社が合資会社であるときは、第1項第3号ロに掲げる事項として、その社員の一部を無限責任社員とし、その他の社員を有限責任社員とする旨を定めなければならない。

④　新設分割設立持分会社が合同会社であるときは、第1項第3号ロに掲げる事項として、その社員の全部を有限責任社員とする旨を定めなければならない。

（持分会社を設立する新設分割の効力の発生等）

第766条　新設分割設立持分会社は、その成立の日に、新設分割計画の定めに従い、新設分割会社の権利義務を承継する。

②　前項の規定にかかわらず、第810条第1項第2号（第813条第2項において準用する場合を含む。次項において同じ。）の規定により異議を述べることができる新設分割会社の債権者であって、第810条第2項（第3号を除き、第813条第2項において準用する場合を含む。次項において同じ。）の各別の催告を受けなかったもの（第810条第3項（第813条第2項において準用する場合を含む。）に規定する場合にあっては、不法行為によって生じた債務の債権者であるものに限る。次項において同じ。）は、新設分割計画において新設分割後に新設分割会社に対して債務の履行を請求することができないものとされているときであっても、新設分割会社に対して、新設分割会社が新設

分割設立持分会社の成立の日に有していた財産の価額を限度として、当該債務の履行を請求することができる。

③　第1項の規定にかかわらず、第810条第1項第2号の規定により異議を述べることができる新設分割会社の債権者であって、同条第2項の各別の催告を受けなかったものは、新設分割計画において新設分割後に新設分割設立持分会社に対して債務の履行を請求することができないものとされているときであっても、新設分割設立持分会社に対して、承継した財産の価額を限度として、当該債務の履行を請求することができる。

④　第1項の規定にかかわらず、新設分割会社が新設分割設立持分会社に承継されない債務の債権者（以下この条において「残存債権者」という。）を害することを知って新設分割をした場合には、残存債権者は、新設分割設立持分会社に対して、承継した財産の価額を限度として、当該債務の履行を請求することができる。

⑤　前項の規定は、前条第1項第8号に掲げる事項についての定めがある場合には、適用しない。

⑥　新設分割設立持分会社が第4項の規定により同項の債務を履行する責任を負う場合には、当該責任は、新設分割会社が残存債権者を害することを知って新設分割をしたことを知った時から2年以内に請求又は請求の予告をしない残存債権者に対しては、その期間を経過した時に消滅する。新設分割設立持分会社の成立の日から10年を経過したときも、同様とする。

⑦　新設分割会社について破産手続開始の決定、再生手続開始の決定又は更生手続開始の決定があったときは、残存債権者は、新設分割設立持分会社に対して第4項の規定による請求をする権利を行使することができない。

⑧　前条第1項に規定する場合には、新設分割会社は、新設分割設立持分会社の成立の日に、同項第3号に掲げる事項についての定めに従い、当該新設分割設立持分会社の社員となる。

⑨　前条第1項第6号に掲げる事項についての定めがある場合には、新設分割会社は、新設分割設立持分会社の成立の日に、新設分割計画の定めに従い、同号の社債の社債権者となる。

⑩　2以上の株式会社又は合同会社が共同して新設分割をする場合における前項の規定の適用については、同項中「新設分割計画の定めに従い、同号」とあるのは、「同項第7号に掲げる事項についての定めに従い、同項第6号」とする。

第4章　株式交換及び株式移転

第1節　株式交換

第1款　通則

（株式交換契約の締結）

第767条　株式会社は、株式交換をすることができる。この場合においては、当該株式会社の発行済株式の全部を取得する会社（株式会社又は合同会社に限る。以下この編において「株式交換完全親会社」という。）との間で、株式交換契約を締結しなければならない。

第2款　株式会社に発行済株式を取得させる株式交換

（株式会社に発行済株式を取得させる株式交換契約）

第768条　株式会社が株式交換をする場合において、株式交換完全親会社が株式会社であるときは、株式交換契約において、次に掲げる事項を定めなければならない。

　1　株式交換をする株式会社（以下この編において「株式交換完全子会社」という。）及び株式会社である株式交換完全親会社（以下この編において「株式交換完全親株式会社」

という。）の商号及び住所

2　株式交換完全親株式会社が株式交換に際して株式交換完全子会社の株主に対してその株式に代わる金銭等を交付するときは、当該金銭等についての次に掲げる事項

イ　当該金銭等が株式交換完全親株式会社の株式であるときは、当該株式の数（種類株式発行会社にあっては、株式の種類及び種類ごとの数）又はその数の算定方法並びに当該株式交換完全親株式会社の資本金及び準備金の額に関する事項

ロ　当該金銭等が株式交換完全親株式会社の社債（新株予約権付社債についてのものを除く。）であるときは、当該社債の種類及び種類ごとの各社債の金額の合計額又はその算定方法

ハ　当該金銭等が株式交換完全親株式会社の新株予約権（新株予約権付社債に付されたものを除く。）であるときは、当該新株予約権の内容及び数又はその算定方法

ニ　当該金銭等が株式交換完全親株式会社の新株予約権付社債であるときは、当該新株予約権付社債についてのロに規定する事項及び当該新株予約権付社債に付された新株予約権についてのハに規定する事項

ホ　当該金銭等が株式交換完全親株式会社の株式等以外の財産であるときは、当該財産の内容及び数若しくは額又はこれらの算定方法

3　前号に規定する場合には、株式交換完全子会社の株主（株式交換完全親株式会社を除く。）に対する同号の金銭等の割当てに関する事項

4　株式交換完全親株式会社が株式交換に際して株式交換完全子会社の新株予約権の新株予約権者に対して当該新株予約権に代わる当該株式交換完全親株式会社の新株予約権を交付するときは、当該新株

予約権についての次に掲げる事項

イ　当該株式交換完全親株式会社の新株予約権の交付を受ける株式交換完全子会社の新株予約権の新株予約権者の有する新株予約権（以下この編において「株式交換契約新株予約権」という。）の内容

ロ　株式交換契約新株予約権の新株予約権者に対して交付する株式交換完全親株式会社の新株予約権の内容及び数又はその算定方法

ハ　株式交換契約新株予約権が新株予約権付社債に付された新株予約権であるときは、株式交換完全親株式会社が当該新株予約権付社債についての社債に係る債務を承継する旨並びにその承継に係る社債の種類及び種類ごとの各社債の金額の合計額又はその算定方法

5　前号に規定する場合には、株式交換契約新株予約権の新株予約権者に対する同号の株式交換完全親株式会社の新株予約権の割当てに関する事項

6　株式交換がその効力を生ずる日（以下この節において「効力発生日」という。）

②　前項に規定する場合において、株式交換完全子会社が種類株式発行会社であるときは、株式交換完全子会社及び株式交換完全親株式会社は、株式交換完全子会社の発行する種類の株式の内容に応じ、同項第3号に掲げる事項として次に掲げる事項を定めることができる。

1　ある種類の株式の株主に対して金銭等の割当てをしないこととするときは、その旨及び当該株式の種類

2　前号に掲げる事項のほか、金銭等の割当てについて株式の種類ごとに異なる取扱いを行うこととするときは、その旨及び当該異なる取扱いの内容

③　第1項に規定する場合には、同項第3号に掲げる事項についての定めは、株式交換完全子会社の株主（株式交換完全親株式会社及び前項第1号の種類の株式の株主を除く。）の有

する株式の数（前項第2号に掲げる事項についての定めがある場合にあっては、各種類の株式の数）に応じて金銭等を交付することを内容とするものでなければならない。

（株式会社に発行済株式を取得させる株式交換の効力の発生等）

第769条 株式交換完全親株式会社は、効力発生日に、株式交換完全子会社の発行済株式（株式交換完全親株式会社の有する株式交換完全子会社の株式を除く。）の全部を取得する。

② 前項の場合には、株式交換完全親株式会社が株式交換完全子会社の株式（譲渡制限株式に限り、当該株式交換完全親株式会社が効力発生日前から有するものを除く。）を取得したことについて、当該株式交換完全子会社が第137条第1項の承認をしたものとみなす。

③ 次の各号に掲げる場合には、株式交換完全子会社の株主は、効力発生日に、前条第1項第3号に掲げる事項についての定めに従い、当該各号に定める者となる。

1 前条第1項第2号イに掲げる事項についての定めがある場合 同号イの株式の株主

2 前条第1項第2号ロに掲げる事項についての定めがある場合 同号ロの社債の社債権者

3 前条第1項第2号ハに掲げる事項についての定めがある場合 同号ハの新株予約権の新株予約権者

4 前条第1項第2号ニに掲げる事項についての定めがある場合 同号ニの新株予約権付社債についての社債の社債権者及び当該新株予約権付社債に付された新株予約権の新株予約権者

④ 前条第1項第4号に規定する場合には、効力発生日に、株式交換契約新株予約権は、消滅し、当該株式交換契約新株予約権の新株予約権者は、同項第5号に掲げる事項についての定めに従い、同項第4号ロの株式交換完全親株式会社の新株予約権の新株予約権者となる。

⑤ 前条第1項第4号ハに規定する場合には、株式交換完全親株式会社は、効力発生日に、同号ハの新株予約権付社債についての社債に係る債務を承継する。

⑥ 前各項の規定は、第789条若しくは第799条の規定による手続が終了していない場合又は株式交換を中止した場合には、適用しない。

第3款 合同会社に発行済株式を取得させる株式交換

（合同会社に発行済株式を取得させる株式交換契約）

第770条 株式会社が株式交換をする場合において、株式交換完全親会社が合同会社であるときは、株式交換契約において、次に掲げる事項を定めなければならない。

1 株式交換完全子会社及び合同会社である株式交換完全親会社（以下この編において「株式交換完全親合同会社」という。）の商号及び住所

2 株式交換完全子会社の株主が株式交換に際して株式交換完全親合同会社の社員となるときは、当該社員の氏名又は名称及び住所並びに出資の価額

3 株式交換完全親合同会社が株式交換に際して株式交換完全子会社の株主に対してその株式に代わる金銭等（株式交換完全親合同会社の持分を除く。）を交付するときは、当該金銭等についての次に掲げる事項

イ 当該金銭等が当該株式交換完全親合同会社の社債であるときは、当該社債の種類及び種類ごとの各社債の金額の合計額又はその算定方法

ロ 当該金銭等が当該株式交換完全親合同会社の社債以外の財産であるときは、当該財産の内容及び数若しくは額又はこれらの算定方法

4 前号に規定する場合には、株式交換完全子会社の株主（株式交換完全親合同会社を

除く。）に対する同号の金銭等の割当てに関する事項

5　効力発生日

② 前項に規定する場合において、株式交換完全子会社が種類株式発行会社であるときは、株式交換完全子会社及び株式交換完全親合同会社は、株式交換完全子会社の発行する種類の株式の内容に応じ、同項第4号に掲げる事項として次に掲げる事項を定めることができる。

1　ある種類の株式の株主に対して金銭等の割当てをしないこととするときは、その旨及び当該株式の種類

2　前号に掲げる事項のほか、金銭等の割当てについて株式の種類ごとに異なる取扱いを行うこととするときは、その旨及び当該異なる取扱いの内容

③ 第1項に規定する場合には、同項第4号に掲げる事項についての定めは、株式交換完全子会社の株主（株式交換完全親合同会社及び前項第1号の種類の株式の株主を除く。）の有する株式の数（前項第2号に掲げる事項についての定めがある場合にあっては、各種類の株式の数）に応じて金銭等を交付することを内容とするものでなければならない。

（合同会社に発行済株式を取得させる株式交換の効力の発生等）

第771条　株式交換完全親合同会社は、効力発生日に、株式交換完全子会社の発行済株式（株式交換完全親合同会社の有する株式交換完全子会社の株式を除く。）の全部を取得する。

② 前項の場合には、株式交換完全親合同会社が株式交換完全子会社の株式（譲渡制限株式に限り、当該株式交換完全親合同会社が効力発生日前から有するものを除く。）を取得したことについて、当該株式交換完全子会社が第137条第1項の承認をしたものとみなす。

③ 前条第1項第2号に規定する場合には、株式交換完全子会社の株主は、効力発生日に、同号に掲げる事項についての定めに従い、株式交換完全親合同会社の社員となる。

この場合においては、株式交換完全親合同会社は、効力発生日に、同号の社員に係る定款の変更をしたものとみなす。

④ 前条第1項第3号イに掲げる事項についての定めがある場合には、株式交換完全子会社の株主は、効力発生日に、同項第4号に掲げる事項についての定めに従い、同項第3号イの社債の社債権者となる。

⑤ 前各項の規定は、第802条第2項において準用する第799条（第2項第3号を除く。）の規定による手続が終了していない場合又は株式交換を中止した場合には、適用しない。

第2節　株式移転

（株式移転計画の作成）

第772条　1又は2以上の株式会社は、株式移転をすることができる。この場合においては、株式移転計画を作成しなければならない。

② 2以上の株式会社が共同して株式移転をする場合には、当該2以上の株式会社は、共同して株式移転計画を作成しなければならない。

（株式移転計画）

第773条　1又は2以上の株式会社が株式移転をする場合には、株式移転計画において、次に掲げる事項を定めなければならない。

1　株式移転により設立する株式会社（以下この編において「株式移転設立完全親会社」という。）の目的、商号、本店の所在地及び発行可能株式総数

2　前号に掲げるもののほか、株式移転設立完全親会社の定款で定める事項

3　株式移転設立完全親会社の設立時取締役の氏名

4　次のイからハまでに掲げる場合の区分に応じ、当該イからハまでに定める事項

イ　株式移転設立完全親会社が会計参与設置会社である場合　株式移転設立完全親会社の設立時会計参与の氏名又は

名称

ロ　株式移転設立完全親会社が監査役設置会社（監査役の監査の範囲を会計に関するものに限定する旨の定款の定めがある株式会社を含む。）である場合　株式移転設立完全親会社の設立時監査役の氏名

ハ　株式移転設立完全親会社が会計監査人設置会社である場合　株式移転設立完全親会社の設立時会計監査人の氏名又は名称

5　株式移転設立完全親会社が株式移転に際して株式移転をする株式会社（以下この編において「株式移転完全子会社」という。）の株主に対して交付するその株式に代わる当該株式移転設立完全親会社の株式の数（種類株式発行会社にあっては、株式の種類及び種類ごとの数）又はその数の算定方法並びに当該株式移転設立完全親会社の資本金及び準備金の額に関する事項

6　株式移転完全子会社の株主に対する前号の株式の割当てに関する事項

7　株式移転設立完全親会社が株式移転に際して株式移転完全子会社の株主に対してその株式に代わる当該株式移転設立完全親会社の社債等を交付するときは、当該社債等についての次に掲げる事項

イ　当該社債等が株式移転設立完全親会社の社債（新株予約権付社債についてのものを除く。）であるときは、当該社債の種類及び種類ごとの各社債の金額の合計額又はその算定方法

ロ　当該社債等が株式移転設立完全親会社の新株予約権（新株予約権付社債に付されたものを除く。）であるときは、当該新株予約権の内容及び数又はその算定方法

ハ　当該社債等が株式移転設立完全親会社の新株予約権付社債であるときは、当該新株予約権付社債についてのイに規定する事項及び当該新株予約権付社債に付された新株予約権についてのロに規定する事項

8　前号に規定する場合には、株式移転完全子会社の株主に対する同号の社債等の割当てに関する事項

9　株式移転設立完全親会社が株式移転に際して株式移転完全子会社の新株予約権の新株予約権者に対して当該新株予約権に代わる当該株式移転設立完全親会社の新株予約権を交付するときは、当該新株予約権についての次に掲げる事項

イ　当該株式移転設立完全親会社の新株予約権の交付を受ける株式移転完全子会社の新株予約権の新株予約権者の有する新株予約権（以下この編において「株式移転計画新株予約権」という。）の内容

ロ　株式移転計画新株予約権の新株予約権者に対して交付する株式移転設立完全親会社の新株予約権の内容及び数又はその算定方法

ハ　株式移転計画新株予約権が新株予約権付社債に付された新株予約権であるときは、株式移転設立完全親会社が当該新株予約権付社債についての社債に係る債務を承継する旨並びにその承継に係る社債の種類及び種類ごとの各社債の金額の合計額又はその算定方法

10　前号に規定する場合には、株式移転計画新株予約権の新株予約権者に対する同号の株式移転設立完全親会社の新株予約権の割当てに関する事項

②　株式移転設立完全親会社が監査等委員会設置会社である場合には、前項第3号に掲げる事項は、設立時監査等委員である設立時取締役とそれ以外の設立時取締役とを区別して定めなければならない。

③　第1項に規定する場合において、株式移転完全子会社が種類株式発行会社であるときは、株式移転完全子会社は、その発行する種類の株式の内容に応じ、同項第6号に掲げる事項として次に掲げる事項を定めることができる。

1　ある種類の株式の株主に対して株式移転設立完全親会社の株式の割当てをしないこととするときは、その旨及び当該株式の種類

2　前号に掲げる事項のほか、株式移転設立完全親会社の株式の割当てについて株式の種類ごとに異なる取扱いを行うこととするときは、その旨及び当該異なる取扱いの内容

④　第1項に規定する場合には、同項第6号に掲げる事項についての定めは、株式移転完全子会社の株主（前項第1号の種類の株式の株主を除く。）の有する株式の数（前項第2号に掲げる事項についての定めがある場合にあっては、各種類の株式の数）に応じて株式移転設立完全親会社の株式を交付することを内容とするものでなければならない。

⑤　前2項の規定は、第1項第8号に掲げる事項について準用する。この場合において、前2項中「株式移転設立完全親会社の株式」とあるのは、「株式移転設立完全親会社の社債等」と読み替えるものとする。

（株式移転の効力の発生等）

第774条　株式移転設立完全親会社は、その成立の日に、株式移転完全子会社の発行済株式の全部を取得する。

②　株式移転完全子会社の株主は、株式移転設立完全親会社の成立の日に、前条第1項第6号に掲げる事項についての定めに従い、同項第5号の株式の株主となる。

③　次の各号に掲げる場合には、株式移転完全子会社の株主は、株式移転設立完全親会社の成立の日に、前条第1項第8号に掲げる事項についての定めに従い、当該各号に定める者となる。

1　前条第1項第7号イに掲げる事項についての定めがある場合　同号イの社債の社債権者

2　前条第1項第7号ロに掲げる事項についての定めがある場合　同号ロの新株予約権の新株予約権者

3　前条第1項第7号ハに掲げる事項についての定めがある場合　同号ハの新株予約権付社債についての社債の社債権者及び当該新株予約権付社債に付された新株予約権の新株予約権者

④　前条第1項第9号に規定する場合には、株式移転設立完全親会社の成立の日に、株式移転計画新株予約権は、消滅し、当該株式移転計画新株予約権の新株予約権者は、同項第10号に掲げる事項についての定めに従い、同項第9号ロの株式移転設立完全親会社の新株予約権の新株予約権者となる。

⑤　前条第1項第9号ハに規定する場合には、株式移転設立完全親会社は、その成立の日に、同号ハの新株予約権付社債についての社債に係る債務を承継する。

☆第4章の2　株式交付

1年6月内

☆**（株式交付計画の作成）**

第774条の2　株式会社は、株式交付をすることができる。この場合においては、株式交付計画を作成しなければならない。

☆**（株式交付計画）**

第774条の3　株式会社が株式交付をする場合には、株式交付計画において、次に掲げる事項を定めなければならない。

1　株式交付子会社（株式交付親会社（株式交付をする株式会社をいう。以下同じ。）が株式交付に際して譲り受ける株式を発行する株式会社をいう。以下同じ。）の商号及び住所

2　株式交付親会社が株式交付に際して譲り受ける株式交付子会社の株式の数（株式交付子会社が種類株式発行会社である場合にあっては、株式の種類及び種類ごとの数）の下限

3　株式交付親会社が株式交付に際して株式交付子会社の株式の譲渡人に対して当該株式の対価として交付する株式交付親会社の株式の数（種類株式発行会社にあっては、株式の種類及び種類ごとの数）又はその

数の算定方法並びに当該株式交付親会社
の資本金及び準備金の額に関する事項

4 株式交付子会社の株式の譲渡人に対す
る前号の株式交付親会社の株式の割当て
に関する事項

5 株式交付親会社が株式交付に際して株
式交付子会社の株式の譲渡人に対して当
該株式の対価として金銭等（株式交付親会
社の株式を除く。以下この号及び次号において
同じ。）を交付するときは、当該金銭等に
ついての次に掲げる事項

イ 当該金銭等が株式交付親会社の社債
（新株予約権付社債についてのものを除く。）
であるときは、当該社債の種類及び種
類ごとの各社債の金額の合計額又はそ
の算定方法

ロ 当該金銭等が株式交付親会社の新株
予約権（新株予約権付社債に付されたもの
を除く。）であるときは、当該新株予約
権の内容及び数又はその算定方法

ハ 当該金銭等が株式交付親会社の新株
予約権付社債であるときは、当該新株
予約権付社債についてのイに規定する
事項及び当該新株予約権付社債に付さ
れた新株予約権についてのロに規定す
る事項

ニ 当該金銭等が株式交付親会社の社債
及び新株予約権以外の財産であるとき
は、当該財産の内容及び数若しくは額
又はこれらの算定方法

6 前号に規定する場合には、株式交付子
会社の株式の譲渡人に対する同号の金銭
等の割当てに関する事項

7 株式交付親会社が株式交付に際して株
式交付子会社の株式と併せて株式交付子
会社の新株予約権（新株予約権付社債に付さ
れたものを除く。）又は新株予約権付社債
（以下「新株予約権等」と総称する。）を譲り
受けるときは、当該新株予約権等の内容
及び数又はその算定方法

8 前号に規定する場合において、株式交

付親会社が株式交付に際して株式交付子
会社の新株予約権等の譲渡人に対して当
該新株予約権等の対価として金銭等を交
付するときは、当該金銭等についての次
に掲げる事項

イ 当該金銭等が株式交付親会社の株式
であるときは、当該株式の数（種類株
式発行会社にあっては、株式の種類及び種類
ごとの数）又はその数の算定方法並び
に当該株式交付親会社の資本金及び準
備金の額に関する事項

ロ 当該金銭等が株式交付親会社の社債
（新株予約権付社債についてのものを除く。）
であるときは、当該社債の種類及び種
類ごとの各社債の金額の合計額又はそ
の算定方法

ハ 当該金銭等が株式交付親会社の新株
予約権（新株予約権付社債に付されたもの
を除く。）であるときは、当該新株予約
権の内容及び数又はその算定方法

ニ 当該金銭等が株式交付親会社の新株
予約権付社債であるときは、当該新株
予約権付社債についてのロに規定する
事項及び当該新株予約権付社債に付さ
れた新株予約権についてのハに規定す
る事項

ホ 当該金銭等が株式交付親会社の株式
等以外の財産であるときは、当該財産
の内容及び数若しくは額又はこれらの
算定方法

9 前号に規定する場合には、株式交付子
会社の新株予約権等の譲渡人に対する同
号の金銭等の割当てに関する事項

10 株式交付子会社の株式及び新株予約権
等の譲渡しの申込みの期日

11 株式交付がその効力を生ずる日（以下
この章において「効力発生日」という。）

② 前項に規定する場合には、同項第2号に
掲げる事項についての定めは、株式交付子
会社が効力発生日において株式交付親会社
の子会社となる数を内容とするものでなけ

ればならない。

③　第1項に規定する場合において、株式交付子会社が種類株式発行会社であるときは、株式交付親会社は、株式交付子会社の発行する種類の株式の内容に応じ、同項第4号に掲げる事項として次に掲げる事項を定めることができる。

1　ある種類の株式の譲渡人に対して株式交付親会社の株式の割当てをしないこととするときは、その旨及び当該株式の種類

2　前号に掲げる事項のほか、株式交付親会社の株式の割当てについて株式の種類ごとに異なる取扱いを行うこととするときは、その旨及び当該異なる取扱いの内容

④　第1項に規定する場合には、同項第4号に掲げる事項についての定めは、株式交付子会社の株式の譲渡人（前項第1号の種類の株式の譲渡人を除く。）が株式交付親会社に譲り渡す株式交付子会社の株式の数（前項第2号に掲げる事項についての定めがある場合にあっては、各種類の株式の数）に応じて株式交付親会社の株式を交付することを内容とするものでなければならない。

⑤　前2項の規定は、第1項第6号に掲げる事項について準用する。この場合において、前2項中「株式交付親会社の株式」とあるのは、「金銭等（株式交付親会社の株式を除く。）」と読み替えるものとする。

☆（株式交付子会社の株式の譲渡しの申込み）

第774条の4　株式交付親会社は、株式交付子会社の株式の譲渡しの申込みをしようとする者に対し、次に掲げる事項を通知しなければならない。

1　株式交付親会社の商号

2　株式交付計画の内容

3　前2号に掲げるもののほか、法務省令で定める事項

②　株式交付子会社の株式の譲渡しの申込みをする者は、前条第1項第10号の期日までに、次に掲げる事項を記載した書面を株式交付親会社に交付しなければならない。

1　申込みをする者の氏名又は名称及び住所

2　譲り渡そうとする株式交付子会社の株式の数（株式交付子会社が種類株式発行会社である場合にあっては、株式の種類及び種類ごとの数）

③　前項の申込みをする者は、同項の書面の交付に代えて、政令で定めるところにより、株式交付親会社の承諾を得て、同項の書面に記載すべき事項を電磁的方法により提供することができる。この場合において、当該申込みをした者は、同項の書面を交付したものとみなす。

④　第1項の規定は、株式交付親会社が同項各号に掲げる事項を記載した金融商品取引法第2条第10項に規定する目論見書を第1項の申込みをしようとする者に対して交付している場合その他株式交付子会社の株式の譲渡しの申込みをしようとする者の保護に欠けるおそれがないものとして法務省令で定める場合には、適用しない。

⑤　株式交付親会社は、第1項各号に掲げる事項について変更があったとき（第816条の9第1項の規定により効力発生日を変更したとき及び同条第5項の規定により前条第1項第10号の期日を変更したときを含む。）は、直ちに、その旨及び当該変更があった事項を第2項の申込みをした者（以下この章において「申込者」という。）に通知しなければならない。

⑥　株式交付親会社が申込者に対してする通知又は催告は、第2項第1号の住所（当該申込者が別に通知又は催告を受ける場所又は連絡先を当該株式交付親会社に通知した場合にあっては、その場所又は連絡先）に宛てて発すれば足りる。

⑦　前項の通知又は催告は、その通知又は催告が通常到達すべきであった時に、到達したものとみなす。

☆（株式交付親会社が譲り受ける株式交付子会社の株式の割当て）

第 774 条の 5　株式交付親会社は、申込者の中から当該株式交付親会社が株式交付子会社の株式を譲り受ける者を定め、かつ、その者に割り当てる当該株式交付親会社が譲り受ける株式交付子会社の株式の数（株式交付子会社が種類株式発行会社である場合にあっては、株式の種類ごとの数。以下この条において同じ。）を定めなければならない。この場合において、株式交付親会社は、申込者に割り当てる当該株式の数の合計が第 774 条の 3 第 1 項第 2 号の下限の数を下回らない範囲内で、当該株式の数を、前条第 2 項第 2 号の数よりも減少することができる。

②　株式交付親会社は、効力発生日の前日までに、申込者に対し、当該申込者から当該株式交付親会社が譲り受ける株式交付子会社の株式の数を通知しなければならない。

☆（株式交付子会社の株式の譲渡しの申込み及び株式交付親会社が譲り受ける株式交付子会社の株式の割当てに関する特則）

第 774 条の 6　前 2 条の規定は、株式交付子会社の株式を譲り渡そうとする者が、株式交付親会社が株式交付に際して譲り受ける株式交付子会社の株式の総数の譲渡しを行う契約を締結する場合には、適用しない。

☆（株式交付子会社の株式の譲渡し）

第 774 条の 7　次の各号に掲げる者は、当該各号に定める株式交付子会社の株式の数について株式交付における株式交付子会社の株式の譲渡人となる。

　1　申込者　第 774 条の 5 第 2 項の規定により通知を受けた株式交付子会社の株式の数

　2　前条の契約により株式交付親会社が株式交付に際して譲り受ける株式交付子会社の株式の総数を譲り渡すことを約した者　その者が譲り渡すことを約した株式交付子会社の株式の数

②　前項各号の規定により株式交付子会社の株式の譲渡人となった者は、効力発生日に、それぞれ当該各号に定める数の株式交付子会社の株式を株式交付親会社に給付しなければならない。

☆（株式交付子会社の株式の譲渡しの無効又は取消しの制限）

第 774 条の 8　民法第 93 条第 1 項ただし書及び第 94 条第 1 項の規定は、第 774 条の 4 第 2 項の申込み、第 774 条の 5 第 1 項の規定による割当て及び第 774 条の 6 の契約に係る意思表示については、適用しない。

②　株式交付における株式交付子会社の株式の譲渡人は、第 774 条の 11 第 2 項の規定により株式交付親会社の株式の株主となった日から 1 年を経過した後又はその株式について権利を行使した後は、錯誤、詐欺又は強迫を理由として株式交付子会社の株式の譲渡しの取消しをすることができない。

☆（株式交付子会社の株式の譲渡しに関する規定の準用）

第 774 条の 9　第 774 条の 4 から前条までの規定は、第 774 条の 3 第 1 項第 7 号に規定する場合における株式交付子会社の新株予約権等の譲渡しについて準用する。この場合において、第 774 条の 4 第 2 項第 2 号中「数（株式交付子会社が種類株式発行会社である場合にあっては、株式の種類及び種類ごとの数）」とあるのは「内容及び数」と、第 774 条の 5 第 1 項中「数（株式交付子会社が種類株式発行会社である場合にあっては、株式の種類ごとの数。以下この条において同じ。）」とあるのは「数」と、「申込者に割り当てる当該株式の数の合計が第 774 条の 3 第 1 項第 2 号の下限の数を下回らない範囲内で、当該株式」とあるのは「当該新株予約権等」と、前条第 2 項中「第 774 条の 11 第 2 項」とあるのは「第 774 条の 11 第 4 項第 1 号」と読み替えるものとする。

☆（申込みがあった株式交付子会社の株式の数が下限の数に満たない場合）

第774条の10 第774条の5及び第774条の7（第1項第2号に係る部分を除く。）（これらの規定を前条において準用する場合を含む。）の規定は、第774条の3第1項第10号の期日において、申込者が譲渡しの申込みをした株式交付子会社の株式の総数が同項第2号の下限の数に満たない場合には、適用しない。この場合においては、株式交付親会社は、申込者に対し、遅滞なく、株式交付をしない旨を通知しなければならない。

☆（株式交付の効力の発生等）

第774条の11 株式交付親会社は、効力発生日に、第774条の7第2項（第774条の9において準用する場合を含む。）の規定による給付を受けた株式交付子会社の株式及び新株予約権等を譲り受ける。

② 第774条の7第2項の規定による給付をした株式交付子会社の株式の譲渡人は、効力発生日に、第774条の3第1項第4号に掲げる事項についての定めに従い、同項第3号の株式交付親会社の株式の株主となる。

③ 次の各号に掲げる場合には、第774条の7第2項の規定による給付をした株式交付子会社の株式の譲渡人は、効力発生日に、第774条の3第1項第6号に掲げる事項についての定めに従い、当該各号に定める者となる。

1 第774条の3第1項第5号イに掲げる事項についての定めがある場合 同号イの社債の社債権者

2 第774条の3第1項第5号ロに掲げる事項についての定めがある場合 同号ロの新株予約権の新株予約権者

3 第774条の3第1項第5号ハに掲げる事項についての定めがある場合 同号ハの新株予約権付社債についての社債の社債権者及び当該新株予約権付社債に付された新株予約権の新株予約権者

④ 次の各号に掲げる場合には、第774条の9において準用する第774条の7第2項の規定による給付をした株式交付子会社の新株予約権等の譲渡人は、効力発生日に、第774条の3第1項第9号に掲げる事項についての定めに従い、当該各号に定める者となる。

1 第774条の3第1項第8号イに掲げる事項についての定めがある場合 同号イの株式の株主

2 第774条の3第1項第8号ロに掲げる事項についての定めがある場合 同号ロの社債の社債権者

3 第774条の3第1項第8号ハに掲げる事項についての定めがある場合 同号ハの新株予約権の新株予約権者

4 第774条の3第1項第8号ニに掲げる事項についての定めがある場合 同号ニの新株予約権付社債についての社債の社債権者及び当該新株予約権付社債に付された新株予約権の新株予約権者

⑤ 前各項の規定は、次に掲げる場合には、適用しない。

1 効力発生日において第816条の8の規定による手続が終了していない場合

2 株式交付を中止した場合

3 効力発生日において株式交付親会社が第774条の7第2項の規定による給付を受けた株式交付子会社の株式の総数が第774条の3第1項第2号の下限の数に満たない場合

4 効力発生日において第2項の規定により第774条の3第1項第3号の株式交付親会社の株式の株主となる者がない場合

⑥ 前項各号に掲げる場合には、株式交付親会社は、第774条の7第1項各号（第774条の9において準用する場合を含む。）に掲げる者に対し、遅滞なく、株式交付をしない旨を通知しなければならない。この場合において、第774条の7第2項（第774条の9において準用する場合を含む。）の規定による給付を受けた株式交付子会社の株式又は新株

予約権等があるときは、株式交付親会社は、遅滞なく、これらをその譲渡人に返還しなければならない。

第5章 組織変更、合併、会社分割、株式交換、株式移転及び株式交付の手続

第5章 組織変更、合併、会社分割、株式交換及び株式移転の手続

1年6月内

第1節 組織変更の手続

第1款 株式会社の手続

（組織変更計画に関する書面等の備置き及び閲覧等）

第775条 組織変更をする株式会社は、組織変更計画備置開始日から組織変更がその効力を生ずる日（以下この節において「効力発生日」という。）までの間、組織変更計画の内容その他法務省令で定める事項を記載し、又は記録した書面又は電磁的記録をその本店に備え置かなければならない。

② 前項に規定する「組織変更計画備置開始日」とは、次に掲げる日のいずれか早い日をいう。

1 組織変更計画について組織変更をする株式会社の総株主の同意を得た日

2 組織変更をする株式会社が新株予約権を発行しているときは、第777条第3項の規定による通知の日又は同条第4項の公告の日のいずれか早い日

3 第779条第2項の規定による公告の日又は同項の規定による催告の日のいずれか早い日

③ 組織変更をする株式会社の株主及び債権者は、当該株式会社に対して、その営業時間内は、いつでも、次に掲げる請求をすることができる。ただし、第2号又は第4号に掲げる請求をするには、当該株式会社の定めた費用を支払わなければならない。

1 第1項の書面の閲覧の請求

2 第1項の書面の謄本又は抄本の交付の請求

3 第1項の電磁的記録に記録された事項を法務省令で定める方法により表示したものの閲覧の請求

4 第1項の電磁的記録に記録された事項を電磁的方法であって株式会社の定めたものにより提供することの請求又はその事項を記載した書面の交付の請求

（株式会社の組織変更計画の承認等）

第776条 組織変更をする株式会社は、効力発生日の前日までに、組織変更計画について当該株式会社の総株主の同意を得なければならない。

② 組織変更をする株式会社は、効力発生日の20日前までに、その登録株式質権者及び登録新株予約権質権者に対し、組織変更をする旨を通知しなければならない。

③ 前項の規定による通知は、公告をもってこれに代えることができる。

（新株予約権買取請求）

第777条 株式会社が組織変更をする場合には、組織変更をする株式会社の新株予約権の新株予約権者は、当該株式会社に対し、自己の有する新株予約権を公正な価格で買い取ることを請求することができる。

② 新株予約権付社債に付された新株予約権の新株予約権者は、前項の規定による請求（以下この款において「新株予約権買取請求」という。）をするときは、併せて、新株予約権付社債についての社債を買い取ることを請求しなければならない。ただし、当該新株予約権付社債に付された新株予約権について別段の定めがある場合は、この限りでない。

③ 組織変更をしようとする株式会社は、効力発生日の20日前までに、その新株予約権の新株予約権者に対し、組織変更をする旨を通知しなければならない。

④ 前項の規定による通知は、公告をもって

これに代えることができる。

⑤ 新株予約権買取請求は、効力発生日の20日前の日から効力発生日の前日までの間に、その新株予約権買取請求に係る新株予約権の内容及び数を明らかにしてしなければならない。

⑥ 新株予約権証券が発行されている新株予約権について新株予約権買取請求をしようとするときは、当該新株予約権の新株予約権者は、組織変更をする株式会社に対し、その新株予約権証券を提出しなければならない。ただし、当該新株予約権証券について非訟事件手続法第114条に規定する公示催告の申立てをした者については、この限りでない。

⑦ 新株予約権付社債券が発行されている新株予約権付社債に付された新株予約権について新株予約権買取請求をしようとするときは、当該新株予約権の新株予約権者は、組織変更をする株式会社に対し、その新株予約権付社債券を提出しなければならない。ただし、当該新株予約権付社債券について非訟事件手続法第114条に規定する公示催告の申立てをした者については、この限りでない。

⑧ 新株予約権買取請求をした新株予約権者は、組織変更をする株式会社の承諾を得た場合に限り、その新株予約権買取請求を撤回することができる。

⑨ 組織変更を中止したときは、新株予約権買取請求は、その効力を失う。

⑩ 第260条の規定は、新株予約権買取請求に係る新株予約権については、適用しない。

（新株予約権の価格の決定等）

第778条 新株予約権買取請求があった場合において、新株予約権（当該新株予約権が新株予約権付社債に付されたものである場合において、当該新株予約権付社債についての社債の買取りの請求があったときは、当該社債を含む。以下この条において同じ。）の価格の決定について、新株予約権者と組織変更をする株式会社（効力発生日後にあっては、組織変更後持分会社。以下この条において同じ。）との間に協議が調ったときは、当該株式会社は、効力発生日から60日以内にその支払をしなければならない。

② 新株予約権の価格の決定について、効力発生日から30日以内に協議が調わないときは、新株予約権者又は組織変更後持分会社は、その期間の満了の日後30日以内に、裁判所に対し、価格の決定の申立てをすることができる。

③ 前条第8項の規定にかかわらず、前項に規定する場合において、効力発生日から60日以内に同項の申立てがないときは、その期間の満了後は、新株予約権者は、いつでも、新株予約権買取請求を撤回することができる。

④ 組織変更後持分会社は、裁判所の決定した価格に対する第1項の期間の満了の日後の法定利率による利息をも支払わなければならない。

⑤ 組織変更をする株式会社は、新株予約権の価格の決定があるまでは、新株予約権者に対し、当該株式会社が公正な価格と認める額を支払うことができる。

⑥ 新株予約権買取請求に係る新株予約権の買取りは、効力発生日に、その効力を生ずる。

⑦ 組織変更をする株式会社は、新株予約権証券が発行されている新株予約権について新株予約権買取請求があったときは、新株予約権証券と引換えに、その新株予約権買取請求に係る新株予約権の代金を支払わなければならない。

⑧ 組織変更をする株式会社は、新株予約権付社債券が発行されている新株予約権付社債に付された新株予約権について新株予約権買取請求があったときは、新株予約権付社債券と引換えに、その新株予約権買取請求に係る新株予約権の代金を支払わなければならない。

（債権者の異議）

第779条 組織変更をする株式会社の債権者は、当該株式会社に対し、組織変更について異議を述べることができる。

② 組織変更をする株式会社は、次に掲げる事項を官報に公告し、かつ、知れている債権者には、各別にこれを催告しなければならない。ただし、第3号の期間は、1箇月を下ることができない。

　1　組織変更をする旨

　2　組織変更をする株式会社の計算書類（第435条第2項に規定する計算書類をいう。以下この章において同じ。）に関する事項として法務省令で定めるもの

　3　債権者が一定の期間内に異議を述べることができる旨

③ 前項の規定にかかわらず、組織変更をする株式会社が同項の規定による公告を、官報のほか、第939条第1項の規定による定款の定めに従い、同項第2号又は第3号に掲げる公告方法によりするときは、前項の規定による各別の催告は、することを要しない。

④ 債権者が第2項第3号の期間内に異議を述べなかったときは、当該債権者は、当該組織変更について承認をしたものとみなす。

⑤ 債権者が第2項第3号の期間内に異議を述べたときは、組織変更をする株式会社は、当該債権者に対し、弁済し、若しくは相当の担保を提供し、又は当該債権者に弁済を受けさせることを目的として信託会社等に相当の財産を信託しなければならない。ただし、当該組織変更をしても当該債権者を害するおそれがないときは、この限りでない。

（組織変更の効力発生日の変更）

第780条 組織変更をする株式会社は、効力発生日を変更することができる。

② 前項の場合には、組織変更をする株式会社は、変更前の効力発生日（変更後の効力発生日が変更前の効力発生日前の日である場合にあっては、当該変更後の効力発生日）の前日までに、変更後の効力発生日を公告しなければならない。

③ 第1項の規定により効力発生日を変更したときは、変更後の効力発生日を効力発生日とみなして、この款及び第745条の規定を適用する。

第2款　持分会社の手続

第781条 組織変更をする持分会社は、効力発生日の前日までに、組織変更計画について当該持分会社の総社員の同意を得なければならない。ただし、定款に別段の定めがある場合は、この限りでない。

② 第779条（第2項第2号を除く。）及び前条の規定は、組織変更をする持分会社について準用する。この場合において、第779条第3項中「組織変更をする株式会社」とあるのは「組織変更をする持分会社（合同会社に限る。）」と、前条第3項中「及び第745条」とあるのは「並びに第747条及び次条第1項」と読み替えるものとする。

第2節　吸収合併等の手続

第1款　吸収合併消滅会社、吸収分割会社及び株式交換完全子会社の手続

第1目　株式会社の手続

（吸収合併契約等に関する書面等の備置き及び閲覧等）

第782条 次の各号に掲げる株式会社（以下この目において「消滅株式会社等」という。）は、吸収合併契約等備置開始日から吸収合併、吸収分割又は株式交換（以下この節において「吸収合併等」という。）がその効力を生ずる日（以下この節において「効力発生日」という。）後6箇月を経過する日（吸収合併消滅株式会社にあっては、効力発生日）までの間、当該各号に定めるもの（以下この節において「吸収合

併契約等」という。）の内容その他法務省令で定める事項を記載し、又は記録した書面又は電磁的記録をその本店に備え置かなければならない。

1　吸収合併消滅株式会社　吸収合併契約

2　吸収分割株式会社　吸収分割契約

3　株式交換完全子会社　株式交換契約

② 前項に規定する「吸収合併契約等備置開始日」とは、次に掲げる日のいずれか早い日をいう。

1　吸収合併契約等について株主総会（種類株主総会を含む。）の決議によってその承認を受けなければならないときは、当該株主総会の日の2週間前の日（第319条第1項の場合にあっては、同項の提案があった日）

2　第785条第3項の規定による通知を受けるべき株主があるときは、同項の規定による通知の日又は同条第4項の公告の日のいずれか早い日

3　第787条第3項の規定による通知を受けるべき新株予約権者があるときは、同項の規定による通知の日又は同条第4項の公告の日のいずれか早い日

4　第789条の規定による手続をしなければならないときは、同条第2項の規定による公告の日又は同項の規定による催告の日のいずれか早い日

5　前各号に規定する場合以外の場合には、吸収分割契約又は株式交換契約の締結の日から2週間を経過した日

③ 消滅株式会社等の株主及び債権者（株式交換完全子会社にあっては、株主及び新株予約権者）は、消滅株式会社等に対して、その営業時間内は、いつでも、次に掲げる請求をすることができる。ただし、第2号又は第4号に掲げる請求をするには、当該消滅株式会社等の定めた費用を支払わなければならない。

1　第1項の書面の閲覧の請求

2　第1項の書面の謄本又は抄本の交付の請求

3　第1項の電磁的記録に記録された事項を法務省令で定める方法により表示したものの閲覧の請求

4　第1項の電磁的記録に記録された事項を電磁的方法であって消滅株式会社等の定めたものにより提供することの請求又はその事項を記載した書面の交付の請求

（吸収合併契約等の承認等）

第783条 消滅株式会社等は、効力発生日の前日までに、株主総会の決議によって、吸収合併契約等の承認を受けなければならない。

② 前項の規定にかかわらず、吸収合併消滅株式会社又は株式交換完全子会社が種類株式発行会社でない場合において、吸収合併消滅株式会社又は株式交換完全子会社の株主に対して交付する金銭等（以下この条及び次条第1項において「合併対価等」という。）の全部又は一部が持分等（持分会社の持分その他これに準ずるものとして法務省令で定めるものをいう。以下この条において同じ。）であるときは、吸収合併契約又は株式交換契約について吸収合併消滅株式会社又は株式交換完全子会社の総株主の同意を得なければならない。

③ 吸収合併消滅株式会社又は株式交換完全子会社が種類株式発行会社である場合において、合併対価等の全部又は一部が譲渡制限株式等（譲渡制限株式その他これに準ずるものとして法務省令で定めるものをいう。以下この章において同じ。）であるときは、吸収合併又は株式交換は、当該譲渡制限株式等の割当てを受ける種類の株式（譲渡制限株式を除く。）の種類株主を構成員とする種類株主総会（当該種類株主に係る株式の種類が2以上ある場合にあっては、当該2以上の株式の種類別に区分された種類株主を構成員とする各種類株主総会）の決議がなければ、その効力を生じない。ただし、当該種類株主総会において議決権を行使することができる株主が存しない場合は、この限りでない。

④ 吸収合併消滅株式会社又は株式交換完全子会社が種類株式発行会社である場合において、合併対価等の全部又は一部が持分等であるときは、吸収合併又は株式交換は、当該持分等の割当てを受ける種類の株主の全員の同意がなければ、その効力を生じない。

⑤ 消滅株式会社等は、効力発生日の20日前までに、その登録株式質権者（次条第2項に規定する場合における登録株式質権者を除く。）及び第787条第3項各号に定める新株予約権の登録新株予約権質権者に対し、吸収合併等をする旨を通知しなければならない。

⑥ 前項の規定による通知は、公告をもってこれに代えることができる。

（吸収合併契約等の承認を要しない場合）

第784条 前条第1項の規定は、吸収合併存続会社、吸収分割承継会社又は株式交換完全親会社（以下この目において「存続会社等」という。）が消滅株式会社等の特別支配会社である場合には、適用しない。ただし、吸収合併又は株式交換における合併対価等の全部又は一部が譲渡制限株式等である場合であって、消滅株式会社等が公開会社であり、かつ、種類株式発行会社でないときは、この限りでない。

② 前条の規定は、吸収分割により吸収分割承継会社に承継させる資産の帳簿価額の合計額が吸収分割株式会社の総資産額として法務省令で定める方法により算定される額の5分の1（これを下回る割合を吸収分割株式会社の定款で定めた場合にあっては、その割合）を超えない場合には、適用しない。

（吸収合併等をやめることの請求）

第784条の2 次に掲げる場合において、消滅株式会社等の株主が不利益を受けるおそれがあるときは、消滅株式会社等の株主は、消滅株式会社等に対し、吸収合併等をやめることを請求することができる。ただし、前条第2項に規定する場合は、この限りでない。

1 当該吸収合併等が法令又は定款に違反する場合

2 前条第1項本文に規定する場合において、第749条第1項第2号若しくは第3号、第751条第1項第3号若しくは第4号、第758条第4号、第760条第4号若しくは第5号、第768条第1項第2号若しくは第3号又は第770条第1項第3号若しくは第4号に掲げる事項が消滅株式会社等又は存続会社等の財産の状況その他の事情に照らして著しく不当であるとき。

（反対株主の株式買取請求）

第785条 吸収合併等をする場合（次に掲げる場合を除く。）には、反対株主は、消滅株式会社等に対し、自己の有する株式を公正な価格で買い取ることを請求することができる。

1 第783条第2項に規定する場合

2 第784条第2項に規定する場合

② 前項に規定する「反対株主」とは、次の各号に掲げる場合における当該各号に定める株主（第783条第4項に規定する場合における同項に規定する持分等の割当てを受ける株主を除く。）をいう。

1 吸収合併等をするために株主総会（種類株主総会を含む。）の決議を要する場合 次に掲げる株主

　イ 当該株主総会に先立って当該吸収合併等に反対する旨を当該消滅株式会社等に対し通知し、かつ、当該株主総会において当該吸収合併等に反対した株主（当該株主総会において議決権を行使することができるものに限る。）

　ロ 当該株主総会において議決権を行使することができない株主

2 前号に規定する場合以外の場合 全ての株主（第784条第1項本文に規定する場合における当該特別支配会社を除く。）

③ 消滅株式会社等は、効力発生日の20日前までに、その株主（第783条第4項に規定す

る場合における同項に規定する持分等の割当てを受ける株主及び第784条第1項本文に規定する場合における当該特別支配会社を除く。）に対し、吸収合併等をする旨並びに存続会社等の商号及び住所を通知しなければならない。ただし、第1項各号に掲げる場合は、この限りでない。

④　次に掲げる場合には、前項の規定による通知は、公告をもってこれに代えることができる。

1　消滅株式会社等が公開会社である場合

2　消滅株式会社等が第783条第1項の株主総会の決議によって吸収合併契約等の承認を受けた場合

⑤　第1項の規定による請求（以下この目において「株式買取請求」という。）は、効力発生日の20日前の日から効力発生日の前日までの間に、その株式買取請求に係る株式の数（種類株式発行会社にあっては、株式の種類及び種類ごとの数）を明らかにしてしなければならない。

⑥　株券が発行されている株式について株式買取請求をしようとするときは、当該株式の株主は、消滅株式会社等に対し、当該株式に係る株券を提出しなければならない。ただし、当該株券について第223条の規定による請求をした者については、この限りでない。

⑦　株式買取請求をした株主は、消滅株式会社等の承諾を得た場合に限り、その株式買取請求を撤回することができる。

⑧　吸収合併等を中止したときは、株式買取請求は、その効力を失う。

⑨　第133条の規定は、株式買取請求に係る株式については、適用しない。

（株式の価格の決定等）

第786条　株式買取請求があった場合において、株式の価格の決定について、株主と消滅株式会社等（吸収合併をする場合における効力発生日後にあっては、吸収合併存続会社。以下この条において同じ。）との間に協議が調った

ときは、消滅株式会社等は、効力発生日から60日以内にその支払をしなければならない。

②　株式の価格の決定について、効力発生日から30日以内に協議が調わないときは、株主又は消滅株式会社等は、その期間の満了の日後30日以内に、裁判所に対し、価格の決定の申立てをすることができる。

③　前条第7項の規定にかかわらず、前項に規定する場合において、効力発生日から60日以内に同項の申立てがないときは、その期間の満了後は、株主は、いつでも、株式買取請求を撤回することができる。

④　消滅株式会社等は、裁判所の決定した価格に対する第1項の期間の満了の日後の法定利率による利息をも支払わなければならない。

⑤　消滅株式会社等は、株式の価格の決定があるまでは、株主に対し、当該消滅株式会社等が公正な価格と認める額を支払うことができる。

⑥　株式買取請求に係る株式の買取りは、効力発生日に、その効力を生ずる。

⑦　株券発行会社は、株券が発行されている株式について株式買取請求があったときは、株券と引換えに、その株式買取請求に係る株式の代金を支払わなければならない。

（新株予約権買取請求）

第787条　次の各号に掲げる行為をする場合には、当該各号に定める消滅株式会社等の新株予約権の新株予約権者は、消滅株式会社等に対し、自己の有する新株予約権を公正な価格で買い取ることを請求することができる。

1　吸収合併　第749条第1項第4号又は第5号に掲げる事項についての定めが第236条第1項第8号の条件（同号イに関するものに限る。）に合致する新株予約権以外の新株予約権

2　吸収分割（吸収分割承継会社が株式会社である場合に限る。）　次に掲げる新株予約

権のうち、第758条第5号又は第6号に掲げる事項についての定めが第236条第1項第8号の条件（同号ロに関するものに限る。）に合致する新株予約権以外の新株予約権

イ　吸収分割契約新株予約権

ロ　吸収分割契約新株予約権以外の新株予約権であって、吸収分割をする場合において当該新株予約権の新株予約権者に吸収分割承継株式会社の新株予約権を交付することとする旨の定めがあるもの

3　株式交換（株式交換完全親会社が株式会社である場合に限る。）　次に掲げる新株予約権のうち、第768条第1項第4号又は第5号に掲げる事項についての定めが第236条第1項第8号の条件（同号ニに関するものに限る。）に合致する新株予約権以外の新株予約権

イ　株式交換契約新株予約権

ロ　株式交換契約新株予約権以外の新株予約権であって、株式交換をする場合において当該新株予約権の新株予約権者に株式交換完全親株式会社の新株予約権を交付することとする旨の定めがあるもの

②　新株予約権付社債に付された新株予約権の新株予約権者は、前項の規定による請求（以下この目において「新株予約権買取請求」という。）をするときは、併せて、新株予約権付社債についての社債を買い取ることを請求しなければならない。ただし、当該新株予約権付社債に付された新株予約権について別段の定めがある場合は、この限りでない。

③　次の各号に掲げる消滅株式会社等は、効力発生日の20日前までに、当該各号に定める新株予約権の新株予約権者に対し、吸収合併等をする旨並びに存続会社等の商号及び住所を通知しなければならない。

1　吸収合併消滅株式会社　全部の新株予約権

2　吸収分割承継会社が株式会社である場合における吸収分割株式会社　次に掲げる新株予約権

イ　吸収分割契約新株予約権

ロ　吸収分割契約新株予約権以外の新株予約権であって、吸収分割をする場合において当該新株予約権の新株予約権者に吸収分割承継株式会社の新株予約権を交付することとする旨の定めがあるもの

3　株式交換完全親会社が株式会社である場合における株式交換完全子会社　次に掲げる新株予約権

イ　株式交換契約新株予約権

ロ　株式交換契約新株予約権以外の新株予約権であって、株式交換をする場合において当該新株予約権の新株予約権者に株式交換完全親株式会社の新株予約権を交付することとする旨の定めがあるもの

④　前項の規定による通知は、公告をもってこれに代えることができる。

⑤　新株予約権買取請求は、効力発生日の20日前の日から効力発生日の前日までの間に、その新株予約権買取請求に係る新株予約権の内容及び数を明らかにしてしなければならない。

⑥　新株予約権証券が発行されている新株予約権について新株予約権買取請求をしようとするときは、当該新株予約権の新株予約権者は、消滅株式会社等に対し、その新株予約権証券を提出しなければならない。ただし、当該新株予約権証券について非訟事件手続法第114条に規定する公示催告の申立てをした者については、この限りでない。

⑦　新株予約権付社債券が発行されている新株予約権付社債に付された新株予約権について新株予約権買取請求をしようとするときは、当該新株予約権の新株予約権者は、消滅株式会社等に対し、その新株予約権付

社債券を提出しなければならない。ただし、当該新株予約権付社債券について非訟事件手続法第114条に規定する公示催告の申立てをした者については、この限りでない。

⑧ 新株予約権買取請求をした新株予約権者は、消滅株式会社等の承諾を得た場合に限り、その新株予約権買取請求を撤回することができる。

⑨ 吸収合併等を中止したときは、新株予約権買取請求は、その効力を失う。

⑩ 第260条の規定は、新株予約権買取請求に係る新株予約権については、適用しない。

(新株予約権の価格の決定等)

第788条 新株予約権買取請求があった場合において、新株予約権（当該新株予約権が新株予約権付社債に付されたものである場合において、当該新株予約権付社債についての社債の買取りの請求があったときは、当該社債を含む。以下この条において同じ。）の価格の決定について、新株予約権者と消滅株式会社等（吸収合併をする場合における効力発生日後にあっては、吸収合併存続会社。以下この条において同じ。）との間に協議が調ったときは、消滅株式会社等は、効力発生日から60日以内にその支払をしなければならない。

② 新株予約権の価格の決定について、効力発生日から30日以内に協議が調わないときは、新株予約権者又は消滅株式会社等は、その期間の満了の日後30日以内に、裁判所に対し、価格の決定の申立てをすることができる。

③ 前条第8項の規定にかかわらず、前項に規定する場合において、効力発生日から60日以内に同項の申立てがないときは、その期間の満了後は、新株予約権者は、いつでも、新株予約権買取請求を撤回することができる。

④ 消滅株式会社等は、裁判所の決定した価格に対する第1項の期間の満了の日後の法定利率による利息をも支払わなければならない。

⑤ 消滅株式会社等は、新株予約権の価格の決定があるまでは、新株予約権者に対し、当該消滅株式会社等が公正な価格と認める額を支払うことができる。

⑥ 新株予約権買取請求に係る新株予約権の買取りは、効力発生日に、その効力を生ずる。

⑦ 消滅株式会社等は、新株予約権証券が発行されている新株予約権について新株予約権買取請求があったときは、新株予約権証券と引換えに、その新株予約権買取請求に係る新株予約権の代金を支払わなければならない。

⑧ 消滅株式会社等は、新株予約権付社債券が発行されている新株予約権付社債に付された新株予約権について新株予約権買取請求があったときは、新株予約権付社債券と引換えに、その新株予約権買取請求に係る新株予約権の代金を支払わなければならない。

(債権者の異議)

第789条 次の各号に掲げる場合には、当該各号に定める債権者は、消滅株式会社等に対し、吸収合併等について異議を述べることができる。

1 吸収合併をする場合 吸収合併消滅株式会社の債権者

2 吸収分割をする場合 吸収分割後吸収分割株式会社に対して債務の履行（当該債務の保証人として吸収分割承継会社と連帯して負担する保証債務の履行を含む。）を請求することができない吸収分割株式会社の債権者（第758条第8号又は第760条第7号に掲げる事項についての定めがある場合にあっては、吸収分割株式会社の債権者）

3 株式交換契約新株予約権が新株予約権付社債に付された新株予約権である場合 当該新株予約権付社債についての社債権者

② 前項の規定により消滅株式会社等の債権者の全部又は一部が異議を述べることがで

きる場合には、消滅株式会社等は、次に掲げる事項を官報に公告し、かつ、知れている債権者（同項の規定により異議を述べることができるものに限る。）には、各別にこれを催告しなければならない。ただし、第4号の期間は、1箇月を下ることができない。

1　吸収合併等をする旨

2　存続会社等の商号及び住所

3　消滅株式会社等及び存続会社等（株式会社に限る。）の計算書類に関する事項として法務省令で定めるもの

4　債権者が一定の期間内に異議を述べることができる旨

③　前項の規定にかかわらず、消滅株式会社等が同項の規定による公告を、官報のほか、第939条第1項の規定による定款の定めに従い、同項第2号又は第3号に掲げる公告方法によりするときは、前項の規定による各別の催告（吸収分割をする場合における不法行為によって生じた吸収分割株式会社の債務の債権者に対するものを除く。）は、することを要しない。

④　債権者が第2項第4号の期間内に異議を述べなかったときは、当該債権者は、当該吸収合併等について承認をしたものとみなす。

⑤　債権者が第2項第4号の期間内に異議を述べたときは、消滅株式会社等は、当該債権者に対し、弁済し、若しくは相当の担保を提供し、又は当該債権者に弁済を受けさせることを目的として信託会社等に相当の財産を信託しなければならない。ただし、当該吸収合併等をしても当該債権者を害するおそれがないときは、この限りでない。

（吸収合併等の効力発生日の変更）

第790条　消滅株式会社等は、存続会社等との合意により、効力発生日を変更することができる。

②　前項の場合には、消滅株式会社等は、変更前の効力発生日（変更後の効力発生日が変更前の効力発生日前の日である場合にあっては、当

該変更後の効力発生日）の前日までに、変更後の効力発生日を公告しなければならない。

③　第1項の規定により効力発生日を変更したときは、変更後の効力発生日を効力発生日とみなして、この節並びに第750条、第752条、第759条、第761条、第769条及び第771条の規定を適用する。

（吸収分割又は株式交換に関する書面等の備置き及び閲覧等）

第791条　吸収分割株式会社又は株式交換完全子会社は、効力発生日後遅滞なく、吸収分割承継会社又は株式交換完全親会社と共同して、次の各号に掲げる区分に応じ、当該各号に定めるものを作成しなければならない。

1　吸収分割株式会社　吸収分割により吸収分割承継会社が承継した吸収分割株式会社の権利義務その他の吸収分割に関する事項として法務省令で定める事項を記載し、又は記録した書面又は電磁的記録

2　株式交換完全子会社　株式交換により株式交換完全親会社が取得した株式交換完全子会社の株式の数その他の株式交換に関する事項として法務省令で定める事項を記載し、又は記録した書面又は電磁的記録

②　吸収分割株式会社又は株式交換完全子会社は、効力発生日から6箇月間、前項各号の書面又は電磁的記録をその本店に備え置かなければならない。

③　吸収分割株式会社の株主、債権者その他の利害関係人は、吸収分割株式会社に対して、その営業時間内は、いつでも、次に掲げる請求をすることができる。ただし、第2号又は第4号に掲げる請求をするには、当該吸収分割株式会社の定めた費用を支払わなければならない。

1　前項の書面の閲覧の請求

2　前項の書面の謄本又は抄本の交付の請求

3　前項の電磁的記録に記録された事項を

法務省令で定める方法により表示したものの閲覧の請求

4　前項の電磁的記録に記録された事項を電磁的方法であって吸収分割株式会社の定めたものにより提供することの請求又はその事項を記載した書面の交付の請求

④　前項の規定は、株式交換完全子会社について準用する。この場合において、同項中「吸収分割株式会社の株主、債権者その他の利害関係人」とあるのは、「効力発生日に株式交換完全子会社の株主又は新株予約権者であった者」と読み替えるものとする。

（剰余金の配当等に関する特則）

第792条　第445条第4項、第458条及び第2編第5章第6節の規定は、次に掲げる行為については、適用しない。

1　第758条第8号イ又は第760条第7号イの株式の取得

2　第758条第8号ロ又は第760条第7号ロの剰余金の配当

第2目　持分会社の手続

第793条　次に掲げる行為をする持分会社は、効力発生日の前日までに、吸収合併契約等について当該持分会社の総社員の同意を得なければならない。ただし、定款に別段の定めがある場合は、この限りでない。

1　吸収合併（吸収合併により当該持分会社が消滅する場合に限る。）

2　吸収分割（当該持分会社（合同会社に限る。）がその事業に関して有する権利義務の全部を他の会社に承継させる場合に限る。）

②　第789条（第1項第3号及び第2項第3号を除く。）及び第790条の規定は、吸収合併消滅持分会社又は合同会社である吸収分割会社（以下この節において「吸収分割合同会社」という。）について準用する。この場合において、第789条第1項第2号中「債権者（第758条第8号又は第760条第7号に掲げる事項についての定めがある場合にあっては、吸収分割株式会社の債権者）」とあるのは

「債権者」と、同条第3項中「消滅株式会社等」とあるのは「吸収合併消滅持分会社（吸収合併存続会社が株式会社又は合同会社である場合にあっては、合同会社に限る。）又は吸収分割合同会社」と読み替えるものとする。

第2款　吸収合併存続会社、吸収分割承継会社及び株式交換完全親会社の手続

第1目　株式会社の手続

（吸収合併契約等に関する書面等の備置き及び閲覧等）

第794条　吸収合併存続株式会社、吸収分割承継株式会社又は株式交換完全親株式会社（以下この目において「存続株式会社等」という。）は、吸収合併契約等備置開始日から効力発生日後6箇月を経過する日までの間、吸収合併契約等の内容その他法務省令で定める事項を記載し、又は記録した書面又は電磁的記録をその本店に備え置かなければならない。

②　前項に規定する「吸収合併契約等備置開始日」とは、次に掲げる日のいずれか早い日をいう。

1　吸収合併契約等について株主総会（種類株主総会を含む。）の決議によってその承認を受けなければならないときは、当該株主総会の日の2週間前の日（第319条第1項の場合にあっては、同項の提案があった日）

2　第797条第3項の規定による通知の日又は同条第4項の公告の日のいずれか早い日

3　第799条の規定による手続をしなければならないときは、同条第2項の規定による公告の日又は同項の規定による催告の日のいずれか早い日

③　存続株式会社等の株主及び債権者（株式交換完全子会社の株主に対して交付する金銭等が株式交換完全親株式会社の株式その他これに準ず

るものとして法務省令で定めるもののみである場合（第768条第1項第4号ハに規定する場合を除く。）にあっては、株主）は、存続株式会社等に対して、その営業時間内は、いつでも、次に掲げる請求をすることができる。ただし、第2号又は第4号に掲げる請求をするには、当該存続株式会社等の定めた費用を支払わなければならない。

1　第1項の書面の閲覧の請求

2　第1項の書面の謄本又は抄本の交付の請求

3　第1項の電磁的記録に記録された事項を法務省令で定める方法により表示したものの閲覧の請求

4　第1項の電磁的記録に記録された事項を電磁的方法であって存続株式会社等の定めたものにより提供することの請求又はその事項を記載した書面の交付の請求

（吸収合併契約等の承認等）

第795条　存続株式会社等は、効力発生日の前日までに、株主総会の決議によって、吸収合併契約等の承認を受けなければならない。

②　次に掲げる場合には、取締役は、前項の株主総会において、その旨を説明しなければならない。

1　吸収合併存続株式会社又は吸収分割承継株式会社が承継する吸収合併消滅会社又は吸収分割会社の債務の額として法務省令で定める額（次号において「承継債務額」という。）が吸収合併存続株式会社又は吸収分割承継株式会社が承継する吸収合併消滅会社又は吸収分割会社の資産の額として法務省令で定める額（同号において「承継資産額」という。）を超える場合

2　吸収合併存続株式会社又は吸収分割承継株式会社が吸収合併消滅株式会社の株主、吸収合併消滅持分会社の社員又は吸収分割会社に対して交付する金銭等（吸収合併存続株式会社又は吸収分割承継株式会社の株式等を除く。）の帳簿価額が承継資産

額から承継債務額を控除して得た額を超える場合

3　株式交換完全親株式会社が株式交換完全子会社の株主に対して交付する金銭等（株式交換完全親株式会社の株式等を除く。）の帳簿価額が株式交換完全親株式会社が取得する株式交換完全子会社の株式の額として法務省令で定める額を超える場合

③　承継する吸収合併消滅会社又は吸収分割会社の資産に吸収合併存続株式会社又は吸収分割承継株式会社の株式が含まれる場合には、取締役は、第1項の株主総会において、当該株式に関する事項を説明しなければならない。

④　存続株式会社等が種類株式発行会社である場合において、次の各号に掲げる場合には、吸収合併等は、当該各号に定める種類の株式（譲渡制限株式であって、第199条第4項の定款の定めがないものに限る。）の種類株主を構成員とする種類株主総会（当該種類株主に係る株式の種類が2以上ある場合にあっては、当該2以上の株式の種類別に区分された種類株主を構成員とする各種類株主総会）の決議がなければ、その効力を生じない。ただし、当該種類株主総会において議決権を行使することができる株主が存しない場合は、この限りでない。

1　吸収合併消滅株式会社の株主又は吸収合併消滅持分会社の社員に対して交付する金銭等が吸収合併存続株式会社の株式である場合　第749条第1項第2号イの種類の株式

2　吸収分割会社に対して交付する金銭等が吸収分割承継株式会社の株式である場合　第758条第4号イの種類の株式

3　株式交換完全子会社の株主に対して交付する金銭等が株式交換完全親株式会社の株式である場合　第768条第1項第2号イの種類の株式

（吸収合併契約等の承認を要しない場合等）

第796条　前条第1項から第3項までの規定

は、吸収合併消滅会社、吸収分割会社又は株式交換完全子会社（以下この目において「消滅会社等」という。）が存続株式会社等の特別支配会社である場合には、適用しない。ただし、吸収合併消滅株式会社若しくは株式交換完全子会社の株主、吸収合併消滅持分会社の社員又は吸収分割会社に対して交付する金銭等の全部又は一部が存続株式会社等の譲渡制限株式である場合であって、存続株式会社等が公開会社でないときは、この限りでない。

② 前条第1項から第3項までの規定は、第1号に掲げる額の第2号に掲げる額に対する割合が5分の1（これを下回る割合を存続株式会社等の定款で定めた場合にあっては、その割合）を超えない場合には、適用しない。ただし、同条第2項各号に掲げる場合又は前項ただし書に規定する場合は、この限りでない。

1 次に掲げる額の合計額

イ 吸収合併消滅株式会社若しくは株式交換完全子会社の株主、吸収合併消滅持分会社の社員又は吸収分割会社（以下この号において「消滅会社等の株主等」という。）に対して交付する存続株式会社等の株式の数に1株当たり純資産額を乗じて得た額

ロ 消滅会社等の株主等に対して交付する存続株式会社等の社債、新株予約権又は新株予約権付社債の帳簿価額の合計額

ハ 消滅会社等の株主等に対して交付する存続株式会社等の株式等以外の財産の帳簿価額の合計額

2 存続株式会社等の純資産額として法務省令で定める方法により算定される額

③ 前項本文に規定する場合において、法務省令で定める数の株式（前条第1項の株主総会において議決権を行使することができるものに限る。）を有する株主が第797条第3項の規定による通知又は同条第4項の公告の日か

ら2週間以内に吸収合併等に反対する旨を存続株式会社等に対し通知したときは、当該存続株式会社等は、効力発生日の前日までに、株主総会の決議によって、吸収合併契約等の承認を受けなければならない。

（吸収合併等をやめることの請求）

第796条の2 次に掲げる場合において、存続株式会社等の株主が不利益を受けるおそれがあるときは、存続株式会社等の株主は、存続株式会社等に対し、吸収合併等をやめることを請求することができる。ただし、前条第2項本文に規定する場合（第795条第2項各号に掲げる場合及び前条第1項ただし書又は第3項に規定する場合を除く。）は、この限りでない。

1 当該吸収合併等が法令又は定款に違反する場合

2 前条第1項本文に規定する場合において、第749条第1項第2号若しくは第3号、第758条第4号又は第768条第1項第2号若しくは第3号に掲げる事項が存続株式会社等又は消滅会社等の財産の状況その他の事情に照らして著しく不当であるとき。

（反対株主の株式買取請求）

第797条 吸収合併等をする場合には、反対株主は、存続株式会社等に対し、自己の有する株式を公正な価格で買い取ることを請求することができる。ただし、第796条第2項本文に規定する場合（第795条第2項各号に掲げる場合及び第796条第1項ただし書又は第3項に規定する場合を除く。）は、この限りでない。

② 前項に規定する「反対株主」とは、次の各号に掲げる場合における当該各号に定める株主をいう。

1 吸収合併等をするために株主総会（種類株主総会を含む。）の決議を要する場合 次に掲げる株主

イ 当該株主総会に先立って当該吸収合併等に反対する旨を当該存続株式会社

等に対し通知し、かつ、当該株主総会において当該吸収合併等に反対した株主（当該株主総会において議決権を行使することができるものに限る。）

ロ　当該株主総会において議決権を行使することができない株主

2　前号に規定する場合以外の場合　全ての株主（第796条第1項本文に規定する場合における当該特別支配会社を除く。）

③　存続株式会社等は、効力発生日の20日前までに、その株主（第796条第1項本文に規定する場合における当該特別支配会社を除く。）に対し、吸収合併等をする旨並びに消滅会社等の商号及び住所（第795条第3項に規定する場合にあっては、吸収合併等をする旨、消滅会社等の商号及び住所並びに同項の株式に関する事項）を通知しなければならない。

④　次に掲げる場合には、前項の規定による通知は、公告をもってこれに代えることができる。

1　存続株式会社等が公開会社である場合

2　存続株式会社等が第795条第1項の株主総会の決議によって吸収合併契約等の承認を受けた場合

⑤　第1項の規定による請求（以下この目において「株式買取請求」という。）は、効力発生日の20日前の日から効力発生日の前日までの間に、その株式買取請求に係る株式の数（種類株式発行会社にあっては、株式の種類及び種類ごとの数）を明らかにしてしなければならない。

⑥　株券が発行されている株式について株式買取請求をしようとするときは、当該株式の株主は、存続株式会社等に対し、当該株式に係る株券を提出しなければならない。ただし、当該株券について第223条の規定による請求をした者については、この限りでない。

⑦　株式買取請求をした株主は、存続株式会社等の承諾を得た場合に限り、その株式買取請求を撤回することができる。

⑧　吸収合併等を中止したときは、株式買取請求は、その効力を失う。

⑨　第133条の規定は、株式買取請求に係る株式については、適用しない。

（株式の価格の決定等）

第798条　株式買取請求があった場合において、株式の価格の決定について、株主と存続株式会社等との間に協議が調ったときは、存続株式会社等は、効力発生日から60日以内にその支払をしなければならない。

②　株式の価格の決定について、効力発生日から30日以内に協議が調わないときは、株主又は存続株式会社等は、その期間の満了の日後30日以内に、裁判所に対し、価格の決定の申立てをすることができる。

③　前条第7項の規定にかかわらず、前項に規定する場合において、効力発生日から60日以内に同項の申立てがないときは、その期間の満了後は、株主は、いつでも、株式買取請求を撤回することができる。

④　存続株式会社等は、裁判所の決定した価格に対する第1項の期間の満了の日後の法定利率による利息をも支払わなければならない。

⑤　存続株式会社等は、株式の価格の決定があるまでは、株主に対し、当該存続株式会社等が公正な価格と認める額を支払うことができる。

⑥　株式買取請求に係る株式の買取りは、効力発生日に、その効力を生ずる。

⑦　株券発行会社は、株券が発行されている株式について株式買取請求があったときは、株券と引換えに、その株式買取請求に係る株式の代金を支払わなければならない。

（債権者の異議）

第799条　次の各号に掲げる場合には、当該各号に定める債権者は、存続株式会社等に対し、吸収合併等について異議を述べることができる。

1　吸収合併をする場合　吸収合併存続株式会社の債権者

2 吸収分割をする場合 吸収分割承継株式会社の債権者

3 株式交換をする場合において、株式交換完全子会社の株主に対して交付する金銭等が株式交換完全親株式会社の株式その他これに準ずるものとして法務省令で定めるもののみである場合以外の場合又は第768条第1項第4号ハに規定する場合 株式交換完全親株式会社の債権者

② 前項の規定により存続株式会社等の債権者が異議を述べることができる場合には、存続株式会社等は、次に掲げる事項を官報に公告し、かつ、知れている債権者には、各別にこれを催告しなければならない。ただし、第4号の期間は、1箇月を下ることができない。

1 吸収合併等をする旨

2 消滅会社等の商号及び住所

3 存続株式会社等及び消滅会社等（株式会社に限る。）の計算書類に関する事項として法務省令で定めるもの

4 債権者が一定の期間内に異議を述べることができる旨

③ 前項の規定にかかわらず、存続株式会社等が同項の規定による公告を、官報のほか、第939条第1項の規定による定款の定めに従い、同項第2号又は第3号に掲げる公告方法によりするときは、前項の規定による各別の催告は、することを要しない。

④ 債権者が第2項第4号の期間内に異議を述べなかったときは、当該債権者は、当該吸収合併等について承認をしたものとみなす。

⑤ 債権者が第2項第4号の期間内に異議を述べたときは、存続株式会社等は、当該債権者に対し、弁済し、若しくは相当の担保を提供し、又は当該債権者に弁済を受けさせることを目的として信託会社等に相当の財産を信託しなければならない。ただし、当該吸収合併等をしても当該債権者を害するおそれがないときは、この限りでない。

（消滅会社等の株主等に対して交付する金銭等が存続株式会社等の親会社株式である場合の特則）

第800条 第135条第1項の規定にかかわらず、吸収合併消滅株式会社若しくは株式交換完全子会社の株主、吸収合併消滅持分会社の社員又は吸収分割会社（以下この項において「消滅会社等の株主等」という。）に対して交付する金銭等の全部又は一部が存続株式会社等の親会社株式（同条第1項に規定する親会社株式をいう。以下この条において同じ。）である場合には、当該存続株式会社等は、吸収合併等に際して消滅会社等の株主等に対して交付する当該親会社株式の総数を超えない範囲において当該親会社株式を取得することができる。

② 第135条第3項の規定にかかわらず、前項の存続株式会社等は、効力発生日までの間は、存続株式会社等の親会社株式を保有することができる。ただし、吸収合併等を中止したときは、この限りでない。

（吸収合併等に関する書面等の備置き及び閲覧等）

第801条 吸収合併存続株式会社は、効力発生日後遅滞なく、吸収合併により吸収合併存続株式会社が承継した吸収合併消滅会社の権利義務その他の吸収合併に関する事項として法務省令で定める事項を記載し、又は記録した書面又は電磁的記録を作成しなければならない。

② 吸収分割承継株式会社（合同会社が吸収分割をする場合における当該吸収分割承継株式会社に限る。）は、効力発生日後遅滞なく、吸収分割合同会社と共同して、吸収分割により吸収分割承継株式会社が承継した吸収分割合同会社の権利義務その他の吸収分割に関する事項として法務省令で定める事項を記載し、又は記録した書面又は電磁的記録を作成しなければならない。

③ 次の各号に掲げる存続株式会社等は、効力発生日から6箇月間、当該各号に定める

ものをその本店に備え置かなければならない。

1　吸収合併存続株式会社　第1項の書面又は電磁的記録

2　吸収分割承継株式会社　前項又は第791条第1項第1号の書面又は電磁的記録

3　株式交換完全親株式会社　第791条第1項第2号の書面又は電磁的記録

④　吸収合併存続株式会社の株主及び債権者は、吸収合併存続株式会社に対して、その営業時間内は、いつでも、次に掲げる請求をすることができる。ただし、第2号又は第4号に掲げる請求をするには、当該吸収合併存続株式会社の定めた費用を支払わなければならない。

1　前項第1号の書面の閲覧の請求

2　前項第1号の書面の謄本又は抄本の交付の請求

3　前項第1号の電磁的記録に記録された事項を法務省令で定める方法により表示したものの閲覧の請求

4　前項第1号の電磁的記録に記録された事項を電磁的方法であって吸収合併存続株式会社の定めたものにより提供することの請求又はその事項を記載した書面の交付の請求

⑤　前項の規定は、吸収分割承継株式会社について準用する。この場合において、同項中「株主及び債権者」とあるのは「株主、債権者その他の利害関係人」と、同項各号中「前項第1号」とあるのは「前項第2号」と読み替えるものとする。

⑥　第4項の規定は、株式交換完全親株式会社について準用する。この場合において、同項中「株主及び債権者」とあるのは「株主及び債権者（株式交換完全子会社の株主に対して交付する金銭等が株式交換完全親株式会社の株式その他これに準ずるものとして法務省令で定めるもののみである場合（第768条第1項第4号ハに規定する場合

を除く。）にあっては、株式交換完全親株式会社の株主）」と、同項各号中「前項第1号」とあるのは「前項第3号」と読み替えるものとする。

第2目　持分会社の手続

第802条　次の各号に掲げる行為をする持分会社（以下この条において「存続持分会社等」という。）は、当該各号に定める場合には、効力発生日の前日までに、吸収合併契約等について存続持分会社等の総社員の同意を得なければならない。ただし、定款に別段の定めがある場合は、この限りでない。

1　吸収合併（吸収合併により当該持分会社が存続する場合に限る。）　第751条第1項第2号に規定する場合

2　吸収分割による他の会社がその事業に関して有する権利義務の全部又は一部の承継　第760条第4号に規定する場合

3　株式交換による株式会社の発行済株式の全部の取得　第770条第1項第2号に規定する場合

②　第799条（第2項第3号を除く。）及び第800条の規定は、存続持分会社等について準用する。この場合において、第799条第1項第3号中「株式交換完全親株式会社の株式」とあるのは「株式交換完全親合同会社の持分」と、「場合又は第768条第1項第4号ハに規定する場合」とあるのは「場合」と読み替えるものとする。

第3節　新設合併等の手続

第1款　新設合併消滅会社、新設分割会社及び株式移転完全子会社の手続

第1目　株式会社の手続

（新設合併契約等に関する書面等の備置き及び閲覧等）

第803条　次の各号に掲げる株式会社（以下

この目において「消滅株式会社等」という。）は、新設合併契約等備置開始日から新設合併設立会社、新設分割設立会社又は株式移転設立完全親会社（以下この目において「設立会社」という。）の成立の日後6箇月を経過する日（新設合併消滅株式会社にあっては、新設合併設立会社の成立の日）までの間、当該各号に定めるもの（以下この節において「新設合併契約等」という。）の内容その他法務省令で定める事項を記載し、又は記録した書面又は電磁的記録をその本店に備え置かなければならない。

1　新設合併消滅株式会社　新設合併契約
2　新設分割株式会社　新設分割計画
3　株式移転完全子会社　株式移転計画

② 　前項に規定する「新設合併契約等備置開始日」とは、次に掲げる日のいずれか早い日をいう。

1　新設合併契約等について株主総会（種類株主総会を含む。）の決議によってその承認を受けなければならないときは、当該株主総会の日の2週間前の日（第319条第1項の場合にあっては、同項の提案があった日）

2　第806条第3項の規定による通知を受けるべき株主があるときは、同項の規定による通知の日又は同条第4項の公告の日のいずれか早い日

3　第808条第3項の規定による通知を受けるべき新株予約権者があるときは、同項の規定による通知の日又は同条第4項の公告の日のいずれか早い日

4　第810条の規定による手続をしなければならないときは、同条第2項の規定による公告の日又は同項の規定による催告の日のいずれか早い日

5　前各号に規定する場合以外の場合には、新設分割計画の作成の日から2週間を経過した日

③ 　消滅株式会社等の株主及び債権者（株式移転完全子会社にあっては、株主及び新株予約権者）は、消滅株式会社等に対して、その営業時間内は、いつでも、次に掲げる請求をすることができる。ただし、第2号又は第4号に掲げる請求をするには、当該消滅株式会社等の定めた費用を支払わなければならない。

1　第1項の書面の閲覧の請求
2　第1項の書面の謄本又は抄本の交付の請求
3　第1項の電磁的記録に記録された事項を法務省令で定める方法により表示したものの閲覧の請求
4　第1項の電磁的記録に記録された事項を電磁的方法であって消滅株式会社等の定めたものにより提供することの請求又はその事項を記載した書面の交付の請求

（新設合併契約等の承認）

第804条　消滅株式会社等は、株主総会の決議によって、新設合併契約等の承認を受けなければならない。

② 　前項の規定にかかわらず、新設合併設立会社が持分会社である場合には、新設合併契約について新設合併消滅株式会社の総株主の同意を得なければならない。

③ 　新設合併消滅株式会社又は株式移転完全子会社が種類株式発行会社である場合において、新設合併消滅株式会社又は株式移転完全子会社の株主に対して交付する新設合併設立株式会社又は株式移転設立完全親会社の株式等の全部又は一部が譲渡制限株式等であるときは、当該新設合併又は株式移転は、当該譲渡制限株式等の割当てを受ける種類の株式（譲渡制限株式を除く。）の種類株主を構成員とする種類株主総会（当該種類株主に係る株式の種類が2以上ある場合にあっては、当該2以上の株式の種類別に区分された種類株主を構成員とする各種類株主総会）の決議がなければ、その効力を生じない。ただし、当該種類株主総会において議決権を行使することができる株主が存しない場合は、この限りでない。

④ 　消滅株式会社等は、第1項の株主総会の

決議の日（第2項に規定する場合にあっては、同項の総株主の同意を得た日）から2週間以内に、その登録株式質権者（次条に規定する場合における登録株式質権者を除く。）及び第808条第3項各号に定める新株予約権の登録新株予約権質権者に対し、新設合併、新設分割又は株式移転（以下この節において「新設合併等」という。）をする旨を通知しなければならない。

⑤　前項の規定による通知は、公告をもってこれに代えることができる。

（新設分割計画の承認を要しない場合）

第805条　前条第1項の規定は、新設分割により新設分割設立会社に承継させる資産の帳簿価額の合計額が新設分割株式会社の総資産額として法務省令で定める方法により算定される額の5分の1（これを下回る割合を新設分割株式会社の定款で定めた場合にあっては、その割合）を超えない場合には、適用しない。

（新設合併等をやめることの請求）

第805条の2　新設合併等が法令又は定款に違反する場合において、消滅株式会社等の株主が不利益を受けるおそれがあるときは、消滅株式会社等の株主は、消滅株式会社等に対し、当該新設合併等をやめることを請求することができる。ただし、前条に規定する場合は、この限りでない。

（反対株主の株式買取請求）

第806条　新設合併等をする場合（次に掲げる場合を除く。）には、反対株主は、消滅株式会社等に対し、自己の有する株式を公正な価格で買い取ることを請求することができる。

　1　第804条第2項に規定する場合
　2　第805条に規定する場合

②　前項に規定する「反対株主」とは、次に掲げる株主をいう。

　1　第804条第1項の株主総会（新設合併等をするために種類株主総会の決議を要する場合にあっては、当該種類株主総会を含む。）に先立って当該新設合併等に反対する旨を当

該消滅株式会社等に対し通知し、かつ、当該株主総会において当該新設合併等に反対した株主（当該株主総会において議決権を行使することができるものに限る。）

　2　当該株主総会において議決権を行使することができない株主

③　消滅株式会社等は、第804条第1項の株主総会の決議の日から2週間以内に、その株主に対し、新設合併等をする旨並びに他の新設合併消滅会社、新設分割会社又は株式移転完全子会社（以下この節において「消滅会社等」という。）及び設立会社の商号及び住所を通知しなければならない。ただし、第1項各号に掲げる場合は、この限りでない。

④　前項の規定による通知は、公告をもってこれに代えることができる。

⑤　第1項の規定による請求（以下この目において「株式買取請求」という。）は、第3項の規定による通知又は前項の公告をした日から20日以内に、その株式買取請求に係る株式の数（種類株式発行会社にあっては、株式の種類及び種類ごとの数）を明らかにしてしなければならない。

⑥　株券が発行されている株式について株式買取請求をしようとするときは、当該株式の株主は、消滅株式会社等に対し、当該株式に係る株券を提出しなければならない。ただし、当該株券について第223条の規定による請求をした者については、この限りでない。

⑦　株式買取請求をした株主は、消滅株式会社等の承諾を得た場合に限り、その株式買取請求を撤回することができる。

⑧　新設合併等を中止したときは、株式買取請求は、その効力を失う。

⑨　第133条の規定は、株式買取請求に係る株式については、適用しない。

（株式の価格の決定等）

第807条　株式買取請求があった場合において、株式の価格の決定について、株主と消

滅株式会社等（新設合併をする場合における新設合併設立会社の成立の日後にあっては、新設合併設立会社。以下この条において同じ。）との間に協議が調ったときは、消滅株式会社等は、設立会社の成立の日から60日以内にその支払をしなければならない。

② 　株式の価格の決定について、設立会社の成立の日から30日以内に協議が調わないときは、株主又は消滅株式会社等は、その期間の満了の日後30日以内に、裁判所に対し、価格の決定の申立てをすることができる。

③ 　前条第7項の規定にかかわらず、前項に規定する場合において、設立会社の成立の日から60日以内に同項の申立てがないときは、その期間の満了後は、株主は、いつでも、株式買取請求を撤回することができる。

④ 　消滅株式会社等は、裁判所の決定した価格に対する第1項の期間の満了の日後の法定利率による利息をも支払わなければならない。

⑤ 　消滅株式会社等は、株式の価格の決定があるまでは、株主に対し、当該消滅株式会社等が公正な価格と認める額を支払うことができる。

⑥ 　株式買取請求に係る株式の買取りは、設立会社の成立の日に、その効力を生ずる。

⑦ 　株券発行会社は、株券が発行されている株式について株式買取請求があったときは、株券と引換えに、その株式買取請求に係る株式の代金を支払わなければならない。

（新株予約権買取請求）

第808条　次の各号に掲げる行為をする場合には、当該各号に定める消滅株式会社等の新株予約権の新株予約権者は、消滅株式会社等に対し、自己の有する新株予約権を公正な価格で買い取ることを請求することができる。

　　1　新設合併　第753条第1項第10号又は第11号に掲げる事項についての定め

が第236条第1項第8号の条件（同号イに関するものに限る。）に合致する新株予約権以外の新株予約権

　　2　新設分割（新設分割設立会社が株式会社である場合に限る。）　次に掲げる新株予約権のうち、第763条第1項第10号又は第11号に掲げる事項についての定めが第236条第1項第8号の条件（同号ハに関するものに限る。）に合致する新株予約権以外の新株予約権

　　　イ　新設分割計画新株予約権

　　　ロ　新設分割計画新株予約権以外の新株予約権であって、新設分割をする場合において当該新株予約権の新株予約権者に新設分割設立株式会社の新株予約権を交付することとする旨の定めがあるもの

　　3　株式移転　次に掲げる新株予約権のうち、第773条第1項第9号又は第10号に掲げる事項についての定めが第236条第1項第8号の条件（同号ホに関するものに限る。）に合致する新株予約権以外の新株予約権

　　　イ　株式移転計画新株予約権

　　　ロ　株式移転計画新株予約権以外の新株予約権であって、株式移転をする場合において当該新株予約権の新株予約権者に株式移転設立完全親会社の新株予約権を交付することとする旨の定めがあるもの

② 　新株予約権付社債に付された新株予約権の新株予約権者は、前項の規定による請求（以下この目において「新株予約権買取請求」という。）をするときは、併せて、新株予約権付社債についての社債を買い取ることを請求しなければならない。ただし、当該新株予約権付社債に付された新株予約権について別段の定めがある場合は、この限りでない。

③ 　次の各号に掲げる消滅株式会社等は、第804条第1項の株主総会の決議の日（同条

第2項に規定する場合にあっては同項の総株主の同意を得た日、第805条に規定する場合にあっては新設分割計画の作成の日）から2週間以内に、当該各号に定める新株予約権の新株予約権者に対し、新設合併等をする旨並びに他の消滅会社等及び設立会社の商号及び住所を通知しなければならない。

1　新設合併消滅株式会社　全部の新株予約権

2　新設分割設立会社が株式会社である場合における新設分割株式会社　次に掲げる新株予約権

イ　新設分割計画新株予約権

ロ　新設分割計画新株予約権以外の新株予約権であって、新設分割をする場合において当該新株予約権の新株予約権者に新設分割設立株式会社の新株予約権を交付することとする旨の定めがあるもの

3　株式移転完全子会社　次に掲げる新株予約権

イ　株式移転計画新株予約権

ロ　株式移転計画新株予約権以外の新株予約権であって、株式移転をする場合において当該新株予約権の新株予約権者に株式移転設立完全親会社の新株予約権を交付することとする旨の定めがあるもの

④　前項の規定による通知は、公告をもってこれに代えることができる。

⑤　新株予約権買取請求は、第3項の規定による通知又は前項の公告をした日から20日以内に、その新株予約権買取請求に係る新株予約権の内容及び数を明らかにしてしなければならない。

⑥　新株予約権証券が発行されている新株予約権について新株予約権買取請求をしようとするときは、当該新株予約権の新株予約権者は、消滅株式会社等に対し、その新株予約権証券を提出しなければならない。ただし、当該新株予約権証券について非訟事

件手続法第114条に規定する公示催告の申立てをした者については、この限りでない。

⑦　新株予約権付社債券が発行されている新株予約権付社債に付された新株予約権について新株予約権買取請求をしようとするときは、当該新株予約権の新株予約権者は、消滅株式会社等に対し、その新株予約権付社債券を提出しなければならない。ただし、当該新株予約権付社債券について非訟事件手続法第114条に規定する公示催告の申立てをした者については、この限りでない。

⑧　新株予約権買取請求をした新株予約権者は、消滅株式会社等の承諾を得た場合に限り、その新株予約権買取請求を撤回することができる。

⑨　新設合併等を中止したときは、新株予約権買取請求は、その効力を失う。

⑩　第260条の規定は、新株予約権買取請求に係る新株予約権については、適用しない。

（新株予約権の価格の決定等）

第809条　新株予約権買取請求があった場合において、新株予約権（当該新株予約権が新株予約権付社債に付されたものである場合において、当該新株予約権付社債についての社債の買取りの請求があったときは、当該社債を含む。以下この条において同じ。）の価格の決定について、新株予約権者と消滅株式会社等（新設合併をする場合における新設合併設立会社の成立の日後にあっては、新設合併設立会社。以下この条において同じ。）との間に協議が調ったときは、消滅株式会社等は、設立会社の成立の日から60日以内にその支払をしなければならない。

②　新株予約権の価格の決定について、設立会社の成立の日から30日以内に協議が調わないときは、新株予約権者又は消滅株式会社等は、その期間の満了の日後30日以内に、裁判所に対し、価格の決定の申立てをすることができる。

③　前条第8項の規定にかかわらず、前項に規定する場合において、設立会社の成立の

日から60日以内に同項の申立てがないときは、その期間の満了後は、新株予約権者は、いつでも、新株予約権買取請求を撤回することができる。

④ 消滅株式会社等は、裁判所の決定した価格に対する第1項の期間の満了の日後の法定利率による利息をも支払わなければならない。

⑤ 消滅株式会社等は、新株予約権の価格の決定があるまでは、新株予約権者に対し、当該消滅株式会社等が公正な価格と認める額を支払うことができる。

⑥ 新株予約権買取請求に係る新株予約権の買取りは、設立会社の成立の日に、その効力を生ずる。

⑦ 消滅株式会社等は、新株予約権証券が発行されている新株予約権について新株予約権買取請求があったときは、新株予約権証券と引換えに、その新株予約権買取請求に係る新株予約権の代金を支払わなければならない。

⑧ 消滅株式会社等は、新株予約権付社債券が発行されている新株予約権付社債に付された新株予約権について新株予約権買取請求があったときは、新株予約権付社債券と引換えに、その新株予約権買取請求に係る新株予約権の代金を支払わなければならない。

（債権者の異議）

第810条 次の各号に掲げる場合には、当該各号に定める債権者は、消滅株式会社等に対し、新設合併等について異議を述べることができる。

1 新設合併をする場合 新設合併消滅株式会社の債権者

2 新設分割をする場合 新設分割後新設分割株式会社に対して債務の履行（当該債務の保証人として新設分割設立会社と連帯して負担する保証債務の履行を含む。）を請求することができない新設分割株式会社の債権者（第763条第1項第12号又は第765条第

1項第8号に掲げる事項についての定めがある場合にあっては、新設分割株式会社の債権者）

3 株式移転計画新株予約権が新株予約権付社債に付された新株予約権である場合 当該新株予約権付社債についての社債権者

② 前項の規定により消滅株式会社等の債権者の全部又は一部が異議を述べることができる場合には、消滅株式会社等は、次に掲げる事項を官報に公告し、かつ、知れている債権者（同項の規定により異議を述べることができるものに限る。）には、各別にこれを催告しなければならない。ただし、第4号の期間は、1箇月を下ることができない。

1 新設合併等をする旨

2 他の消滅会社等及び設立会社の商号及び住所

3 消滅株式会社等の計算書類に関する事項として法務省令で定めるもの

4 債権者が一定の期間内に異議を述べることができる旨

③ 前項の規定にかかわらず、消滅株式会社等が同項の規定による公告を、官報のほか、第939条第1項の規定による定款の定めに従い、同項第2号又は第3号に掲げる公告方法によりするときは、前項の規定による各別の催告（新設分割をする場合における不法行為によって生じた新設分割株式会社の債務の債権者に対するものを除く。）は、することを要しない。

④ 債権者が第2項第4号の期間内に異議を述べなかったときは、当該債権者は、当該新設合併等について承認をしたものとみなす。

⑤ 債権者が第2項第4号の期間内に異議を述べたときは、消滅株式会社等は、当該債権者に対し、弁済し、若しくは相当の担保を提供し、又は当該債権者に弁済を受けさせることを目的として信託会社等に相当の財産を信託しなければならない。ただし、当該新設合併等をしても当該債権者を害す

るおそれがないときは、この限りでない。

（新設分割又は株式移転に関する書面等の備置き及び閲覧等）

第811条　新設分割株式会社又は株式移転完全子会社は、新設分割設立会社又は株式移転設立完全親会社の成立の日後遅滞なく、新設分割設立会社又は株式移転設立完全親会社と共同して、次の各号に掲げる区分に応じ、当該各号に定めるものを作成しなければならない。

　1　新設分割株式会社　新設分割により新設分割設立会社が承継した新設分割株式会社の権利義務その他の新設分割に関する事項として法務省令で定める事項を記載し、又は記録した書面又は電磁的記録

　2　株式移転完全子会社　株式移転により株式移転設立完全親会社が取得した株式移転完全子会社の株式の数その他の株式移転に関する事項として法務省令で定める事項を記載し、又は記録した書面又は電磁的記録

②　新設分割株式会社又は株式移転完全子会社は、新設分割設立会社又は株式移転設立完全親会社の成立の日から6箇月間、前項各号の書面又は電磁的記録をその本店に備え置かなければならない。

③　新設分割株式会社の株主、債権者その他の利害関係人は、新設分割株式会社に対して、その営業時間内は、いつでも、次に掲げる請求をすることができる。ただし、第2号又は第4号に掲げる請求をするには、当該新設分割株式会社の定めた費用を支払わなければならない。

　1　前項の書面の閲覧の請求

　2　前項の書面の謄本又は抄本の交付の請求

　3　前項の電磁的記録に記録された事項を法務省令で定める方法により表示したものの閲覧の請求

　4　前項の電磁的記録に記録された事項を電磁的方法であって新設分割株式会社の

定めたものにより提供することの請求又はその事項を記載した書面の交付の請求

④　前項の規定は、株式移転完全子会社について準用する。この場合において、同項中「新設分割株式会社の株主、債権者その他の利害関係人」とあるのは、「株式移転設立完全親会社の成立の日に株式移転完全子会社の株主又は新株予約権者であった者」と読み替えるものとする。

（剰余金の配当等に関する特則）

第812条　第445条第4項、第458条及び第2編第5章第6節の規定は、次に掲げる行為については、適用しない。

　1　第763条第1項第12号イ又は第765条第1項第8号イの株式の取得

　2　第763条第1項第12号ロ又は第765条第1項第8号ロの剰余金の配当

第2目　持分会社の手続

第813条　次に掲げる行為をする持分会社は、新設合併契約等について当該持分会社の総社員の同意を得なければならない。ただし、定款に別段の定めがある場合は、この限りでない。

　1　新設合併

　2　新設分割（当該持分会社（合同会社に限る。）がその事業に関して有する権利義務の全部を他の会社に承継させる場合に限る。）

②　第810条（第1項第3号及び第2項第3号を除く。）の規定は、新設合併消滅持分会社又は合同会社である新設分割会社（以下この節において「新設分割合同会社」という。）について準用する。この場合において、同条第1項第2号中「債権者（第763条第1項第12号又は第765条第1項第8号に掲げる事項についての定めがある場合にあっては、新設分割株式会社の債権者）」とあるのは「債権者」と、同条第3項中「消滅株式会社等」とあるのは「新設合併消滅持分会社（新設合併設立会社が株式会社又は合同会社である場合にあっては、合同会社に限

る。）又は新設分割合同会社」と読み替えるものとする。

第2款 新設合併設立会社、新設分割設立会社及び株式移転設立完全親会社の手続

第1目 株式会社の手続

（株式会社の設立の特則）

第814条 第2編第1章（第27条（第4号及び第5号を除く。）、第29条、第31条、第37条第3項、第39条、第6節及び第49条を除く。）の規定は、新設合併設立株式会社、新設分割設立株式会社又は株式移転設立完全親会社（以下この目において「設立株式会社」という。）の設立については、適用しない。

② 設立株式会社の定款は、消滅会社等が作成する。

（新設合併契約等に関する書面等の備置き及び閲覧等）

第815条 新設合併設立株式会社は、その成立の日後遅滞なく、新設合併により新設合併設立株式会社が承継した新設合併消滅会社の権利義務その他の新設合併に関する事項として法務省令で定める事項を記載し、又は記録した書面又は電磁的記録を作成しなければならない。

② 新設分割設立株式会社（1又は2以上の合同会社のみが新設分割をする場合における当該新設分割設立株式会社に限る。）は、その成立の日後遅滞なく、新設分割合同会社と共同して、新設分割により新設分割設立株式会社が承継した新設分割合同会社の権利義務その他の新設分割に関する事項として法務省令で定める事項を記載し、又は記録した書面又は電磁的記録を作成しなければならない。

③ 次の各号に掲げる設立株式会社は、その成立の日から6箇月間、当該各号に定めるものをその本店に備え置かなければならない。

1 新設合併設立株式会社 第1項の書面又は電磁的記録及び新設合併契約の内容その他法務省令で定める事項を記載し、又は記録した書面又は電磁的記録

2 新設分割設立株式会社 前項又は第811条第1項第1号の書面又は電磁的記録

3 株式移転設立完全親会社 第811条第1項第2号の書面又は電磁的記録

④ 新設合併設立株式会社の株主及び債権者は、新設合併設立株式会社に対して、その営業時間内は、いつでも、次に掲げる請求をすることができる。ただし、第2号又は第4号に掲げる請求をするには、当該新設合併設立株式会社の定めた費用を支払わなければならない。

1 前項第1号の書面の閲覧の請求

2 前項第1号の書面の謄本又は抄本の交付の請求

3 前項第1号の電磁的記録に記録された事項を法務省令で定める方法により表示したものの閲覧の請求

4 前項第1号の電磁的記録に記録された事項を電磁的方法であって新設合併設立株式会社の定めたものにより提供することの請求又はその事項を記載した書面の交付の請求

⑤ 前項の規定は、新設分割設立株式会社について準用する。この場合において、同項中「株主及び債権者」とあるのは「株主、債権者その他の利害関係人」と、同項各号中「前項第1号」とあるのは「前項第2号」と読み替えるものとする。

⑥ 第4項の規定は、株式移転設立完全親会社について準用する。この場合において、同項中「株主及び債権者」とあるのは「株主及び新株予約権者」と、同項各号中「前項第1号」とあるのは「前項第3号」と読み替えるものとする。

第 2 目 持分会社の手続

（持分会社の設立の特則）

第 816 条　第 575 条及び第 578 条の規定は、新設合併設立持分会社又は新設分割設立持分会社（次項において「設立持分会社」という。）の設立については、適用しない。

② 設立持分会社の定款は、消滅会社等が作成する。

☆第 4 節　株式交付の手続

1年6月内

☆（株式交付計画に関する書面等の備置き及び閲覧等）

第 816 条の 2　株式交付親会社は、株式交付計画備置開始日から株式交付がその効力を生ずる日（以下この節において「効力発生日」という。）後 6 箇月を経過する日までの間、株式交付計画の内容その他法務省令で定める事項を記載し、又は記録した書面又は電磁的記録をその本店に備え置かなければならない。

② 前項に規定する「株式交付計画備置開始日」とは、次に掲げる日のいずれか早い日をいう。

1 株式交付計画について株主総会（種類株主総会を含む。）の決議によってその承認を受けなければならないときは、当該株主総会の日の 2 週間前の日（第 319 条第 1 項の場合にあっては、同項の提案があった日）

2 第 816 条の 6 第 3 項の規定による通知の日又は同条第 4 項の公告の日のいずれか早い日

3 第 816 条の 8 の規定による手続をしなければならないときは、同条第 2 項の規定による公告の日又は同項の規定による催告の日のいずれか早い日

③ 株式交付親会社の株主（株式交付に際して株式交付子会社の株式及び新株予約権等の譲渡人に対して交付する金銭等（株式交付親会社の株式を除く。）が株式交付親会社の株式に準ずるものと

して法務省令で定めるもののみである場合以外の場合にあっては、株主及び債権者）は、株式交付親会社に対して、その営業時間内は、いつでも、次に掲げる請求をすることができる。ただし、第 2 号又は第 4 号に掲げる請求をするには、当該株式交付親会社の定めた費用を支払わなければならない。

1 第 1 項の書面の閲覧の請求

2 第 1 項の書面の謄本又は抄本の交付の請求

3 第 1 項の電磁的記録に記録された事項を法務省令で定める方法により表示したものの閲覧の請求

4 第 1 項の電磁的記録に記録された事項を電磁的方法であって株式交付親会社の定めたものにより提供することの請求又はその事項を記載した書面の交付の請求

☆（株式交付計画の承認等）

第 816 条の 3　株式交付親会社は、効力発生日の前日までに、株主総会の決議によって、株式交付計画の承認を受けなければならない。

② 株式交付親会社が株式交付子会社の株式及び新株予約権等の譲渡人に対して交付する金銭等（株式交付親会社の株式等を除く。）の帳簿価額が株式交付親会社が譲り受ける株式交付子会社の株式及び新株予約権等の額として法務省令で定める額を超える場合には、取締役は、前項の株主総会において、その旨を説明しなければならない。

③ 株式交付親会社が種類株式発行会社である場合において、次の各号に掲げるときは、株式交付は、当該各号に定める種類の株式（譲渡制限株式であって、第 199 条第 4 項の定款の定めがないものに限る。）の種類株主を構成員とする種類株主総会（当該種類株主に係る株式の種類が 2 以上ある場合にあっては、当該 2 以上の株式の種類別に区分された種類株主を構成員とする各種類株主総会）の決議がなければ、その効力を生じない。ただし、当該種類株主総会において議決権を行使することができ

る株主が存しない場合は、この限りでない。

1　株式交付子会社の株式の譲渡人に対して交付する金銭等が株式交付親会社の株式であるとき　第774条の3第1項第3号の種類の株式

2　株式交付子会社の新株予約権等の譲渡人に対して交付する金銭等が株式交付親会社の株式であるとき　第774条の3第1項第8号イの種類の株式

☆（株式交付計画の承認を要しない場合等）

第816条の4　前条第1項及び第2項の規定は、第1号に掲げる額の第2号に掲げる額に対する割合が5分の1（これを下回る割合を株式交付親会社の定款で定めた場合にあっては、その割合）を超えない場合には、適用しない。ただし、同項に規定する場合又は株式交付親会社が公開会社でない場合は、この限りでない。

1　次に掲げる額の合計額

イ　株式交付子会社の株式及び新株予約権等の譲渡人に対して交付する株式交付親会社の株式の数に1株当たり純資産額を乗じて得た額

ロ　株式交付子会社の株式及び新株予約権等の譲渡人に対して交付する株式交付親会社の社債、新株予約権又は新株予約権付社債の帳簿価額の合計額

ハ　株式交付子会社の株式及び新株予約権等の譲渡人に対して交付する株式交付親会社の株式等以外の財産の帳簿価額の合計額

2　株式交付親会社の純資産額として法務省令で定める方法により算定される額

②　前項本文に規定する場合において、法務省令で定める数の株式（前条第1項の株主総会において議決権を行使することができるものに限る。）を有する株主が第816条の6第3項の規定による通知又は同条第4項の公告の日から2週間以内に株式交付に反対する旨を株式交付親会社に対し通知したときは、当該株式交付親会社は、効力発生日の前日

までに、株主総会の決議によって、株式交付計画の承認を受けなければならない。

☆（株式交付をやめることの請求）

第816条の5　株式交付が法令又は定款に違反する場合において、株式交付親会社の株主が不利益を受けるおそれがあるときは、株式交付親会社の株主は、株式交付親会社に対し、株式交付をやめることを請求することができる。ただし、前条第1項本文に規定する場合（同項ただし書又は同条第2項に規定する場合を除く。）は、この限りでない。

☆（反対株主の株式買取請求）

第816条の6　株式交付をする場合には、反対株主は、株式交付親会社に対し、自己の有する株式を公正な価格で買い取ることを請求することができる。ただし、第816条の4第1項本文に規定する場合（同項ただし書又は同条第2項に規定する場合を除く。）は、この限りでない。

②　前項に規定する「反対株主」とは、次の各号に掲げる場合における当該各号に定める株主をいう。

1　株式交付をするために株主総会（種類株主総会を含む。）の決議を要する場合　次に掲げる株主

イ　当該株主総会に先立って当該株式交付に反対する旨を当該株式交付親会社に対し通知し、かつ、当該株主総会において当該株式交付に反対した株主（当該株主総会において議決権を行使することができるものに限る。）

ロ　当該株主総会において議決権を行使することができない株主

2　前号に掲げる場合以外の場合　全ての株主

③　株式交付親会社は、効力発生日の20日前までに、その株主に対し、株式交付をする旨並びに株式交付子会社の商号及び住所を通知しなければならない。

④　次に掲げる場合には、前項の規定による通知は、公告をもってこれに代えることが

できる。

  1 株式交付親会社が公開会社である場合

  2 株式交付親会社が第 816 条の 3 第 1 項の株主総会の決議によって株式交付計画の承認を受けた場合

⑤ 第 1 項の規定による請求 (以下この節において「株式買取請求」という。) は、効力発生日の 20 日前の日から効力発生日の前日までの間に、その株式買取請求に係る株式の数 (種類株式発行会社にあっては、株式の種類及び種類ごとの数) を明らかにしてしなければならない。

⑥ 株券が発行されている株式について株式買取請求をしようとするときは、当該株式の株主は、株式交付親会社に対し、当該株式に係る株券を提出しなければならない。ただし、当該株券について第 223 条の規定による請求をした者については、この限りでない。

⑦ 株式買取請求をした株主は、株式交付親会社の承諾を得た場合に限り、その株式買取請求を撤回することができる。

⑧ 株式交付を中止したときは、株式買取請求は、その効力を失う。

⑨ 第 133 条の規定は、株式買取請求に係る株式については、適用しない。

☆ (株式の価格の決定等)

第 816 条の 7 株式買取請求があった場合において、株式の価格の決定について、株主と株式交付親会社との間に協議が調ったときは、株式交付親会社は、効力発生日から 60 日以内にその支払をしなければならない。

② 株式の価格の決定について、効力発生日から 30 日以内に協議が調わないときは、株主又は株式交付親会社は、その期間の満了の日後 30 日以内に、裁判所に対し、価格の決定の申立てをすることができる。

③ 前条第 7 項の規定にかかわらず、前項に規定する場合において、効力発生日から 60 日以内に同項の申立てがないときは、

その期間の満了後は、株主は、いつでも、株式買取請求を撤回することができる。

④ 株式交付親会社は、裁判所の決定した価格に対する第 1 項の期間の満了の日後の法定利率による利息をも支払わなければならない。

⑤ 株式交付親会社は、株式の価格の決定があるまでは、株主に対し、当該株式交付親会社が公正な価格と認める額を支払うことができる。

⑥ 株式買取請求に係る株式の買取りは、効力発生日に、その効力を生ずる。

⑦ 株券発行会社は、株券が発行されている株式について株式買取請求があったときは、株券と引換えに、その株式買取請求に係る株式の代金を支払わなければならない。

☆ (債権者の異議)

第 816 条の 8 株式交付に際して株式交付子会社の株式及び新株予約権等の譲渡人に対して交付する金銭等 (株式交付親会社の株式を除く。) が株式交付親会社の株式に準ずるものとして法務省令で定めるもののみである場合以外の場合には、株式交付親会社の債権者は、株式交付親会社に対し、株式交付について異議を述べることができる。

② 前項の規定により株式交付親会社の債権者が異議を述べることができる場合には、株式交付親会社は、次に掲げる事項を官報に公告し、かつ、知れている債権者には、各別にこれを催告しなければならない。ただし、第 4 号の期間は、1 箇月を下ることができない。

  1 株式交付をする旨

  2 株式交付子会社の商号及び住所

  3 株式交付親会社及び株式交付子会社の計算書類に関する事項として法務省令で定めるもの

  4 債権者が一定の期間内に異議を述べることができる旨

③ 前項の規定にかかわらず、株式交付親会社が同項の規定による公告を、官報のほか、

第939条第1項の規定による定款の定めに従い、同項第2号又は第3号に掲げる公告方法によりするときは、前項の規定による各別の催告は、することを要しない。

④　債権者が第2項第4号の期間内に異議を述べなかったときは、当該債権者は、当該株式交付について承認をしたものとみなす。

⑤　債権者が第2項第4号の期間内に異議を述べたときは、株式交付親会社は、当該債権者に対し、弁済し、若しくは相当の担保を提供し、又は当該債権者に弁済を受けさせることを目的として信託会社等に相当の財産を信託しなければならない。ただし、当該株式交付をしても当該債権者を害するおそれがないときは、この限りでない。

☆（株式交付の効力発生日の変更）

第816条の9　株式交付親会社は、効力発生日を変更することができる。

②　前項の規定による変更後の効力発生日は、株式交付計画において定めた当初の効力発生日から3箇月以内の日でなければならない。

③　第1項の場合には、株式交付親会社は、変更前の効力発生日（変更後の効力発生日が変更前の効力発生日前の日である場合にあっては、当該変更後の効力発生日）の前日までに、変更後の効力発生日を公告しなければならない。

④　第1項の規定により効力発生日を変更したときは、変更後の効力発生日を効力発生日とみなして、この節（第2項を除く。）及び前章（第774条の3第1項第11号を除く。）の規定を適用する。

⑤　株式交付親会社は、第1項の規定による効力発生日の変更をする場合には、当該変更と同時に第774条の3第1項第10号の期日を変更することができる。

⑥　第3項及び第4項の規定は、前項の規定による第774条の3第1項第10号の期日の変更について準用する。この場合において、第4項中「この節（第2項を除く。）及び前章（第774条の3第1項第11号を

除く。）」とあるのは、「第774条の4、第774条の10及び前項」と読み替えるものとする。

☆（株式交付に関する書面等の備置き及び閲覧等）

第816条の10　株式交付親会社は、効力発生日後遅滞なく、株式交付に際して株式交付親会社が譲り受けた株式交付子会社の株式の数その他の株式交付に関する事項として法務省令で定める事項を記載し、又は記録した書面又は電磁的記録を作成しなければならない。

②　株式交付親会社は、効力発生日から6箇月間、前項の書面又は電磁的記録をその本店に備え置かなければならない。

③　株式交付親会社の株主（株式交付に際して株式交付子会社の株式及び新株予約権等の譲渡人に対して交付する金銭等（株式交付親会社の株式を除く。）が株式交付親会社の株式に準ずるものとして法務省令で定めるもののみである場合以外の場合にあっては、株主及び債権者）は、株式交付親会社に対して、その営業時間内は、いつでも、次に掲げる請求をすることができる。ただし、第2号又は第4号に掲げる請求をするには、当該株式交付親会社の定めた費用を支払わなければならない。

1　前項の書面の閲覧の請求

2　前項の書面の謄本又は抄本の交付の請求

3　前項の電磁的記録に記録された事項を法務省令で定める方法により表示したものの閲覧の請求

4　前項の電磁的記録に記録された事項を電磁的方法であって株式交付親会社の定めたものにより提供することの請求又はその事項を記載した書面の交付の請求

第**6**編

外国会社

第6編 外国会社

（外国会社の日本における代表者）

第817条 外国会社は、日本において取引を継続してしようとするときは、日本における代表者を定めなければならない。この場合において、その日本における代表者のうち1人以上は、日本に住所を有する者でなければならない。

② 外国会社の日本における代表者は、当該外国会社の日本における業務に関する一切の裁判上又は裁判外の行為をする権限を有する。

③ 前項の権限に加えた制限は、善意の第三者に対抗することができない。

④ 外国会社は、その日本における代表者がその職務を行うについて第三者に加えた損害を賠償する責任を負う。

（登記前の継続取引の禁止等）

第818条 外国会社は、外国会社の登記をするまでは、日本において取引を継続してすることができない。

② 前項の規定に違反して取引をした者は、相手方に対し、外国会社と連帯して、当該取引によって生じた債務を弁済する責任を負う。

（貸借対照表に相当するものの公告）

第819条 外国会社の登記をした外国会社（日本における同種の会社又は最も類似する会社が株式会社であるものに限る。）は、法務省令で定めるところにより、第438条第2項の承認と同種の手続又はこれに類似する手続の終結後遅滞なく、貸借対照表に相当するものを日本において公告しなければならない。

② 前項の規定にかかわらず、その公告方法が第939条第1項第1号又は第2号に掲げる方法である外国会社は、前項に規定する貸借対照表に相当するものの要旨を公告することで足りる。

③ 前項の外国会社は、法務省令で定めるところにより、第1項の手続の終結後遅滞な

く、同項に規定する貸借対照表に相当するものの内容である情報を、当該手続の終結の日後5年を経過する日までの間、継続して電磁的方法により日本において不特定多数の者が提供を受けることができる状態に置く措置をとることができる。この場合においては、前2項の規定は、適用しない。

④ 金融商品取引法第24条第1項の規定により有価証券報告書を内閣総理大臣に提出しなければならない外国会社については、前3項の規定は、適用しない。

（日本に住所を有する日本における代表者の退任）

第820条 外国会社の登記をした外国会社は、日本における代表者（日本に住所を有するものに限る。）の全員が退任しようとするときは、当該外国会社の債権者に対し異議があれば一定の期間内にこれを述べることができる旨を官報に公告し、かつ、知れている債権者には、各別にこれを催告しなければならない。ただし、当該期間は、1箇月を下ることができない。

② 債権者が前項の期間内に異議を述べたときは、同項の外国会社は、当該債権者に対し、弁済し、若しくは相当の担保を提供し、又は当該債権者に弁済を受けさせることを目的として信託会社等に相当の財産を信託しなければならない。ただし、同項の退任をしても当該債権者を害するおそれがないときは、この限りでない。

③ 第1項の退任は、前2項の手続が終了した後にその登記をすることによって、その効力を生ずる。

（擬似外国会社）

第821条 日本に本店を置き、又は日本において事業を行うことを主たる目的とする外国会社は、日本において取引を継続してすることができない。

② 前項の規定に違反して取引をした者は、相手方に対し、外国会社と連帯して、当該取引によって生じた債務を弁済する責任を

負う。

（日本にある外国会社の財産についての清算）

第 822 条 裁判所は、次に掲げる場合には、利害関係人の申立てにより又は職権で、日本にある外国会社の財産の全部について清算の開始を命ずることができる。

1 外国会社が第 827 条第 1 項の規定による命令を受けた場合

2 外国会社が日本において取引を継続してすることをやめた場合

② 前項の場合には、裁判所は、清算人を選任する。

③ 第 476 条、第 2 編第 9 章第 1 節第 2 款、第 492 条、同節第 4 款及び第 508 条の規定並びに同章第 2 節（第 510 条、第 511 条及び第 514 条を除く。）の規定は、その性質上許されないものを除き、第 1 項の規定による日本にある外国会社の財産についての清算について準用する。

④ 第 820 条の規定は、外国会社が第 1 項の清算の開始を命じられた場合において、当該外国会社の日本における代表者（日本に住所を有するものに限る。）の全員が退任しようとするときは、適用しない。

（他の法律の適用関係）

第 823 条 外国会社は、他の法律の適用については、日本における同種の会社又は最も類似する会社とみなす。ただし、他の法律に別段の定めがあるときは、この限りでない。

第 **7** 編

雑　　則

第7編　雑則

第1章　会社の解散命令等

第1節　会社の解散命令

（会社の解散命令）

第824条　裁判所は、次に掲げる場合において、公益を確保するため会社の存立を許すことができないと認めるときは、法務大臣又は株主、社員、債権者その他の利害関係人の申立てにより、会社の解散を命ずることができる。

1　会社の設立が不法な目的に基づいてされたとき。

2　会社が正当な理由がないのにその成立の日から1年以内にその事業を開始せず、又は引き続き1年以上その事業を休止したとき。

3　業務執行取締役、執行役又は業務を執行する社員が、法令若しくは定款で定める会社の権限を逸脱し若しくは濫用する行為又は刑罰法令に触れる行為をした場合において、法務大臣から書面による警告を受けたにもかかわらず、なお継続的に又は反覆して当該行為をしたとき。

②　株主、社員、債権者その他の利害関係人が前項の申立てをしたときは、裁判所は、会社の申立てにより、同項の申立てをした者に対し、相当の担保を立てるべきことを命ずることができる。

③　会社は、前項の規定による申立てをするには、第1項の申立てが悪意によるものであることを疎明しなければならない。

④　民事訴訟法（平成8年法律第109号）第75条第5項及び第7項並びに第76条から第80条までの規定は、第2項の規定により第1項の申立てについて立てるべき担保について準用する。

（会社の財産に関する保全処分）

第825条　裁判所は、前条第1項の申立てがあった場合には、法務大臣若しくは株主、社員、債権者その他の利害関係人の申立てにより又は職権で、同項の申立てにつき決定があるまでの間、会社の財産に関し、管理人による管理を命ずる処分（次項において「管理命令」という。）その他の必要な保全処分を命ずることができる。

②　裁判所は、管理命令をする場合には、当該管理命令において、管理人を選任しなければならない。

③　裁判所は、法務大臣若しくは株主、社員、債権者その他の利害関係人の申立てにより又は職権で、前項の管理人を解任することができる。

④　裁判所は、第2項の管理人を選任した場合には、会社が当該管理人に対して支払う報酬の額を定めることができる。

⑤　第2項の管理人は、裁判所が監督する。

⑥　裁判所は、第2項の管理人に対し、会社の財産の状況の報告をし、かつ、その管理の計算をすることを命ずることができる。

⑦　民法第644条、第646条、第647条及び第650条の規定は、第2項の管理人について準用する。この場合において、同法第646条、第647条及び第650条中「委任者」とあるのは、「会社」と読み替えるものとする。

（官庁等の法務大臣に対する通知義務）

第826条　裁判所その他の官庁、検察官又は吏員は、その職務上第824条第1項の申立て又は同項第3号の警告をすべき事由があることを知ったときは、法務大臣にその旨を通知しなければならない。

第2節　外国会社の取引継続禁止又は営業所閉鎖の命令

第827条　裁判所は、次に掲げる場合には、法務大臣又は株主、社員、債権者その他の利害関係人の申立てにより、外国会社が日本において取引を継続してすることの禁止又はその日本に設けられた営業所の閉鎖を

命ずることができる。

1　外国会社の事業が不法な目的に基づいて行われたとき。

2　外国会社が正当な理由がないのに外国会社の登記の日から1年以内にその事業を開始せず、又は引き続き1年以上その事業を休止したとき。

3　外国会社が正当な理由がないのに支払を停止したとき。

4　外国会社の日本における代表者その他その業務を執行する者が、法令で定める外国会社の権限を逸脱し若しくは濫用する行為又は刑罰法令に触れる行為をした場合において、法務大臣から書面による警告を受けたにもかかわらず、なお継続的に又は反覆して当該行為をしたとき。

② 第824条第2項から第4項まで及び前2条の規定は、前項の場合について準用する。この場合において、第824条第2項中「前項」とあり、同条第3項及び第4項中「第1項」とあり、並びに第825条第1項中「前条第1項」とあるのは「第827条第1項」と、前条中「第824条第1項」とあるのは「次条第1項」と、「同項第3号」とあるのは「同項第4号」と読み替えるものとする。

第2章　訴訟

第1節　会社の組織に関する訴え

（会社の組織に関する行為の無効の訴え）

第828条　次の各号に掲げる行為の無効は、当該各号に定める期間に、訴えをもってのみ主張することができる。

1　会社の設立　会社の成立の日から2年以内

2　株式会社の成立後における株式の発行　株式の発行の効力が生じた日から6箇月以内（公開会社でない株式会社にあっては、株式の発行の効力が生じた日から1年以内）

3　自己株式の処分　自己株式の処分の効力が生じた日から6箇月以内（公開会社でない株式会社にあっては、自己株式の処分の効力が生じた日から1年以内）

4　新株予約権（当該新株予約権が新株予約権付社債に付されたものである場合にあっては、当該新株予約権付社債についての社債を含む。以下この章において同じ。）の発行　新株予約権の発行の効力が生じた日から6箇月以内（公開会社でない株式会社にあっては、新株予約権の発行の効力が生じた日から1年以内）

5　株式会社における資本金の額の減少　資本金の額の減少の効力が生じた日から6箇月以内

6　会社の組織変更　組織変更の効力が生じた日から6箇月以内

7　会社の吸収合併　吸収合併の効力が生じた日から6箇月以内

8　会社の新設合併　新設合併の効力が生じた日から6箇月以内

9　会社の吸収分割　吸収分割の効力が生じた日から6箇月以内

10　会社の新設分割　新設分割の効力が生じた日から6箇月以内

11　株式会社の株式交換　株式交換の効力が生じた日から6箇月以内

12　株式会社の株式移転　株式移転の効力が生じた日から6箇月以内

13　株式会社の株式交付　株式交付の効力が生じた日から6箇月以内

② 次の各号に掲げる行為の無効の訴えは、当該各号に定める者に限り、提起することができる。

1　前項第1号に掲げる行為　設立する株式会社の株主等（株主、取締役又は清算人（監査役設置会社にあっては株主、取締役、監査役又は清算人、指名委員会等設置会社にあっては株主、取締役、執行役又は清算人）をいう。以下この節において同じ。）又は設立する持分会社の社員等（社員又は清算人をいう。以下この項において同じ。）

2　前項第2号に掲げる行為　当該株式会

社の株主等

3　前項第3号に掲げる行為　当該株式会社の株主等

4　前項第4号に掲げる行為　当該株式会社の株主等又は新株予約権者

5　前項第5号に掲げる行為　当該株式会社の株主等、破産管財人又は資本金の額の減少について承認をしなかった債権者

6　前項第6号に掲げる行為　当該行為の効力が生じた日において組織変更をする会社の株主等若しくは社員等であった者又は組織変更後の会社の株主等、社員等、破産管財人若しくは組織変更について承認をしなかった債権者

7　前項第7号に掲げる行為　当該行為の効力が生じた日において吸収合併をする会社の株主等若しくは社員等であった者又は吸収合併後存続する会社の株主等、社員等、破産管財人若しくは吸収合併について承認をしなかった債権者

8　前項第8号に掲げる行為　当該行為の効力が生じた日において新設合併をする会社の株主等若しくは社員等であった者又は新設合併により設立する会社の株主等、社員等、破産管財人若しくは新設合併について承認をしなかった債権者

9　前項第9号に掲げる行為　当該行為の効力が生じた日において吸収分割契約をした会社の株主等若しくは社員等であった者又は吸収分割契約をした会社の株主等、社員等、破産管財人若しくは吸収分割について承認をしなかった債権者

10　前項第10号に掲げる行為　当該行為の効力が生じた日において新設分割をする会社の株主等若しくは社員等であった者又は新設分割をする会社若しくは新設分割により設立する会社の株主等、社員等、破産管財人若しくは新設分割について承認をしなかった債権者

11　前項第11号に掲げる行為　当該行為の効力が生じた日において株式交換契約をした会社の株主等若しくは社員等であった者又は株式交換契約をした会社の株主等、社員等、破産管財人若しくは株式交換について承認をしなかった債権者

12　前項第12号に掲げる行為　当該行為の効力が生じた日において株式移転をする株式会社の株主等であった者又は株式移転により設立する株式会社の株主等、破産管財人若しくは株式移転について承認をしなかった債権者

13　前項第13号に掲げる行為　当該行為の効力が生じた日において株式交付親会社の株主等であった者、株式交付に際して株式交付親会社に株式交付子会社の株式若しくは新株予約権等を譲り渡した者又は株式交付親会社の株主等、破産管財人若しくは株式交付について承認をしなかった債権者

第828条　〔1項13号・2項13号は新設規定〕

1年6月内

（新株発行等の不存在の確認の訴え）

第829条　次に掲げる行為については、当該行為が存在しないことの確認を、訴えをもって請求することができる。

1　株式会社の成立後における株式の発行

2　自己株式の処分

3　新株予約権の発行

（株主総会等の決議の不存在又は無効の確認の訴え）

第830条　株主総会若しくは種類株主総会又は創立総会若しくは種類創立総会 （以下この節及び第937条第1項第1号トにおいて「株主総会等」という。）の決議については、決議が存在しないことの確認を、訴えをもって請求することができる。

②　株主総会等の決議については、決議の内容が法令に違反することを理由として、決議が無効であることの確認を、訴えをもって請求することができる。

（株主総会等の決議の取消しの訴え）

第831条　次の各号に掲げる場合には、株主

等（当該各号の株主総会等が創立総会又は種類創立総会である場合にあっては、株主等、設立時株主、設立時取締役又は設立時監査役）は、株主総会等の決議の日から３箇月以内に、訴えをもって当該決議の取消しを請求することができる。当該決議の取消しにより株主（当該決議が創立総会の決議である場合にあっては、設立時株主）又は取締役（監査等委員会設置会社にあっては、監査等委員である取締役又はそれ以外の取締役。以下この項において同じ。）、監査役若しくは清算人（当該決議が株主総会又は種類株主総会の決議である場合にあっては第346条第１項（第479条第４項において準用する場合を含む。）の規定により取締役、監査役又は清算人としての権利義務を有する者を含み、当該決議が創立総会又は種類創立総会の決議である場合にあっては設立時取締役（設立しようとする株式会社が監査等委員会設置会社である場合にあっては、設立時監査等委員である設立時取締役又はそれ以外の設立時取締役）又は設立時監査役を含む。）となる者も、同様とする。

1　株主総会等の招集の手続又は決議の方法が法令若しくは定款に違反し、又は著しく不公正なとき。
2　株主総会等の決議の内容が定款に違反するとき。
3　株主総会等の決議について特別の利害関係を有する者が議決権を行使したことによって、著しく不当な決議がされたとき。
②　前項の訴えの提起があった場合において、株主総会等の招集の手続又は決議の方法が法令又は定款に違反するときであっても、裁判所は、その違反する事実が重大でなく、かつ、決議に影響を及ぼさないものであると認めるときは、同項の規定による請求を棄却することができる。

（持分会社の設立の取消しの訴え）
第832条　次の各号に掲げる場合には、当該各号に定める者は、持分会社の成立の日から２年以内に、訴えをもって持分会社の設立の取消しを請求することができる。
1　社員が民法その他の法律の規定により設立に係る意思表示を取り消すことができるとき　当該社員
2　社員がその債権者を害することを知って持分会社を設立したとき　当該債権者

（会社の解散の訴え）
第833条　次に掲げる場合において、やむを得ない事由があるときは、総株主（株主総会において決議をすることができる事項の全部につき議決権を行使することができない株主を除く。）の議決権の10分の１（これを下回る割合を定款で定めた場合にあっては、その割合）以上の議決権を有する株主又は発行済株式（自己株式を除く。）の10分の１（これを下回る割合を定款で定めた場合にあっては、その割合）以上の数の株式を有する株主は、訴えをもって株式会社の解散を請求することができる。
1　株式会社が業務の執行において著しく困難な状況に至り、当該株式会社に回復することができない損害が生じ、又は生ずるおそれがあるとき。
2　株式会社の財産の管理又は処分が著しく失当で、当該株式会社の存立を危うくするとき。
②　やむを得ない事由がある場合には、持分会社の社員は、訴えをもって持分会社の解散を請求することができる。

（被告）
第834条　次の各号に掲げる訴え（以下この節において「会社の組織に関する訴え」と総称する。）については、当該各号に定める者を被告とする。
1　会社の設立の無効の訴え　設立する会社
2　株式会社の成立後における株式の発行の無効の訴え（第840条第１項において「新株発行の無効の訴え」という。）　株式の発行をした株式会社
3　自己株式の処分の無効の訴え　自己株式の処分をした株式会社

4　新株予約権の発行の無効の訴え　新株予約権の発行をした株式会社

5　株式会社における資本金の額の減少の無効の訴え　当該株式会社

6　会社の組織変更の無効の訴え　組織変更後の会社

7　会社の吸収合併の無効の訴え　吸収合併後存続する会社

8　会社の新設合併の無効の訴え　新設合併により設立する会社

9　会社の吸収分割の無効の訴え　吸収分割契約をした会社

10　会社の新設分割の無効の訴え　新設分割をする会社及び新設分割により設立する会社

11　株式会社の株式交換の無効の訴え　株式交換契約をした会社

12　株式会社の株式移転の無効の訴え　株式移転をする株式会社及び株式移転により設立する株式会社

12の2　株式会社の株式交付の無効の訴え　株式交付親会社

13　株式会社の成立後における株式の発行が存在しないことの確認の訴え　株式の発行をした株式会社

14　自己株式の処分が存在しないことの確認の訴え　自己株式の処分をした株式会社

15　新株予約権の発行が存在しないことの確認の訴え　新株予約権の発行をした株式会社

16　株主総会等の決議が存在しないこと又は株主総会等の決議の内容が法令に違反することを理由として当該決議が無効であることの確認の訴え　当該株式会社

17　株主総会等の決議の取消しの訴え　当該株式会社

18　第832条第1号の規定による持分会社の設立の取消しの訴え　当該持分会社

19　第832条第2号の規定による持分会社の設立の取消しの訴え　当該持分会社及

び同号の社員

20　株式会社の解散の訴え　当該株式会社

21　持分会社の解散の訴え　当該持分会社

第834条　〔12号の2は新設規定〕

1年6月内

（訴えの管轄及び移送）

第835条　会社の組織に関する訴えは、被告となる会社の本店の所在地を管轄する地方裁判所の管轄に専属する。

②　前条第9号から第12号までの規定により2以上の地方裁判所が管轄権を有するときは、当該各号に掲げる訴えは、先に訴えの提起があった地方裁判所が管轄する。

③　前項の場合には、裁判所は、当該訴えに係る訴訟がその管轄に属する場合においても、著しい損害又は遅滞を避けるため必要があると認めるときは、申立てにより又は職権で、訴訟を他の管轄裁判所に移送することができる。

（担保提供命令）

第836条　会社の組織に関する訴えであって、株主又は設立時株主が提起することができるものについては、裁判所は、被告の申立てにより、当該会社の組織に関する訴えを提起した株主又は設立時株主に対し、相当の担保を立てるべきことを命ずることができる。ただし、当該株主が取締役、監査役、執行役若しくは清算人であるとき、又は当該設立時株主が設立時取締役若しくは設立時監査役であるときは、この限りでない。

②　前項の規定は、会社の組織に関する訴えであって、債権者又は株式交付に際して株式交付親会社に株式交付子会社の株式若しくは新株予約権等を譲り渡した者が提起することができるものについて準用する。

③　被告は、第1項（前項において準用する場合を含む。）の申立てをするには、原告の訴えの提起が悪意によるものであることを疎明しなければならない。

第836条　〔同〕

②　前項の規定は、会社の組織に関する訴えで

あって、債権者が提起することができるものについて準用する。

③　〔同〕

1年6月内

（弁論等の必要的併合）

第837条　同一の請求を目的とする会社の組織に関する訴えに係る訴訟が数個同時に係属するときは、その弁論及び裁判は、併合してしなければならない。

（認容判決の効力が及ぶ者の範囲）

第838条　会社の組織に関する訴えに係る請求を認容する確定判決は、第三者に対してもその効力を有する。

（無効又は取消しの判決の効力）

第839条　会社の組織に関する訴え（第834条第1号から第12号の2まで、第18号及び第19号に掲げる訴えに限る。）に係る請求を認容する判決が確定したときは、当該判決において無効とされ、又は取り消された行為（当該行為によって会社が設立された場合にあっては当該設立を含み、当該行為に際して株式又は新株予約権が交付された場合にあっては当該株式又は新株予約権を含む。）は、将来に向かってその効力を失う。

> 第839条　〔「第12号の2」は、施行日前までは「第12号」〕

1年6月内

（新株発行の無効判決の効力）

第840条　新株発行の無効の訴えに係る請求を認容する判決が確定したときは、当該株式会社は、当該判決の確定時における当該株式に係る株主に対し、払込みを受けた金額又は給付を受けた財産の給付の時における価額に相当する金銭を支払わなければならない。この場合において、当該株式会社が株券発行会社であるときは、当該株式会社は、当該株主に対し、当該金銭の支払をするのと引換えに、当該株式に係る旧株券（前条の規定により効力を失った株式に係る株券をいう。以下この節において同じ。）を返還することを請求することができる。

②　前項の金銭の金額が同項の判決が確定した時における会社財産の状況に照らして著しく不相当であるときは、裁判所は、同項前段の株式会社又は株主の申立てにより、当該金額の増減を命ずることができる。

③　前項の申立ては、同項の判決が確定した日から6箇月以内にしなければならない。

④　第1項前段に規定する場合には、同項前段の株式を目的とする質権は、同項の金銭について存在する。

⑤　第1項前段に規定する場合には、前項の質権の登録株式質権者は、第1項前段の株式会社から同項の金銭を受領し、他の債権者に先立って自己の債権の弁済に充てることができる。

⑥　前項の債権の弁済期が到来していないときは、同項の登録株式質権者は、第1項前段の株式会社に同項の金銭に相当する金額を供託させることができる。この場合において、質権は、その供託金について存在する。

（自己株式の処分の無効判決の効力）

第841条　自己株式の処分の無効の訴えに係る請求を認容する判決が確定したときは、当該株式会社は、当該判決の確定時における当該自己株式に係る株主に対し、払込みを受けた金額又は給付を受けた財産の給付の時における価額に相当する金銭を支払わなければならない。この場合において、当該株式会社が株券発行会社であるときは、当該株式会社は、当該株主に対し、当該金銭の支払をするのと引換えに、当該自己株式に係る旧株券を返還することを請求することができる。

②　前条第2項から第6項までの規定は、前項の場合について準用する。この場合において、同条第4項中「株式」とあるのは、「自己株式」と読み替えるものとする。

（新株予約権発行の無効判決の効力）

第842条　新株予約権の発行の無効の訴えに係る請求を認容する判決が確定したときは、

第7編　雑則

当該株式会社は、当該判決の確定時における当該新株予約権に係る新株予約権者に対し、払込みを受けた金額又は給付を受けた財産の給付の時における価額に相当する金銭を支払わなければならない。この場合において、当該新株予約権に係る新株予約権証券（当該新株予約権が新株予約権付社債に付されたものである場合にあっては、当該新株予約権付社債に係る新株予約権付社債券。以下この項において同じ。）を発行しているときは、当該株式会社は、当該新株予約権者に対し、当該金銭の支払をするのと引換えに、第839条の規定により効力を失った新株予約権に係る新株予約権証券を返還することを請求することができる。

② 第840条第2項から第6項までの規定は、前項の場合について準用する。この場合において、同条第2項中「株主」とあるのは「新株予約権者」と、同条第4項中「株式」とあるのは「新株予約権」と、同条第5項及び第6項中「登録株式質権者」とあるのは「登録新株予約権質権者」と読み替えるものとする。

（合併又は会社分割の無効判決の効力）

第843条 次の各号に掲げる行為の無効の訴えに係る請求を認容する判決が確定したときは、当該行為をした会社は、当該行為の効力が生じた日後に当該各号に定める会社が負担した債務について、連帯して弁済する責任を負う。

1 会社の吸収合併 吸収合併後存続する会社

2 会社の新設合併 新設合併により設立する会社

3 会社の吸収分割 吸収分割をする会社がその事業に関して有する権利義務の全部又は一部を当該会社から承継する会社

4 会社の新設分割 新設分割により設立する会社

② 前項に規定する場合には、同項各号に掲げる行為の効力が生じた日後に当該各号に定める会社が取得した財産は、当該行為をした会社の共有に属する。ただし、同項第4号に掲げる行為を一の会社がした場合には、同号に定める会社が取得した財産は、当該行為をした一の会社に属する。

③ 第1項及び前項本文に規定する場合には、各会社の第1項の債務の負担部分及び前項本文の財産の共有持分は、各会社の協議によって定める。

④ 各会社の第1項の債務の負担部分又は第2項本文の財産の共有持分について、前項の協議が調わないときは、裁判所は、各会社の申立てにより、第1項各号に掲げる行為の効力が生じた時における各会社の財産の額その他一切の事情を考慮して、これを定める。

（株式交換又は株式移転の無効判決の効力）

第844条 株式会社の株式交換又は株式移転の無効の訴えに係る請求を認容する判決が確定した場合において、株式交換又は株式移転をする株式会社（以下この条において「旧完全子会社」という。）の発行済株式の全部を取得する株式会社（以下この条において「旧完全親会社」という。）が当該株式交換又は株式移転に際して当該旧完全親会社の株式（以下この条において「旧完全親会社株式」という。）を交付したときは、当該旧完全親会社は、当該判決の確定時における当該旧完全親会社株式に係る株主に対し、当該株式交換又は株式移転の際に当該旧完全親会社株式の交付を受けた者が有していた旧完全子会社の株式（以下この条において「旧完全子会社株式」という。）を交付しなければならない。この場合において、旧完全親会社が株券発行会社であるときは、当該旧完全親会社は、当該株主に対し、当該旧完全子会社株式を交付するのと引換えに、当該旧完全親会社株式に係る旧株券を返還することを請求することができる。

② 前項前段に規定する場合には、旧完全親会社株式を目的とする質権は、旧完全子会

社株式について存在する。

③　前項の質権の質権者が登録株式質権者であるときは、旧完全親会社は、第 1 項の判決の確定後遅滞なく、旧完全子会社に対し、当該登録株式質権者についての第 148 条各号に掲げる事項を通知しなければならない。

④　前項の規定による通知を受けた旧完全子会社は、その株主名簿に同項の登録株式質権者の質権の目的である株式に係る株主名簿記載事項を記載し、又は記録した場合には、直ちに、当該株主名簿に当該登録株式質権者についての第 148 条各号に掲げる事項を記載し、又は記録しなければならない。

⑤　第 3 項に規定する場合において、同項の旧完全子会社が株券発行会社であるときは、旧完全親会社は、登録株式質権者に対し、第 2 項の旧完全子会社株式に係る株券を引き渡さなければならない。ただし、第 1 項前段の株主が旧完全子会社株式の交付を受けるために旧完全親会社株式に係る旧株券を提出しなければならない場合において、旧株券の提出があるまでの間は、この限りでない。

☆（株式交付の無効判決の効力）

第 844 条の 2　株式会社の株式交付の無効の訴えに係る請求を認容する判決が確定した場合において、株式交付親会社が当該株式交付に際して当該株式交付親会社の株式（以下この条において「旧株式交付親会社株式」という。）を交付したときは、当該株式交付親会社は、当該判決の確定時における当該旧株式交付親会社株式に係る株主に対し、当該株式交付の際に当該旧株式交付親会社株式の交付を受けた者から給付を受けた株式交付子会社の株式及び新株予約権等（以下この条において「旧株式交付子会社株式等」という。）を返還しなければならない。この場合において、株式交付親会社が株券発行会社であるときは、当該株式交付親会社は、当該株主に対し、当該旧株式交付子会社株式等を返還するのと引換えに、当該旧株式

交付親会社株式に係る旧株券を返還することを請求することができる。

②　前項前段に規定する場合には、旧株式交付親会社株式を目的とする質権は、旧株式交付子会社株式等について存在する。

1 年 6 月内

（持分会社の設立の無効又は取消しの判決の効力）

第 845 条　持分会社の設立の無効又は取消しの訴えに係る請求を認容する判決が確定した場合において、その無効又は取消しの原因が一部の社員のみにあるときは、他の社員の全員の同意によって、当該持分会社を継続することができる。この場合においては、当該原因がある社員は、退社したものとみなす。

（原告が敗訴した場合の損害賠償責任）

第 846 条　会社の組織に関する訴えを提起した原告が敗訴した場合において、原告に悪意又は重大な過失があったときは、原告は、被告に対し、連帯して損害を賠償する責任を負う。

第 1 節の 2　売渡株式等の取得の無効の訴え

（売渡株式等の取得の無効の訴え）

第 846 条の 2　株式等売渡請求に係る売渡株式等の全部の取得の無効は、取得日（第 179 条の 2 第 1 項第 5 号に規定する取得日をいう。以下この条において同じ。）から 6 箇月以内（対象会社が公開会社でない場合にあっては、当該取得日から 1 年以内）に、訴えをもってのみ主張することができる。

②　前項の訴え（以下この節において「売渡株式等の取得の無効の訴え」という。）は、次に掲げる者に限り、提起することができる。

1　取得日において売渡株主（株式売渡請求に併せて新株予約権売渡請求がされた場合にあっては、売渡株主又は売渡新株予約権者。第 846 条の 5 第 1 項において同じ。）であった者

2　取得日において対象会社の取締役（監

査役設置会社にあっては取締役又は監査役、指名委員会等設置会社にあっては取締役又は執行役。以下この号において同じ。）であった者又は対象会社の取締役若しくは清算人

（被告）

第846条の3 売渡株式等の取得の無効の訴えについては、特別支配株主を被告とする。

（訴えの管轄）

第846条の4 売渡株式等の取得の無効の訴えは、対象会社の本店の所在地を管轄する地方裁判所の管轄に専属する。

（担保提供命令）

第846条の5 売渡株式等の取得の無効の訴えについては、裁判所は、被告の申立てにより、当該売渡株式等の取得の無効の訴えを提起した売渡株主に対し、相当の担保を立てるべきことを命ずることができる。ただし、当該売渡株主が対象会社の取締役、監査役、執行役又は清算人であるときは、この限りでない。

② 被告は、前項の申立てをするには、原告の訴えの提起が悪意によるものであることを疎明しなければならない。

（弁論等の必要的併合）

第846条の6 同一の請求を目的とする売渡株式等の取得の無効の訴えに係る訴訟が数個同時に係属するときは、その弁論及び裁判は、併合してしなければならない。

（認容判決の効力が及ぶ者の範囲）

第846条の7 売渡株式等の取得の無効の訴えに係る請求を認容する確定判決は、第三者に対してもその効力を有する。

（無効の判決の効力）

第846条の8 売渡株式等の取得の無効の訴えに係る請求を認容する判決が確定したときは、当該判決において無効とされた売渡株式等の全部の取得は、将来に向かってその効力を失う。

（原告が敗訴した場合の損害賠償責任）

第846条の9 売渡株式等の取得の無効の訴えを提起した原告が敗訴した場合において、

原告に悪意又は重大な過失があったときは、原告は、被告に対し、連帯して損害を賠償する責任を負う。

第2節 株式会社における責任追及等の訴え

（株主による責任追及等の訴え）

第847条 6箇月（これを下回る期間を定款で定めた場合にあっては、その期間）前から引き続き株式を有する株主（第189条第2項の定款の定めによりその権利を行使することができない単元未満株主を除く。）は、株式会社に対し、書面その他の法務省令で定める方法により、発起人、設立時取締役、設立時監査役、役員等（第423条第1項に規定する役員等をいう。）若しくは清算人（以下この節において「発起人等」という。）の責任を追及する訴え、第102条の2第1項、第212条第1項若しくは第285条第1項の規定による支払を求める訴え、第120条第3項の利益の返還を求める訴え又は第213条の2第1項若しくは第286条の2第1項の規定による支払若しくは給付を求める訴え（以下この節において「責任追及等の訴え」という。）の提起を請求することができる。ただし、責任追及等の訴えが当該株主若しくは第三者の不正な利益を図り又は当該株式会社に損害を加えることを目的とする場合は、この限りでない。

② 公開会社でない株式会社における前項の規定の適用については、同項中「6箇月（これを下回る期間を定款で定めた場合にあっては、その期間）前から引き続き株式を有する株主」とあるのは、「株主」とする。

③ 株式会社が第1項の規定による請求の日から60日以内に責任追及等の訴えを提起しないときは、当該請求をした株主は、株式会社のために、責任追及等の訴えを提起することができる。

④ 株式会社は、第1項の規定による請求の日から60日以内に責任追及等の訴えを提

起しない場合において、当該請求をした株主又は同項の発起人等から請求を受けたときは、当該請求をした者に対し、遅滞なく、責任追及等の訴えを提起しない理由を書面その他の法務省令で定める方法により通知しなければならない。

⑤　第1項及び第3項の規定にかかわらず、同項の期間の経過により株式会社に回復することができない損害が生ずるおそれがある場合には、第1項の株主は、株式会社のために、直ちに責任追及等の訴えを提起することができる。ただし、同項ただし書に規定する場合は、この限りでない。

（旧株主による責任追及等の訴え）

第847条の2　次の各号に掲げる行為の効力が生じた日の6箇月（これを下回る期間を定款で定めた場合にあっては、その期間）前から当該日まで引き続き株式会社の株主であった者（第189条第2項の定款の定めによりその権利を行使することができない単元未満株主であった者を除く。以下この条において「旧株主」という。）は、当該株式会社の株主でなくなった場合であっても、当該各号に定めるときは、当該株式会社（第2号に定める場合にあっては、同号の吸収合併後存続する株式会社。以下この節において「株式交換等完全子会社」という。）に対し、書面その他の法務省令で定める方法により、責任追及等の訴え（次の各号に掲げる行為の効力が生じた時までにその原因となった事実が生じた責任又は義務に係るものに限る。以下この条において同じ。）の提起を請求することができる。ただし、責任追及等の訴えが当該旧株主若しくは第三者の不正な利益を図り又は当該株式交換等完全子会社若しくは次の各号の完全親会社（特定の株式会社の発行済株式の全部を有する株式会社その他これと同等のものとして法務省令で定める株式会社をいう。以下この節において同じ。）に損害を加えることを目的とする場合は、この限りでない。

1　当該株式会社の株式交換又は株式移転

により当該株式会社の完全親会社の株式を取得し、引き続き当該株式を有するとき。

2　当該株式会社が吸収合併により消滅する会社となる吸収合併　当該吸収合併により、吸収合併後存続する株式会社の完全親会社の株式を取得し、引き続き当該株式を有するとき。

②　公開会社でない株式会社における前項の規定の適用については、同項中「次の各号に掲げる行為の効力が生じた日の6箇月（これを下回る期間を定款で定めた場合にあっては、その期間）前から当該日まで引き続き」とあるのは、「次の各号に掲げる行為の効力が生じた日において」とする。

③　旧株主は、第1項各号の完全親会社の株主でなくなった場合であっても、次に掲げるときは、株式交換等完全子会社に対し、書面その他の法務省令で定める方法により、責任追及等の訴えの提起を請求することができる。ただし、責任追及等の訴えが当該旧株主若しくは第三者の不正な利益を図り又は当該株式交換等完全子会社若しくは次の各号の株式を発行している株式会社に損害を加えることを目的とする場合は、この限りでない。

1　当該完全親会社の株式交換又は株式移転により当該完全親会社の完全親会社の株式を取得し、引き続き当該株式を有するとき。

2　当該完全親会社が合併により消滅する会社となる合併により、合併により設立する株式会社又は合併後存続する株式会社若しくはその完全親会社の株式を取得し、引き続き当該株式を有するとき。

④　前項の規定は、同項第1号（この項又は次項において準用する場合を含む。以下この項において同じ。）に掲げる場合において、旧株主が同号の株式の株主でなくなったときについて準用する。

⑤　第3項の規定は、同項第2号（前項又はこ

の項において準用する場合を含む。以下この項において同じ。）に掲げる場合において、旧株主が同号の株式の株主でなくなったときについて準用する。この場合において、第3項（前項又はこの項において準用する場合を含む。）中「当該完全親会社」とあるのは、「合併により設立する株式会社又は合併後存続する株式会社若しくはその完全親会社」と読み替えるものとする。

⑥　株式交換等完全子会社が第1項又は第3項（前2項において準用する場合を含む。以下この条において同じ。）の規定による請求（以下この条において「提訴請求」という。）の日から60日以内に責任追及等の訴えを提起しないときは、当該提訴請求をした旧株主は、株式交換等完全子会社のために、責任追及等の訴えを提起することができる。

⑦　株式交換等完全子会社は、提訴請求の日から60日以内に責任追及等の訴えを提起しない場合において、当該提訴請求をした旧株主又は当該提訴請求に係る責任追及等の訴えの被告となることとなる発起人等から請求を受けたときは、当該請求をした者に対し、遅滞なく、責任追及等の訴えを提起しない理由を書面その他の法務省令で定める方法により通知しなければならない。

⑧　第1項、第3項及び第6項の規定にかかわらず、同項の期間の経過により株式交換等完全子会社に回復することができない損害が生ずるおそれがある場合には、提訴請求をすることができる旧株主は、株式交換等完全子会社のために、直ちに責任追及等の訴えを提起することができる。

⑨　株式交換等完全子会社に係る適格旧株主（第1項本文又は第3項本文の規定によれば提訴請求をすることができることとなる旧株主をいう。以下この節において同じ。）がある場合において、第1項各号に掲げる行為の効力が生じた時までにその原因となった事実が生じた責任又は義務を免除するときにおける第55条、第102条の2第2項、第103条第3

項、第120条第5項、第213条の2第2項、第286条の2第2項、第424条（第486条第4項において準用する場合を含む。）、第462条第3項ただし書、第464条第2項及び第465条第2項の規定の適用については、これらの規定中「総株主」とあるのは、「総株主及び第847条の2第9項に規定する適格旧株主の全員」とする。

（最終完全親会社等の株主による特定責任追及の訴え）

第847条の3　6箇月（これを下回る期間を定款で定めた場合にあっては、その期間）前から引き続き株式会社の最終完全親会社等（当該株式会社の完全親会社等であって、その完全親会社等がないものをいう。以下この節において同じ。）の総株主（株主総会において決議をすることができる事項の全部につき議決権を行使することができない株主を除く。）の議決権の100分の1（これを下回る割合を定款で定めた場合にあっては、その割合）以上の議決権を有する株主又は当該最終完全親会社等の発行済株式（自己株式を除く。）の100分の1（これを下回る割合を定款で定めた場合にあっては、その割合）以上の数の株式を有する株主は、当該株式会社に対し、書面その他の法務省令で定める方法により、特定責任に係る責任追及等の訴え（以下この節において「特定責任追及の訴え」という。）の提起を請求することができる。ただし、次のいずれかに該当する場合は、この限りでない。

1　特定責任追及の訴えが当該株主若しくは第三者の不正な利益を図り又は当該株式会社若しくは当該最終完全親会社等に損害を加えることを目的とする場合

2　当該特定責任の原因となった事実によって当該最終完全親会社等に損害が生じていない場合

②　前項に規定する「完全親会社等」とは、次に掲げる株式会社をいう。

1　完全親会社

2　株式会社の発行済株式の全部を他の株

式会社及びその完全子会社等（株式会社がその株式又は持分の全部を有する法人をいう。以下この条及び第849条第3項において同じ。）又は他の株式会社の完全子会社等が有する場合における当該他の株式会社（完全親会社を除く。）

③　前項第2号の場合において、同号の他の株式会社及びその完全子会社等又は同号の他の株式会社の完全子会社等が他の法人の株式又は持分の全部を有する場合における当該他の法人は、当該他の株式会社の完全子会社等とみなす。

④　第1項に規定する「特定責任」とは、当該株式会社の発起人等の責任の原因となった事実が生じた日において最終完全親会社等及びその完全子会社等（前項の規定により当該完全子会社等とみなされるものを含む。次項及び第849条第3項において同じ。）における当該株式会社の株式の帳簿価額が当該最終完全親会社等の総資産額として法務省令で定める方法により算定される額の5分の1（これを下回る割合を定款で定めた場合にあっては、その割合）を超える場合における当該発起人等の責任をいう（第10項及び同条第7項において同じ。）。

⑤　最終完全親会社等が、発起人等の責任の原因となった事実が生じた日において最終完全親会社等であった株式会社をその完全子会社等としたものである場合には、前項の規定の適用については、当該最終完全親会社等であった株式会社を同項の最終完全親会社等とみなす。

⑥　公開会社でない最終完全親会社等における第1項の規定の適用については、同項中「6箇月（これを下回る期間を定款で定めた場合にあっては、その期間）前から引き続き株式会社」とあるのは、「株式会社」とする。

⑦　株式会社が第1項の規定による請求の日から60日以内に特定責任追及の訴えを提起しないときは、当該請求をした最終完全

親会社等の株主は、株式会社のために、特定責任追及の訴えを提起することができる。

⑧　株式会社は、第1項の規定による請求の日から60日以内に特定責任追及の訴えを提起しない場合において、当該請求をした最終完全親会社等の株主又は当該請求に係る特定責任追及の訴えの被告となることとなる発起人等から請求を受けたときは、当該請求をした者に対し、遅滞なく、特定責任追及の訴えを提起しない理由を書面その他の法務省令で定める方法により通知しなければならない。

⑨　第1項及び第7項の規定にかかわらず、同項の期間の経過により株式会社に回復することができない損害が生ずるおそれがある場合には、第1項に規定する株主は、株式会社のために、直ちに特定責任追及の訴えを提起することができる。ただし、同項ただし書に規定する場合は、この限りでない。

⑩　株式会社に最終完全親会社等がある場合において、特定責任を免除するときにおける第55条、第103条第3項、第120条第5項、第424条（第486条第4項において準用する場合を含む。）、第462条第3項ただし書、第464条第2項及び第465条第2項の規定の適用については、これらの規定中「総株主」とあるのは、「総株主及び株式会社の第847条の3第1項に規定する最終完全親会社等の総株主」とする。

（責任追及等の訴えに係る訴訟費用等）

第847条の4　第847条第3項若しくは第5項、第847条の2第6項若しくは第8項又は前条第7項若しくは第9項の責任追及等の訴えは、訴訟の目的の価額の算定については、財産権上の請求でない請求に係る訴えとみなす。

②　株主等（株主、適格旧株主又は最終完全親会社等の株主をいう。以下この節において同じ。）が責任追及等の訴えを提起したときは、裁判所は、被告の申立てにより、当該株主等に

対し、相当の担保を立てるべきことを命ずることができる。

③ 被告が前項の申立てをするには、責任追及等の訴えの提起が悪意によるものであることを疎明しなければならない。

（訴えの管轄）

第 848 条 責任追及等の訴えは、株式会社又は株式交換等完全子会社 (以下この節において「株式会社等」という。) の本店の所在地を管轄する地方裁判所の管轄に専属する。

（訴訟参加）

第 849 条 株主等又は株式会社等は、共同訴訟人として、又は当事者の一方を補助するため、責任追及等の訴え (適格旧株主にあっては第 847 条の2第1項各号に掲げる行為の効力が生じた時までにその原因となった事実が生じた責任又は義務に係るものに限り、最終完全親会社等の株主にあっては特定責任追及の訴えに限る。) に係る訴訟に参加することができる。ただし、不当に訴訟手続を遅延させることとなるとき、又は裁判所に対し過大な事務負担を及ぼすこととなるときは、この限りでない。

② 次の各号に掲げる者は、株式会社等の株主でない場合であっても、当事者の一方を補助するため、当該各号に定める者が提起した責任追及等の訴えに係る訴訟に参加することができる。ただし、前項ただし書に規定するときは、この限りでない。

　1　株式交換等完全親会社 (第 847 条の2第1項各号に定める場合又は同条第3項第1号 (同条第4項及び第5項において準用する場合を含む。以下この号において同じ。) 若しくは第2号 (同条第4項及び第5項において準用する場合を含む。以下この号において同じ。) に掲げる場合における株式交換等完全親会社の完全親会社 (同条第1項各号に掲げる行為又は同条第3項第1号の株式交換若しくは株式移転若しくは同項第2号の合併の効力が生じた時においてその完全親会社があるものを除く。) であって、当該完全親会社の株式交換若しくは株式移転又は

当該完全親会社が合併により消滅する会社となる合併によりその完全親会社となった株式会社がないものをいう。以下この条において同じ。)

　　適格旧株主

　2　最終完全親会社等　当該最終完全親会社等の株主

③ 株式会社等、株式交換等完全親会社又は最終完全親会社等が、当該株式会社等、当該株式交換等完全親会社の株式交換等完全子会社又は当該最終完全親会社等の完全子会社等である株式会社の取締役 (監査等委員及び監査委員を除く。)、執行役及び清算人並びにこれらの者であった者を補助するため、責任追及等の訴えに係る訴訟に参加するには、次の各号に掲げる株式会社の区分に応じ、当該各号に定める者の同意を得なければならない。

　1　監査役設置会社　監査役 (監査役が2人以上ある場合にあっては、各監査役)

　2　監査等委員会設置会社　各監査等委員

　3　指名委員会等設置会社　各監査委員

④ 株主等は、責任追及等の訴えを提起したときは、遅滞なく、当該株式会社等に対し、訴訟告知をしなければならない。

⑤ 株式会社等は、責任追及等の訴えを提起したとき、又は前項の訴訟告知を受けたときは、遅滞なく、その旨を公告し、又は株主に通知しなければならない。

⑥ 株式会社等に株式交換等完全親会社がある場合であって、前項の責任追及等の訴え又は訴訟告知が第 847 条の2第1項各号に掲げる行為の効力が生じた時までにその原因となった事実が生じた責任又は義務に係るものであるときは、当該株式会社等は、前項の規定による公告又は通知のほか、当該株式交換等完全親会社に対し、遅滞なく、当該責任追及等の訴えを提起し、又は当該訴訟告知を受けた旨を通知しなければならない。

⑦ 株式会社等に最終完全親会社等がある場合であって、第5項の責任追及等の訴え又

は訴訟告知が特定責任に係るものであるときは、当該株式会社等は、同項の規定による公告又は通知のほか、当該最終完全親会社等に対し、遅滞なく、当該責任追及等の訴えを提起し、又は当該訴訟告知を受けた旨を通知しなければならない。

⑧　第 6 項の株式交換等完全親会社が株式交換等完全子会社の発行済株式の全部を有する場合における同項の規定及び前項の最終完全親会社等が株式会社の発行済株式の全部を有する場合における同項の規定の適用については、これらの規定中「のほか」とあるのは、「に代えて」とする。

⑨　公開会社でない株式会社等における第 5 項から第 7 項までの規定の適用については、第 5 項中「公告し、又は株主に通知し」とあるのは「株主に通知し」と、第 6 項及び第 7 項中「公告又は通知」とあるのは「通知」とする。

⑩　次の各号に掲げる場合には、当該各号に規定する株式会社は、遅滞なく、その旨を公告し、又は当該各号に定める者に通知しなければならない。

　1　株式交換等完全親会社が第 6 項の規定による通知を受けた場合　適格旧株主

　2　最終完全親会社等が第 7 項の規定による通知を受けた場合　当該最終完全親会社等の株主

⑪　前項各号に規定する株式会社が公開会社でない場合における同項の規定の適用については、同項中「公告し、又は当該各号に定める者に通知し」とあるのは、「当該各号に定める者に通知し」とする。

☆（和解）

第 849 条の 2　株式会社等が、当該株式会社等の取締役（監査等委員及び監査委員を除く。）、執行役及び清算人並びにこれらの者であった者の責任を追及する訴えに係る訴訟における和解をするには、次の各号に掲げる株式会社の区分に応じ、当該各号に定める者の同意を得なければならない。

　1　監査役設置会社　監査役（監査役が 2 人以上ある場合にあっては、各監査役）

　2　監査等委員会設置会社　各監査等委員

　3　指名委員会等設置会社　各監査委員

1年6月内

第 850 条　民事訴訟法第 267 条の規定は、株式会社等が責任追及等の訴えに係る訴訟における和解の当事者でない場合には、当該訴訟における訴訟の目的については、適用しない。ただし、当該株式会社等の承認がある場合は、この限りでない。

②　前項に規定する場合において、裁判所は、株式会社等に対し、和解の内容を通知し、かつ、当該和解に異議があるときは 2 週間以内に異議を述べるべき旨を催告しなければならない。

③　株式会社等が前項の期間内に書面により異議を述べなかったときは、同項の規定による通知の内容で株主等が和解をすることを承認したものとみなす。

④　第 55 条、第 102 条の 2 第 2 項、第 103 条第 3 項、第 120 条第 5 項、第 213 条の 2 第 2 項、第 286 条の 2 第 2 項、第 424 条（第 486 条第 4 項において準用する場合を含む。）、第 462 条第 3 項（同項ただし書に規定する分配可能額を超えない部分について負う義務に係る部分に限る。）、第 464 条第 2 項及び第 465 条第 2 項の規定は、責任追及等の訴えに係る訴訟における和解をする場合には、適用しない。

（和解）
第 850 条　〔同〕
②から④まで　〔同〕
〔見出しの削除〕

1年6月内

（株主でなくなった者の訴訟追行）

第 851 条　責任追及等の訴えを提起した株主又は第 849 条第 1 項の規定により共同訴訟人として当該責任追及等の訴えに係る訴訟に参加した株主が当該訴訟の係属中に株主でなくなった場合であっても、次に掲げる

ときは、その者が、訴訟を追行することができる。

1 その者が当該株式会社の株式交換又は株式移転により当該株式会社の完全親会社の株式を取得したとき。

2 その者が当該株式会社が合併により消滅する会社となる合併により、合併により設立する株式会社又は合併後存続する株式会社若しくはその完全親会社の株式を取得したとき。

② 前項の規定は、同項第1号（この項又は次項において準用する場合を含む。）に掲げる場合において、前項の株主が同項の訴訟の係属中に当該株式会社の完全親会社の株式の株主でなくなったときについて準用する。この場合において、同項（この項又は次項において準用する場合を含む。）中「当該株式会社」とあるのは、「当該完全親会社」と読み替えるものとする。

③ 第1項の規定は、同項第2号（前項又はこの項において準用する場合を含む。）に掲げる場合において、第1項の株主が同項の訴訟の係属中に合併により設立する株式会社又は合併後存続する株式会社若しくはその完全親会社の株式の株主でなくなったときについて準用する。この場合において、同項（前項又はこの項において準用する場合を含む。）中「当該株式会社」とあるのは、「合併により設立する株式会社又は合併後存続する株式会社若しくはその完全親会社」と読み替えるものとする。

（費用等の請求）

第852条 責任追及等の訴えを提起した株主等が勝訴（一部勝訴を含む。）した場合において、当該責任追及等の訴えに係る訴訟に関し、必要な費用（訴訟費用を除く。）を支出したとき又は弁護士若しくは弁護士法人に報酬を支払うべきときは、当該株式会社等に対し、その費用の額の範囲内又はその報酬額の範囲内で相当と認められる額の支払を請求することができる。

② 責任追及等の訴えを提起した株主等が敗訴した場合であっても、悪意があったときを除き、当該株主等は、当該株式会社等に対し、これによって生じた損害を賠償する義務を負わない。

③ 前2項の規定は、第849条第1項の規定により同項の訴訟に参加した株主等について準用する。

（再審の訴え）

第853条 責任追及等の訴えが提起された場合において、原告及び被告が共謀して責任追及等の訴えに係る訴訟の目的である株式会社等の権利を害する目的をもって判決をさせたときは、次の各号に掲げる者は、当該各号に定める訴えに係る確定した終局判決に対し、再審の訴えをもって、不服を申し立てることができる。

1 株主又は株式会社等 責任追及等の訴え

2 適格旧株主 責任追及等の訴え（第847条の2第1項各号に掲げる行為の効力が生じた時までにその原因となった事実が生じた責任又は義務に係るものに限る。）

3 最終完全親会社等の株主 特定責任追及の訴え

② 前条の規定は、前項の再審の訴えについて準用する。

第3節 株式会社の役員の解任の訴え

（株式会社の役員の解任の訴え）

第854条 役員（第329条第1項に規定する役員をいう。以下この節において同じ。）の職務の執行に関し不正の行為又は法令若しくは定款に違反する重大な事実があったにもかかわらず、当該役員を解任する旨の議案が株主総会において否決されたとき又は当該役員を解任する旨の株主総会の決議が第323条の規定によりその効力を生じないときは、次に掲げる株主は、当該株主総会の日から30日以内に、訴えをもって当該役員の解

任を請求することができる。

1　総株主（次に掲げる株主を除く。）の議決権の100分の3（これを下回る割合を定款で定めた場合にあっては、その割合）以上の議決権を6箇月（これを下回る期間を定款で定めた場合にあっては、その期間）前から引き続き有する株主（次に掲げる株主を除く。）

イ　当該役員を解任する旨の議案について議決権を行使することができない株主

ロ　当該請求に係る役員である株主

2　発行済株式（次に掲げる株主の有する株式を除く。）の100分の3（これを下回る割合を定款で定めた場合にあっては、その割合）以上の数の株式を6箇月（これを下回る期間を定款で定めた場合にあっては、その期間）前から引き続き有する株主（次に掲げる株主を除く。）

イ　当該株式会社である株主

ロ　当該請求に係る役員である株主

② 公開会社でない株式会社における前項各号の規定の適用については、これらの規定中「6箇月（これを下回る期間を定款で定めた場合にあっては、その期間）前から引き続き有する」とあるのは、「有する」とする。

③ 第108条第1項第9号に掲げる事項（取締役（監査等委員会設置会社にあっては、監査等委員である取締役又はそれ以外の取締役）に関するものに限る。）についての定めがある種類の株式を発行している場合における第1項の規定の適用については、同項中「株主総会」とあるのは、「株主総会（第347条第1項の規定により読み替えて適用する第339条第1項の種類株主総会を含む。）」とする。

④ 第108条第1項第9号に掲げる事項（監査役に関するものに限る。）についての定めがある種類の株式を発行している場合における第1項の規定の適用については、同項中「株主総会」とあるのは、「株主総会（第

347条第2項の規定により読み替えて適用する第339条第1項の種類株主総会を含む。）」とする。

（被告）

第855条　前条第1項の訴え（次条及び第937条第1項第1号ヌにおいて「株式会社の役員の解任の訴え」という。）については、当該株式会社及び前条第1項の役員を被告とする。

（訴えの管轄）

第856条　株式会社の役員の解任の訴えは、当該株式会社の本店の所在地を管轄する地方裁判所の管轄に専属する。

第4節　特別清算に関する訴え

（役員等の責任の免除の取消しの訴えの管轄）

第857条　第544条第2項の訴えは、特別清算裁判所（第880条第1項に規定する特別清算裁判所をいう。次条第3項において同じ。）の管轄に専属する。

（役員等責任査定決定に対する異議の訴え）

第858条　役員等責任査定決定（第545条第1項に規定する役員等責任査定決定をいう。以下この条において同じ。）に不服がある者は、第899条第4項の規定による送達を受けた日から1箇月の不変期間内に、異議の訴えを提起することができる。

② 前項の訴えは、これを提起する者が、対象役員等（第542条第1項に規定する対象役員等をいう。以下この項において同じ。）であるときは清算株式会社を、清算株式会社であるときは対象役員等を、それぞれ被告としなければならない。

③ 第1項の訴えは、特別清算裁判所の管轄に専属する。

④ 第1項の訴えについての判決においては、訴えを不適法として却下する場合を除き、役員等責任査定決定を認可し、変更し、又は取り消す。

⑤ 役員等責任査定決定を認可し、又は変更した判決は、強制執行に関しては、給付を命ずる判決と同一の効力を有する。

第7編　雑則

⑥　役員等責任査定決定を認可し、又は変更した判決については、受訴裁判所は、民事訴訟法第259条第1項の定めるところにより、仮執行の宣言をすることができる。

第5節　持分会社の社員の除名の訴え等

（持分会社の社員の除名の訴え）

第859条　持分会社の社員（以下この条及び第861条第1号において「対象社員」という。）について次に掲げる事由があるときは、当該持分会社は、対象社員以外の社員の過半数の決議に基づき、訴えをもって対象社員の除名を請求することができる。

1　出資の義務を履行しないこと。

2　第594条第1項（第598条第2項において準用する場合を含む。）の規定に違反したこと。

3　業務を執行するに当たって不正の行為をし、又は業務を執行する権利がないのに業務の執行に関与したこと。

4　持分会社を代表するに当たって不正の行為をし、又は代表権がないのに持分会社を代表して行為をしたこと。

5　前各号に掲げるもののほか、重要な義務を尽くさないこと。

（持分会社の業務を執行する社員の業務執行権又は代表権の消滅の訴え）

第860条　持分会社の業務を執行する社員（以下この条及び次条第2号において「対象業務執行社員」という。）について次に掲げる事由があるときは、当該持分会社は、対象業務執行社員以外の社員の過半数の決議に基づき、訴えをもって対象業務執行社員の業務を執行する権利又は代表権の消滅を請求することができる。

1　前条各号に掲げる事由があるとき。

2　持分会社の業務を執行し、又は持分会社を代表することに著しく不適任なとき。

（被告）

第861条　次の各号に掲げる訴えについては、当該各号に定める者を被告とする。

1　第859条の訴え（次条及び第937条第1項第1号ルにおいて「持分会社の社員の除名の訴え」という。）　対象社員

2　前条の訴え（次条及び第937条第1項第1号ヲにおいて「持分会社の業務を執行する社員の業務執行権又は代表権の消滅の訴え」という。）　対象業務執行社員

（訴えの管轄）

第862条　持分会社の社員の除名の訴え及び持分会社の業務を執行する社員の業務執行権又は代表権の消滅の訴えは、当該持分会社の本店の所在地を管轄する地方裁判所の管轄に専属する。

第6節　清算持分会社の財産処分の取消しの訴え

（清算持分会社の財産処分の取消しの訴え）

第863条　清算持分会社（合名会社及び合資会社に限る。以下この項において同じ。）が次の各号に掲げる行為をしたときは、当該各号に定める者は、訴えをもって当該行為の取消しを請求することができる。ただし、当該行為がその者を害しないものであるときは、この限りでない。

1　第670条の規定に違反して行った清算持分会社の財産の処分　清算持分会社の債権者

2　第671条第1項の規定に違反して行った清算持分会社の財産の処分　清算持分会社の社員の持分を差し押さえた債権者

②　民法第424条第1項ただし書、第424条の5、第424条の7第2項及び第425条から第426条までの規定は、前項の場合について準用する。この場合において、同法第424条第1項ただし書中「その行為によって」とあるのは「会社法（平成17年法律第86号）第863条第1項各号に掲げる行為によって」と、同法第424条の5第1号中「債務者」とあるのは「清算持分会社（会社法第645条に規定する清算持分会社

をいい、合名会社及び合資会社に限る。以下同じ。）」と、同条第2号並びに同法第424条の7第2項及び第425条から第426条までの規定中「債務者」とあるのは「清算持分会社」と読み替えるものとする。

（被告）
第864条 前条第1項の訴えについては、同項各号に掲げる行為の相手方又は転得者を被告とする。

第7節 社債発行会社の弁済等の取消しの訴え

（社債発行会社の弁済等の取消しの訴え）
第865条 社債を発行した会社が社債権者に対してした弁済、社債権者との間でした和解その他の社債権者に対してし、又は社債権者との間でした行為が著しく不公正であるときは、社債管理者は、訴えをもって当該行為の取消しを請求することができる。
② 前項の訴えは、社債管理者が同項の行為の取消しの原因となる事実を知った時から6箇月を経過したときは、提起することができない。同項の行為の時から1年を経過したときも、同様とする。
③ 第1項に規定する場合において、社債権者集会の決議があるときは、代表社債権者又は決議執行者（第737条第2項に規定する決議執行者をいう。）も、訴えをもって第1項の行為の取消しを請求することができる。ただし、同項の行為の時から1年を経過したときは、この限りでない。
④ 民法第424条第1項ただし書、第424条の5、第424条の7第2項及び第425条から第425条の4までの規定は、第1項及び前項本文の場合について準用する。この場合において、同法第424条第1項ただし書中「その行為によって」とあるのは「会社法第865条第1項に規定する行為によって」と、「債権者を害すること」とあるのは「その行為が著しく不公正であること」と、同法第424条の5各号中「債権者を害

すること」とあるのは「著しく不公正であること」と、同法第425条中「債権者」とあるのは「社債権者」と読み替えるものとする。

（被告）
第866条 前条第1項又は第3項の訴えについては、同条第1項の行為の相手方又は転得者を被告とする。

（訴えの管轄）
第867条 第865条第1項又は第3項の訴えは、社債を発行した会社の本店の所在地を管轄する地方裁判所の管轄に専属する。

第3章 非訟

第1節 総則

（非訟事件の管轄）
第868条 この法律の規定による非訟事件（次項から第6項までに規定する事件を除く。）は、会社の本店の所在地を管轄する地方裁判所の管轄に属する。
② 親会社社員（会社である親会社の株主又は社員に限る。）によるこの法律の規定により株式会社が作成し、又は備え置いた書面又は電磁的記録についての次に掲げる閲覧等（閲覧、謄写、謄本若しくは抄本の交付、事項の提供又は事項を記載した書面の交付をいう。第870条第2項第1号において同じ。）の許可の申立てに係る事件は、当該株式会社の本店の所在地を管轄する地方裁判所の管轄に属する。
1 当該書面の閲覧若しくは謄写又はその謄本若しくは抄本の交付
2 当該電磁的記録に記録された事項を表示したものの閲覧若しくは謄写又は電磁的方法による当該事項の提供若しくは当該事項を記載した書面の交付
③ 第179条の8第1項の規定による売渡株式等の売買価格の決定の申立てに係る事件は、対象会社の本店の所在地を管轄する地方裁判所の管轄に属する。
④ 第705条第4項及び第706条第4項の規

定、第 707 条、第 711 条第 3 項、第 713 条並びに第 714 条第 1 項及び第 3 項（これらの規定を第 714 条の 7 において準用する場合を含む。）の規定並びに第 718 条第 3 項、第 732 条、第 740 条第 1 項及び第 741 条第 1 項の規定による裁判の申立てに係る事件は、社債を発行した会社の本店の所在地を管轄する地方裁判所の管轄に属する。

⑤ 第 822 条第 1 項の規定による外国会社の清算に係る事件並びに第 827 条第 1 項の規定による裁判及び同条第 2 項において準用する第 825 条第 1 項の規定による保全処分に係る事件は、当該外国会社の日本における営業所の所在地（日本に営業所を設けていない場合にあっては、日本における代表者の住所地）を管轄する地方裁判所の管轄に属する。

⑥ 第 843 条第 4 項の申立てに係る事件は、同条第 1 項各号に掲げる行為の無効の訴えの第 1 審の受訴裁判所の管轄に属する。

> 第 868 条　〔同〕
>
> ②・③　〔同〕
>
> ④　第 705 条第 4 項、第 706 条第 4 項、第 707 条、第 711 条第 3 項、第 713 条、第 714 条第 1 項及び第 3 項、第 718 条第 3 項、第 732 条、第 740 条第 1 項並びに第 741 条第 1 項の規定による裁判の申立てに係る事件は、社債を発行した会社の本店の所在地を管轄する地方裁判所の管轄に属する。
>
> ⑤・⑥　〔同〕

1年6月内

（疎明）

第 869 条　この法律の規定による許可の申立てをする場合には、その原因となる事実を疎明しなければならない。

（陳述の聴取）

第 870 条　裁判所は、この法律の規定（第 2 編第 9 章第 2 節を除く。）による非訟事件についての裁判のうち、次の各号に掲げる裁判をする場合には、当該各号に定める者の陳述を聴かなければならない。ただし、不適法又は理由がないことが明らかであるとして申立てを却下する裁判をするときは、この限りでない。

1　第 346 条第 2 項、第 351 条第 2 項若しくは第 401 条第 3 項（第 403 条第 3 項及び第 420 条第 3 項において準用する場合を含む。）の規定により選任された一時取締役（監査等委員会設置会社にあっては、監査等委員である取締役又はそれ以外の取締役）、会計参与、監査役、代表取締役、委員（指名委員会、監査委員会又は報酬委員会の委員をいう。第 874 条第 1 号において同じ。）、執行役若しくは代表執行役の職務を行うべき者、清算人、第 479 条第 4 項において準用する第 346 条第 2 項若しくは第 483 条第 6 項において準用する第 351 条第 2 項の規定により選任された一時清算人若しくは代表清算人の職務を行うべき者、検査役又は第 825 条第 2 項（第 827 条第 2 項において準用する場合を含む。）の管理人の報酬の額の決定　当該会社（第 827 条第 2 項において準用する第 825 条第 2 項の管理人の報酬の額の決定にあっては、当該外国会社）及び報酬を受ける者

2　清算人、社債管理者又は社債管理補助者の解任についての裁判　当該清算人、社債管理者又は社債管理補助者

3　第 33 条第 7 項の規定による裁判　設立時取締役、第 28 条第 1 号の金銭以外の財産を出資する者及び同条第 2 号の譲渡人

4　第 207 条第 7 項又は第 284 条第 7 項の規定による裁判　当該株式会社及び第 199 条第 1 項第 3 号又は第 236 条第 1 項第 3 号の規定により金銭以外の財産を出資する者

5　第 455 条第 2 項第 2 号又は第 505 条第 3 項第 2 号の規定による裁判　当該株主

6　第 456 条又は第 506 条の規定による裁判　当該株主

7　第 732 条の規定による裁判　利害関係人

8 第 740 条第 1 項の規定による申立てを認容する裁判 社債を発行した会社

9 第 741 条第 1 項の許可の申立てについての裁判 社債を発行した会社

10 第 824 条第 1 項の規定による裁判 当該会社

11 第 827 条第 1 項の規定による裁判 当該外国会社

② 裁判所は、次の各号に掲げる裁判をする場合には、審問の期日を開いて、申立人及び当該各号に定める者の陳述を聴かなければならない。ただし、不適法又は理由がないことが明らかであるとして申立てを却下する裁判をするときは、この限りでない。

1 この法律の規定により株式会社が作成し、又は備え置いた書面又は電磁的記録についての閲覧等の許可の申立てについての裁判 当該株式会社

2 第 117 条第 2 項、第 119 条第 2 項、第 182 条の 5 第 2 項、第 193 条第 2 項（第 194 条第 4 項において準用する場合を含む。）、第 470 条第 2 項、第 778 条第 2 項、第 786 条第 2 項、第 788 条第 2 項、第 798 条第 2 項、第 807 条第 2 項、第 809 条第 2 項又は第 816 条の 7 第 2 項の規定による株式又は新株予約権（当該新株予約権が新株予約権付社債に付されたものである場合において、当該新株予約権付社債についての社債の買取りの請求があったときは、当該社債を含む。）の価格の決定 価格の決定の申立てをすることができる者（申立人を除く。）

3 第 144 条第 2 項（同条第 7 項において準用する場合を含む。）又は第 177 条第 2 項の規定による株式の売買価格の決定 売買価格の決定の申立てをすることができる者（申立人を除く。）

4 第 172 条第 1 項の規定による株式の価格の決定 当該株式会社

5 第 179 条の 8 第 1 項の規定による売渡株式等の売買価格の決定 特別支配株主

6 第 843 条第 4 項の申立てについての裁判 同項に規定する行為をした会社

> **第 870 条** 〔1 項 2 号中「、社債管理者又は社債管理補助者」は、令 1 法 70〈1 年 6 月内〉施行日前までは「又は社債管理者」。2 項 2 号中「、第 809 条第 2 項又は第 816 条の 7 第 2 項」は、令 1 法 70〈1 年 6 月内〉施行日前までは「又は第 809 条第 2 項」〕

1 年 6 月内

（申立書の写しの送付等）

第 870 条の 2 裁判所は、前条第 2 項各号に掲げる裁判の申立てがあったときは、当該各号に定める者に対し、申立書の写しを送付しなければならない。

② 前項の規定により申立書の写しを送付することができない場合には、裁判長は、相当の期間を定め、その期間内に不備を補正すべきことを命じなければならない。申立書の写しの送付に必要な費用を予納しない場合も、同様とする。

③ 前項の場合において、申立人が不備を補正しないときは、裁判長は、命令で、申立書を却下しなければならない。

④ 前項の命令に対しては、即時抗告をすることができる。

⑤ 裁判所は、第 1 項の申立てがあった場合において、当該申立てについての裁判をするときは、相当の猶予期間を置いて、審理を終結する日を定め、申立人及び前条第 2 項各号に定める者に告知しなければならない。ただし、これらの者が立ち会うことができる期日においては、直ちに審理を終結する旨を宣言することができる。

⑥ 裁判所は、前項の規定により審理を終結したときは、裁判をする日を定め、これを同項の者に告知しなければならない。

⑦ 裁判所は、第 1 項の申立てが不適法であるとき、又は申立てに理由がないことが明らかなときは、同項及び前 2 項の規定にかかわらず、直ちに申立てを却下することができる。

⑧ 前項の規定は、前条第 2 項各号に掲げる

裁判の申立てがあった裁判所が民事訴訟費用等に関する法律（昭和 46 年法律第 40 号）の規定に従い当該各号に定める者に対する期日の呼出しに必要な費用の予納を相当の期間を定めて申立人に命じた場合において、その予納がないときについて準用する。

（理由の付記）

第 871 条 この法律の規定による非訟事件についての裁判には、理由を付さなければならない。ただし、次に掲げる裁判については、この限りでない。

1 第 870 条第 1 項第 1 号に掲げる裁判

2 第 874 条各号に掲げる裁判

（即時抗告）

第 872 条 次の各号に掲げる裁判に対しては、当該各号に定める者に限り、即時抗告をすることができる。

1 第 609 条第 3 項又は第 825 条第 1 項（第 827 条第 2 項において準用する場合を含む。）の規定による保全処分についての裁判 利害関係人

2 第 840 条第 2 項（第 841 条第 2 項において準用する場合を含む。）の規定による申立てについての裁判 申立人、株主及び株式会社

3 第 842 条第 2 項において準用する第 840 条第 2 項の規定による申立てについての裁判 申立人、新株予約権者及び株式会社

4 第 870 条第 1 項各号に掲げる裁判 申立人及び当該各号に定める者（同項第 1 号、第 3 号及び第 4 号に掲げる裁判にあっては、当該各号に定める者）

5 第 870 条第 2 項各号に掲げる裁判 申立人及び当該各号に定める者

（抗告状の写しの送付等）

第 872 条の 2 裁判所は、第 870 条第 2 項各号に掲げる裁判に対する即時抗告があったときは、申立人及び当該各号に定める者（抗告人を除く。）に対し、抗告状の写しを送付しなければならない。この場合において

は、第 870 条の 2 第 2 項及び第 3 項の規定を準用する。

② 第 870 条の 2 第 5 項から第 8 項までの規定は、前項の即時抗告があった場合について準用する。

（原裁判の執行停止）

第 873 条 第 872 条の即時抗告は、執行停止の効力を有する。ただし、第 870 条第 1 項第 1 号から第 4 号まで及び第 8 号に掲げる裁判に対するものについては、この限りでない。

（不服申立ての制限）

第 874 条 次に掲げる裁判に対しては、不服を申し立てることができない。

1 第 870 条第 1 項第 1 号に規定する一時取締役、会計参与、監査役、代表取締役、委員、執行役若しくは代表執行役の職務を行うべき者、清算人、代表清算人、清算持分会社を代表する清算人、同号に規定する一時清算人若しくは代表清算人の職務を行うべき者、検査役、第 501 条第 1 項（第 822 条第 3 項において準用する場合を含む。）若しくは第 662 条第 1 項の鑑定人、第 508 条第 2 項（第 822 条第 3 項において準用する場合を含む。）若しくは第 672 条第 3 項の帳簿資料の保存をする者、社債管理者若しくは社債管理補助者の特別代理人又は第 714 条第 3 項（第 714 条の 7 において準用する場合を含む。）の事務を承継する社債管理者若しくは社債管理補助者の選任又は選定の裁判

2 第 825 条第 2 項（第 827 条第 2 項において準用する場合を含む。）の管理人の選任又は解任についての裁判

3 第 825 条第 6 項（第 827 条第 2 項において準用する場合を含む。）の規定による裁判

4 この法律の規定による許可の申立てを認容する裁判（第 870 条第 1 項第 9 号及び第 2 項第 1 号に掲げる裁判を除く。）

第 874 条 〔1 号中「社債管理者若しくは社債管理補助者」「第 714 条第 3 項（第 714 条の 7 にお

• 324 •

いて準用する場合を含む。）」は、施行日前までは
それぞれ「社債管理者」「第 714 条第 3 項」

1年6月内

（非訟事件手続法の規定の適用除外）
第875条 この法律の規定による非訟事件に
ついては、非訟事件手続法第 40 条及び第
57 条第 2 項第 2 号の規定は、適用しない。

（最高裁判所規則）
第876条 この法律に定めるもののほか、こ
の法律の規定による非訟事件の手続に関し
必要な事項は、最高裁判所規則で定める。

第2節　新株発行の無効判決後の払戻金増減の手続に関する特則

（審問等の必要的併合）
第877条 第 840 条第 2 項（第 841 条第 2 項及
び第 842 条第 2 項において準用する場合を含む。）
の申立てに係る事件が数個同時に係属する
ときは、審問及び裁判は、併合してしなけ
ればならない。

（裁判の効力）
第878条 第 840 条第 2 項（第 841 条第 2 項に
おいて準用する場合を含む。）の申立てについ
ての裁判は、総株主に対してその効力を生
ずる。
② 第 842 条第 2 項において準用する第 840
条第 2 項の申立てについての裁判は、総新
株予約権者に対してその効力を生ずる。

第3節　特別清算の手続に関する特則

第1款　通則

（特別清算事件の管轄）
第879条 第 868 条第 1 項の規定にかかわら
ず、法人が株式会社の総株主（株主総会にお
いて決議をすることができる事項の全部につき議
決権を行使することができない株主を除く。次項
において同じ。）の議決権の過半数を有する
場合には、当該法人（以下この条において「親
法人」という。）について特別清算事件、破

産事件、再生事件又は更生事件（以下この条
において「特別清算事件等」という。）が係属し
ているときにおける当該株式会社について
の特別清算開始の申立ては、親法人の特別
清算事件等が係属している地方裁判所にも
することができる。
② 前項に規定する株式会社又は親法人及び
同項に規定する株式会社が他の株式会社の
総株主の議決権の過半数を有する場合には、
当該他の株式会社についての特別清算開始
の申立ては、親法人の特別清算事件等が係
属している地方裁判所にもすることができ
る。
③ 前2項の規定の適用については、第 308
条第 1 項の法務省令で定める株主は、その
有する株式について、議決権を有するもの
とみなす。
④ 第 868 条第 1 項の規定にかかわらず、株
式会社が最終事業年度について第 444 条の
規定により当該株式会社及び他の株式会社
に係る連結計算書類を作成し、かつ、当該
株式会社の定時株主総会においてその内容
が報告された場合には、当該株式会社につ
いて特別清算事件等が係属しているときに
おける当該他の株式会社についての特別清
算開始の申立ては、当該株式会社の特別清
算事件等が係属している地方裁判所にもす
ることができる。

**（特別清算開始後の通常清算事件の管轄及び
移送）**
第880条 第 868 条第 1 項の規定にかかわら
ず、清算株式会社について特別清算開始の
命令があったときは、当該清算株式会社に
ついての第 2 編第 9 章第 1 節（第 508 条を除
く。）の規定による申立てに係る事件（次項
において「通常清算事件」という。）は、当該清
算株式会社の特別清算事件が係属する地方
裁判所（以下この節において「特別清算裁判所」
という。）が管轄する。
② 通常清算事件が係属する地方裁判所以外
の地方裁判所に同一の清算株式会社につい

て特別清算事件が係属し、かつ、特別清算開始の命令があった場合において、当該通常清算事件を処理するために相当と認めるときは、裁判所（通常清算事件を取り扱う1人の裁判官又は裁判官の合議体をいう。）は、職権で、当該通常清算事件を特別清算裁判所に移送することができる。

（疎明）

第881条 第2編第9章第2節（第547条第3項を除く。）の規定による許可の申立てについては、第869条の規定は、適用しない。

（理由の付記）

第882条 特別清算の手続に関する決定で即時抗告をすることができるものには、理由を付さなければならない。ただし、第526条第1項（同条第2項において準用する場合を含む。）及び第532条第1項（第534条において準用する場合を含む。）の規定による決定については、この限りでない。

② 特別清算の手続に関する決定については、第871条の規定は、適用しない。

（裁判書の送達）

第883条 この節の規定による裁判書の送達については、民事訴訟法第1編第5章第4節（第104条を除く。）の規定を準用する。

（不服申立て）

第884条 特別清算の手続に関する裁判につき利害関係を有する者は、この節に特別の定めがある場合に限り、当該裁判に対し即時抗告をすることができる。

② 前項の即時抗告は、この節に特別の定めがある場合を除き、執行停止の効力を有する。

（公告）

第885条 この節の規定による公告は、官報に掲載してする。

② 前項の公告は、掲載があった日の翌日に、その効力を生ずる。

（事件に関する文書の閲覧等）

第886条 利害関係人は、裁判所書記官に対し、第2編第9章第2節若しくはこの節又は非訟事件手続法第2編（特別清算開始の命令があった場合にあっては、同章第1節若しくは第2節若しくは第1節（同章第1節の規定による申立てに係る事件に係る部分に限る。）若しくはこの節又は非訟事件手続法第2編）の規定（これらの規定において準用するこの法律その他の法律の規定を含む。）に基づき、裁判所に提出され、又は裁判所が作成した文書その他の物件（以下この条及び次条第1項において「文書等」という。）の閲覧を請求することができる。

② 利害関係人は、裁判所書記官に対し、文書等の謄写、その正本、謄本若しくは抄本の交付又は事件に関する事項の証明書の交付を請求することができる。

③ 前項の規定は、文書等のうち録音テープ又はビデオテープ（これらに準ずる方法により一定の事項を記録した物を含む。）に関しては、適用しない。この場合において、これらの物について利害関係人の請求があるときは、裁判所書記官は、その複製を許さなければならない。

④ 前3項の規定にかかわらず、次の各号に掲げる者は、当該各号に定める命令、保全処分、処分又は裁判のいずれかがあるまでの間は、前3項の規定による請求をすることができない。ただし、当該者が特別清算開始の申立人である場合は、この限りでない。

1 清算株式会社以外の利害関係人 第512条の規定による中止の命令、第540条第2項の規定による保全処分、第541条第2項の規定による処分又は特別清算開始の申立てについての裁判

2 清算株式会社 特別清算開始の申立てに関する清算株式会社を呼び出す審問の期日の指定の裁判又は前号に定める命令、保全処分、処分若しくは裁判

⑤ 非訟事件手続法第32条第1項から第4項までの規定は、特別清算の手続には、適用しない。

（支障部分の閲覧等の制限）

第887条 次に掲げる文書等について、利害関係人がその閲覧若しくは謄写、その正本、謄本若しくは抄本の交付又はその複製（以下この条において「閲覧等」という。）を行うことにより、清算株式会社の清算の遂行に著しい支障を生ずるおそれがある部分（以下この条において「支障部分」という。）があることにつき疎明があった場合には、裁判所は、当該文書等を提出した清算株式会社又は調査委員の申立てにより、支障部分の閲覧等の請求をすることができる者を、当該申立てをした者及び清算株式会社に限ることができる。

1 第520条の規定による報告又は第522条第1項に規定する調査の結果の報告に係る文書等

2 第535条第1項又は第536条第1項の許可を得るために裁判所に提出された文書等

② 前項の申立てがあったときは、その申立てについての裁判が確定するまで、利害関係人（同項の申立てをした者及び清算株式会社を除く。次項において同じ。）は、支障部分の閲覧等の請求をすることができない。

③ 支障部分の閲覧等の請求をしようとする利害関係人は、特別清算裁判所に対し、第1項に規定する要件を欠くこと又はこれを欠くに至ったことを理由として、同項の規定による決定の取消しの申立てをすることができる。

④ 第1項の申立てを却下する決定及び前項の申立てについての裁判に対しては、即時抗告をすることができる。

⑤ 第1項の規定による決定を取り消す決定は、確定しなければその効力を生じない。

第2款　特別清算の開始の手続に関する特則

（特別清算開始の申立て）

第888条 債権者又は株主が特別清算開始の申立てをするときは、特別清算開始の原因となる事由を疎明しなければならない。

② 債権者が特別清算開始の申立てをするときは、その有する債権の存在をも疎明しなければならない。

③ 特別清算開始の申立てをするときは、申立人は、第514条第1号に規定する特別清算の手続の費用として裁判所の定める金額を予納しなければならない。

④ 前項の費用の予納に関する決定に対しては、即時抗告をすることができる。

（他の手続の中止命令）

第889条 裁判所は、第512条の規定による中止の命令を変更し、又は取り消すことができる。

② 前項の中止の命令及び同項の規定による決定に対しては、即時抗告をすることができる。

③ 前項の即時抗告は、執行停止の効力を有しない。

④ 第2項に規定する裁判及び同項の即時抗告についての裁判があった場合には、その裁判書を当事者に送達しなければならない。

（特別清算開始の命令）

第890条 裁判所は、特別清算開始の命令をしたときは、直ちに、その旨を公告し、かつ、特別清算開始の命令の裁判書を清算株式会社に送達しなければならない。

② 特別清算開始の命令は、清算株式会社に対する裁判書の送達がされた時から、効力を生ずる。

③ 特別清算開始の命令があったときは、特別清算の手続の費用は、清算株式会社の負担とする。

④ 特別清算開始の命令に対しては、清算株式会社に限り、即時抗告をすることができる。

⑤ 特別清算開始の申立てを却下した裁判に対しては、申立人に限り、即時抗告をすることができる。

⑥ 特別清算開始の命令をした裁判所は、第

4項の即時抗告があった場合において、当該命令を取り消す決定が確定したときは、直ちに、その旨を公告しなければならない。

（担保権の実行の手続等の中止命令）

第891条 裁判所は、第516条の規定による中止の命令を発する場合には、同条に規定する担保権の実行の手続等の申立人の陳述を聴かなければならない。

② 裁判所は、前項の中止の命令を変更し、又は取り消すことができる。

③ 第1項の中止の命令及び前項の規定による変更の決定に対しては、第1項の申立人に限り、即時抗告をすることができる。

④ 前項の即時抗告は、執行停止の効力を有しない。

⑤ 第3項に規定する裁判及び同項の即時抗告についての裁判があった場合には、その裁判書を当事者に送達しなければならない。

第3款　特別清算の実行の手続に関する特則

（調査命令）

第892条 裁判所は、調査命令（第522条第1項に規定する調査命令をいう。次項において同じ。）を変更し、又は取り消すことができる。

② 調査命令及び前項の規定による決定に対しては、即時抗告をすることができる。

③ 前項の即時抗告は、執行停止の効力を有しない。

④ 第2項に規定する裁判及び同項の即時抗告についての裁判があった場合には、その裁判書を当事者に送達しなければならない。

（清算人の解任及び報酬等）

第893条 裁判所は、第524条第1項の規定により清算人を解任する場合には、当該清算人の陳述を聴かなければならない。

② 第524条第1項の規定による解任の裁判に対しては、即時抗告をすることができる。

③ 前項の即時抗告は、執行停止の効力を有しない。

④ 第526条第1項（同条第2項において準用する場合を含む。）の規定による決定に対しては、即時抗告をすることができる。

（監督委員の解任及び報酬等）

第894条 裁判所は、監督委員を解任する場合には、当該監督委員の陳述を聴かなければならない。

② 第532条第1項の規定による決定に対しては、即時抗告をすることができる。

（調査委員の解任及び報酬等）

第895条 前条の規定は、調査委員について準用する。

（事業の譲渡の許可の申立て）

第896条 清算人は、第536条第1項の許可の申立てをする場合には、知れている債権者の意見を聴き、その内容を裁判所に報告しなければならない。

② 裁判所は、第536条第1項の許可をする場合には、労働組合等（清算株式会社の使用人その他の従業者の過半数で組織する労働組合があるときはその労働組合、清算株式会社の使用人その他の従業者の過半数で組織する労働組合がないときは清算株式会社の使用人その他の従業者の過半数を代表する者をいう。）の意見を聴かなければならない。

（担保権者が処分をすべき期間の指定）

第897条 第539条第1項の申立てについての裁判に対しては、即時抗告をすることができる。

② 前項の裁判及び同項の即時抗告についての裁判があった場合には、その裁判書を当事者に送達しなければならない。

（清算株式会社の財産に関する保全処分等）

第898条 裁判所は、次に掲げる裁判を変更し、又は取り消すことができる。

1 第540条第1項又は第2項の規定による保全処分

2 第541条第1項又は第2項の規定による処分

3 第542条第1項又は第2項の規定による保全処分

4 第 543 条の規定による処分

② 前項各号に掲げる裁判及び同項の規定による決定に対しては、即時抗告をすることができる。

③ 前項の即時抗告は、執行停止の効力を有しない。

④ 第 2 項に規定する裁判及び同項の即時抗告についての裁判があった場合には、その裁判書を当事者に送達しなければならない。

⑤ 裁判所は、第 1 項第 2 号に掲げる裁判をしたときは、直ちに、その旨を公告しなければならない。当該裁判を変更し、又は取り消す決定があったときも、同様とする。

(役員等責任査定決定)

第 899 条 清算株式会社は、第 545 条第 1 項の申立てをするときは、その原因となる事実を疎明しなければならない。

② 役員等責任査定決定（第 545 条第 1 項に規定する役員等責任査定決定をいう。以下この条において同じ。）及び前項の申立てを却下する決定には、理由を付さなければならない。

③ 裁判所は、前項に規定する裁判をする場合には、対象役員等（第 542 条第 1 項に規定する対象役員等をいう。）の陳述を聴かなければならない。

④ 役員等責任査定決定があった場合には、その裁判書を当事者に送達しなければならない。

⑤ 第 858 条第 1 項の訴えが、同項の期間内に提起されなかったとき、又は却下されたときは、役員等責任査定決定は、給付を命ずる確定判決と同一の効力を有する。

(債権者集会の招集の許可の申立てについての裁判)

第 900 条 第 547 条第 3 項の許可の申立てを却下する決定に対しては、即時抗告をすることができる。

(協定の認可又は不認可の決定)

第 901 条 利害関係人は、第 568 条の申立てに係る協定を認可すべきかどうかについて、意見を述べることができる。

② 共助対象外国租税の請求権について、協定において減免その他権利に影響を及ぼす定めをする場合には、徴収の権限を有する者の意見を聴かなければならない。

③ 第 569 条第 1 項の協定の認可の決定をしたときは、裁判所は、直ちに、その旨を公告しなければならない。

④ 第 568 条の申立てについての裁判に対しては、即時抗告をすることができる。この場合において、前項の協定の認可の決定に対する即時抗告の期間は、同項の規定による公告が効力を生じた日から起算して 2 週間とする。

⑤ 前各項の規定は、第 572 条の規定により協定の内容を変更する場合について準用する。

第 4 款 特別清算の終了の手続に関する特則

(特別清算終結の申立てについての裁判)

第 902 条 特別清算終結の決定をしたときは、裁判所は、直ちに、その旨を公告しなければならない。

② 特別清算終結の申立てについての裁判に対しては、即時抗告をすることができる。この場合において、特別清算終結の決定に対する即時抗告の期間は、前項の規定による公告が効力を生じた日から起算して 2 週間とする。

③ 特別清算終結の決定は、確定しなければその効力を生じない。

④ 特別清算終結の決定をした裁判所は、第 2 項の即時抗告があった場合において、当該決定を取り消す決定が確定したときは、直ちに、その旨を公告しなければならない。

第 4 節 外国会社の清算の手続に関する特則

(特別清算の手続に関する規定の準用)

第 903 条 前節の規定は、その性質上許されないものを除き、第 822 条第 1 項の規定に

よる日本にある外国会社の財産についての
清算について準用する。

第5節 会社の解散命令等の手続に関する特則

(法務大臣の関与)

第904条 裁判所は、第824条第1項又は第827条第1項の申立てについての裁判をする場合には、法務大臣に対し、意見を求めなければならない。

② 法務大臣は、裁判所が前項の申立てに係る事件について審問をするときは、当該審問に立ち会うことができる。

③ 裁判所は、法務大臣に対し、第1項の申立てに係る事件が係属したこと及び前項の審問の期日を通知しなければならない。

④ 第1項の申立てを却下する裁判に対しては、第872条第4号に定める者のほか、法務大臣も、即時抗告をすることができる。

(会社の財産に関する保全処分についての特則)

第905条 裁判所が第825条第1項（第827条第2項において準用する場合を含む。）の保全処分をした場合には、非訟事件の手続の費用は、会社又は外国会社の負担とする。当該保全処分について必要な費用も、同様とする。

② 前項の保全処分又は第825条第1項（第827条第2項において準用する場合を含む。）の規定による申立てを却下する裁判に対して即時抗告があった場合において、抗告裁判所が当該即時抗告を理由があると認めて原裁判を取り消したときは、その抗告審における手続に要する裁判費用及び抗告人が負担した前審における手続に要する裁判費用は、会社又は外国会社の負担とする。

第906条 利害関係人は、裁判所書記官に対し、第825条第6項（第827条第2項において準用する場合を含む。）の報告又は計算に関する資料の閲覧を請求することができる。

② 利害関係人は、裁判所書記官に対し、前

項の資料の謄写又はその正本、謄本若しくは抄本の交付を請求することができる。

③ 前項の規定は、第1項の資料のうち録音テープ又はビデオテープ（これらに準ずる方法により一定の事項を記録した物を含む。）に関しては、適用しない。この場合において、これらの物について利害関係人の請求があるときは、裁判所書記官は、その複製を許さなければならない。

④ 法務大臣は、裁判所書記官に対し、第1項の資料の閲覧を請求することができる。

⑤ 民事訴訟法第91条第5項の規定は、第1項の資料について準用する。

第4章 登記

第1節 総則

(通則)

第907条 この法律の規定により登記すべき事項（第938条第3項の保全処分の登記に係る事項を除く。）は、当事者の申請又は裁判所書記官の嘱託により、商業登記法（昭和38年法律第125号）の定めるところに従い、商業登記簿にこれを登記する。

(登記の効力)

第908条 この法律の規定により登記すべき事項は、登記の後でなければ、これをもって善意の第三者に対抗することができない。登記の後であっても、第三者が正当な事由によってその登記があることを知らなかったときは、同様とする。

② 故意又は過失によって不実の事項を登記した者は、その事項が不実であることをもって善意の第三者に対抗することができない。

(変更の登記及び消滅の登記)

第909条 この法律の規定により登記した事項に変更が生じ、又はその事項が消滅したときは、当事者は、遅滞なく、変更の登記又は消滅の登記をしなければならない。

（登記の期間）

第910条 この法律の規定により登記すべき事項のうち官庁の許可を要するものの登記の期間については、その許可書の到達した日から起算する。

第2節　会社の登記

★第1款　本店の所在地における登記

3年6月内

（株式会社の設立の登記）

第911条 株式会社の設立の登記は、その本店の所在地において、次に掲げる日のいずれか遅い日から2週間以内にしなければならない。

1 第46条第1項の規定による調査が終了した日（設立しようとする株式会社が指名委員会等設置会社である場合にあっては、設立時代表執行役が同条第3項の規定による通知を受けた日）

2 発起人が定めた日

② 前項の規定にかかわらず、第57条第1項の募集をする場合には、前項の登記は、次に掲げる日のいずれか遅い日から2週間以内にしなければならない。

1 創立総会の終結の日

2 第84条の種類創立総会の決議をしたときは、当該決議の日

3 第97条の創立総会の決議をしたときは、当該決議の日から2週間を経過した日

4 第100条第1項の種類創立総会の決議をしたときは、当該決議の日から2週間を経過した日

5 第101条第1項の種類創立総会の決議をしたときは、当該決議の日

③ 第1項の登記においては、次に掲げる事項を登記しなければならない。

1 目的

2 商号

3 本店及び支店の所在場所

4 株式会社の存続期間又は解散の事由についての定款の定めがあるときは、その定め

5 資本金の額

6 発行可能株式総数

7 発行する株式の内容（種類株式発行会社にあっては、発行可能種類株式総数及び発行する各種類の株式の内容）

8 単元株式数についての定款の定めがあるときは、その単元株式数

9 発行済株式の総数並びにその種類及び種類ごとの数

10 株券発行会社であるときは、その旨

11 株主名簿管理人を置いたときは、その氏名又は名称及び住所並びに営業所

12 新株予約権を発行したときは、次に掲げる事項

イ 新株予約権の数

ロ 第236条第1項第1号から第4号まで（ハに規定する場合にあっては、第2号を除く。）に掲げる事項

ハ 第236条第3項各号に掲げる事項を定めたときは、その定め

ニ ロ及びハに掲げる事項のほか、新株予約権の行使の条件を定めたときは、その条件

ホ 第236条第1項第7号及び第238条第1項第2号に掲げる事項

ヘ 第238条第1項第3号に掲げる事項を定めたときは、募集新株予約権（同項に規定する募集新株予約権をいう。以下ヘにおいて同じ。）の払込金額（同号に規定する払込金額をいう。以下ヘにおいて同じ。）（同号に掲げる事項として募集新株予約権の払込金額の算定方法を定めた場合において、登記の申請の時までに募集新株予約権の払込金額が確定していないときは、当該算定方法）

12の2 第325条の2の規定による電子提供措置をとる旨の定款の定めがあるときは、その定め

13 取締役（監査等委員会設置会社の取締役を

第7編 雑則

• 331 •

除く。）の氏名

14 代表取締役の氏名及び住所（第23号に規定する場合を除く。）

15 取締役会設置会社であるときは、その旨

16 会計参与設置会社であるときは、その旨並びに会計参与の氏名又は名称及び第378条第1項の場所

17 監査役設置会社（監査役の監査の範囲を会計に関するものに限定する旨の定款の定めがある株式会社を含む。）であるときは、その旨及び次に掲げる事項

  イ 監査役の監査の範囲を会計に関するものに限定する旨の定款の定めがある株式会社であるときは、その旨

  ロ 監査役の氏名

18 監査役会設置会社であるときは、その旨及び監査役のうち社外監査役であるものについて社外監査役である旨

19 会計監査人設置会社であるときは、その旨及び会計監査人の氏名又は名称

20 第346条第4項の規定により選任された一時会計監査人の職務を行うべき者を置いたときは、その氏名又は名称

21 第373条第1項の規定による特別取締役による議決の定めがあるときは、次に掲げる事項

  イ 第373条第1項の規定による特別取締役による議決の定めがある旨

  ロ 特別取締役の氏名

  ハ 取締役のうち社外取締役であるものについて、社外取締役である旨

22 監査等委員会設置会社であるときは、その旨及び次に掲げる事項

  イ 監査等委員である取締役及びそれ以外の取締役の氏名

  ロ 取締役のうち社外取締役であるものについて、社外取締役である旨

  ハ 第399条の13第6項の規定による重要な業務執行の決定の取締役への委任についての定款の定めがあるときは、

その旨

23 指名委員会等設置会社であるときは、その旨及び次に掲げる事項

  イ 取締役のうち社外取締役であるものについて、社外取締役である旨

  ロ 各委員会の委員及び執行役の氏名

  ハ 代表執行役の氏名及び住所

24 第426条第1項の規定による取締役、会計参与、監査役、執行役又は会計監査人の責任の免除についての定款の定めがあるときは、その定め

25 第427条第1項の規定による非業務執行取締役等が負う責任の限度に関する契約の締結についての定款の定めがあるときは、その定め

26 第440条第3項の規定による措置をとることとするときは、同条第1項に規定する貸借対照表の内容である情報について不特定多数の者がその提供を受けるために必要な事項であって法務省令で定めるもの

27 第939条第1項の規定による公告方法についての定款の定めがあるときは、その定め

28 前号の定款の定めが電子公告を公告方法とする旨のものであるときは、次に掲げる事項

  イ 電子公告により公告すべき内容である情報について不特定多数の者がその提供を受けるために必要な事項であって法務省令で定めるもの

  ロ 第939条第3項後段の規定による定款の定めがあるときは、その定め

29 第27号の定款の定めがないときは、第939条第4項の規定により官報に掲載する方法を公告方法とする旨

第911条 〔同〕

② 〔同〕

③ 〔同〕

  1から11まで 〔同〕

  12 〔同〕

イ 〔同〕

ロ 第 236 条第 1 項第 1 号から第 4 号までに掲げる事項

ハ 〔新設規定〕

ハ ロに掲げる事項のほか、新株予約権の行使の条件を定めたときは、その条件〔二に繰下げ〕

二 第 236 条第 1 項第 7 号並びに第 238 条第 1 項第 2 号及び第 3 号に掲げる事項〔ホに繰下げ〕

ヘ 〔新設規定〕

12の 2 〔新設規定〕

13から 29 まで 〔同〕

`3年6月内`

(合名会社の設立の登記)

第 912 条 合名会社の設立の登記は、その本店の所在地において、次に掲げる事項を登記してしなければならない。

1 目的

2 商号

3 本店及び支店の所在場所

4 合名会社の存続期間又は解散の事由についての定款の定めがあるときは、その定め

5 社員の氏名又は名称及び住所

6 合名会社を代表する社員の氏名又は名称（合名会社を代表しない社員がある場合に限る。）

7 合名会社を代表する社員が法人であるときは、当該社員の職務を行うべき者の氏名及び住所

8 第 939 条第 1 項の規定による公告方法についての定款の定めがあるときは、その定め

9 前号の定款の定めが電子公告を公告方法とする旨のものであるときは、次に掲げる事項

イ 電子公告により公告すべき内容である情報について不特定多数の者がその提供を受けるために必要な事項であって法務省令で定めるもの

ロ 第 939 条第 3 項後段の規定による定款の定めがあるときは、その定め

10 第 8 号の定款の定めがないときは、第 939 条第 4 項の規定により官報に掲載する方法を公告方法とする旨

(合資会社の設立の登記)

第 913 条 合資会社の設立の登記は、その本店の所在地において、次に掲げる事項を登記してしなければならない。

1 目的

2 商号

3 本店及び支店の所在場所

4 合資会社の存続期間又は解散の事由についての定款の定めがあるときは、その定め

5 社員の氏名又は名称及び住所

6 社員が有限責任社員又は無限責任社員のいずれであるかの別

7 有限責任社員の出資の目的及びその価額並びに既に履行した出資の価額

8 合資会社を代表する社員の氏名又は名称（合資会社を代表しない社員がある場合に限る。）

9 合資会社を代表する社員が法人であるときは、当該社員の職務を行うべき者の氏名及び住所

10 第 939 条第 1 項の規定による公告方法についての定款の定めがあるときは、その定め

11 前号の定款の定めが電子公告を公告方法とする旨のものであるときは、次に掲げる事項

イ 電子公告により公告すべき内容である情報について不特定多数の者がその提供を受けるために必要な事項であって法務省令で定めるもの

ロ 第 939 条第 3 項後段の規定による定款の定めがあるときは、その定め

12 第 10 号の定款の定めがないときは、第 939 条第 4 項の規定により官報に掲載する方法を公告方法とする旨

第 7 編 雑則

（合同会社の設立の登記）

第914条 合同会社の設立の登記は、その本店の所在地において、次に掲げる事項を登記してしなければならない。

1　目的
2　商号
3　本店及び支店の所在場所
4　合同会社の存続期間又は解散の事由についての定款の定めがあるときは、その定め
5　資本金の額
6　合同会社の業務を執行する社員の氏名又は名称
7　合同会社を代表する社員の氏名又は名称及び住所
8　合同会社を代表する社員が法人であるときは、当該社員の職務を行うべき者の氏名及び住所
9　第939条第1項の規定による公告方法についての定款の定めがあるときは、その定め
10　前号の定款の定めが電子公告を公告方法とする旨のものであるときは、次に掲げる事項
　イ　電子公告により公告すべき内容である情報について不特定多数の者がその提供を受けるために必要な事項であって法務省令で定めるもの
　ロ　第939条第3項後段の規定による定款の定めがあるときは、その定め
11　第9号の定款の定めがないときは、第939条第4項の規定により官報に掲載する方法を公告方法とする旨

（変更の登記）

第915条 会社において第911条第3項各号又は前3条各号に掲げる事項に変更が生じたときは、2週間以内に、その本店の所在地において、変更の登記をしなければならない。

②　前項の規定にかかわらず、第199条第1項第4号の期間を定めた場合における株式の発行による変更の登記は、当該期間の末日現在により、当該末日から2週間以内にすれば足りる。

③　第1項の規定にかかわらず、次に掲げる事由による変更の登記は、毎月末日現在により、当該末日から2週間以内にすれば足りる。

1　新株予約権の行使
2　第166条第1項の規定による請求（株式の内容として第107条第2項第2号ハ若しくは二又は第108条第2項第5号ロに掲げる事項についての定めがある場合に限る。）

（他の登記所の管轄区域内への本店の移転の登記）

第916条 会社がその本店を他の登記所の管轄区域内に移転したときは、2週間以内に、旧所在地においては移転の登記をし、新所在地においては次の各号に掲げる会社の区分に応じ当該各号に定める事項を登記しなければならない。

1　株式会社　第911条第3項各号に掲げる事項
2　合名会社　第912条各号に掲げる事項
3　合資会社　第913条各号に掲げる事項
4　合同会社　第914条各号に掲げる事項

（職務執行停止の仮処分等の登記）

第917条 次の各号に掲げる会社の区分に応じ、当該各号に定める者の職務の執行を停止し、若しくはその職務を代行する者を選任する仮処分命令又はその仮処分命令を変更し、若しくは取り消す決定がされたときは、その本店の所在地において、その登記をしなければならない。

1　株式会社　取締役（監査等委員会設置会社にあっては、監査等委員である取締役又はそれ以外の取締役）、会計参与、監査役、代表取締役、委員（指名委員会、監査委員会又は報酬委員会の委員をいう。）、執行役又は代表執行役
2　合名会社　社員
3　合資会社　社員

第7編　雑則

4　合同会社　業務を執行する社員

（支配人の登記）

第918条　会社が支配人を選任し、又はその代理権が消滅したときは、その本店の所在地において、その登記をしなければならない。

（持分会社の種類の変更の登記）

第919条　持分会社が第638条の規定により他の種類の持分会社となったときは、同条に規定する定款の変更の効力が生じた日から2週間以内に、その本店の所在地において、種類の変更前の持分会社については解散の登記をし、種類の変更後の持分会社については設立の登記をしなければならない。

（組織変更の登記）

第920条　会社が組織変更をしたときは、その効力が生じた日から2週間以内に、その本店の所在地において、組織変更前の会社については解散の登記をし、組織変更後の会社については設立の登記をしなければならない。

（吸収合併の登記）

第921条　会社が吸収合併をしたときは、その効力が生じた日から2週間以内に、その本店の所在地において、吸収合併により消滅する会社については解散の登記をし、吸収合併後存続する会社については変更の登記をしなければならない。

（新設合併の登記）

第922条　2以上の会社が新設合併をする場合において、新設合併により設立する会社が株式会社であるときは、次の各号に掲げる場合の区分に応じ、当該各号に定める日から2週間以内に、その本店の所在地において、新設合併により消滅する会社については解散の登記をし、新設合併により設立する会社については設立の登記をしなければならない。

1　新設合併により消滅する会社が株式会社のみである場合　次に掲げる日のいずれか遅い日

イ　第804条第1項の株主総会の決議の日

ロ　新設合併をするために種類株主総会の決議を要するときは、当該決議の日

ハ　第806条第3項の規定による通知又は同条第4項の公告をした日から20日を経過した日

ニ　新設合併により消滅する会社が新株予約権を発行しているときは、第808条第3項の規定による通知又は同条第4項の公告をした日から20日を経過した日

ホ　第810条の規定による手続が終了した日

ヘ　新設合併により消滅する会社が合意により定めた日

2　新設合併により消滅する会社が持分会社のみである場合　次に掲げる日のいずれか遅い日

イ　第813条第1項の総社員の同意を得た日（同項ただし書に規定する場合にあっては、定款の定めによる手続を終了した日）

ロ　第813条第2項において準用する第810条の規定による手続が終了した日

ハ　新設合併により消滅する会社が合意により定めた日

3　新設合併により消滅する会社が株式会社及び持分会社である場合　前2号に定める日のいずれか遅い日

②　2以上の会社が新設合併をする場合において、新設合併により設立する会社が持分会社であるときは、次の各号に掲げる場合の区分に応じ、当該各号に定める日から2週間以内に、その本店の所在地において、新設合併により消滅する会社については解散の登記をし、新設合併により設立する会社については設立の登記をしなければならない。

1　新設合併により消滅する会社が株式会社のみである場合　次に掲げる日のいずれか遅い日

イ　第 804 条第 2 項の総株主の同意を得た日

ロ　新設合併により消滅する会社が新株予約権を発行しているときは、第 808 条第 3 項の規定による通知又は同条第 4 項の公告をした日から 20 日を経過した日

ハ　第 810 条の規定による手続が終了した日

ニ　新設合併により消滅する会社が合意により定めた日

2　新設合併により消滅する会社が持分会社のみである場合　次に掲げる日のいずれか遅い日

イ　第 813 条第 1 項の総社員の同意を得た日（同項ただし書に規定する場合にあっては、定款の定めによる手続を終了した日）

ロ　第 813 条第 2 項において準用する第 810 条の規定による手続が終了した日

ハ　新設合併により消滅する会社が合意により定めた日

3　新設合併により消滅する会社が株式会社及び持分会社である場合　前 2 号に定める日のいずれか遅い日

（吸収分割の登記）

第 923 条　会社が吸収分割をしたときは、その効力が生じた日から 2 週間以内に、その本店の所在地において、吸収分割をする会社及び当該会社がその事業に関して有する権利義務の全部又は一部を当該会社から承継する会社についての変更の登記をしなければならない。

（新設分割の登記）

第 924 条　1 又は 2 以上の株式会社又は合同会社が新設分割をする場合において、新設分割により設立する会社が株式会社であるときは、次の各号に掲げる場合の区分に応じ、当該各号に定める日から 2 週間以内に、その本店の所在地において、新設分割をする会社については変更の登記をし、新設分割により設立する会社については設立の登

記をしなければならない。

1　新設分割をする会社が株式会社のみである場合　次に掲げる日のいずれか遅い日

イ　第 805 条に規定する場合以外の場合には、第 804 条第 1 項の株主総会の決議の日

ロ　新設分割をするために種類株主総会の決議を要するときは、当該決議の日

ハ　第 805 条に規定する場合以外の場合には、第 806 条第 3 項の規定による通知又は同条第 4 項の公告をした日から 20 日を経過した日

ニ　第 808 条第 3 項の規定による通知を受けるべき新株予約権者があるときは、同項の規定による通知又は同条第 4 項の公告をした日から 20 日を経過した日

ホ　第 810 条の規定による手続をしなければならないときは、当該手続が終了した日

ヘ　新設分割をする株式会社が定めた日（2 以上の株式会社が共同して新設分割をする場合にあっては、当該 2 以上の新設分割をする株式会社が合意により定めた日）

2　新設分割をする会社が合同会社のみである場合　次に掲げる日のいずれか遅い日

イ　第 813 条第 1 項の総社員の同意を得た日（同項ただし書の場合にあっては、定款の定めによる手続を終了した日）

ロ　第 813 条第 2 項において準用する第 810 条の規定による手続をしなければならないときは、当該手続が終了した日

ハ　新設分割をする合同会社が定めた日（2 以上の合同会社が共同して新設分割をする場合にあっては、当該 2 以上の新設分割をする合同会社が合意により定めた日）

3　新設分割をする会社が株式会社及び合同会社である場合　前 2 号に定める日の

いずれか遅い日

② 　1又は2以上の株式会社又は合同会社が新設分割をする場合において、新設分割により設立する会社が持分会社であるときは、次の各号に掲げる場合の区分に応じ、当該各号に定める日から2週間以内に、その本店の所在地において、新設分割をする会社については変更の登記をし、新設分割により設立する会社については設立の登記をしなければならない。

1　新設分割をする会社が株式会社のみである場合　次に掲げる日のいずれか遅い日

イ　第805条に規定する場合以外の場合には、第804条第1項の株主総会の決議の日

ロ　新設分割をするために種類株主総会の決議を要するときは、当該決議の日

ハ　第805条に規定する場合以外の場合には、第806条第3項の規定による通知又は同条第4項の公告をした日から20日を経過した日

ニ　第810条の規定による手続をしなければならないときは、当該手続が終了した日

ホ　新設分割をする株式会社が定めた日（2以上の株式会社が共同して新設分割をする場合にあっては、当該2以上の新設分割をする株式会社が合意により定めた日）

2　新設分割をする会社が合同会社のみである場合　次に掲げる日のいずれか遅い日

イ　第813条第1項の総社員の同意を得た日（同項ただし書の場合にあっては、定款の定めによる手続を終了した日）

ロ　第813条第2項において準用する第810条の規定による手続をしなければならないときは、当該手続が終了した日

ハ　新設分割をする合同会社が定めた日（2以上の合同会社が共同して新設分割をする

場合にあっては、当該2以上の新設分割をする合同会社が合意により定めた日）

3　新設分割をする会社が株式会社及び合同会社である場合　前2号に定める日のいずれか遅い日

（株式移転の登記）

第 925 条　1又は2以上の株式会社が株式移転をする場合には、次に掲げる日のいずれか遅い日から2週間以内に、株式移転により設立する株式会社について、その本店の所在地において、設立の登記をしなければならない。

1　第804条第1項の株主総会の決議の日

2　株式移転をするために種類株主総会の決議を要するときは、当該決議の日

3　第806条第3項の規定による通知又は同条第4項の公告をした日から20日を経過した日

4　第808条第3項の規定による通知を受けるべき新株予約権者があるときは、同項の規定による通知をした日又は同条第4項の公告をした日から20日を経過した日

5　第810条の規定による手続をしなければならないときは、当該手続が終了した日

6　株式移転をする株式会社が定めた日（2以上の株式会社が共同して株式移転をする場合にあっては、当該2以上の株式移転をする株式会社が合意により定めた日）

（解散の登記）

第 926 条　第471条第1号から第3号まで又は第641条第1号から第4号までの規定により会社が解散したときは、2週間以内に、その本店の所在地において、解散の登記をしなければならない。

（継続の登記）

第 927 条　第473条、第642条第1項又は第845条の規定により会社が継続したときは、2週間以内に、その本店の所在地において、継続の登記をしなければならない。

（清算人の登記）

第928条 第478条第1項第1号に掲げる者が清算株式会社の清算人となったときは、解散の日から2週間以内に、その本店の所在地において、次に掲げる事項を登記しなければならない。

1 清算人の氏名
2 代表清算人の氏名及び住所
3 清算株式会社が清算人会設置会社であるときは、その旨

② 第647条第1項第1号に掲げる者が清算持分会社の清算人となったときは、解散の日から2週間以内に、その本店の所在地において、次に掲げる事項を登記しなければならない。

1 清算人の氏名又は名称及び住所
2 清算持分会社を代表する清算人の氏名又は名称（清算持分会社を代表しない清算人がある場合に限る。）
3 清算持分会社を代表する清算人が法人であるときは、清算人の職務を行うべき者の氏名及び住所

③ 清算人が選任されたときは、2週間以内に、その本店の所在地において、清算株式会社にあっては第1項各号に掲げる事項を、清算持分会社にあっては前項各号に掲げる事項を登記しなければならない。

④ 第915条第1項の規定は前3項の規定による登記について、第917条の規定は清算人、代表清算人又は清算持分会社を代表する清算人について、それぞれ準用する。

（清算結了の登記）

第929条 清算が結了したときは、次の各号に掲げる会社の区分に応じ、当該各号に定める日から2週間以内に、その本店の所在地において、清算結了の登記をしなければならない。

1 清算株式会社 第507条第3項の承認の日
2 清算持分会社（合名会社及び合資会社に限る。） 第667条第1項の承認の日（第

668条第1項の財産の処分の方法を定めた場合にあっては、その財産の処分を完了した日）
3 清算持分会社（合同会社に限る。） 第667条第1項の承認の日

★第2款 支店の所在地における登記

3年6月内

第930条から第932条まで 削除

（支店の所在地における登記）

第930条 次の各号に掲げる場合（当該各号に規定する支店が本店の所在地を管轄する登記所の管轄区域内にある場合を除く。）には、当該各号に定める期間内に、当該支店の所在地において、支店の所在地における登記をしなければならない。

1 会社の設立に際して支店を設けた場合（次号から第4号までに規定する場合を除く。） 本店の所在地における設立の登記をした日から2週間以内
2 新設合併により設立する会社が新設合併に際して支店を設けた場合 第922条第1項各号又は第2項各号に定める日から3週間以内
3 新設分割により設立する会社が新設分割に際して支店を設けた場合 第924条第1項各号又は第2項各号に定める日から3週間以内
4 株式移転により設立する株式会社が株式移転に際して支店を設けた場合 第925条各号に掲げる日のいずれか遅い日から3週間以内
5 会社の成立後に支店を設けた場合 支店を設けた日から3週間以内

② 支店の所在地における登記においては、次に掲げる事項を登記しなければならない。ただし、支店の所在地を管轄する登記所の管轄区域内に新たに支店を設けたときは、第3号に掲げる事項を登記すれば足りる。

1 商号
2 本店の所在場所
3 支店（その所在地を管轄する登記所の管轄区域内にあるものに限る。）の所在場所

③ 前項各号に掲げる事項に変更が生じたときは、3週間以内に、当該支店の所在地において、変更の登記をしなければならない。

（他の登記所の管轄区域内への支店の移転の登記）

第931条 会社がその支店を他の登記所の管轄区域内に移転したときは、旧所在地（本店の所在地を管轄する登記所の管轄区域内にある場合を除く。）においては3週間以内に移転の登記をし、新所在地（本店の所在地を管轄する登記所の管轄区域内にある場合を除く。以下この条において同じ。）においては4週間以内に前条第2項各号に掲げる事項を登記しなければならない。ただし、支店の所在地を管轄する登記所の管轄区域内に新たに支店を移転したときは、新所在地においては、同項第3号に掲げる事項を登記すれば足りる。

（支店における変更の登記等）

第932条 第919条から第925条まで及び第929条に規定する場合には、これらの規定に規定する日から3週間以内に、支店の所在地においても、これらの規定に規定する登記をしなければならない。ただし、第921条、第923条又は第924条に規定する変更の登記は、第930条第2項各号に掲げる事項に変更が生じた場合に限り、するものとする。

`3年6月内`

第3節　外国会社の登記

（外国会社の登記）

第933条 外国会社が第817条第1項の規定により初めて日本における代表者を定めたときは、3週間以内に、次の各号に掲げる場合の区分に応じ、当該各号に定める地において、外国会社の登記をしなければならない。

1　日本に営業所を設けていない場合　日本における代表者（日本に住所を有するものに限る。以下この節において同じ。）の住所地

2　日本に営業所を設けた場合　当該営業所の所在地

② 外国会社の登記においては、日本における同種の会社又は最も類似する会社の種類に従い、第911条第3項各号又は第912条から第914条までの各号に掲げる事項を登記するほか、次に掲げる事項を登記しなければならない。

1　外国会社の設立の準拠法

2　日本における代表者の氏名及び住所

3　日本における同種の会社又は最も類似する会社が株式会社であるときは、第1号に規定する準拠法の規定による公告をする方法

4　前号に規定する場合において、第819条第3項に規定する措置をとることとするときは、同条第1項に規定する貸借対照表に相当するものの内容である情報について不特定多数の者がその提供を受けるために必要な事項であって法務省令で定めるもの

5　第939条第2項の規定による公告方法についての定めがあるときは、その定め

6　前号の定めが電子公告を公告方法とする旨のものであるときは、次に掲げる事項

イ　電子公告により公告すべき内容である情報について不特定多数の者がその提供を受けるために必要な事項であって法務省令で定めるもの

ロ　第939条第3項後段の規定による定めがあるときは、その定め

7　第5号の定めがないときは、第939条第4項の規定により官報に掲載する方法を公告方法とする旨

③ 外国会社が日本に設けた営業所に関する前項の規定の適用については、当該営業所を第911条第3項第3号、第912条第3号、第913条第3号又は第914条第3号に規定する支店とみなす。

④ 第915条及び第918条から第929条までの規定は、外国会社について準用する。この場合において、これらの規定中「2週

間」とあるのは「3 週間」と、「本店の所在地」とあるのは「日本における代表者（日本に住所を有するものに限る。）の住所地（日本に営業所を設けた外国会社にあっては、当該営業所の所在地）」と読み替えるものとする。

⑤　前各項の規定により登記すべき事項が外国において生じたときは、登記の期間は、その通知が日本における代表者に到達した日から起算する。

（日本における代表者の選任の登記等）

第 934 条　日本に営業所を設けていない外国会社が外国会社の登記後に日本における代表者を新たに定めた場合（その住所地が登記がされた他の日本における代表者の住所地を管轄する登記所の管轄区域内にある場合を除く。）には、3 週間以内に、その新たに定めた日本における代表者の住所地においても、外国会社の登記をしなければならない。

②　日本に営業所を設けた外国会社が外国会社の登記後に日本に営業所を新たに設けた場合（その所在地が登記がされた他の営業所の所在地を管轄する登記所の管轄区域内にある場合を除く。）には、3 週間以内に、その新たに設けた日本における営業所の所在地においても、外国会社の登記をしなければならない。

（日本における代表者の住所の移転の登記等）

第 935 条　日本に営業所を設けていない外国会社の日本における代表者が外国会社の登記後にその住所を他の登記所の管轄区域内に移転したときは、旧住所地においては 3 週間以内に移転の登記をし、新住所地においては 4 週間以内に外国会社の登記をしなければならない。ただし、登記がされた他の日本における代表者の住所地を管轄する登記所の管轄区域内に住所を移転したときは、新住所地においては、その住所を移転したことを登記すれば足りる。

②　日本に営業所を設けた外国会社が外国会社の登記後に営業所を他の登記所の管轄区域内に移転したときは、旧所在地においては 3 週間以内に移転の登記をし、新所在地においては 4 週間以内に外国会社の登記をしなければならない。ただし、登記がされた他の営業所の所在地を管轄する登記所の管轄区域内に営業所を移転したときは、新所在地においては、その営業所を移転したことを登記すれば足りる。

（日本における営業所の設置の登記等）

第 936 条　日本に営業所を設けていない外国会社が外国会社の登記後に日本に営業所を設けたときは、日本における代表者の住所地においては 3 週間以内に営業所を設けたことを登記し、その営業所の所在地においては 4 週間以内に外国会社の登記をしなければならない。ただし、登記がされた日本における代表者の住所地を管轄する登記所の管轄区域内に営業所を設けたときは、その営業所を設けたことを登記すれば足りる。

②　日本に営業所を設けた外国会社が外国会社の登記後にすべての営業所を閉鎖した場合には、その外国会社の日本における代表者の全員が退任しようとするときを除き、その営業所の所在地においては 3 週間以内に営業所を閉鎖したことを登記し、日本における代表者の住所地においては 4 週間以内に外国会社の登記をしなければならない。ただし、登記がされた営業所の所在地を管轄する登記所の管轄区域内に日本における代表者の住所地があるときは、すべての営業所を閉鎖したことを登記すれば足りる。

第 4 節　登記の嘱託

（裁判による登記の嘱託）

第 937 条　次に掲げる場合には、裁判所書記官は、職権で、遅滞なく、会社の本店の所在地を管轄する登記所にその登記を嘱託しなければならない。

1　次に掲げる訴えに係る請求を認容する判決が確定したとき。

イ　会社の設立の無効の訴え

ロ　株式会社の成立後における株式の発

行の無効の訴え

ハ　新株予約権（当該新株予約権が新株予約権付社債に付されたものである場合にあっては、当該新株予約権付社債についての社債を含む。以下この節において同じ。）の発行の無効の訴え

ニ　株式会社における資本金の額の減少の無効の訴え

ホ　株式会社の成立後における株式の発行が存在しないことの確認の訴え

ヘ　新株予約権の発行が存在しないことの確認の訴え

ト　株主総会等の決議した事項についての登記があった場合における次に掲げる訴え

　(1)　株主総会等の決議が存在しないこと又は株主総会等の決議の内容が法令に違反することを理由として当該決議が無効であることの確認の訴え

　(2)　株主総会等の決議の取消しの訴え

チ　持分会社の設立の取消しの訴え

リ　会社の解散の訴え

ヌ　株式会社の役員の解任の訴え

ル　持分会社の社員の除名の訴え

ヲ　持分会社の業務を執行する社員の業務執行権又は代表権の消滅の訴え

2　次に掲げる裁判があったとき。

イ　第 346 条第 2 項、第 351 条第 2 項又は第 401 条第 3 項（第 403 条第 3 項及び第 420 条第 3 項において準用する場合を含む。）の規定による一時取締役（監査等委員会設置会社にあっては、監査等委員である取締役又はそれ以外の取締役）、会計参与、監査役、代表取締役、委員（指名委員会、監査委員会又は報酬委員会の委員をいう。）、執行役又は代表執行役の職務を行うべき者の選任の裁判

ロ　第 479 条第 4 項において準用する第 346 条第 2 項又は第 483 条第 6 項において準用する第 351 条第 2 項の規定による一時清算人又は代表清算人の職務

を行うべき者の選任の裁判（次条第 2 項第 1 号に規定する裁判を除く。）

ハ　イ又はロに掲げる裁判を取り消す裁判（次条第 2 項第 2 号に規定する裁判を除く。）

ニ　清算人又は代表清算人若しくは清算持分会社を代表する清算人の選任又は選定の裁判を取り消す裁判（次条第 2 項第 3 号に規定する裁判を除く。）

ホ　清算人の解任の裁判（次条第 2 項第 4 号に規定する裁判を除く。）

3　次に掲げる裁判が確定したとき。

イ　前号ホに掲げる裁判を取り消す裁判

ロ　第 824 条第 1 項の規定による会社の解散を命ずる裁判

②　第 827 条第 1 項の規定による外国会社の日本における取引の継続の禁止又は営業所の閉鎖を命ずる裁判が確定したときは、裁判所書記官は、職権で、遅滞なく、次の各号に掲げる外国会社の区分に応じ、当該各号に定める地を管轄する登記所にその登記を嘱託しなければならない。

1　日本に営業所を設けていない外国会社　日本における代表者（日本に住所を有するものに限る。）の住所地

2　日本に営業所を設けている外国会社　当該営業所の所在地

③　次の各号に掲げる訴えに係る請求を認容する判決が確定した場合には、裁判所書記官は、職権で、遅滞なく、各会社の本店の所在地を管轄する登記所に当該各号に定める登記を嘱託しなければならない。

1　会社の組織変更の無効の訴え　組織変更後の会社についての解散の登記及び組織変更をする会社についての回復の登記

2　会社の吸収合併の無効の訴え　吸収合併後存続する会社についての変更の登記及び吸収合併により消滅する会社についての回復の登記

3　会社の新設合併の無効の訴え　新設合併により設立する会社についての解散の

登記及び新設合併により消滅する会社についての回復の登記

4　会社の吸収分割の無効の訴え　吸収分割をする会社及び当該会社がその事業に関して有する権利義務の全部又は一部を当該会社から承継する会社についての変更の登記

5　会社の新設分割の無効の訴え　新設分割をする会社についての変更の登記及び新設分割により設立する会社についての解散の登記

6　株式会社の株式交換の無効の訴え　株式交換をする株式会社（第 768 条第 1 項第 4 号に掲げる事項についての定めがある場合に限る。）及び株式交換をする株式会社の発行済株式の全部を取得する会社についての変更の登記

7　株式会社の株式移転の無効の訴え　株式移転をする株式会社（第 773 条第 1 項第 9 号に掲げる事項についての定めがある場合に限る。）についての変更の登記及び株式移転により設立する株式会社についての解散の登記

8　株式会社の株式交付の無効の訴え　株式交付親会社についての変更の登記

第 937 条　次に掲げる場合には、裁判所書記官は、職権で、遅滞なく、会社の本店（第 1 号トに規定する場合であって当該決議によって第 930 条第 2 項各号に掲げる事項についての登記がされているときにあっては、本店及び当該登記に係る支店）の所在地を管轄する登記所にその登記を嘱託しなければならない。

　1 から 3 まで　〔同〕

②　〔同〕

③　〔同〕

　1 から 7 まで　〔同〕

　8　〔新設規定〕

④　前項に規定する場合において、同項各号に掲げる訴えに係る請求の目的に係る組織変更、合併又は会社分割により第 930 条第 2 項各号に掲げる事項についての登記がされていると

きは、各会社の支店の所在地を管轄する登記所にも前項各号に定める登記を嘱託しなければならない。

1年6月内　3年6月内

（特別清算に関する裁判による登記の嘱託）

第 938 条　次の各号に掲げる場合には、裁判所書記官は、職権で、遅滞なく、清算株式会社の本店の所在地を管轄する登記所に当該各号に定める登記を嘱託しなければならない。

　1　特別清算開始の命令があったとき　特別清算開始の登記

　2　特別清算開始の命令を取り消す決定が確定したとき　特別清算開始の取消しの登記

　3　特別清算終結の決定が確定したとき　特別清算終結の登記

②　次に掲げる場合には、裁判所書記官は、職権で、遅滞なく、清算株式会社の本店の所在地を管轄する登記所にその登記を嘱託しなければならない。

　1　特別清算開始後における第 479 条第 4 項において準用する第 346 条第 2 項又は第 483 条第 6 項において準用する第 351 条第 2 項の規定による一時清算人又は代表清算人の職務を行うべき者の選任の裁判があったとき。

　2　前号の裁判を取り消す裁判があったとき。

　3　特別清算開始後における清算人又は代表清算人の選任又は選定の裁判を取り消す裁判があったとき。

　4　特別清算開始後における清算人の解任の裁判があったとき。

　5　前号の裁判を取り消す裁判が確定したとき。

③　次に掲げる場合には、裁判所書記官は、職権で、遅滞なく、当該保全処分の登記を嘱託しなければならない。

　1　清算株式会社の財産に属する権利で登記されたものに関し第 540 条第 1 項又は

第2項の規定による保全処分があったとき。

2 登記のある権利に関し第542条第1項又は第2項の規定による保全処分があったとき。

④ 前項の規定は、同項に規定する保全処分の変更若しくは取消しがあった場合又は当該保全処分が効力を失った場合について準用する。

⑤ 前2項の規定は、登録のある権利について準用する。

⑥ 前各項の規定は、その性質上許されないものを除き、第822条第1項の規定による日本にある外国会社の財産についての清算について準用する。

> 第938条 次の各号に掲げる場合には、裁判所書記官は、職権で、遅滞なく、清算株式会社の本店（第3号に掲げる場合であって特別清算の結了により特別清算終結の決定がされたときにあっては、本店及び支店）の所在地を管轄する登記所に当該各号に定める登記を嘱託しなければならない。
>
> 1から3まで 〔同〕
>
> ②から⑥まで 〔同〕

3年6月内

第5章 公告

第1節 総則

（会社の公告方法）

第939条 会社は、公告方法として、次に掲げる方法のいずれかを定款で定めることができる。

1 官報に掲載する方法

2 時事に関する事項を掲載する日刊新聞紙に掲載する方法

3 電子公告

② 外国会社は、公告方法として、前項各号に掲げる方法のいずれかを定めることができる。

③ 会社又は外国会社が第1項第3号に掲げる方法を公告方法とする旨を定める場合には、電子公告を公告方法とする旨を定めれば足りる。この場合においては、事故その他やむを得ない事由によって電子公告による公告をすることができない場合の公告方法として、同項第1号又は第2号に掲げる方法のいずれかを定めることができる。

④ 第1項又は第2項の規定による定めがない会社又は外国会社の公告方法は、第1項第1号の方法とする。

（電子公告の公告期間等）

第940条 株式会社又は持分会社が電子公告によりこの法律の規定による公告をする場合には、次の各号に掲げる公告の区分に応じ、当該各号に定める日までの間、継続して電子公告による公告をしなければならない。

1 この法律の規定により特定の日の一定の期間前に公告しなければならない場合における当該公告 当該特定の日

2 第440条第1項の規定による公告 同項の定時株主総会の終結の日後5年を経過する日

3 公告に定める期間内に異議を述べることができる旨の公告 当該期間を経過する日

4 前3号に掲げる公告以外の公告 当該公告の開始後1箇月を経過する日

② 外国会社が電子公告により第819条第1項の規定による公告をする場合には、同項の手続の終結の日後5年を経過する日までの間、継続して電子公告による公告をしなければならない。

③ 前2項の規定にかかわらず、これらの規定により電子公告による公告をしなければならない期間（以下この章において「公告期間」という。）中公告の中断（不特定多数の者が提供を受けることができる状態に置かれた情報がその状態に置かれないこととなったこと又はその情報がその状態に置かれた後改変されたことをいう。以下この項において同じ。）が生じた場合にお

第7編 雑則

いて、次のいずれにも該当するときは、その公告の中断は、当該公告の効力に影響を及ぼさない。

1　公告の中断が生ずることにつき会社が善意でかつ重大な過失がないこと又は会社に正当な事由があること。

2　公告の中断が生じた時間の合計が公告期間の10分の1を超えないこと。

3　会社が公告の中断が生じたことを知った後速やかにその旨、公告の中断が生じた時間及び公告の中断の内容を当該公告に付して公告したこと。

第2節　電子公告調査機関

（電子公告調査）

第941条　この法律又は他の法律の規定による公告（第440条第1項の規定による公告を除く。以下この節において同じ。）を電子公告によりしようとする会社は、公告期間中、当該公告の内容である情報が不特定多数の者が提供を受けることができる状態に置かれているかどうかについて、法務省令で定めるところにより、法務大臣の登録を受けた者（以下この節において「調査機関」という。）に対し、調査を行うことを求めなければならない。

（登録）

第942条　前条の登録（以下この節において単に「登録」という。）は、同条の規定による調査（以下この節において「電子公告調査」という。）を行おうとする者の申請により行う。

②　登録を受けようとする者は、実費を勘案して政令で定める額の手数料を納付しなければならない。

（欠格事由）

第943条　次のいずれかに該当する者は、登録を受けることができない。

1　この節の規定若しくは農業協同組合法（昭和22年法律第132号）第97条の4第5項、金融商品取引法第50条の2第10項及び第66条の40第6項、公認会計士法

第34条の20第6項及び第34条の23第4項、消費生活協同組合法（昭和23年法律第200号）第26条第6項、水産業協同組合法（昭和23年法律第242号）第126条の4第5項、中小企業等協同組合法（昭和24年法律第181号）第33条第7項（輸出水産業の振興に関する法律（昭和29年法律第154号）第20条並びに中小企業団体の組織に関する法律（昭和32年法律第185号）第5条の23第3項及び第47条第2項において準用する場合を含む。）、弁護士法（昭和24年法律第205号）第30条の28第6項（同法第43条第3項において準用する場合を含む。）、船主相互保険組合法（昭和25年法律第177号）第55条第3項、司法書士法（昭和25年法律第197号）第45条の2第6項、土地家屋調査士法（昭和25年法律第228号）第40条の2第6項、商品先物取引法（昭和25年法律第239号）第11条第9項、行政書士法（昭和26年法律第4号）第13条の20の2第6項、投資信託及び投資法人に関する法律（昭和26年法律第198号）第25条第2項（同法第59条において準用する場合を含む。）及び第186条の2第4項、税理士法第48条の19の2第6項（同法第49条の12第3項において準用する場合を含む。）、信用金庫法（昭和26年法律第238号）第87条の4第4項、輸入取引法（昭和27年法律第299号）第15条第6項（同法第19条の6において準用する場合を含む。）、中小漁業融資保証法（昭和27年法律第346号）第55条第5項、労働金庫法（昭和28年法律第227号）第91条の4第4項、技術研究組合法（昭和36年法律第81号）第16条第8項、農業信用保証保険法（昭和36年法律第204号）第48条の3第5項（同法第48条の9第7項において準用する場合を含む。）、社会保険労務士法（昭和43年法律第89号）第25条の23の2第6項、森林組合法（昭和53年法律第36号）第8条の2第5項、銀行法第49条の2第2項、保険業法（平成7年法律第

105 号）第 67 条の 2 及び第 217 条第 3 項、資産の流動化に関する法律（平成 10 年法律第 105 号）第 194 条第 4 項、弁理士法（平成 12 年法律第 49 号）第 53 条の 2 第 6 項、農林中央金庫法（平成 13 年法律第 93 号）第 96 条の 2 第 4 項、信託業法第 57 条第 6 項、一般社団法人及び一般財団法人に関する法律第 333 条並びに資金決済に関する法律（平成 21 年法律第 59 号）第 20 条第 4 項、第 61 条第 7 項及び第 63 条の 20 第 7 項（以下この節において「電子公告関係規定」と総称する。）において準用する第 955 条第 1 項の規定又はこの節の規定に基づく命令に違反し、罰金以上の刑に処せられ、その執行を終わり、又は執行を受けることがなくなった日から 2 年を経過しない者

2　第 954 条の規定により登録を取り消され、その取消しの日から 2 年を経過しない者

3　法人であって、その業務を行う理事等（理事、取締役、執行役、業務を執行する社員、監事若しくは監査役又はこれらに準ずる者をいう。第 947 条において同じ。）のうちに前 2 号のいずれかに該当する者があるもの

（登録基準）

第 944 条　法務大臣は、第 942 条第 1 項の規定により登録を申請した者が、次に掲げる要件のすべてに適合しているときは、その登録をしなければならない。この場合において、登録に関して必要な手続は、法務省令で定める。

1　電子公告調査に必要な電子計算機（入出力装置を含む。以下この号において同じ。）及びプログラム（電子計算機に対する指令であって、一の結果を得ることができるように組み合わされたものをいう。以下この号において同じ。）であって次に掲げる要件のすべてに適合するものを用いて電子公告調査を行うものであること。

イ　当該電子計算機及びプログラムが電子公告により公告されている情報をインターネットを利用して閲覧することができるものであること。

ロ　当該電子計算機若しくはその用に供する電磁的記録を損壊し、若しくは当該電子計算機に虚偽の情報若しくは不正な指令を与え、又はその他の方法により、当該電子計算機に使用目的に沿うべき動作をさせず、又は使用目的に反する動作をさせることを防ぐために必要な措置が講じられていること。

ハ　当該電子計算機及びプログラムがその電子公告調査を行う期間を通じて当該電子計算機に入力された情報及び指令並びにインターネットを利用して提供を受けた情報を保存する機能を有していること。

2　電子公告調査を適正に行うために必要な実施方法が定められていること。

②　登録は、調査機関登録簿に次に掲げる事項を記載し、又は記録してするものとする。

1　登録年月日及び登録番号

2　登録を受けた者の氏名又は名称及び住所並びに法人にあっては、その代表者の氏名

3　登録を受けた者が電子公告調査を行う事業所の所在地

（登録の更新）

第 945 条　登録は、3 年を下らない政令で定める期間ごとにその更新を受けなければ、その期間の経過によって、その効力を失う。

②　前 3 条の規定は、前項の登録の更新について準用する。

（調査の義務等）

第 946 条　調査機関は、電子公告調査を行うことを求められたときは、正当な理由がある場合を除き、電子公告調査を行わなければならない。

②　調査機関は、公正に、かつ、法務省令で定める方法により電子公告調査を行わなければならない。

第 7 編　雑則

③　調査機関は、電子公告調査を行う場合には、法務省令で定めるところにより、電子公告調査を行うことを求めた者 (以下この節において「調査委託者」という。) の商号その他の法務省令で定める事項を法務大臣に報告しなければならない。

④　調査機関は、電子公告調査の後遅滞なく、調査委託者に対して、法務省令で定めるところにより、当該電子公告調査の結果を通知しなければならない。

（電子公告調査を行うことができない場合）

第**947**条　調査機関は、次に掲げる者の電子公告による公告又はその者若しくはその理事等が電子公告による公告に関与した場合として法務省令で定める場合における当該公告については、電子公告調査を行うことができない。

1　当該調査機関

2　当該調査機関が株式会社である場合における親株式会社 (当該調査機関を子会社とする株式会社をいう。)

3　理事等又は職員 (過去2年間にそのいずれかであった者を含む。次号において同じ。) が当該調査機関の理事等に占める割合が2分の1を超える法人

4　理事等又は職員のうちに当該調査機関 (法人であるものを除く。) 又は当該調査機関の代表権を有する理事等が含まれている法人

（事業所の変更の届出）

第**948**条　調査機関は、電子公告調査を行う事業所の所在地を変更しようとするときは、変更しようとする日の2週間前までに、法務大臣に届け出なければならない。

（業務規程）

第**949**条　調査機関は、電子公告調査の業務に関する規程 (次項において「業務規程」という。) を定め、電子公告調査の業務の開始前に、法務大臣に届け出なければならない。これを変更しようとするときも、同様とする。

②　業務規程には、電子公告調査の実施方法、電子公告調査に関する料金その他の法務省令で定める事項を定めておかなければならない。

（業務の休廃止）

第**950**条　調査機関は、電子公告調査の業務の全部又は一部を休止し、又は廃止しようとするときは、法務省令で定めるところにより、あらかじめ、その旨を法務大臣に届け出なければならない。

（財務諸表等の備置き及び閲覧等）

第**951**条　調査機関は、毎事業年度経過後3箇月以内に、その事業年度の財産目録、貸借対照表及び損益計算書又は収支計算書並びに事業報告書 (これらの作成に代えて電磁的記録の作成がされている場合における当該電磁的記録を含む。次項において「財務諸表等」という。) を作成し、5年間事業所に備え置かなければならない。

②　調査委託者その他の利害関係人は、調査機関に対し、その業務時間内は、いつでも、次に掲げる請求をすることができる。ただし、第2号又は第4号に掲げる請求をするには、当該調査機関の定めた費用を支払わなければならない。

1　財務諸表等が書面をもって作成されているときは、当該書面の閲覧又は謄写の請求

2　前号の書面の謄本又は抄本の交付の請求

3　財務諸表等が電磁的記録をもって作成されているときは、当該電磁的記録に記録された事項を法務省令で定める方法により表示したものの閲覧又は謄写の請求

4　前号の電磁的記録に記録された事項を電磁的方法であって調査機関の定めたものにより提供することの請求又は当該事項を記載した書面の交付の請求

（適合命令）

第**952**条　法務大臣は、調査機関が第944条第1項各号のいずれかに適合しなくなった

と認めるときは、その調査機関に対し、これらの規定に適合するため必要な措置をとるべきことを命ずることができる。

（改善命令）

第953条 法務大臣は、調査機関が第946条の規定に違反していると認めるときは、その調査機関に対し、電子公告調査を行うべきこと又は電子公告調査の方法その他の業務の方法の改善に関し必要な措置をとるべきことを命ずることができる。

（登録の取消し等）

第954条 法務大臣は、調査機関が次のいずれかに該当するときは、その登録を取り消し、又は期間を定めて電子公告調査の業務の全部若しくは一部の停止を命ずることができる。

1 第943条第1号又は第3号に該当するに至ったとき。

2 第947条（電子公告関係規定において準用する場合を含む。）から第950条まで、第951条第1項又は次条第1項（電子公告関係規定において準用する場合を含む。）の規定に違反したとき。

3 正当な理由がないのに第951条第2項各号又は次条第2項各号（電子公告関係規定において準用する場合を含む。）の規定による請求を拒んだとき。

4 第952条又は前条（電子公告関係規定において準用する場合を含む。）の命令に違反したとき。

5 不正の手段により第941条の登録を受けたとき。

（調査記録簿等の記載等）

第955条 調査機関は、法務省令で定めるところにより、調査記録又はこれに準ずるものとして法務省令で定めるもの（以下この条において「調査記録簿等」という。）を備え、電子公告調査に関し法務省令で定めるものを記載し、又は記録し、及び当該調査記録簿等を保存しなければならない。

② 調査委託者その他の利害関係人は、調査機関に対し、その業務時間内は、いつでも、当該調査機関が前項又は次条第2項の規定により保存している調査記録簿等（利害関係がある部分に限る。）について、次に掲げる請求をすることができる。ただし、当該請求をするには、当該調査機関の定めた費用を支払わなければならない。

1 調査記録簿等が書面をもって作成されているときは、当該書面の写しの交付の請求

2 調査記録簿等が電磁的記録をもって作成されているときは、当該電磁的記録に記録された事項を電磁的方法であって調査機関の定めたものにより提供することの請求又は当該事項を記載した書面の交付の請求

（調査記録簿等の引継ぎ）

第956条 調査機関は、電子公告調査の業務の全部の廃止をしようとするとき、又は第954条の規定により登録が取り消されたときは、その保存に係る前条第1項（電子公告関係規定において準用する場合を含む。）の調査記録簿等を他の調査機関に引き継がなければならない。

② 前項の規定により同項の調査記録簿等の引継ぎを受けた調査機関は、法務省令で定めるところにより、その調査記録簿等を保存しなければならない。

（法務大臣による電子公告調査の業務の実施）

第957条 法務大臣は、登録を受ける者がないとき、第950条の規定による電子公告調査の業務の全部又は一部の休止又は廃止の届出があったとき、第954条の規定により登録を取り消し、又は調査機関に対し電子公告調査の業務の全部若しくは一部の停止を命じたとき、調査機関が天災その他の事由によって電子公告調査の業務の全部又は一部を実施することが困難となったとき、その他必要があると認めるときは、当該電子公告調査の業務の全部又は一部を自ら行うことができる。

第7編 雑則

② 法務大臣が前項の規定により電子公告調査の業務の全部又は一部を自ら行う場合における電子公告調査の業務の引継ぎその他の必要な事項については、法務省令で定める。

③ 第1項の規定により法務大臣が行う電子公告調査を求める者は、実費を勘案して政令で定める額の手数料を納付しなければならない。

（報告及び検査）

第958条 法務大臣は、この法律の施行に必要な限度において、調査機関に対し、その業務若しくは経理の状況に関し報告をさせ、又はその職員に、調査機関の事務所若しくは事業所に立ち入り、業務の状況若しくは帳簿、書類その他の物件を検査させることができる。

② 前項の規定により職員が立入検査をする場合には、その身分を示す証明書を携帯し、関係人にこれを提示しなければならない。

③ 第1項の規定による立入検査の権限は、犯罪捜査のために認められたものと解釈してはならない。

（公示）

第959条 法務大臣は、次に掲げる場合には、その旨を官報に公示しなければならない。

1 登録をしたとき。

2 第945条第1項の規定により登録が効力を失ったことを確認したとき。

3 第948条又は第950条の届出があったとき。

4 第954条の規定により登録を取り消し、又は電子公告調査の業務の全部若しくは一部の停止を命じたとき。

5 第957条第1項の規定により法務大臣が電子公告調査の業務の全部若しくは一部を自ら行うものとするとき、又は自ら行っていた電子公告調査の業務の全部若しくは一部を行わないこととするとき。

第 **8** 編

罰　則

第8編　罰則

（取締役等の特別背任罪）

第960条　次に掲げる者が、自己若しくは第三者の利益を図り又は株式会社に損害を加える目的で、その任務に背く行為をし、当該株式会社に財産上の損害を加えたときは、10年以下の懲役若しくは1,000万円以下の罰金に処し、又はこれを併科する。

1　発起人

2　設立時取締役又は設立時監査役

3　取締役、会計参与、監査役又は執行役

4　民事保全法第56条に規定する仮処分命令により選任された取締役、監査役又は執行役の職務を代行する者

5　第346条第2項、第351条第2項又は第401条第3項（第403条第3項及び第420条第3項において準用する場合を含む。）の規定により選任された一時取締役（監査等委員会設置会社にあっては、監査等委員である取締役又はそれ以外の取締役）、会計参与、監査役、代表取締役、委員（指名委員会、監査委員会又は報酬委員会の委員をいう。）、執行役又は代表執行役の職務を行うべき者

6　支配人

7　事業に関するある種類又は特定の事項の委任を受けた使用人

8　検査役

② 次に掲げる者が、自己若しくは第三者の利益を図り又は清算株式会社に損害を加える目的で、その任務に背く行為をし、当該清算株式会社に財産上の損害を加えたときも、前項と同様とする。

1　清算株式会社の清算人

2　民事保全法第56条に規定する仮処分命令により選任された清算株式会社の清算人の職務を代行する者

3　第479条第4項において準用する第346条第2項又は第483条第6項において準用する第351条第2項の規定により選任された一時清算人又は代表清算人の職務を行うべき者

4　清算人代理

5　監督委員

6　調査委員

（代表社債権者等の特別背任罪）

第961条　代表社債権者又は決議執行者（第737条第2項に規定する決議執行者をいう。以下同じ。）が、自己若しくは第三者の利益を図り又は社債権者に損害を加える目的で、その任務に背く行為をし、社債権者に財産上の損害を加えたときは、5年以下の懲役若しくは500万円以下の罰金に処し、又はこれを併科する。

（未遂罪）

第962条　前2条の罪の未遂は、罰する。

（会社財産を危うくする罪）

第963条　第960条第1項第1号又は第2号に掲げる者が、第34条第1項若しくは第63条第1項の規定による払込み若しくは給付について、又は第28条各号に掲げる事項について、裁判所又は創立総会若しくは種類創立総会に対し、虚偽の申述を行い、又は事実を隠ぺいしたときは、5年以下の懲役若しくは500万円以下の罰金に処し、又はこれを併科する。

② 第960条第1項第3号から第5号までに掲げる者が、第199条第1項第3号又は第236条第1項第3号に掲げる事項について、裁判所又は株主総会若しくは種類株主総会に対し、虚偽の申述を行い、又は事実を隠ぺいしたときも、前項と同様とする。

③ 検査役が、第28条各号、第199条第1項第3号又は第236条第1項第3号に掲げる事項について、裁判所に対し、虚偽の申述を行い、又は事実を隠ぺいしたときも、第1項と同様とする。

④ 第94条第1項の規定により選任された者が、第34条第1項若しくは第63条第1項の規定による払込み若しくは給付について、又は第28条各号に掲げる事項について、創立総会に対し、虚偽の申述を行い、

第8編　罰則

又は事実を隠ぺいしたときも、第 1 項と同様とする。

⑤　第 960 条第 1 項第 3 号から第 7 号までに掲げる者が、次のいずれかに該当する場合にも、第 1 項と同様とする。

1　何人の名義をもってするかを問わず、株式会社の計算において不正にその株式を取得したとき。

2　法令又は定款の規定に違反して、剰余金の配当をしたとき。

3　株式会社の目的の範囲外において、投機取引のために株式会社の財産を処分したとき。

（虚偽文書行使等の罪）

第 964 条　次に掲げる者が、株式、新株予約権、社債又は新株予約権付社債を引き受ける者の募集をするに当たり、会社の事業その他の事項に関する説明を記載した資料若しくは当該募集の広告その他の当該募集に関する文書であって重要な事項について虚偽の記載のあるものを行使し、又はこれらの書類の作成に代えて電磁的記録の作成がされている場合における当該電磁的記録であって重要な事項について虚偽の記録のあるものをその募集の事務の用に供したときは、5 年以下の懲役若しくは 500 万円以下の罰金に処し、又はこれを併科する。

1　第 960 条第 1 項第 1 号から第 7 号までに掲げる者

2　持分会社の業務を執行する社員

3　民事保全法第 56 条に規定する仮処分命令により選任された持分会社の業務を執行する社員の職務を代行する者

4　株式、新株予約権、社債又は新株予約権付社債を引き受ける者の募集の委託を受けた者

②　株式、新株予約権、社債又は新株予約権付社債の売出しを行う者が、その売出しに関する文書であって重要な事項について虚偽の記載のあるものを行使し、又は当該文書の作成に代えて電磁的記録の作成がされ

ている場合における当該電磁的記録であって重要な事項について虚偽の記録のあるものをその売出しの事務の用に供したときも、前項と同様とする。

（預合いの罪）

第 965 条　第 960 条第 1 項第 1 号から第 7 号までに掲げる者が、株式の発行に係る払込みを仮装するため預合いを行ったときは、5 年以下の懲役若しくは 500 万円以下の罰金に処し、又はこれを併科する。預合いに応じた者も、同様とする。

（株式の超過発行の罪）

第 966 条　次に掲げる者が、株式会社が発行することができる株式の総数を超えて株式を発行したときは、5 年以下の懲役又は 500 万円以下の罰金に処する。

1　発起人

2　設立時取締役又は設立時執行役

3　取締役、執行役又は清算株式会社の清算人

4　民事保全法第 56 条に規定する仮処分命令により選任された取締役、執行役又は清算株式会社の清算人の職務を代行する者

5　第 346 条第 2 項（第 479 条第 4 項において準用する場合を含む。）又は第 403 条第 3 項において準用する第 401 条第 3 項の規定により選任された一時取締役（監査等委員会設置会社にあっては、監査等委員である取締役又はそれ以外の取締役）、執行役又は清算株式会社の清算人の職務を行うべき者

（取締役等の贈収賄罪）

第 967 条　次に掲げる者が、その職務に関し、不正の請託を受けて、財産上の利益を収受し、又はその要求若しくは約束をしたときは、5 年以下の懲役又は 500 万円以下の罰金に処する。

1　第 960 条第 1 項各号又は第 2 項各号に掲げる者

2　第 961 条に規定する者

3　会計監査人又は第 346 条第 4 項の規定

により選任された一時会計監査人の職務を行うべき者

② 前項の利益を供与し、又はその申込み若しくは約束をした者は、3年以下の懲役又は 300 万円以下の罰金に処する。

（株主等の権利の行使に関する贈収賄罪）

第 968 条 次に掲げる事項に関し、不正の請託を受けて、財産上の利益を収受し、又はその要求若しくは約束をした者は、5年以下の懲役又は 500 万円以下の罰金に処する。

1 株主総会若しくは種類株主総会、創立総会若しくは種類創立総会、社債権者集会又は債権者集会における発言又は議決権の行使

2 第 210 条若しくは第 247 条、第 297 条第 1 項若しくは第 4 項、第 303 条第 1 項若しくは第 2 項、第 304 条、第 305 条第 1 項若しくは第 306 条第 1 項若しくは第 2 項（これらの規定を第 325 条において準用する場合を含む。）、第 358 条第 1 項、第 360 条第 1 項若しくは第 2 項（これらの規定を第 482 条第 4 項において準用する場合を含む。）、第 422 条第 1 項若しくは第 2 項、第 426 条第 7 項、第 433 条第 1 項若しくは第 479 条第 2 項に規定する株主の権利の行使、第 511 条第 1 項若しくは第 522 条第 1 項に規定する株主若しくは債権者の権利の行使又は第 547 条第 1 項若しくは第 3 項に規定する債権者の権利の行使

3 社債の総額（償還済みの額を除く。）の 10 分の 1 以上に当たる社債を有する社債権者の権利の行使

4 第 828 条第 1 項、第 829 条から第 831 条まで、第 833 条第 1 項、第 847 条第 3 項若しくは第 5 項、第 847 条の 2 第 6 項若しくは第 8 項、第 847 条の 3 第 7 項若しくは第 9 項、第 853 条、第 854 条又は第 858 条に規定する訴えの提起（株主等（第 847 条の 4 第 2 項に規定する株主等をいう。次号において同じ。）、株式会社の債権者又は新株予約権若しくは新株予約権付社債を有する者

がするものに限る。）

5 第 849 条第 1 項の規定による株主等の訴訟参加

② 前項の利益を供与し、又はその申込み若しくは約束をした者も、同項と同様とする。

（没収及び追徴）

第 969 条 第 967 条第 1 項又は前条第 1 項の場合において、犯人の収受した利益は、没収する。その全部又は一部を没収することができないときは、その価額を追徴する。

（株主等の権利の行使に関する利益供与の罪）

第 970 条 第 960 条第 1 項第 3 号から第 6 号までに掲げる者又はその他の株式会社の使用人が、株主の権利、当該株式会社に係る適格旧株主（第 847 条の 2 第 9 項に規定する適格旧株主をいう。第 3 項において同じ。）の権利又は当該株式会社の最終完全親会社等（第 847 条の 3 第 1 項に規定する最終完全親会社等をいう。第 3 項において同じ。）の株主の権利の行使に関し、当該株式会社又はその子会社の計算において財産上の利益を供与したときは、3 年以下の懲役又は 300 万円以下の罰金に処する。

② 情を知って、前項の利益の供与を受け、又は第三者にこれを供与させた者も、同項と同様とする。

③ 株主の権利、株式会社に係る適格旧株主の権利又は株式会社の最終完全親会社等の株主の権利の行使に関し、当該株式会社又はその子会社の計算において第 1 項の利益を自己又は第三者に供与することを同項に規定する者に要求した者も、同項と同様とする。

④ 前 2 項の罪を犯した者が、その実行について第 1 項に規定する者に対し威迫の行為をしたときは、5 年以下の懲役又は 500 万円以下の罰金に処する。

⑤ 前 3 項の罪を犯した者には、情状により、懲役及び罰金を併科することができる。

⑥ 第 1 項の罪を犯した者が自首したときは、その刑を減軽し、又は免除することができ

第 8 編 罰則

る。

（国外犯）

第971条 第960条から第963条まで、第965条、第966条、第967条第1項、第968条第1項及び前条第1項の罪は、日本国外においてこれらの罪を犯した者にも適用する。

② 第967条第2項、第968条第2項及び前条第2項から第4項までの罪は、刑法（明治40年法律第45号）第2条の例に従う。

（法人における罰則の適用）

第972条 第960条、第961条、第963条から第966条まで、第967条第1項又は第970条第1項に規定する者が法人であるときは、これらの規定及び第962条の規定は、その行為をした取締役、執行役その他業務を執行する役員又は支配人に対してそれぞれ適用する。

（業務停止命令違反の罪）

第973条 第954条の規定による電子公告調査（第942条第1項に規定する電子公告調査をいう。以下同じ。）の業務の全部又は一部の停止の命令に違反した者は、1年以下の懲役若しくは100万円以下の罰金に処し、又はこれを併科する。

（虚偽届出等の罪）

第974条 次のいずれかに該当する者は、30万円以下の罰金に処する。

1 第950条の規定による届出をせず、又は虚偽の届出をした者

2 第955条第1項の規定に違反して、調査記録簿等（同項に規定する調査記録簿等をいう。以下この号において同じ。）に同項に規定する電子公告調査に関し法務省令で定めるものを記載せず、若しくは記録せず、若しくは虚偽の記載若しくは記録をし、又は同項若しくは第956条第2項の規定に違反して調査記録簿等を保存しなかった者

3 第958条第1項の規定による報告をせず、若しくは虚偽の報告をし、又は同項

の規定による検査を拒み、妨げ、若しくは忌避した者

（両罰規定）

第975条 法人の代表者又は法人若しくは人の代理人、使用人その他の従業者が、その法人又は人の業務に関し、前2条の違反行為をしたときは、行為者を罰するほか、その法人又は人に対しても、各本条の罰金刑を科する。

（過料に処すべき行為）

第976条 発起人、設立時取締役、設立時監査役、設立時執行役、取締役、会計参与若しくはその職務を行うべき社員、監査役、執行役、会計監査人若しくはその職務を行うべき社員、清算人、清算人代理、持分会社の業務を執行する社員、民事保全法第56条に規定する仮処分命令により選任された取締役、監査役、執行役、清算人若しくは持分会社の業務を執行する社員の職務を代行する者、第960条第1項第5号に規定する一時取締役、会計参与、監査役、代表取締役、委員、執行役若しくは代表執行役の職務を行うべき者、同条第2項第3号に規定する一時清算人若しくは代表清算人の職務を行うべき者、第967条第1項第3号に規定する一時会計監査人の職務を行うべき者、検査役、監督委員、調査委員、株主名簿管理人、社債原簿管理人、社債管理者、事務を承継する社債管理者、社債管理補助者、事務を承継する社債管理補助者、代表社債権者、決議執行者、外国会社の日本における代表者又は支配人は、次のいずれかに該当する場合には、100万円以下の過料に処する。ただし、その行為について刑を科すべきときは、この限りでない。

1 この法律の規定による登記をすることを怠ったとき。

2 この法律の規定による公告若しくは通知をすることを怠ったとき、又は不正の公告若しくは通知をしたとき。

3 この法律の規定による開示をすること

を怠ったとき。

4　この法律の規定に違反して、正当な理由がないのに、書類若しくは電磁的記録に記録された事項を法務省令で定める方法により表示したものの閲覧若しくは謄写又は書類の謄本若しくは抄本の交付、電磁的記録に記録された事項を電磁的方法により提供すること若しくはその事項を記載した書面の交付を拒んだとき。

5　この法律の規定による調査を妨げたとき。

6　官庁、株主総会若しくは種類株主総会、創立総会若しくは種類創立総会、社債権者集会又は債権者集会に対し、虚偽の申述を行い、又は事実を隠蔽したとき。

7　定款、株主名簿、株券喪失登録簿、新株予約権原簿、社債原簿、議事録、財産目録、会計帳簿、貸借対照表、損益計算書、事業報告、事務報告、第 435 条第 2 項若しくは第 494 条第 1 項の附属明細書、会計参与報告、監査報告、会計監査報告、決算報告又は第 122 条第 1 項、第 149 条第 1 項、第 171 条の 2 第 1 項、第 173 条の 2 第 1 項、第 179 条の 5 第 1 項、第 179 条の 10 第 1 項、第 182 条の 2 第 1 項、第 182 条の 6 第 1 項、第 250 条第 1 項、第 270 条第 1 項、第 682 条第 1 項、第 695 条第 1 項、第 782 条第 1 項、第 791 条第 1 項、第 794 条第 1 項、第 801 条第 1 項若しくは第 2 項、第 803 条第 1 項、第 811 条第 1 項、第 815 条第 1 項若しくは第 2 項、第 816 条の 2 第 1 項若しくは第 816 条の 10 第 1 項の書面若しくは電磁的記録に記載し、若しくは記録すべき事項を記載せず、若しくは記録せず、又は虚偽の記載若しくは記録をしたとき。

8　第 31 条第 1 項の規定、第 74 条第 6 項、第 75 条第 3 項、第 76 条第 4 項、第 81 条第 2 項若しくは第 82 条第 2 項（これらの規定を第 86 条において準用する場合を含む。）、第 125 条第 1 項、第 171 条の 2 第 1 項、第 173 条の 2 第 2 項、第 179 条の 5 第 1 項、第 179 条の 10 第 2 項、第 182 条の 2 第 1 項、第 182 条の 6 第 2 項、第 231 条第 1 項若しくは第 252 条第 1 項、第 310 条第 6 項、第 311 条第 3 項、第 312 条第 4 項、第 318 条第 2 項若しくは第 3 項若しくは第 319 条第 2 項（これらの規定を第 325 条において準用する場合を含む。）、第 371 条第 1 項（第 490 条第 5 項において準用する場合を含む。）、第 378 条第 1 項、第 394 条第 1 項、第 399 条の 11 第 1 項、第 413 条第 1 項、第 442 条第 1 項若しくは第 2 項、第 496 条第 1 項、第 684 条第 1 項、第 731 条第 2 項、第 782 条第 1 項、第 791 条第 2 項、第 794 条第 1 項、第 801 条第 3 項、第 803 条第 1 項、第 811 条第 2 項、第 815 条第 3 項、第 816 条の 2 第 1 項又は第 816 条の 10 第 2 項の規定に違反して、帳簿又は書類若しくは電磁的記録を備え置かなかったとき。

9　正当な理由がないのに、株主総会若しくは種類株主総会又は創立総会若しくは種類創立総会において、株主又は設立時株主の求めた事項について説明をしなかったとき。

10　第 135 条第 1 項の規定に違反して株式を取得したとき、又は同条第 3 項の規定に違反して株式の処分をすることを怠ったとき。

11　第 178 条第 1 項又は第 2 項の規定に違反して、株式の消却をしたとき。

12　第 197 条第 1 項又は第 2 項の規定に違反して、株式の競売又は売却をしたとき。

13　株式、新株予約権又は社債の発行の日前に株券、新株予約権証券又は社債券を発行したとき。

14　第 215 条第 1 項、第 288 条第 1 項又は第 696 条の規定に違反して、遅滞なく、株券、新株予約権証券又は社債券を発行しなかったとき。

15　株券、新株予約権証券又は社債券に記

載すべき事項を記載せず、又は虚偽の記載をしたとき。

16　第225条第4項、第226条第2項、第227条又は第229条第2項の規定に違反して、株券喪失登録を抹消しなかったとき。

17　第230条第1項の規定に違反して、株主名簿に記載し、又は記録したとき。

18　第296条第1項の規定又は第307条第1項第1号（第325条において準用する場合を含む。）若しくは第359条第1項第1号の規定による裁判所の命令に違反して、株主総会を招集しなかったとき。

18の2　第303条第1項又は第2項（これらの規定を第325条において準用する場合を含む。）の規定による請求があった場合において、その請求に係る事項を株主総会又は種類株主総会の目的としなかったとき。

19　第325条の3第1項（第325条の7において準用する場合を含む。）の規定に違反して、電子提供措置をとらなかったとき。

19の2　第327条の2の規定に違反して、社外取締役を選任しなかったとき。

19の3　第331条第6項の規定に違反して、社外取締役を監査等委員である取締役の過半数に選任しなかったとき。

20　第335条第3項の規定に違反して、社外監査役を監査役の半数以上に選任しなかったとき。

21　第343条第2項（第347条第2項の規定により読み替えて適用する場合を含む。）又は第344条の2第2項（第347条第1項の規定により読み替えて適用する場合を含む。）の規定による請求があった場合において、その請求に係る事項を株主総会若しくは種類株主総会の目的とせず、又はその請求に係る議案を株主総会若しくは種類株主総会に提出しなかったとき。

22　取締役（監査等委員会設置会社にあっては、監査等委員である取締役又はそれ以外の取締役）、会計参与、監査役、執行役又は会計監査人がこの法律又は定款で定めたその員数を欠くこととなった場合において、その選任（一時会計監査人の職務を行うべき者の選任を含む。）の手続をすることを怠ったとき。

23　第365条第2項（第419条第2項及び第489条第8項において準用する場合を含む。）又は第430条の2第4項（同条第5項において準用する場合を含む。）の規定に違反して、取締役会又は清算人会に報告せず、又は虚偽の報告をしたとき。

24　第390条第3項の規定に違反して、常勤の監査役を選定しなかったとき。

25　第445条第3項若しくは第4項の規定に違反して資本準備金若しくは準備金を計上せず、又は第448条の規定に違反して準備金の額の減少をしたとき。

26　第449条第2項若しくは第5項、第627条第2項若しくは第5項、第635条第2項若しくは第5項、第670条第2項若しくは第5項、第779条第2項若しくは第5項（これらの規定を第781条第2項において準用する場合を含む。）、第789条第2項若しくは第5項（これらの規定を第793条第2項において準用する場合を含む。）、第799条第2項若しくは第5項（これらの規定を第802条第2項において準用する場合を含む。）、第810条第2項若しくは第5項（これらの規定を第813条第2項において準用する場合を含む。）、第816条の8第2項若しくは第5項又は第820条第1項若しくは第2項の規定に違反して、資本金若しくは準備金の額の減少、持分の払戻し、持分会社の財産の処分、組織変更、吸収合併、新設合併、吸収分割、新設分割、株式交換、株式移転、株式交付又は外国会社の日本における代表者の全員の退任をしたとき。

27　第484条第1項若しくは第656条第1項の規定に違反して破産手続開始の申立

てを怠ったとき、又は第 511 条第 2 項の規定に違反して特別清算開始の申立てをすることを怠ったとき。

28　清算の結了を遅延させる目的で、第 499 条第 1 項、第 660 条第 1 項又は第 670 条第 2 項の期間を不当に定めたとき。

29　第 500 条第 1 項、第 537 条第 1 項又は第 661 条第 1 項の規定に違反して、債務の弁済をしたとき。

30　第 502 条又は第 664 条の規定に違反して、清算株式会社又は清算持分会社の財産を分配したとき。

31　第 535 条第 1 項又は第 536 条第 1 項の規定に違反したとき。

32　第 540 条第 1 項若しくは第 2 項又は第 542 条第 1 項若しくは第 2 項の規定による保全処分に違反したとき。

33　第 702 条の規定に違反して社債を発行し、又は第 714 条第 1 項（第 714 条の 7 において準用する場合を含む。）の規定に違反して事務を承継する社債管理者若しくは社債管理補助者を定めなかったとき。

34　第 827 条第 1 項の規定による裁判所の命令に違反したとき。

35　第 941 条の規定に違反して、電子公告調査を求めなかったとき。〔本条の施行は、令 1 法 70〈1 年 6 月内〉施行日、令 1 法 70〈3 年 6 月内〉施行日〕

第 976 条　〔「、事務を承継する社債管理者、社債管理補助者、事務を承継する社債管理補助者」は、施行日前までは「、事務を承継する社債管理者」〕

1 から 6 まで　〔同〕

7　〔「、第 815 条第 1 項若しくは第 2 項、第 816 条の 2 第 1 項若しくは第 816 条の 10 第 1 項」は、施行日前までは「若しくは第 815 条第 1 項若しくは第 2 項」〕

8　〔「、第 815 条第 3 項、第 816 条の 2 第 1 項又は第 816 条の 10 第 2 項」は、施行日前までは「又は第 815 条第 3 項」〕

9 から 18 まで　〔同〕

19　〔18 の 2 に繰上げ〕

19・19 の 2　〔新設規定〕

19 の 2　〔19 の 3 に繰下げ〕

20 から 22 まで　〔同〕

23　〔「又は第 430 条の 2 第 4 項（同条第 5 項において準用する場合を含む。）の規定」は、施行日前までは「の規定」〕

24・25　〔同〕

26　〔「、第 816 条の 8 第 2 項若しくは第 5 項又は第 820 条第 1 項」「株式移転、株式交付」は、施行日前まではそれぞれ「又は第 820 条第 1 項」「株式移転」〕

27 から 32 まで　〔同〕

33　第 702 条の規定に違反して社債を発行し、又は第 714 条第 1 項の規定に違反して事務を承継する社債管理者を定めなかったとき。

34・35　〔同〕

1 年 6 月内 **3 年 6 月内**

第 977 条　次のいずれかに該当する者は、100 万円以下の過料に処する。

1　第 946 条第 3 項の規定に違反して、報告をせず、又は虚偽の報告をした者

2　第 951 条第 1 項の規定に違反して、財務諸表等（同項に規定する財務諸表等をいう。以下同じ。）を備え置かず、又は財務諸表等に記載し、若しくは記録すべき事項を記載せず、若しくは記録せず、若しくは虚偽の記載若しくは記録をした者

3　正当な理由がないのに、第 951 条第 2 項各号又は第 955 条第 2 項各号に掲げる請求を拒んだ者

第 978 条　次のいずれかに該当する者は、100 万円以下の過料に処する。

1　第 6 条第 3 項の規定に違反して、他の種類の会社であると誤認されるおそれのある文字をその商号中に用いた者

2　第 7 条の規定に違反して、会社であると誤認されるおそれのある文字をその名称又は商号中に使用した者

3　第 8 条第 1 項の規定に違反して、他の会社（外国会社を含む。）であると誤認されるおそれのある名称又は商号を使用した

者

第979条 会社の成立前に当該会社の名義を
使用して事業をした者は、会社の設立の登
録免許税の額に相当する過料に処する。

② 第818条第1項又は第821条第1項の規
定に違反して取引をした者も、前項と同様
とする。

附　　則

附則〔抄〕

（経過措置の原則）

② この法律の規定（罰則を除く。）は、他の法律に特別の定めがある場合を除き、この法律の施行前に生じた事項にも適用する。

附則 （令元法 70）

（施行期日）

第1条 この法律は、公布の日から起算して1年6月を超えない範囲内において政令で定める日から施行する。ただし、目次の改正規定（「株主総会及び種類株主総会」を「株主総会及び種類株主総会等」に、「第2款 種類株主総会（第321条—第325条）」を「第2款 種類株主総会（第321条—第325条）／第3款 電子提供措置（第325条の2—第325条の7）」に、「第2節 会社の登記／第1款 本店の所在地における登記（第911条—第929条）／第2款 支店の所在地における登記（第930条—第932条）」を「第2節 会社の登記（第911条—第932条）」に改める部分に限る。）、第2編第4章第1節の節名の改正規定、第301条第1項の改正規定、同節に1款を加える改正規定、第7編第4章第2節第1款の款名を削る改正規定、第911条第3項第12号の次に1号を加える改正規定、同節第2款の款名を削る改正規定、第930条から第932条までの改正規定、第937条第1項の改正規定、同条第4項を削る改正規定、第938条第1項の改正規定及び第976条中第19号を第18号の2とし、同号の次に1号を加える改正規定は、公布の日から起算して3年6月を超えない範囲内において政令で定める日から施行する。

（経過措置の原則）

第2条 この法律による改正後の会社法（以下「新法」という。）の規定（罰則を除く。）は、この附則に特別の定めがある場合を除き、この法律（前条ただし書に規定する規定については、当該規定。附則第10条において同じ。）の施行前に生じた事項にも適用する。ただし、この法律による改正前の会社法（以下「旧法」という。）の規定によって生じた効力を妨げない。

（株主提案権に関する経過措置）

第3条 この法律の施行前にされた会社法第305条第1項の規定による請求については、なお従前の例による。

（代理権を証明する書面等に関する経過措置）

第4条 この法律の施行前にされた旧法第310条第7項、第311条第4項又は第312条第5項の請求については、なお従前の例による。

（社外取締役の設置義務等に関する経過措置）

第5条 この法律の施行の際現に監査役会設置会社（会社法第2条第5号に規定する公開会社であり、かつ、同条第6号に規定する大会社であるものに限る。）であって金融商品取引法（昭和23年法律第25号）第24条第1項の規定によりその発行する株式について有価証券報告書を内閣総理大臣に提出しなければならないものについては、新法第327条の2の規定は、この法律の施行後最初に終了する事業年度に関する定時株主総会の終結の時までは、適用しない。この場合において、旧法第327条の2に規定する場合における理由の開示については、なお従前の例による。

（補償契約に関する経過措置）

第6条 新法第430条の2の規定は、この法律の施行後に締結された補償契約（同条第1項に規定する補償契約をいう。）について適用する。

（役員等のために締結される保険契約に関する経過措置）

第7条 この法律の施行前に株式会社と保険者との間で締結された保険契約のうち役員等（旧法第423条第1項に規定する役員等をいう。

以下この条において同じ。）がその職務の執行
に関し責任を負うこと又は当該責任の追及
に係る請求を受けることによって生ずるこ
とのある損害を保険者が塡補することを約
するものであって、役員等を被保険者とす
るものについては、新法第 430 条の 3 の規
定は、適用しない。

（社債に関する経過措置）

第 8 条　この法律の施行前に旧法第 676 条に
規定する事項の決定があった場合における
その募集社債及びこの法律の施行前に会社
法第 238 条第 1 項に規定する募集事項の決
定があった場合におけるその新株予約権付
社債の発行の手続については、新法第 676
条第 7 号の 2 及び第 8 号の 2 の規定にかか
わらず、なお従前の例による。

②　この法律の施行の際現に存する社債であ
って、社債管理者を定めていないもの（こ
の法律の施行の日以後に前項の規定によりなお従
前の例により社債管理者を定めないで発行された
社債を含む。）には、新法第 676 条第 7 号の
2 に掲げる事項についての定めがあるもの
とみなす。

③　この法律の施行の際現に存する社債券の
記載事項については、なお従前の例による。

④　この法律の施行前に社債発行会社、社債
管理者又は社債権者が社債権者集会の目的
である事項について提案をした場合につい
ては、新法第 735 条の 2 の規定は、適用し
ない。

（新株予約権に係る登記に関する経過措置）

第 9 条　この法律の施行前に登記の申請がさ
れた新株予約権の発行に関する登記の登記
事項については、新法第 911 条第 3 項第
12 号の規定にかかわらず、なお従前の例に
よる。

（罰則に関する経過措置）

第 10 条　この法律の施行前にした行為及び
この附則の規定によりなお従前の例による
こととされる場合におけるこの法律の施行
後にした行為に対する罰則の適用について

は、なお従前の例による。

（政令への委任）

第 11 条　この附則に規定するもののほか、
この法律の施行に関し必要な経過措置は、
政令で定める。

装丁　やぶはな　あきお

令和元年改正！
新しい会社法の全条文

2020 年 4 月 30 日　第 1 刷発行

編　者　三省堂編修所
発行者　株式会社　三　省　堂
代表者　北口克彦
印刷者　三省堂印刷株式会社
発行所　株式会社　三　省　堂
〒101-8371　東京都千代田区神田三崎町二丁目 22 番 14 号
電話 編　集　(03) 3230-9411
営　業　(03) 3230-9412
https://www.sanseido.co.jp/

＜R 1 会社法の全条文・368 pp.＞

ISBN978-4-385-32261-2